HISTORIA
del PODER
en EUROPA

Wim Blockmans

HISTORIA del PODER en EUROPA

Pueblos
Mercados
Estados

Prefacio Jacques Santer, *Presidente de la Comisión Europea*
Epílogo Marcelino Oreja Aguirre, *Miembro de la Comisión Europea*

Fonds Mercator Paribas

Documentación gráfica y comentarios: An Delva

Traducción: María Luisa Balseiro

Revisión de la edición española: Cristina López Devaux

© 1997 Fonds Mercator, Amberes

D/1997/703/4
ISBN 90 6153 381 3

Frontispicio:
**La ceremonia de apertura del Parlamento inglés
en abril de 1523, con asistencia del rey Enrique VIII.
Windsor Castle, Royal Collection**

Sumario

Prefacio

La historia es asunto, desde muchos aspectos, de relaciones de fuerza, de poderes
y contrapoderes. Tras esa idea se perfila la de poder supremo. Con gran perspicacia,
el profesor Wim Blockmans analiza los avatares del poder supremo a través del último
milenio, e identifica tres actores esenciales: los Estados, los pueblos y los mercados.
Dicho en otras palabras, examina la interacción de factores políticos (los Estados),
culturales (los pueblos) y económicos (los mercados). Es un planteamiento fecundo,
a juzgar por los interesantes resultados a que conduce el análisis.

De las publicaciones históricas del último decenio se desprende con creciente nitidez
que Europa es antigua, más antigua que los Estados que la componen. Sus orígines
están en el encuentro del imperio romano con sus poblaciones más o menos romanizadas
y los pueblos germánicos y eslavos. Esa observación merece, sin embargo, ser completada.
El encuentro de esos tres grupos de pueblos se ha enriquecido con otros aportes a la
civilización europea, como el del mundo árabe, que fue particularmente importante en
la Edad Media, y el de pueblos que, ajenos en un comienzo, supieron después encontrar
su lugar en Europa, como los magiares y los fineses.

De esos múltiples encuentros iba a surgir bastante pronto toda una serie de reinos:
Francia y Alemania (en su forma de *Francia occidentalis* y *orientalis*), Inglaterra, España
(Castilla y Aragón), Portugal; pero también Polonia, Hungría, Serbia, Bulgaria y otros.
Esos reinos engendraron Estados que estaban llamados a alcanzar una larga duración,
y que, bajo la forma de Estados nacionales en su mayoría, caracterizan la Europa de hoy,
aunque no siempre hayan conservado las fronteras que tuvieron en el pasado.
Esa constatación es importante para los políticos de esta segunda mitad del siglo xx,
colocada bajo el signo de la construcción europea. La Europa comunitaria se ha
construido, y se sigue construyendo, a partir de los Estados. Su finalidad no puede ser
hacerlos desaparecer, como algunos esperaban en los años de la inmediata posguerra.
Pero la historia es de suyo evolución, a veces revolución. Nada escapa al desgaste del
tiempo, ni las naciones ni los Estados. Éstos han cambiado mucho en el curso del

segundo milenio, de la monarquía feudal a la monarquía absoluta, del 'despotismo ilustrado' a los Estados nacionales. Los Estados totalitarios, comunistas o fascistas, del siglo xx se aparecen, en cierta medida, como el punto más alto, pero también como una aberración de ese largo ascenso hacia el poder supremo.

Y, en efecto, hace tiempo que se observa un reflujo que bien podría ser una inversión de la tendencia. El poder de los Estados de Europa occidental se ha debilitado, aunque esos Estados dispongan hoy de recursos financieros y medios de intervención que sus predecesores de los siglos xviii y xix no habrían podido imaginar. Por primera vez en la historia de Europa, hay Estados que han renunciado voluntariamente a una parte de su soberanía en aras de una organización superior. De ahí que ésta, formalizada en las Comunidades Europeas, haya desbordado desde el primer momento, gracias a las audaces concepciones de Jean Monnet, el marco de una confederación clásica. Por otra parte, el vigor del Estado nacional ha impedido que las Comunidades evolucionaran hacia un conjunto federal.

En 1882 Ernest Renan había afirmado en la Sorbona: 'Las naciones no son nada eterno. Han comenzado y acabarán. La confederación europea probablemente las sustituirá. Pero no es ésa la ley del siglo en que vivimos.'

Efectivamente, el siglo xix ha entrado en la historiografía como el siglo de las nacionalidades, pero el siglo xx no le va a la zaga. Lo que Renan no podía prever era que el proceso unificador fuera a iniciarse por la economía. Pues bien, un libro como éste muestra claramente la fuerza de los mercados en la historia de Europa. ¿Acabarán imponiéndose a los poderes de naturaleza política y cultural? ¿Asistiremos al triunfo de los valores de la economía de mercado? A nivel puramente nacional, los Estados y los pueblos no tendrían fuerza para responder al desafío. También en ese terreno sólo una Europa más unida es capaz de defender los valores que ha elaborado a lo largo de los siglos.

Europa no se deja captar cabalmente si no es con una mirada doble: la mirada retrospectiva, que es la del historiador, y la mirada prospectiva, que es la de los hombres de acción en general y los políticos en particular. Este libro traza un excelente análisis de Europa en la dinámica de sus poderes. Corresponde a los políticos ofrecer una perspectiva de futuro a través de proyectos y realizaciones comunes.

Jacques Santer
Presidente de la Comisión Europea

Prólogo

Hay que ser muy atrevido para querer escribir un libro sobre un aspecto tan fundamental de la historia europea como es el poder, y considerado a lo largo de un milenio. Hoy ya nadie puede dominar con un conocimiento de primera mano la inmensa bibliografía académica referente a un tema de semejante amplitud. El enano que a pesar de todo lo pretenda tendrá que encaramarse a hombros de gigante.

Eso ha hecho el autor de este libro. Se inspiró en el trabajo de los sociólogos estadounidenses Charles Tilly y Michael Mann, que propusieron ideas profundamente innovadoras sobre la evolución a largo plazo de los Estados europeos. Otra fuente de estímulo fue un ambicioso programa de investigación de la *European Science Foundation*, en el que un centenar de estudiosos de veinte países examinaron en sus distintos aspectos los orígenes del Estado moderno en Europa de 1300 a 1800. Este libro debe mucho a las conversaciones mantenidas con buen número de esos colegas y a la lectura de sus publicaciones. Fue muy importante que esa colaboración permitiera saltar las barreras nacionales que todavía obstaculizan seriamente la actividad académica.

Toda problemática histórica es producto de inquietudes de la época que vive el observador. Sin duda es así en este libro, escrito mientras aquello que constituye su objeto, las configuraciones de poder en Europa, experimentaba cambios trascendentales. ¿Por qué los procesos que se están desarrollando en Europa oriental muestran una trayectoria aparentemente opuesta a lo que vemos en el oeste? ¿Qué relaciones existen entre las estructuras políticas y los sistemas económicos, religiosos e ideológicos? ¿Qué factores determinan la estabilidad de los equilibrios de fuerzas? Aunque los orígenes de este estudio sean muy anteriores a 1989, su autor debe reconocer que los acontecimientos contemporáneos le han incitado a escribir y han contribuido a modelar su visión.

En un principio, este libro se proyectó como un análisis de la evolución del poder del Estado en Europa. En la década de 1980 asistimos a una viva polémica sobre los cometidos y funciones del Estado. Muchos pensaban que era preciso «adelgazarlo», porque había llegado a adquirir un poder excesivo. Fue el comienzo de una vorágine privatizadora en la que se vieron arrastradas incluso instituciones tales como museos y archivos, que hasta entonces todo el mundo había considerado «de utilidad pública» y no necesariamente rentables. Estudiando el origen de ese cambio de funciones quizá se vería mejor cuál puede ser el papel real de los Estados y de los poderes públicos en general. Pero también hay que señalar que hace ya tiempo que los Estados no ejercen tanto poder como se ha dicho. El Estado forma parte de una etapa concreta de la historia, que está llegando a su fin. Siempre ha habido otros núcleos de poder activos, y ahora parecen estar cobrando incluso mayor influencia que los tan vituperados Estados. De ahí que el punto de enfoque de este libro pasara del Estado a las diversas configuraciones de poder, sobre todo en las áreas de lo económico y lo cultural, con la esperanza de esclarecer así el debate actual sobre el papel del Estado.

Las dimensiones de la obra no permitían dar una descripción completa de los hechos, ni era ése su propósito. Para ello existen ya los libros de texto. Lo que este autor pretende es centrar la mirada en la interacción de las configuraciones de poder que se han sucedido a lo largo de mil años en las esferas de la política, la economía y la cultura. Si los

Altibajos de la suerte: los moralistas advertían a los grandes de la tierra que tampoco ellos podían escapar de la rueda de Dama Fortuna. Miniatura de una traducción francesa del *De remediis utriusque fortunae* de Petrarca, 1503. París, Bibliothèque nationale de France

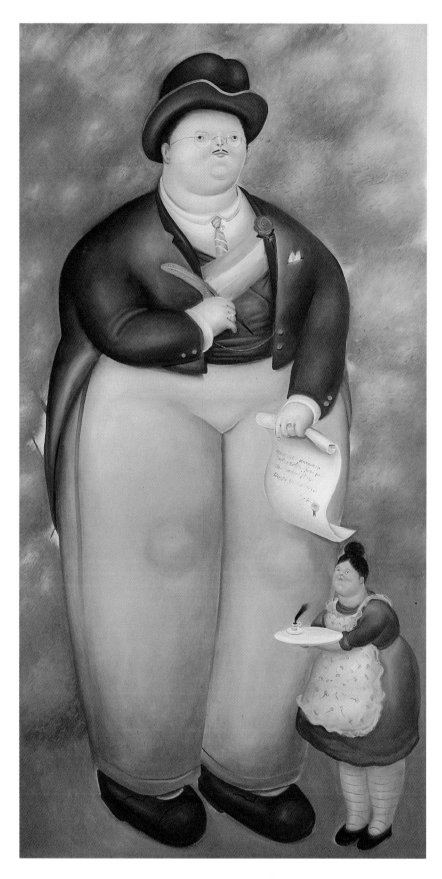

Fernando Botero, *El presidente,* 1969. Munich, Neue Pinakothek

Alfred Kubin, *El poder*, 1903. Dibujo a pluma. Munich, Städtische Galerie im Lenbachhaus

gobernantes aspiran a maximizar sus posibilidades de acción, siempre tendrá que ser en esas tres áreas fundamentales de la actividad humana. La decisión de abarcar el período transcurrido desde aproximadamente el año mil hasta nuestros días brota del convencimiento de que ese período refleja un proceso histórico continuo. Escoger un punto de arranque más tardío habría sido omitir raíces fundamentales de ese proceso; rastrear su continuidad hasta el momento presente justifica el papel del historiador en la sociedad de hoy.

El rey Luis XII de Francia (1498–1515) entronizado bajo dosel; su cabeza aparece de perfil,
como las de los nueve ilustres emperadores romanos de la orla. París, Bibliothèque nationale de France

Introducción
Principios generales y contexto

Dos movimientos contrarios

Precisamente cuando la próspera y ufana Europa de los Doce se disponía a celebrar la unificación de su mercado interior el 31 de diciembre de 1992, se encontró frente a sí con algo que no esperaba: esa otra Europa que durante cuarenta y cinco años había vivido irremediablemente presa tras el Telón de Acero. Ante la mirada atónita de los observadores y de los propios participantes, se sucedieron a velocidad de vértigo una serie de acontecimientos sin precedentes: la retirada voluntaria del imperio soviético de Afganistán y de los países que mantenía ocupados desde el final de la Segunda Guerra Mundial, y la desintegración interna de la propia Unión Soviética. Apenas diez años antes la URSS aún parecía una potencia mundial amenazadora, rodeada de un ancho cinturón protector que, con sus armas, y sobre todo con su ideología, alentaba guerras de liberación en el Tercer Mundo.

Ante cambios tan radicales, tan veloces y sobre todo tan imprevistos, surgen preguntas de cómo y por qué. ¿Cómo se concibe que, mientras en Europa occidental la unificación cobra cada día mayor fuerza, el imperio soviético se disloque y la antigua Yugoslavia retroceda a una atávica guerra civil? ¿Por qué se dan dos movimientos tan contrarios al mismo tiempo y en el mismo continente? ¿Cómo es posible que el nacionalismo y la religión, que en Europa occidental son reclamos cada vez más débiles, en Europa oriental parezcan ser precisamente las fuerzas de cohesión que conducen a la lucha a muerte y hasta al genocidio? ¿Qué es lo que sostiene la unidad de los pueblos y Estados del oeste, si en la Unión Soviética setenta años de unidad política y homogeneidad lingüística e ideológica no han servido, al parecer, sino para revitalizar los antiguos valores

de Dios y Patria? Vistas todas esas contradicciones, ¿existe realmente una «casa común europea», o acaso el continente está realmente integrado por dos mitades incompatibles?

Todas esas preguntas remiten a los vínculos que unen a las personas entre sí. Lo sucedido en las antiguas Unión Soviética y Yugoslavia –y, en grado mucho menor, también en Checoslovaquia y con la reunificación de Alemania– demuestra que la conciencia nacional y las creencias religiosas siguen siendo fuerzas muy vivas en esos países, con una enorme capacidad de convocatoria y en las que no han hecho mella muchas décadas de poder ejercido por un Estado de muy diferentes ideas. El Estado, la religión y la conciencia de pertenecer a un pueblo parecen ser, pues, tres aglutinantes distintos, y a menudo independientes en su actuación. Se han gestado en distintas épocas, con distinta dinámica y en respuesta a distintas necesidades. Las entidades políticas, religiosas y nacionales se han influido mutuamente de diversas maneras, y con ello han originado formas diversas de sociedad.

En el transcurso de los siglos, Europa ha tendido siempre a formar imperios, vastas uniones políticas integradas por muchos pueblos y culturas. El recuerdo del imperio romano ha estado en el pensamiento de todo gobernante que ampliaba considerablemente su territorio. Los emperadores de Bizancio se veían, con toda razón, como los herederos directos del título imperial, y legaron esa ambición tanto a sus conquistadores turcos como a los zares de Rusia. En occidente, Carlomagno fue el primero en ceñirse una nueva corona imperial, en el año 800, y no por casualidad en la mismísima Roma. Al hacerlo, trasladó la ambición

La zancada imperial de Catalina la Grande (Catalina ɪɪ), emperatriz de Rusia (1762–1796). Esta estampa satírica francesa advierte de la expansión rusa hacia el Mediterráneo. París, Bibliothèque nationale de France, Estampes

Napoleón se apropió muchos aspectos del simbolismo romano del poder, según quedó patente en su consagración como emperador en 1804. En contraste con los reyes de Francia, arrebató el protagonismo al clero en el rito de coronación. Detalle de la pintura de J.-L. David. París, Musée du Louvre

imperial de las orillas del Mediterráneo a la región mucho menos desarrollada que delimitaban el Mosa y el Rhin. El Sacro Imperio Romano Germánico pervivió nominalmente hasta 1806 –tras lo cual aún nacerían un Segundo y un Tercer Reich, en 1872 y 1933– pero en esos mil años no forjó nunca un poder estatal efectivamente centralizado. En cambio, en Europa central y oriental los imperios tuvieron un peso mucho mayor. En el siglo XVI el imperio otomano se extendió a los Balcanes y llegó a apoderarse de Hungría. Desde mediados del siglo XVII, Austria y Rusia desplegaron imperios que primero lucharon contra el invasor otomano y después entre sí. La Primera Guerra Mundial decidió la suerte de los tres, dejando en su estela un mosaico de pueblos y pequeños Estados que, a pesar de padecer toda clase de combinaciones a lo largo de siglos de guerras, habían adquirido identidades muy definidas debido a sus innumerables enfrentamientos con la potencia imperial dominante. La Unión Soviética aprovechó la ocasión que le brindaba la Segunda Guerra Mundial para retomar la tradición imperial rusa, empezando por adueñarse de Polonia oriental y de Finlandia en 1939 y de los estados bálticos en 1940. El año 1989 puso fin a esa hegemonía.

Pero las ambiciones imperiales no fueron privativas del este y centro de Europa. El imperio napoleónico abarcó gran parte del continente durante algunos años, enlazando por su simbolismo con la tradición romana. La imaginería clásica de arcos de triunfo, cuadrigas, columnas, coronas de laureles y fasces sería adoptada en el siglo XIX, junto con el título imperial, por potencias deseosas de adornarse con un prestigio suplementario: Francia de 1852 a 1870, Alemania de 1872 a 1918, Gran Bretaña (sólo de nombre) en la India de 1876 a 1947. Tanto el fascismo italiano como el nazismo alemán se revelaron como potencias imperiales, pero sin llegar a dar a sus caudillos el calificativo de emperador. Ahora bien, todos estos imperios occidentales sólo pudieron mantener una expansión territorial importante en Europa durante pocos años. También Gran Bretaña hubo de renunciar a su soberanía sobre casi toda Irlanda en 1921 y 1937, y aún tiene dificultades con el resto. La diferencia con Europa oriental es llamativa: en el este la expansión territorial fue inmensa, casi ilimitada, mientras que en el oeste cada avance chocó inmediatamente con la oposición de las potencias circunvecinas. Por otra parte, todo imperio era vulnerable por la gran diversidad de pueblos reunidos dentro de sus inconmensurables fronteras. En el terreno de lo religioso había mayor homogeneidad: la Iglesia católica respaldaba al imperio austríaco, que a su vez se servía de ella, lo mismo que los imperios otomano y ruso se apoyaban, respectivamente, en la fe islámica y en la Iglesia ortodoxa oficial.

Ciertamente no es casual que los grandes imperios pudieran prosperar en la mitad oriental de Europa pero no en la occidental. Durante muchos siglos, una y otra estuvieron habitadas por dos tipos de sociedad radicalmente diferentes. Los longevos imperios de Europa central, sudoriental y oriental perduraron porque descansaban sobre sociedades arcaicas. Sus poblaciones, escasas y muy diseminadas en grandes territorios, mantenían pocos contactos con el mundo exterior y, por lo tanto, conservaban una fe absoluta en el valor inmutable de sus tradiciones ancestrales. Fue justamente la falta de comunicación entre los pueblos lo que hizo posible que los dominara un poder imperial sostenido por grandes terratenientes. A ello hay que añadir que esos imperios no tenían ni los medios ni la voluntad de llevar la cultura occidental a sus súbditos. A cambio de su apoyo, los grandes terratenientes recibían de la autoridad central amplias facultades para mantener bajo el yugo a la población rural. Las administraciones extraordinariamente abultadas de esos imperios se caracterizaban, en consecuencia, por un poder limitadísimo para comunicarse con sus propios súbditos. De hecho el control del interior quedaba en manos de los grandes terratenientes, que lo ejercían a su arbitrio y sobre todo en provecho propio. Las revueltas campesinas reflejaban una resistencia sólo ocasional y nunca duradera a esa explotación.

En el oeste, por el contrario, las sociedades se diversificaron y articularon en clases. La economía de mercado diversificó los cultivos agrícolas y les dio una orientación comercial. En las cercanías de las ciudades surgió una agricultura intensiva, y de ella una clase de labradores independientes. En las ciudades vivían burgueses bajo sistemas jurídicos emancipados de las estructuras del poder feudal desde la Edad Media. Nacieron distintas agrupaciones sociales para la protección de intereses sectoriales. La vida urbana era sin duda rica en disensiones, pero eso mismo obligó a idear modos de resolver los conflictos de intereses con el debido respeto a los derechos de todos. Las ciudades fueron cuna de formas públicas de gobierno apoyadas en la participación de los distintos segmentos de la población, y su importancia económica, demográfica y cultural determinó los equilibrios de fuerzas en las sociedades de Europa occidental. En las regiones muy urbanizadas la aristocracia no pudo mantener su dominio, como aún podría hacerlo en el este hasta muy avanzado el siglo XIX. Fueron surgiendo frenos y contrapesos al poder, en cuya ecuación la proximidad de muchos centros rivales fue un factor constante. En el oeste ningún protagonista ejerció por

Los emperadores de la Europa moderna no se sirvieron sólo de símbolos, sino de auténticos artefactos romanos
para manifestar la grandeza del Imperio: Carlos VI mandó colocar dos columnas romanas a los lados de San Carlos de Viena (1716–1737).
Acuarela de Lorenz Janscha, hacia 1790.
Viena, Graphische Sammlung Albertina

mucho tiempo el dominio total sobre los restantes grupos sociales: la posibilidad de coaliciones alternativas de sus oponentes, dentro o fuera del sistema, lo impedía. Por eso en occidente se desarrolló un esquema social en el que múltiples actores se contrapesaban mutuamente desde posiciones sociales similares o dispares, viéndose obligados a crear procedimientos de concertación pacífica. La democracia parlamentaria es una creación de Europa occidental basada en esas divisiones multilaterales del poder.

En 1991, con la desintegración de la Unión Soviética, parecen haber desaparecido de Europa los últimos restos del modelo imperial. A la vista del carácter opresor de todo imperio, ese acontecimiento se puede interpretar como un movimiento tardío de emancipación y modernización. Al mismo tiempo, la Europa occidental vuelve a estar muy por delante con la construcción, *desde la base*, de una unión federal de Estados con plena participación de todos sus miembros. Con ello se alcanza una nueva etapa en la relación entre los estados y sus poblaciones, en la medida en que los primeros transfieren competencias y recursos a instituciones supranacionales.

A largo plazo, y descontando las muchas vicisitudes de la historia, parece haber una tendencia continuada a dar mayor alcance a ciertos tipos de aparato estatal. El ejercicio del poder muestra siempre diversas facetas, que en el pasado se expresaron frecuentemente en organizaciones separadas, tales como Iglesias, Estados o tradiciones nacionales. El crecimiento de las instituciones estatales y la extensión de sus competencias ha acarreado inevitablemente un mayor grado de contacto con sus súbditos. ¿Ha conllevado esta ampliación del poder del Estado una disminución equivalente del poder de las iglesias y de los representantes de antiguas academias? ¿Qué va a ser de la influencia de dichas entidades si el poder del Estado sigue aumentando de escala con organizaciones supranacionales? En un momento en que las trayectorias divergentes de Europa occidental y oriental hacen volver los ojos hacia los diferentes modelos de desarrollo que a lo largo de los siglos se han seguido en el viejo continente, el propósito de este libro es examinar el papel e importancia de las distintas configuraciones de poder en la historia europea. De ellas el Estado es la más llamativa, pero desde luego no la única. ¿Por qué surgieron y siguen surgiendo Estados nuevos en momentos tan diversos del último milenio? ¿Por qué tienen la forma peculiar que vemos en los mapas? ¿Por qué han ido adquiriendo mayores competencias a la

El árbol como principio de orden jerárquico, en este caso representando los tres Estados o estamentos de la sociedad medieval:
el clero, la nobleza y la burguesía. La posición del papa por encima del rey Carlos VII y del Delfín de Francia es aquí tan significativa
como la dedicatoria del manuscrito por el Condestable de Bretaña, Arturo de Richmond (1393–1458), que tuvo un papel importante
en la expulsión de los ingleses y al menos temporalmente pudo salvaguardar la independencia de Bretaña.
París, Bibliothèque de l'Arsenal

El movimiento sindicalista abrigaba la esperanza de mejorar la suerte de los trabajadores conquistando el poder político
en las elecciones generales. El líder socialista francés Jean Jaurès pagó sus ideales con la muerte en 1914.
París, Musée Carnavalet

vez que perdían otras? ¿Ha sido su papel realmente tan beneficioso para sus súbditos como querrían hacernos creer los libros de texto? ¿Hubo otras alternativas? Y finalmente, ¿por qué en occidente el poder del Estado parece abocado a una escala cada vez mayor, mientras que en el este parece estar sucediendo lo contrario?

Tres fuerzas integradoras

Cabe preguntarse si distinguiendo tres clases de sistemas sociales, a saber, Estados, religiones y pueblos, se abarcan los elementos necesarios para comprender en todos sus aspectos el proceso de formación del poder en Europa. Hasta ahora hemos pasado por alto un factor que parece haber sido de crucial importancia, al menos para la antigua Unión Soviética y los países del bloque oriental. ¿Acaso no fue, en definitiva, la quiebra de la economía socialista lo que obligó a los regímenes políticos a emprender reformas? ¿No es verdad que el sentido de todas ellas fue la apertura hacia la economía de libre mercado? ¿No constituyen, por lo tanto, las circunstancias económicas un factor esen-

cial para explicar la caída de los regímenes socialistas de Europa central y oriental? Examinemos, pues, si ese factor debería intervenir también con carácter general en nuestro estudio. Ello implicaría relacionar, en la práctica, el concepto muy general de poder con el control de los medios de satisfacción de necesidades materiales (medios de subsistencia y riqueza), lo mismo que con los medios ya citados de coerción y persuasión (valores e identidades colectivas: en una palabra, culturas).

El Estado ejerce el poder desde un centro de decisión y en un territorio delimitado. Para actuar eficazmente tiene que disponer de una superioridad de medios sobre todas las concentraciones de poder particulares que existan en su territorio. Al comienzo de esta introducción ya señalamos que, en los últimos acontecimientos, la nacionalidad y la religión se destacan como fuerzas de formación y desintegración del Estado. Desde el momento en que un pueblo se convence de que necesita un Estado propio para satisfacer sus aspiraciones legítimas, esa conciencia desempeña un papel importante en la disolución de los imperios y la fundación de unidades políticas nuevas,

La lucha entre capitalismo y socialismo. En esta lámina satírica, Hércules,
símbolo del socialismo, vence al centauro Neso, figura del capitalismo.
El enfrentamiento se repite abajo entre un adusto emperador romano y Marianne, símbolo de la Revolución Francesa.
Dibujo en colores a pluma de H.C. Jentzsch, 1896.
Amsterdam, Internationaal Instituut voor Sociale Geschiedenis

Los personajes de Gunnlöð y Þokk, de la Edda Menor, forman parte del patrimonio cultural de Islandia.

La imagen de un pasado común y glorioso constituye la base de toda conciencia nacional.

Ilustraciones de un manuscrito de finales del siglo XVII.

Reykjavik, The Arnamagnaean Institute, Stofnun Arna Magnússsonar à Islandi

que suelen ser estados más pequeños. Parece, pues, que la potencia integradora de la conciencia nacional, esté reforzada o no por unas particulares creencias religiosas, rivaliza con la tendencia que manifiestan los estados. La pretensión de ejercer el poder–es decir, de disponer y regular el reparto de los medios de subsistencia en una sociedad–se puede, pues, disputar a los Estados en razón de su presunta incapacidad para proteger de manera efectiva los intereses culturales que algunos de sus súbditos sienten como legítimos.

En la marcha de Europa, los ejemplos de institucionalización más antiguos han sido casi siempre las confesiones religiosas. En casi todo el continente, el cristianismo se estableció como organización durante el primer milenio de nuestra era, aunque en zonas periféricas esa implantación se retrasó todavía algunos siglos. En el sur de España, por ejemplo, sólo se desalojó al Islam paulatinamente, sin llegar a eliminarlo hasta los decenios que siguieron a la caída de Granada en 1492. La cristianización de Escandinavia y Prusia oriental no se completó hasta la baja Edad Media. Por otra parte, la Reforma y las guerras de religión de los siglos XVI tardío y XVII acarrearon aún muchos ajus-

tes–impuestos por los Estados–en el mapa religioso de Europa. No cabe duda de que la estructura y funcionamiento de las Iglesias es un factor que ha influido de diversas maneras en las configuraciones de poder.

También las bases de las identidades étnicas y lingüísticas estaban en su mayoría asentadas antes del año mil. Pero también en este terreno las migraciones y los procesos de asimilación introducirían después cambios sustanciales, que llegarían a hacer muy tenue el nexo entre un pueblo y un territorio. ¿Qué cultura puede reclamar el derecho exclusivo a una tierra: la que primero la ocupó o la que más tarde implantó allí su dominio? ¿Hasta dónde habría que remontarse en el tiempo para determinar quién posee los derechos más antiguos? ¿Y por qué los derechos más antiguos habrían de ser inmutables?

Tanto la religión como la lengua determinan profundamente el carácter de los individuos y de las comunidades, porque desde los primeros pensamientos, palabras y acciones imprimen su huella en la persona humana y posibilitan su integración en el grupo. De ahí que se las considere como algo inatacable. Un gobierno que no les preste toda la atención y el respeto que

La sociedad bretona conservó sus tradiciones culturales hasta los primeros años del siglo XX.

Paul Gauguin muestra la piedad de las mujeres campesinas en su *Cristo amarillo,* de 1889.

Buffalo, N.Y., Albright Art Gallery

merecen estará hiriendo a sus súbditos en lo más hondo, y tarde o temprano se tropezará con su resistencia. Dado que los poderes políticos, que con el tiempo formarían Estados cada vez mayores y más poderosos, se consolidaron en casi toda Europa después de que se asentaran las estructuras religiosas y la identidad de sus pueblos, tuvieron que tener en cuenta aquellas realidades anteriores. Por ello, las tensiones entre pueblo, religión y Estado se convirtieron en ingredientes básicos de la historia europea. A medida que el poder del Estado se extendía a territorios más dilatados y se inmiscuía en cada vez más aspectos de la vida de sus súbditos, más oposiciones encontraba agrupadas en torno a las identidades primarias del pueblo y la religión.

El último milenio de la historia de Europa muestra claramente un sinfín de procesos de integración que, por su propia naturaleza, no pudieron tener un desarrollo lineal; muchos se vieron interrumpidos, invertidos o retrasados. La voluntad integradora no se limitó, ni mucho menos, al terreno político; también se manifestó, por ejemplo, en el universalismo de la Iglesia católica. En las redes comerciales cabe ver asimismo una fuerza aglutinante. Es evidente que desde el año mil las unidades políticas se han hecho mayores, más abarcadoras, y por ende menos numerosas. Multitud de señoríos acabaron en condados y ducados de mayor extensión, y de éstos nacieron reinos mayores que a su vez absorberían otros principados limítrofes. Los procesos de expansión territorial no fueron en absoluto uniformes ni simultáneos: en 1800, el Imperio germánico aún abarcaba unos trescientos territorios prácticamente autónomos, y aún hoy día existen miniestados como Liechtenstein, Andorra, San Marino y Mónaco. Con todo, hasta 1989 la tendencia general fue la creación de unidades siempre mayores. Si la experiencia de Europa occidental puede servir de guía, cabría aventurar la hipótesis de que, una vez que las naciones que desde 1989 se han sacudido el yugo de imperios y vecinos más fuertes se hayan consolidado en Estados nuevos, de éstos surgirán a su tiempo combinaciones mayores, aunque probablemente a impulsos de un espíritu de cooperación voluntaria.

De hecho, no sólo en el plano político se observa la tendencia a una expansión continuada; sin duda es todavía más visible en la economía, donde en un milenio el alcance de los mercados ha pasado de la distancia que se podía cubrir a pie en media jornada a las dimensiones del mundo entero. La economía mundial funciona sobre un sistema global de división del trabajo y sobre mercados integrados, lo que hace que los productos que compramos sean fruto conjunto de la iniciativa empresarial, la mano de obra, el capital y las materias primas de los cinco continentes. En la medida en que también los bienes culturales están sujetos a mecanismos de mercado, su propagación se efectúa a tenor de los mismos principios.

Era inevitable que, al alcanzar mayores escala e integración, las entidades políticas se tropezaran con entidades de distinta índole formadas por procesos anteriores de integración económica y cultural. La lengua y la religión son dos determinantes muy fuertes–aunque no los únicos–de la identidad de un pueblo, y es obvio que la difusión de ambas en algunas zonas es el resultado de procesos seculares de penetración y asimilación. Otros aspectos de la cultura de un pueblo, como son sus maneras de vestir y alimentarse, la forma de sus viviendas y sus celebraciones rituales, se remontan a tradiciones muy antiguas. En las sociedades modernas esos rasgos característicos son vistos desde fuera, no sin cierto desdén, como cuestión de folclore. Pero ni siquiera los poderosos efectos igualadores de la economía internacional de mercado han hecho desaparecer pautas netamente distintas en la vida cotidiana de las regiones más modernizadas de Europa: la preferencia por la cerveza, el vino o la ginebra, por la *baguette* (la barra de pan) o la hogaza redonda de un kilo, por el sombrero de fieltro o la boina, por las persianas o los visillos, por la ética protestante o la católica, es el reflejo de modelos culturales que han fraguado en el transcurso de los siglos para componer esa infinita variedad que constituye la riqueza de Europa y su atractivo.

Rasgos culturales y experiencias comunes han conferido su identidad a los pueblos al cabo de muchos siglos. Para ello el medio más eficaz ha sido la vida en común y el mantenimiento de contactos mutuos en un determinado espacio. La lengua y la religión han sido esenciales en el proceso ya que la lengua es el medio de comunicación por excelencia y la religión ofrece una visión del mundo como punto de referencia compartido. De una y otra han brotado unas mismas costumbres, ritos, formas de expresión, creencias, ideas y prejuicios, que han remachado a su vez continuamente la identidad colectiva. Durante la fase del llamado nacionalismo cultural que en Alemania, por ejemplo, floreció ya en las primeras décadas del siglo XIX, desembocando en el paneslavismo, los abanderados del movimiento nacionalista explotaron esas tradiciones, que en muchos casos languidecían. Se las sacó del olvido, se engrandecieron y rees-

Las cruzadas del siglo XII marcaron un punto culminante en la lucha de la Iglesia por el poder. Este fresco de Pinturicchio inmortalizó hacia 1500 la bendición del papa a los cruzados que se disponen a zarpar en sus galeras del puerto de Ancona. Siena, Duomo, Libreria Piccolomini

La deificación del emperador mostrada sin rodeos: en 1544,
Hans Reinhart el Viejo presta a Dios Padre el rostro de Carlos v en esta medalla de la Trinidad.
Budapest, Magyar Nemzeti Múzeum

cribieron ciertos hechos históricos, mientras que otros se inventaron descaradamente. La conciencia colectiva fue en parte recreada, cuando no fabulada, según algunos investigadores; mas no por ello dejó de tener consecuencias políticas muy reales.

Por otra parte, es patente que desde hace dos mil años el cristianismo, la más importante de las religiones europeas, ha mostrado una vocación relativamente universalista, aspirando a reunir en su seno a la población del mundo entero. Como estructura formal, la religión no ofrecía grandes posibilidades de afirmar su identidad a cada pueblo por separado; pero las Iglesias no sólo se manifiestan como jerarquía, sino que también han echado raíces a escala local a lo largo de los siglos. La parroquia era por excelencia el lugar de encuentro de la comunidad, allí donde muchas de las costumbres y ritos locales se incorporaron al marco religioso. Por lo que la Iglesia local contribuyó considerablemente a perpetuar las diferentes identidades culturales.

Según eso, ¿cabría clasificar la religión como un factor más de integración, junto al mercado, el sistema político y el pueblo? El cristianismo–y su organización–antecede en muchos siglos a los Estados, los pueblos y los sistemas de mercado de Europa. En su versión griega ortodoxa lo mismo que en la católica, está organizado sobre los vestigios del imperio romano, pero dirigido a toda la humanidad. En los siglos XI y XII las pretensiones de los papas a un poder universal fueron motivo de conflicto con los patriarcas de Bizancio, con emperadores y reyes. La fuerza de integración autónoma de la Iglesia católica se demostró en las cruzadas de los siglos XII y XIII, que, sin embargo, sirvieron principalmente para poner de manifiesto la fragilidad de su poder material. La Iglesia sólo pudo actuar con verdadera autonomía en la primera fase de formación de los Estados, que en occidente quedó prácticamente concluida en el siglo XIII. Desde el XIV fue patente que los papas llevaban las de perder, entre otras razones porque no disponían de recursos militares equiparables a los de los soberanos temporales. Además, el celibato autoimpuesto colocaba a la Iglesia en una posición de sempiterna dependencia respecto a las élites seculares para el reclutamiento de sus miembros. El resultado fue que la religión se vio cada vez más implicada en las estructuras estatales. La Reforma reforzó ese proceso con la aparición del Estado confesional: los soberanos imponían su opción religiosa a sus súbditos, y la Iglesia oficial gozaba de plena libertad para desempeñar su misión dentro del territorio

Esta miniatura del siglo XIII con un músico musulmán y otro cristiano refleja la convivencia pacífica
y la mezcla de culturas que hubo en el sur de España. El Escorial, Biblioteca

nacional; pero al mismo tiempo debía aureolar de divinidad el poder del Estado. Ese fue también el estatuto de la Iglesia ortodoxa en el imperio ruso. En tal contexto, la función integradora de la religión se deriva del poder del Estado, y por lo tanto ya no se la puede considerar un factor autónomo.

Me he referido en primer lugar a la idiosincrasia de las sociedades, que en definitiva constituye un dato esencial. El que la cohesión de una sociedad esté asimismo reforzada por lazos económicos o políticos depende de su grado de inserción en un entorno más amplio. En esta fase de mi argumentación me limitaré a afirmar que el curso que ha seguido la historia de Europa, con toda su diversidad y sus incesantes conflictos, se puede interpretar bajo una nueva luz atendiendo a la interacción continua de tres factores básicos que agrupan a las personas en colectivos, y que por ende las separan e incluso las enfrentan unas con otras: la unidad de cultura, la unidad del sistema económico y la unidad del sistema político. De la congruencia de esos tres sistemas de cohesión dependen la homogeneidad y la estabilidad. Ahora bien, la historia de Europa, en comparación con la de otros continentes, se caracteriza por la continua incongruencia de las unidades culturales, económicas y políticas. Ello ha sido

siempre causa de gran diversidad, de tensiones, competencia, conflictos y guerras. De ahí brota el carácter inquieto del europeo, que le ha capacitado precisamente para realizar empresas excepcionales que los habitantes de otras partes del mundo, si acaso llegaron a acometerlas, nunca han podido igualar.

Alrededor del año mil, que he escogido como punto de partida de mi exposición, sólo el contorno meridional del continente europeo gozaba de un alto grado de desarrollo: la España musulmana, Sicilia, el sur de Italia, las costas de los mares Adriático y Egeo y del Mar de Mármara, por entonces núcleo del imperio bizantino. Comparado con el nivel cultural, económico y político de esas regiones, el resto de Europa yacía en un lamentable atraso. Nada dejaba suponer que Europa occidental, desde Italia central hasta Lübeck, estaría llamada a desarrollar una cultura que conquistaría el resto del mundo. Ni siquiera en 1500 manifestaba Europa una clara ventaja sobre, por ejemplo, los imperios chino u otomano. Al contrario, su fragmentación hacía vulnerables a los distintos Estados, e incluso al imperio de Carlos v, frente al empuje militar de los turcos.

Sin embargo, ya estaban puestos los cimientos de un modelo europeo de sociedad, muy distinto de cuantos habían florecido en otros lugares. Su primer

Escena en una calle de Florencia, con un palacio fortificado y mansiones de severo aspecto:
detalle de un fresco pintado hacia 1426 por Masaccio y Masolino en la Capilla Brancacci de Florencia.

rasgo específico sería precisamente la diversidad. En los imperios que acabo de mencionar, un solo centro de poder imponía a la población su triple dominio, religioso, económico y político. En Europa los intentos de instaurar esa clase de poder totalitario nunca duraron mucho, y si en algún caso prosperaron, como en Rusia, lo único que consiguieron fue agravar el retraso relativo de la zona en comparación con el oeste. Bien es verdad que la Iglesia católica, desde sus orígenes en el bajo Imperio romano, aspiró a un poder universal; pero pronto se tropezó con la resistencia de los soberanos temporales, que de hecho redujeron su marco de influencia al de cada uno de los Estados. Desde la Reforma, esa situación fue incluso elevada a principio, surgiendo así Estados católicos y protestantes. Pero la existencia de una infinidad de Estados rivales, pequeños y grandes, daba siempre al heterodoxo la posibilidad de huir a un territorio donde se le dejara vivir en libertad con sus convicciones. De ese modo, las ideas nuevas hallaron siempre un lugar de acogida.

La pluralidad de poderes que competían en los ámbitos político y religioso significó, pues, para Europa occidental un clima de relativa libertad, propicio para el desarrollo de concepciones propias. En general, y aunque a veces un conservadurismo estrecho pusiera trabas a la experimentación y la innovación, el pensamiento científico encontró aquí más oportunidades de desarrollarse que en los grandes imperios. Algo semejante se puede decir de la economía. Mientras que el imperio otomano intentó –hay que decir que en vano– controlar todos los mercados e imponer entregas periódicas en los depósitos estatales a precios prefijados, en Occidente la diversidad de pequeñas bolsas de poder imposibilitó algo parecido. Más aún, el desarrollo económico se dio sobre todo en ciudades notablemente autónomas y regidas por comerciantes. Si el Estado se entrometía demasiado –con impuestos excesivos, guerras, trabas religiosas o administrativas que entorpecieran la libertad de comercio–, el capital huía a refugiarse en otro sitio. También el desarrollo económico escapó de las garras sofocantes de un único centro de poder hasta las vísperas de la industrialización. La diversidad podía ocasionar perjuicios a escala local sin que por ello se hundiera el sistema comercial en sí. De hecho la competencia entre las distintas zonas y centros mercantiles inducía a calcular muy atentamente la probabilidad del beneficio y a estar siempre al acecho de las circunstancias más favorables. Al igual que la democracia parlamentaria, el capitalismo es un sistema típicamente europeo que nació con un gran potencial de desarrollo en ese entorno altamente diferenciado. La variedad de los núcleos culturales y de poder fue también un terreno propicio para el florecimiento del pensamiento racional y empírico-deductivo sin el cual no habrían sido posibles ni las revoluciones científica, tecnológica e industrial ni el concepto de la soberanía popular.

Un milenio de grandes sistemas de poder

El objeto de este libro es vasto y muy ambicioso, lo cual tiene sus ventajas y sus inconvenientes. Empecemos por éstos: un solo autor difícilmente puede reunir todos los conocimientos necesarios; además, se ve forzado a hacer una selección drástica de los datos de que dispone, cuya representatividad rara vez se puede demostrar estadísticamente. El riesgo de caer en una argumentación demasiado abstracta, muy alejada de la realidad material de los hechos, es enorme. Entonces, ¿por qué intentarlo? Aparte de las descripciones de hechos concretos, un análisis más totalizador también merece atención, porque en él pueden aflorar tendencias generales y continuidades. La consideración de un marco extenso en el tiempo y en el espacio ofrece la posibilidad de explicar los sucesos individuales desde su ubicación en el conjunto y dentro del proceso a largo plazo.

Si se ha elegido el espacio de un milenio no ha sido por afición a los números redondos, sino porque da la casualidad de que al término del siglo X empezaron a manifestarse, en el Mediterráneo y Europa occidental, toda una serie de tendencias nuevas que a la larga iban a ser decisivas. Para entonces se habían estabilizado ya las grandes divisorias lingüísticas, las estructuras eclesiásticas estaban consolidadas y cobraban nuevo ímpetu, y en la producción agrícola se iniciaba un crecimiento que a su tiempo daría origen a un comercio intenso y al auge de las ciudades. El poder de los soberanos iba tomando un carácter más duradero y menos dependiente de su personalidad. El emperador germánico, y algunos decenios después los reyes de Francia, Inglaterra, León y Castilla, así como muchos príncipes territoriales de menor rango, comenzaron a ensanchar el aparato administrativo que formaría el núcleo de los Estados futuros. El rumbo iniciado en el siglo XI daría a Europa un nuevo rostro, desencadenando una dinámica que ya no se interrumpiría y que aún hoy se manifiesta a escala mundial.

Con esto no quiero decir que el camino recorrido desde el año mil haya tomado una única dirección: el curso real de los hechos ha sido muy complejo para ello, y aun contradictorio. Pero sí está claro que el crecimiento continuo de la producción y de la población, así como la formación de los Estados y el desarrollo de la economía capitalista de mercado, se iniciaron entonces. En unas regiones sería antes y en otras después, pero la tendencia marcada por las primeras fue inequívoca. Los centros de gravedad y las áreas avanzadas variaron con el paso de los siglos, acá y allá hubo estancamientos y retrocesos, pero la dinámica de los sistemas siguió adelante y aún continúa. Sólo mediante un alto grado de abstracción es posible analizar y comprender procesos de semejante duración.

No es corriente realizar estudios sobre los últimos mil años, aunque recientemente hemos tenido algunos ejemplos brillantes. Lo habitual es escoger como punto de partida o llegada la industrialización o las grandes revoluciones de los siglos XVIII y XIX. También yo reconozco la importancia de las transformaciones estructurales que se produjeron en ese período de transición, y se contemplarán en estas páginas. Pero hay que decir que las revoluciones fueron fases de aceleración dentro del dilatado proceso de formación de los Estados, cuyo poder contribuyeron precisamente a acrecentar con sus cambios. En el siglo XIX los Estados ya no eran un fenómeno nuevo, ni tampoco los mercados. Cabe por tanto prestar una atención no menor a las continuidades, tanto más cuanto que toda clase de obstáculos y movimientos contrarios, por ejemplo el regionalismo, de hecho venían inspirados por situaciones anteriores. En el transcurso de los siglos se ha producido un continuo reedificar sobre cimientos antiguos.

Junto al largo período abarcado, el ámbito espacial extendido a la totalidad de Europa es también una elección ambiciosa y arriesgada, pero defendible. Permítaseme empezar reconociendo que esa opción implica a su vez ciertas limitaciones: apenas se hará mención de las colonias, aunque políticamente formaron cuerpo con sus metrópolis. Tampoco puedo extenderme sobre la influencia que zonas culturales vecinas, como el Islam, ejercieron sobre la evolución interior de Europa. Es indiscutible que con el paso del tiempo las sociedades humanas han funcionado cada vez menos como sistemas cerrados. No obstante, y en aras de la claridad del conjunto, partiré del supuesto de que, exceptuando la irradiación de la ciencia arábiga en el sur de España y en Sicilia durante la Edad Media, las influencias recibidas por Europa del exterior no fueron decisivas hasta el siglo XX.

Por el contrario, me parece que un estudio de la formación de sistemas de poder en modo alguno puede fundarse en una delimitación territorial demasiado estrecha. En primer lugar, porque las propias fronteras no han permanecido quietas, de manera que, tomando un área reducida, el objeto estudiado cambiaría de dimensión a lo largo del tiempo, quedaría

borroso y le faltaría un aspecto esencial, que es precisamente el territorio. En segundo lugar, porque tanto el territorio como el funcionamiento interno y externo de los sistemas de poder político vienen determinados en gran medida por sus propias interacciones. En tercer lugar, la amplitud del territorio permite aportar a las observaciones una variedad que considero esencial, porque ayuda a evitar las conclusiones sesgadas a que podría llevar la exigüidad de la muestra. En cuarto lugar, y en esto reside uno de los elementos fundamentales de mi óptica, es importante tener en cuenta la pluralidad de sistemas que nunca han llegado a superponerse del todo. Precisamente porque algunos de esos sistemas, por ejemplo los imperios y la Iglesia católica, aspiraron a una extensión muy grande, hay momentos en que las líneas de demarcación podrían resultar artificiales.

La idea de la pluralidad de los sistemas de poder ha surgido varias veces en las páginas que anteceden. Tan simple y evidente parece, que la comprobación de que prácticamente nunca se estudia resulta asombrosa. La inmensa mayoría de los estudios se limitan a una única esfera, por ejemplo la política, o a lo sumo combinan dos, el Estado y la economía, o la Iglesia y el Estado. Mi punto de partida es que el ejercicio de un poder sobre colectividades puede girar, por definición, en torno a tres ámbitos principales: primero, el de la coerción, que en los casos extremos puede ir acompañada de una violencia física que toma su legitimación del servicio al aparato de poder; segundo, el de la apropiación de bienes materiales escasos; tercero, el de la cultura, por lo cual entiendo a la vez la orientación de una comunidad hacia ciertos valores y normas, la visión que tiene del mundo y de sí misma y la expresión de esa visión. Creo que es posible remitir todas las demás formas de ejercicio del poder a uno u otro de esos tres ámbitos. Mi tesis, pues, es que para comprender el ejercicio del poder en una sociedad es necesario atender simultáneamente a los tres. El poder será tanto más global cuanto más coincidan en la práctica; a la inversa, cuanto más autónomos sean, o incluso contradictorios entre sí, mayor será la libertad de acción de que dispongan los individuos. Lo apasionante de la historia de Europa es que las tres formas de poder han sido casi siempre ejercidas por instituciones netamente distintas, a pesar del encarnizado empeño que algunos han puesto en conquistar el poder total: eso que los papas del siglo XI, en su duelo con los emperadores germánicos, llamaban la *plenitudo potestatis*. Ha sido muy frecuente que esas instituciones colaborasen estrechamente entre sí, pero reivindicando cada una sus derechos. Mi objetivo no es descubrir cuál de esos sistemas logró la supremacía sobre los otros, sino

Los reyes anglosajones, provistos de un aparato estatal muy bien organizado para su época, gobernaban,
dictaban leyes y administraban justicia por medio del *witan,* un consejo de prelados y laicos.
El rey y el *witan* administrando justicia y una ejecución en una miniatura del siglo xı. Londres, British Library

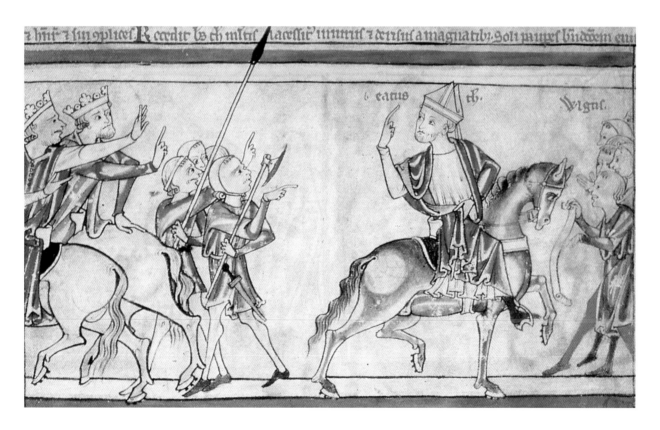

Tomás Becket, arzobispo de Canterbury después de ser canciller de Enrique ıı de Inglaterra, pagó con el martirio las tensiones entre la Iglesia
y la corona. A la izquierda, Becket excomulgando a secuaces del rey; a la derecha, el concilio de Montmirail (1169),
donde Becket y Luis vıı de Francia negociaron con Enrique ıı. Londres, British Library

cuál era su configuración recíproca en cada caso y en qué medida esa configuración esclarece el devenir concreto de los acontecimientos.

Un par de ejemplos ilustrarán mi punto de vista. La situación de un pueblecito del sur de Italia que en la década de 1950 tiene que servir a dos amos rivales, el alcalde comunista Peppone y el enérgico cura don Camilo, refleja los límites de un poder circunscrito a un ámbito. Al contrario, la continuidad de la postura dominante del gran terrateniente francés del siglo XIX, que en colusión con el cura mantiene a los campesinos en la pobreza y la ignorancia, pero aun así sale siempre reelegido por ellos, tipifica la plenitud de poder en una comunidad relativamente cerrada.

Tal vez convenga precisar el concepto de cultura en el sentido en que lo utilizo. Según la acabo de definir, la cultura comprende muchos y muy diversos elementos: concepciones del mundo y del más allá, juicios sobre lo que puede permitirse y lo que debe ser rechazado, la determinación de quién pertenece a la comunidad y quién le es ajeno, y la expresión de todo ello. Hemos hablado ya de religiones que sostienen opiniones acerca de todas esas cosas, pero también de la conciencia que los pueblos tienen de sí mismos. Se ha dicho que el universalismo de la fe cristiana no le permitió funcionar sin más como vehículo de las tradiciones populares en todas partes, aunque los curas se dedicaran en cada parroquia a la integración local. Junto a la visión del mundo propia de la religión se manifestaron otras interpretaciones de la realidad, en forma de relatos históricos y mitos sobre los orígenes de los pueblos y de sus líderes. En la época del romanticismo, la conciencia nacional de los pueblos cobró nuevos bríos y pasó a ser una fuerza autónoma. En nuestros días los medios de comunicación de masas han adquirido una influencia nueva y arrolladora, tanto sobre la cultura material como sobre la imagen que las comunidades se hacen del mundo y de ellas mismas. Con independencia, pues, de épocas y lugares, la dimensión cultural asume contenidos diferentes que se justifican por su analogía funcional.

Por todo lo dicho, este estudio no versa sobre una forma específica de ejercicio del poder, como podría ser el Estado, sino sobre el ejercicio del poder como tal. No partimos de un modelo determinado, como sería la formación del Estado nacional centralizado, sino de la pregunta de por qué en estos diez siglos se han manifestado siempre grandes diferencias en la cronología y naturaleza de las configuraciones de poder, a despecho de las interacciones y aumentos de escala en distintos ámbitos. La dimensión cultural del problema recibirá particular atención en sus aspectos visuales, que para la mayoría de los contemporáneos

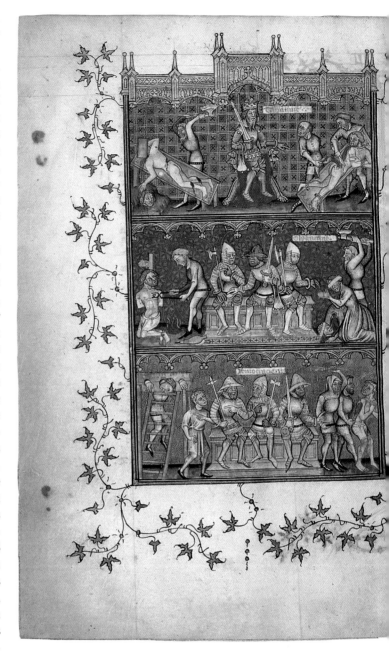

Tres ejemplos de mal y buen gobierno se yuxtaponen en la traducción francesa de la *Política* de Aristóteles que hizo Nicolás de Oresme en el siglo XIV.

A la izquierda, el mal gobierno: tiranía, oligarquía y democracia;
a la derecha, el bueno: monarquía, aristocracia y timocracia.
Bruselas, Bibliothèque royale de Belgique

constituían el medio más importante por el que los gobernantes trataban de convencer de lo bien fundado de sus objetivos a quienes vivían bajo su férula.

Al analizar los sistemas de poder en Europa durante el último milenio, intentaremos también responder a la pregunta de cómo las instituciones han adquirido o perdido ciertas tareas, competencias y funciones a lo largo del tiempo. Dicho en términos concretos: se puede observar que la pérdida de una serie de funciones por parte de las Iglesias ha ido aparejada, sobre todo en los dos últimos siglos, a una extensión considerable del conjunto de competencias asumido por los Estados. A esa extensión se opusieron enérgicamente, durante la década de 1980, políticos conservadores y neoliberales que, convencidos de que el Estado se había arrogado demasiadas competencias, emprendieron fuertes campañas de privatización. Dentro de ese debate no es ocioso preguntarse cómo, en qué circunstancias y bajo la presión de qué necesidades, se produjo la adquisición o la pérdida de funciones, y cómo se colmaron los huecos. Es sorprendente la escasa atención que en la controversia actual se presta a la extensión del poder de las organizaciones comerciales, sobre todo en el ámbito de la cultura, que en otros siglos las Iglesias y los Estados ansiaron monopolizar. La elección del largo plazo y de una perspectiva espacial que abarca toda Europa debería permitir aclarar precisamente una serie de aspectos nuevos del problema de la formación y pérdida de los distintos tipos de poder.

CAPÍTULO I
La conquista del territorio

Distancia y comunicación

Hacia el año 300 el emperador Diocleciano reorganizó el imperio romano, creando varios cientos de provincias a partir de las cuarenta y dos que había en el siglo II y subdividiéndolas en *civitates*. Los centros administrativos de las áreas así delimitadas serían las ciudades, unidas entre sí y con Roma por una óptima red de caminos rectos. El trazado de cada ciudad reflejaba el carácter planificado y sistemático del ordenamiento: un rectángulo de calles en cuadrícula, con ejes que conducían desde las puertas a una plaza central, el *foro*, donde una *basilica* y varios templos expresaban los valores establecidos del orden público.

Esa planificación metódica a gran escala, aplicada hasta la unidad más pequeña, ha inspirado a muchas autoridades posteriores, y quizá en grado máximo a los innovadores de la Revolución Francesa y el imperio napoleónico. No obstante, nunca más semejante concepto de Estado imperial se volvería a hacer realidad en Europa. Fue un modelo ideal, a menudo imitado fragmentariamente, pero nunca igualado en magnitud y grandeza. Se tomarían de él elementos sueltos, como el lenguaje arquitectónico romano y el simbolismo del poder, sus títulos (césar–káiser–zar, pontifex, cónsul, prefecto, diócesis, civitas), y, sobre todo a partir del siglo XII, el sistema jurídico. El hecho sorprende tanto más cuando se piensa que los medios técnicos, sin duda desde el siglo XVII, aventajaban a los del período romano. No radicaba, pues, el problema en la tecnología sino en la organización, y más concretamente en la capacidad de ejercer el poder sobre las personas. Precisamente

porque su superioridad técnica no era muy grande, los romanos tuvieron siempre serias dificultades para resistir la presión de los pueblos limítrofes, y al final el imperio no pudo seguir manteniendo ese esfuerzo. Los ejércitos permanentes que custodiaban las largas fronteras del Rhin y del Danubio contaban entre 300 000 y 400 000 hombres. Esos efectivos no se volverían a alcanzar en Europa hasta aproximadamente 1635 en España (300 000 hombres) y 1705 en Francia (400 000). Los 80 000 kilómetros de red viaria, con sus mojones, postas y posadas, constituían la espina dorsal de la organización del Estado romano, expresión tangible de su integración y su centralización. Hasta el siglo XVIII no empezaron los Estados de Europa a construir sistemas de comunicación semejantes dentro de sus fronteras, y siempre a una escala mucho más modesta.

Las necesidades del Estado romano determinaron su organización económica. Existía, desde luego, la libre empresa privada, pero ante todo había que asegurar el abastecimiento de trigo para Roma y las ciudades de guarnición. El Estado repartía grandes extensiones de tierra entre los veteranos del ejército. Gracias a la intervención estatal se regulaba el mercado de trabajo mediante un suministro continuo de esclavos. Eran el Estado y sus funcionarios quienes ponían en marcha las grandes obras públicas; los empresarios ocupaban una posición menos destacada en la sociedad. Existía una religión oficial, en la que los emperadores deificados ostentaban un lugar de honor. El reconocimiento del cristianismo por el emperador Constantino

Mapa de la isla de Bretaña hacia 1240, donde se muestra claramente la Muralla de Adriano, levantada entre los años 122 y 128 d. C. como frontera entre Inglaterra y Escocia. Ilustración de la *Chronica majora* de Matthew Paris. Londres, British Library

en 325 y su elevación a religión de Estado en 391 consiguieron incorporar al imperio un movimiento de liberación que como ideología alternativa acaso hubiera podido socavarlo desde dentro.

Se puede afirmar, aunque cabrían muchas matizaciones, que en el imperio romano, el poder del Estado estaba tan unido a la observancia religiosa y a otras manifestaciones culturales (pensemos en el papel del teatro, del culto al cuerpo y de los juegos), y su influencia en la vida económica era tal, que en gran medida las tres áreas del poder coincidían. El poder político se servía de la economía y de la cultura para lograr sus fines.

La extensa cobertura del aparato estatal de Roma sólo se revela en toda su grandeza cuando se la compara con intentos posteriores de establecer grandes imperios. El Sacro Imperio Romano Germánico, nominalmente el primer heredero de Roma, desde la coronación de Carlomagno en el año 800 y hasta su disolución en 1806 –conquistada buena parte de su territorio por Napoleón– no fue nunca tan dilatado, y sobre todo nunca experimentó una integración tan sólida en lo administrativo ni un grado equiparable de centralización; fue siempre un conglomerado bastante artificial de principados y otros territorios esencialmente independientes. Sólo en circunstancias excepcionales, y por períodos breves, fue posible llevar adelante una política imperial con recursos específicamente imperiales. De hecho, el Imperio debió su larga supervivencia a la extremada limitación de su poder.

Una gran época del Imperio, o del poder de los emperadores, para ser más exactos en este contexto, fue la de la dinastía Hohenstaufen, que tuvo sus figuras más destacadas en Federico I Barbarroja (1152-1190) y su nieto Federico II (1211-1250) el qual fue también rey de Sicilia. Ambos se dejaron fascinar por las ricas tradiciones culturales de la región mediterránea, sino que se orientaron progresivamente hacia Italia y el Levante, tomando parte activa en las cruzadas. En teoría su autoridad se extendía a lo largo de un eje norte-sur de unos tres mil kilómetros. De poniente a levante la distancia mayor era de unos mil kilómetros, o sea, sólo una parte de la superficie del imperio romano. Y sin embargo, estos dos emperadores poderosos se vieron muy apurados para mantener su autoridad sobre sus súbditos alemanes además de Lombardía y Sicilia. Sus rivales espoleaban la rebelión de barones y municipios, que los emperadores tenían que apaciguar con concesiones a toda hora. Su sucesión fue disputada; a 1250 siguió un largo interregno que dañó gravemente el poder imperial, y Sicilia quedó perdida para los Hohenstaufen tras pocos años de lucha.

Ese episodio pone de relieve algunas diferencias fundamentales de estructura entre el imperio romano y las potencias expansionistas posteriores. Ante todo, el imperio romano nació de la conquista de regiones que en muchos casos, como el de Europa, mostraban un nivel inferior de desarrollo. Disponían de armamentos menos efectivos; su organización política (y por ende militar) era más reducida y menos estable; militarmente eran, por lo tanto, más débiles. En segundo lugar, parece inexcusable subrayar que las conquistas romanas se escalonaron a lo largo de tres siglos, lo cual hizo posible una integración sistemática de las nuevas provincias. En tercer lugar, durante las primeras fases las conquistas fueron obra de generales al servicio de la República. Un Estado ya consolidado encomendaba a sus servidores conquistar territorios que a continuación se añadirían al propio Estado, rendirían tributos y cuya población podría adquirir derechos de ciudadanía. La República –*res publica*, la cosa pública– era la persona jurídica que realizaba la acción, y el imperio perpetuó ese papel. Un general victorioso podía esperar para sí triunfo, fama y riquezas, a lo sumo un arco conmemorativo, posiblemente un cargo de prestigio; pero el territorio que había tomado por las armas pertenecía al Estado. Roma consiguió mantener su hegemonía durante largo tiempo precisamente gracias a su sistema racional de explotación de los recursos humanos y materiales de todos los territorios sometidos.

Muy distinta sería la situación de la Europa posterior en cada uno de esos aspectos. En primer lugar, las migraciones masivas que se sucedieron entre los siglos V y X redujeron las disparidades de desarrollo, al menos en el oeste. En general, los monarcas rivales europeos de la Edad Media y comienzos de la edad moderna se batían en igualdad de condiciones. Segundo, era muy frecuente que el conquistador o sus descendientes volvieran a perder en poco tiempo lo conquistado, sin que hubiera ocasión de consolidarlo. Tercero, los príncipes consideraban el territorio esencialmente como patrimonio de su dinastía, que podían adquirir y controlar en persona sin que ello hiciera variar de estatuto las áreas sometidas a su autoridad. Era un patrimonio que se podía transmitir, acaso repartir entre varios herederos, o, faltando éstos, pasar a otras manos por procedimientos más o menos legítimos. El concepto abstracto de república, que los romanos habían desarrollado constitucionalmente mucho antes de los inicios de la era cristiana, no hallaría aceptación en la Europa posterior sino con dificultad, y siempre con gran disgusto de las dinastías reinantes, como es fácil comprender.

El proceso de formación de los territorios era muy caprichoso, porque el conquistador no representaba a una organización impersonal como el Imperio, sino que era un príncipe de carne y hueso que no obraba

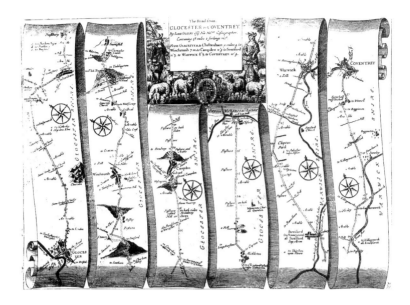

Mapas prácticos de distintas rutas entre Gloucester y Coventry, por John Ogilby, 1675–1698.

Bajo el antiguo régimen, la red viaria mejor y más extensa de todos los países occidentales era, con mucha diferencia, la de los Países Bajos.

Desde la baja Edad Media fue costumbre copiar ceremonias fastuosas de la Roma clásica, como este *Triunfo de un general romano.*

Plato de Limoges por Jean de Court, segunda mitad del siglo XVI. Berlín, Staatliche Museen Preussischer Kulturbesitz, Kunstgewerbemuseum

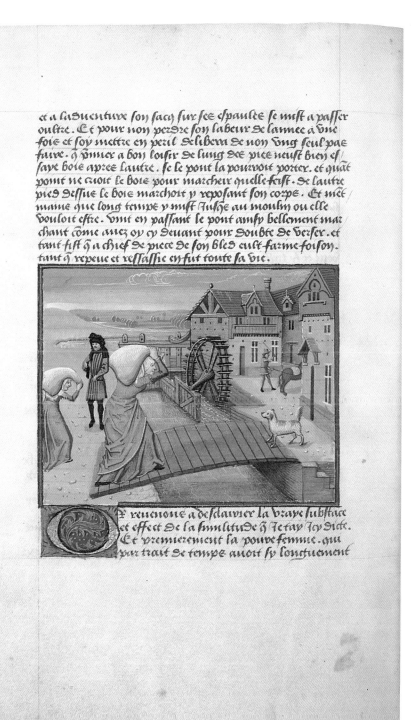

et a lasuenture son sach sur ses espaulte se mist a passer
oultre. Et pour non perdre son labeur de larmee a une
fois et soy mettre en peril deliberra de non ung seul pas
fuire. q pmier a bon loisir de lung des pies neust bien et
saye bote apres lautre. se le pont la pouuoit porter. et quât
pomit ne cuoit le bote pour marcher quelle fust. Se lautre
pies dessue le bote marchoit y reposant son corpe. Et mét
mame que long tempe y mist Jusbe au moulin ou elle
boulott estre. Vint en passant le pont amsy bellement mar
chant come auez oy cy deuant pour doubte de verser. et
tant fist q a chief de piece de son bles eust farine foison.
tant q repeue et ressassie en fut toute sa vie.

Et reuenone a desclairier la vraye substace
et effect de la similitude q Je tay Jcy dicte.
Et premierement la poure femme. qui
par trait de tempe auoit sy longuement

Hasta el siglo XIX la propiedad de la tierra, con su correspondiente dotación de mano de obra y ganado,
fue la forma de riqueza más importante en la Europa interior.
Señorío con su molino y mujeres trabajando, hacia 1470–1480. Cambridge, The Fitzwilliam Museum

La legitimación del poder principesco por la gloria de sus orígenes se hacía llegar hasta los tiempos más remotos;
un árbol genealógico ilustre era esencial para toda dinastía.
Parte del árbol genealógico de los reyes de Aragón, en una miniatura de Simon Bening, 1530–1534.
Londres, British Library

Desde el siglo XIII el aumento del comercio hizo imprescindible una red internacional de información y comunicación.
Muchos comerciantes organizaban sus propias mensajerías.
Franciabigio, *Retrato de un joven escribiente,* siglo XVI. Berlín, Staatliche Museen Preussischer Kulturbesitz, Gemäldegalerie

por el bien público sino por su dinastía, aunque fuera, como lo eran los Hohenstaufen, el propio emperador germánico. Luchaban por la *Hausmacht*, por la herencia de su dinastía, fundamento de su prestigio y de su poder. La existencia azarosa de los príncipes y los imponderables de su sucesión hicieron de la concepción patrimonial de la autoridad un factor de discontinuidad y división. Más adelante en este capítulo trataremos de ahondar en las circunstancias determinantes de que los territorios formasen o no combinaciones duraderas.

De lo dicho se desprende que, tras la fragmentación y el colapso final del imperio romano en el siglo V, controlar el territorio se volvió una tarea mucho más ardua. El poder se hizo directo y personal. El monarca tenía que estar físicamente presente para hacerse respetar, y eso le obligaba a viajar continuamente. El concepto alemán de *Reisekönigtum*, textualmente 'realeza itinerante', indica la necesidad de los primeros monarcas medievales de estar siempre moviéndose entre los distintos centros de su poder territorial. En esa época la economía retrocedió a un fuerte grado de autarquía porque los caminos eran peligrosos, los medios de transporte escasos y los mercados inestables. Poco quedaba del sistema romano de imposición centralizada. Las monedas de oro se fundían para hacer joyas y objetos de culto, porque habían perdido su función de medio de intercambio universal. En el fondo no había ya ningún Estado que garantizase el valor del dinero, y el comercio quedó limitado a los artículos de lujo y al trueque. La propiedad de la tierra, con sus correspondientes dotaciones de mano de obra y ganado, pasó a ser la principal forma de riqueza. Por todo ello, los monarcas no tenían más remedio que visitar periódicamente sus dominios, acompañados por una escolta armada y aprovechando in situ los suministros disponibles. Las sedes del poder de los reyes carolingios, que ellos denominaron palts, del latín *palatium* (palacio), eran poco más que una amplia construcción amurallada y unida a una extensa explotación agrícola.

En el momento de mayor auge del Imperio, bajo el reinado de Carlos V (1519-1555), la delicadísima cuestión de las relaciones entre la Iglesia y el Estado muestra hasta qué punto era incapaz el emperador de imponer sus ideas a los príncipes vasallos, ya que tuvo que aceptar contra su voluntad que muchos de ellos apoyasen activamente el protestantismo en sus territorios. El sueño imperial de Napoleón, mucho más efímero, no hizo sino demostrar con su rápida desintegración la imposibilidad de repetir el ethos del imperio romano en Europa. Una red de caminos bien pavimentados, con mojones indicadores de las distancias, caballos de posta cada diez millas (quince kilómetros)

y posadas para los viajeros cada veinte millas, por donde un servicio postal del Estado llevaba mensajes a una velocidad media de cuarenta millas por día: una realización semejante a la del imperio romano sólo se repetiría, y a escala mucho más modesta, pasado el siglo XVI. Debido a lo mucho que tardaron los gobiernos en comprender la importancia de una red de comunicaciones eficiente, viajar era una empresa arriesgada, y sobre todo muy lenta: cruzar el Imperio germánico en cualquier dirección requería un mes; todavía en 1765 las noticias de París tardaban doce días en llegar a Marsella, catorce a Burdeos y dieciséis a Tolosa; Rennes estaba a ocho días de camino, Estrasburgo a diez; para atravesar el reino de Lille a los Pirineos o de Estrasburgo a Bretaña había que disponer de tres semanas por lo menos. La creación en 1775, por obra del ministro Turgot, de un servicio oficial de diligencias, la *Régie des diligences et messageries*, redujo notablemente los días de viaje: entonces se pudo llegar a Marsella y Tolosa en ocho días, a Rennes en tres y a Estrasburgo en cinco.[1] Esto se lograba cuando ya James Watt daba los últimos toques a su máquina de vapor; pero aún se dependía totalmente de unas técnicas que en lo sustancial no diferían de las que había conocido Roma. El que hicieran falta diecisiete siglos para recrear en pequeño su sistema de comunicaciones dice mucho sobre la importancia de la organización en gran escala de los medios humanos.

Notas en p. 73

Desde el siglo XIV algunas organizaciones comerciales se dotaron de sistemas de difusión rápida de noticias a través de Europa. Hacia 1400 las cartas de crédito y la correspondencia comercial circulaban ya en abundancia entre las ciudades mercantiles, desde Koenigsberg hasta el Mar Negro vía Brujas y Génova. Por término medio, la duración máxima del viaje desde Génova estaba establecida en seis días para ir a Milán, diez a Roma, veinte a Barcelona y treinta a Valencia y Montpellier; dos meses para Brujas, y tres para Londres, eran plazos aceptables. En aquella época el servicio de mensajeros personales vino a ser una actividad lucrativa, de la que también hacían uso los monarcas. Los duques de Milán acudían a esos servicios con gran dispendio en momentos de tensión o de guerra; hacia 1450 organizaron para sí un sistema de relevos por etapas de entre trece y veinticuatro kilómetros con mensajeros que también viajaban de noche, con lo cual consiguieron cubrir la distancia de Milán a Roma en unas ochenta y cuatro horas. El mejor correo comercial tardaba entonces por lo menos siete días en cubrirla; los correos personales del papa, cinco o seis días; los servicios ordinarios, diez u once. Hablamos, claro, de un medio costoso y excepcional, del que sólo se disponía para ciertas rutas muy concretas. La familia bergamasca de Tassis tuvo a su cargo el correo pontificio durante varias generaciones; en 1490 estableció un importante servicio postal regular entre Malinas, Innsbruck e Italia, al que el emperador católico Maximiliano otorgó un monopolio en 1500. Con todo, la duración de los viajes por tierra apenas se redujo entre 1500 y 1750. De Venecia a la costa meridional de Inglaterra o a Hamburgo, se seguía tardando tres semanas; a Lisboa o Moscú, seis. Cuanto mayor fuera el número de obstáculos naturales o artificiales que hubiera que sortear, y menor la densidad de población –y por lo tanto la frecuencia de tránsito– más largos resultaban los viajes. Es obvio que las comunicaciones eran mucho más difíciles en las regiones menos pobladas de Europa central, septentrional y oriental que en las zonas más mercantilizadas.

Las soluciones aportadas no eran, al fin y al cabo, sino parciales frente a algo que representaba un problema básico para todo monarca. La ausencia de un sistema global de transportes y comunicaciones retrasaba notablemente la adopción de decisiones. Una monarquía de escala universal como fue la española de Felipe II (1555-1598) tenía que debatirse continuamente con la lentitud y la incertidumbre de las comunicaciones. El hecho de que los territorios de Felipe, de una parte España e Italia, de otra los Países Bajos, estuvieran separados por una Francia a menudo hostil no hacía sino empeorar las cosas. Las tropas que enviaba el rey a los Países Bajos desde Lombardía tardaban en promedio cuarenta y ocho días en salvar 1100 kilómetros, y a veces hasta dos meses.[2] Se entiende así que el rey sólo pudiera reaccionar con mucho retraso a las informaciones procedentes de los Países Bajos sublevados, por lo que sus intervenciones se producían en un contexto que entretanto había variado y resultaban contraproducentes.

La comparación del sistema de comunicaciones del imperio romano con lo que más tarde se desarrolló en Europa demuestra la enorme capacidad de movilización del Estado clásico. Para sus fines de control, suministros y movimiento de tropas, el imperio había sabido construir un sistema amplio y eficiente, que exigía el manejo de conceptos geográficos y políticos abstractos, junto a la capacidad organizativa necesaria para hacerlo operativo y duradero. Pero tendrían que pasar once siglos para que Europa occidental mejorase el mapa del mundo de que disponía un romano del siglo IV, y que abarcaba de las Islas Británicas a la India. Hasta bien entrado el siglo XVIII no hubo en Europa nada semejante a

la organización romana. La explicación fundamental de ese hecho parece radicar en las propias condiciones del proceso de desarrollo del poder: el Estado romano conquistaba nuevas provincias poco a poco, como fruto de una superioridad relativa frente a muchas de esas zonas. Ello le permitía exigir tributos, incluso en forma de mano de obra de esclavos. El cristianismo combatió esa práctica con bastante éxito: al menos entre los cristianos, la esclavitud desapareció durante la alta Edad Media, lo que acarreó un encarecimiento apreciable del factor trabajo. También fueron importantes el descenso generalizado del nivel de desarrollo como consecuencia de las migraciones masivas, y la consiguiente igualación de oportunidades para los pequeños potentados. La alta Edad Media evidencia una laboriosa reconstrucción de las formas estables del poder desde la base, tras una lucha a muerte de todos contra todos. El resultado no sería un monopolio sino unas cuantas grandes concentraciones de poder y muchas pequeñas, ninguna de las cuales se había estabilizado en el siglo XI. Ese pluralismo se hallaba sujeto a una competencia incesante, en la cual obviamente faltaba la calma que hubiera hecho posible idear sistemas de grandes dimensiones, y sobre todo llevarlos a la práctica.

Hasta el siglo XVI los monarcas dispusieron de escasos conocimientos geográficos. Eran raras las descripciones administrativas de un territorio completo, y hasta la década de 1560 no empezaron los geógrafos a representar provincias enteras en base a mediciones científicas. Para algunos príncipes, como el elector de Sajonia, esos conocimientos eran un secreto de Estado, que por nada del mundo debía caer en manos de posibles enemigos. De todos modos la cartografía experimentó un auge imparable, gracias a la demanda de dos grupos: los navegantes, para los cuales la descripción de las rutas marítimas, de las distancias y de los fondeaderos era un auxilio vital, y los militares, para quienes el conocimiento exacto del país constituía una importante ventaja competitiva. Como en tantas otras cosas, también en la elaboración de mapas fidedignos vemos a los comerciantes y navegantes adelantarse a las autoridades políticas. Los geógrafos árabes ampliaron el saber heredado de los antiguos griegos. Entre 1138 y 1165 aproximadamente, Al-Idrisi trazó en Palermo setenta y un mapas de países y un mapa del mundo para los reyes normandos de Sicilia. Varios manuscritos griegos fueron a parar a la misma corte y se tradujeron allí, entre ellos el *Almagesto* de Tolomeo, del año 140 d.C.,

El emperador Federico III (1452–1493), acompañado por su hijo Maximiliano, recibe una carta de manos de Frans de Tassis, que en esa época tenía el monopolio del correo imperial. Detalle de un cartón de tapiz de Bernard van Orley, 1516. Bruselas, Musée communal

La construcción, hacia 1235, del Puente del Diablo sobre un profundo barranco
abrió un atajo para cruzar los Alpes de Zurich a Milán por el lado norte del San Gotardo.
Los campesinos de la zona mantenían el camino en buen estado y alquilaban vehículos y animales de tiro.
Pintura de Carl Blechen, hacia 1833.
Munich, Neue Pinakothek

que siguió siendo el manual básico de astronomía hasta el siglo xvi; pero tras la muerte del emperador Federico ii en 1250 el liderazgo cultural de aquella encrucijada no recibió nuevos estímulos.[3] Los cartógrafos judíos del reino de Mallorca introdujeron un importante avance en los portulanos, cartas que señalaban a los navegantes la ruta de puerto a puerto, al estar dibujados con detalle los perfiles de las costas y las rutas de caravanas. En 1375 el rey de Aragón obsequió a Carlos v de Francia con un ejemplar único de portulano desplegable, que además del Mediterráneo mostraba un esquema del resto del mundo, del Océano Atlántico a la China y del Mar Báltico a Níger. La *Cosmografía* de Tolomeo fue traducida al latín para el papa en 1410, y pronto se difundió por Europa; tomándola como base, entre 1440 y 1444 Guillaume Hobit hizo para el duque de Borgoña un mapa del mundo 'en

redondo' o tridimensional, es decir, en forma de globo.[4] En el siglo xvi se pintaron al fresco mapas del mundo entonces conocido en el Palazzo Vecchio de Florencia, con la evidente intención de dar mayor lustre a los Médicis reinantes.

En la segunda mitad de la misma centuria, grabadores privados, fabricantes de instrumentos, topógrafos y cartógrafos dieron un paso revolucionario con la publicación de atlas impresos. En Amberes, y más tarde en Amsterdam, había una demanda suficiente de comerciantes, y sobre todo de navegantes, para la venta de mapas cada día más exactos. En 1570 Abraham Ortelius publicó el primero de sus atlas, con cincuenta y tres mapas. En 1585 y 1589 Gerard Mercator sacó dos series de mapas realizados con una proyección mucho más fidedigna, respectivamente cincuenta y un y cincuenta y tres mapas de Francia, Suiza, los

El aumento del tráfico viario obligó al gobierno francés
a mejorar sustancialmente la red de carreteras en el siglo XVIII.
Jacques-François-Joseph Sweebach,
La diligencia, comienzos del siglo XIX.
París, Musée Nissim de Camondo

Países Bajos, Alemania, Italia y los Balcanes. Este geógrafo erudito había trabajado antes para Carlos V en la construcción de instrumentos astronómicos. Desde 1560 estuvo al servicio del duque de Jülich, Clèves y Berg, que como gobernante de un territorio fronterizo no tardó en apreciar el valor de esos conocimientos. A lo largo del siglo XVII, cartógrafos-editores-impresores privados de Holanda, como los famosos Willem y Joan Blaeu, publicaron notables atlas, primero de las costas, después de los Países Bajos y del mundo. Sólo a partir de entonces cobra la cartografía suficiente importancia política como para que el rey de Francia tuviera a varios cartógrafos empleados en su corte. Los ediles de Amsterdam pensaron que convenía a su rango insertar mapas del mundo en el pavimento de la majestuosa sala de recepción del Ayuntamiento construido en 1650, de modo que los

visitantes quedaran impresionados por su dominio sobre los océanos del mundo. Para ellos como para sus predecesores mediterráneos, el saber geográfico encerraba un valor económico.

¿Fronteras naturales?

Una vez esbozada la situación posromana de Europa en términos de competitividad interior, lo que cabe preguntarse a continuación es dónde radicaban las claves del éxito. ¿Por qué algunos reinos pudieron alcanzar una razonable estabilidad en el siglo XI, mientras que otros no se han formado hasta los dos últimos siglos? Por ahora sólo podemos dar a esa pregunta una respuesta somera, porque ésta depende lógicamente de lo que se entienda por estabilidad y por un aparato de poder eficiente. De ello hablaremos más adelante. Vamos a ceñirnos de momento a la cuestión, que otros han planteado ya, de si dentro del escenario europeo hubo en ciertos momentos posiciones geográficas protegidas que propiciaran una consolidación temprana y las salvaguardaran de amenazas posteriores.[5]

Antes que nada hay que señalar que ninguna situación geográfica ha supuesto el mismo grado de protección en todas las épocas. Italia, que tras unificarse en el siglo III a.C. fue el centro de un imperio mundial por espacio de cinco siglos; Italia, península bien defendida por los Alpes, parece predestinada para la unidad. Pasado el siglo V, sin embargo, no recobró esa condición hasta 1860-1870, y desde luego no por falta de desarrollo. Los Alpes no brindaban protección suficiente: lo demuestra el que repetidas veces los cruzaran ejércitos muy numerosos, como el de Aníbal en 218 a.C., los de los pueblos germánicos en los siglos V y VI, el francés en 1494 y los de los Habsburgo y otros muchos después.

Es difícil imaginar una situación auténticamente protegida. La frontera más estable de la historia de Europa es la de Portugal con el resto de la Península Ibérica, que aunque carece de claras barreras naturales lleva existiendo desde 1250. También la frontera política entre Inglaterra y Escocia, trazada entre los años 122 y 128 de nuestra era por la Muralla del emperador Adriano, duró hasta 1603; y desde entonces su significación no ha desaparecido. Tanto Portugal como Escocia se pueden considerar extremidades de unas masas de tierra ya de por sí relativamente aisladas como islas o penínsulas. Ambas fueron unidas bajo una misma corona con sus vecinas mayores, en 1580 y 1603 respectivamente, de resultas de políticas matrimoniales deliberadas, pero Portugal sólo lo estuvo hasta 1640. En Escandinavia se podría señalar la posición de Suecia como análogamente protegida; sin embargo, tras sufrir reiteradas invasiones de noruegos y daneses, en 1397 se incorporó a la Unión de Kalmar, que integró las tres coronas escandinavas. A su vez, Suecia fue dueña de Finlandia durante siglos, y del centro de Noruega por algún tiempo, la cual fue súbdi-

to secular de Dinamarca. La remota Rusia disfrutó de una larga independencia porque en sus primeros tiempos siguió existiendo allí un vacío de poder. Lituania conoció una fuerte expansión hacia el este y el sur en la baja Edad Media, y en el siglo XVII dominaba Severia, Bielorrusia y la parte occidental de Ucrania. Pero el hecho de que el imperio ruso conquistara después todas esas zonas y muchas otras no le salvó de las destructivas invasiones de Napoleón y de dos guerras mundiales. Una situación periférica en el oeste no ofrecía mayor protección, ni siquiera en las islas: Escocia, Irlanda y las islas del reino de Man cayeron una tras otra en manos de Inglaterra, y los archipiélagos más septentrionales fueron presa de daneses y noruegos. En cuanto a la Península Ibérica, su posición excéntrica y la barrera de los Pirineos no le ahorraron una larga serie de invasiones: la de los cartagineses en el siglo III a.C., las de los romanos, vándalos y visigodos; la más duradera, de árabes y bereberes, en 711-719, y finalmente la de Napoleón en 1807. La región de los Balcanes, periférica y montañosa, vivió sometida a la opresión otomana desde el siglo XV hasta comienzos del XX, y antes había estado dominada por Bizancio. Vemos, pues, que una situación sólo puede ser calificada de aislada o protegida en términos relativos, por referencia a un núcleo expansionista.

En general las tierras insulares no eran menos indefensas, como demuestra la conquista de Inglaterra en los siglos VIII y IX por los vikingos, en el X por los daneses y en 1066 por los normandos. También Sicilia fue presa típica de sucesivos invasores: bizantinos, musulmanes, normandos, germanos, franceses e italianos del sur. El desplazamiento de contingentes armados solía ser más fácil por mar que por tierra, y eso explica que Suecia lograra conquistar a los fineses, aunque no pudo hacerse con el flanco sudoccidental de su propia península, la fértil Escania, hasta 1658. Otros agregados duraderos de territorios ultramarinos fueron las posesiones de la corona inglesa en Francia, de Normandía a Aquitania, conservadas desde el siglo XII hasta mediados del XV, y las del reino de Aragón, que fue dueño de las Baleares, Cerdeña, Sicilia y el reino de Nápoles; de ahí que estos dos últimos territorios pasaran después a la corona de España, que también los retuvo durante varios siglos. No menos importantes fueron los imperios marítimos, en especial los de Venecia y Génova en el Mediterráneo. Desde el siglo XII hasta finales del XVIII Venecia ocupó Istria y gran parte de la costa dálmata, y hasta el siglo XVI poseyó Corfú, Eubea, Creta y Chipre entre otras islas más pequeñas.

Zonas montañosas como el Peloponeso, Tesalia, Serbia y Bosnia fueron conquistadas por distintos ejércitos y ocupadas por los otomanos durante siglos.

En 1699 Joseph Parrocel plasmó para la posteridad el paso del Rhin por el ejército de Luis XIV en 1672.

El Rhin se consideraba entonces frontera natural entre Francia y Alemania.

París, Musée du Louvre

Alberto ıı de Mecklemburgo entrega simbólicamente el estandarte con las tres coronas escandinavas a su hijo Alberto ııı

en la ascensión de éste al trono, en 1364. Miniatura de la *Crónica en verso* de Ernst von Kirchberg, hacia 1378. Schwerin, Staatarchiv

En Copenhague, la ciudad real, centro de la administración,

estaba en una isla que podía ser totalmente incomunicada.

Grabado de Frans Hogenberg, *Hafnia vulgo Kopenhagen urbs Daniae* (1587),

del *Civitates Orbis Terrarum* de G. Braun, que fue editado por primera vez en 1572 y por última en 1622.

En cambio los mongoles, típica horda ecuestre, que se apoderaron de las planicies de Bulgaria y Hungría en el curso del siglo XIII, no quisieron entrar en las montañas de Serbia. Esta región estaba mucho mejor protegida que las adyacentes, Bosnia, Croacia y Eslovenia, periódicamente invadidas por sus vecinos: Eslovenia por Carintia; Croacia y Bosnia durante los siglos XI y XII por Hungría, y las dos últimas por Serbia a partir de 1180. Las tierras altas de los Alpes, los Pirineos y los Tatras, y los bosques de Suecia, el sur de Alemania y el sur de Polonia son nichos naturales que no podían servir como escenario de guerra, por la imposibilidad de efectuar grandes movimientos de tropas y el riesgo continuo de emboscadas. Estas razones explican que en un mismo ambiente se pudieran estabilizar distintas formaciones políticas.

En los Alpes, por ejemplo, el amparo de las grandes cumbres y el aislamiento de los valles posibilitaron la unión de los tres cantones primitivos, Schwyz, Uri y Unterwalden en 1291 frente a las pretensiones de los Habsburgo. En el transcurso de los dos siglos siguientes, diez regiones más y varias ciudades se unieron voluntariamente a esa confederación, y otras se le sumaron por la fuerza. La infantería de los cantones se mostró capaz de resistir a la caballería de los Habsburgo en tres batallas campales. En los siglos posteriores los cantones montañosos colocaron a su excedente de población como mercenarios a disposición de las potencias en guerra, razón por la cual éstas vinieron a respetar la neutralidad suiza. Fruto de todo ese proceso fue una singular modalidad de poder republicano, que concedía amplia autonomía a los distritos confederados y aseguraba la participación directa de los hombres en las zonas rurales. Mediante un ejercicio del poder diametralmente opuesto, los Habsburgo consiguieron no sólo mantenerse en el vecino Tirol, Carintia, Krajina, Estiria y el archiducado de Austria, sino incluso ensanchar apreciablemente su base dinástica. Gracias a una política matrimonial cuidadosamente planeada, la dinastía se hizo con las tierras hereditarias de Borgoña en 1477, se extendió en 1506 al vasto imperio español y en 1526 al reino de Bohemia, Moravia, Silesia y Lusacia, un enorme bloque ininterrumpido de tierra en el flanco sudoriental del Imperio. Entre 1438 y 1740 todos los emperadores sin excepción procedieron de la casa de Habsburgo. No cabe imaginar mayor contraste que el que existe entre los cantones republicanos suizos y sus rivales monárquicos, pese a haberse originado en la misma región alpina. Qué mejor prueba que ésta de la inexistencia de cualquier determinismo geográfico.

Refiriéndose a los Pirineos, el tratado franco-español de 1659 declaraba que, habiendo separado en todo tiempo a los galos de los españoles, debían formar a partir de entonces la frontera entre ambos reinos.[6] Para fijar esa frontera hubo que destacar a una comisión bilateral para hincar postes en el suelo; en el proceso los comisionados partieron por medio la Cerdaña, un valle habitado por una comunidad catalana que no reconocía relación con ninguno de los dos reinos. En cambio, la vecina Andorra fue objeto en 1278 de un arreglo típicamente feudal: el ejercicio de una autoridad conjunta por el obispo de Urgel y el conde de Foix. El sucesor de éste, el presidente de Francia, sigue ejerciendo ese derecho aún hoy. En el extremo atlántico de la cordillera, el reino de Navarra se extendía por ambas vertientes, y una y otra siguen teniendo población vasca. En el extremo mediterráneo, el reino de Aragón comprendía por el norte el condado del Rosellón. No son las montañas sino los Estados los que han dividido a los pueblos, y en realidad sólo desde el siglo XIX.

Aun con ese matiz, cabe afirmar que los Pirineos, sin llegar a constituir una línea divisoria muy definida, han sido una región fronteriza notable por su estabilidad; otro tanto se puede decir de los Alpes, de los Sudetes y de los Cárpatos, que han separado siempre Polonia de Bohemia, Moravia y Hungría. Las fronteras que carecían de esos obstáculos geográficos han sido mucho más cambiantes en el curso del tiempo. Cabe observar que la orientación este-oeste de los Pirineos, los Alpes, los Sudetes y los Cárpatos impedía hipotéticos movimientos masivos, sobre todo de hordas nómadas, de norte a sur, pero no de este a oeste. Las grandes planicies al norte de esas montañas eran corredores sin fronteras naturales. El Oder servía ya de línea divisoria entre Polonia y el Imperio germánico en el siglo XI, pero no fue un verdadero obstáculo para colonizar el este. Polonia, Lituania y los demás territorios bálticos experimentaron corrimientos de fronteras realmente espectaculares. En 1683 el imperio otomano llegó hasta la mismísima Viena, pero a partir de entonces no hizo sino perder terreno frente a la expansión de sus homólogos austríaco y ruso.

Un caso notable de corrimiento es el de la frontera entre Francia y Alemania, separadas desde la época carolingia por el Escalda, el Mosa, el Saona y el Ródano. Hasta el siglo XX Francia se empeñó siempre en desplazar esa línea hacia el este, y lo fue consiguiendo palmo a palmo, salvo en el norte, en los Países Bajos, donde tuvo que ceder territorio, como en mayor grado le sucedió también al Imperio germánico. Su demolición empezó por el sur: en 1246 la casa de Anjou adquirió la Provenza; Lyon se incorporó a Francia en 1307 y el Delfinado en 1349. El Franco Condado pasó a manos de los Valois de Borgoña en 1369 y fue conquistado por Francia en 1678; Alsacia empezó a ser francesa en 1648,

El exceso de población de los cantones montañosos de Suiza sirvió para surtir de mercenarios a las potencias en guerra,
asegurando al mismo tiempo la neutralidad helvética.

Reclutamiento de soldados en las cercanías de Berna, dibujo en colores de Franz Niklaus König, siglo XVIII. Berna, Kunstmuseum

y Lorena le siguió en 1766. Aún mayor fue la extensión perdida por el Imperio en su frontera sur, en Italia central. Ya en el siglo XII podía apreciarse hasta qué punto era teórico el poder del imperio; aun después del saco de Roma en 1527, Carlos V sólo pudo influir allí de forma indirecta. En su frontera oriental el Imperio no sufrió pérdidas territoriales en los siglos XVII y XVIII, antes bien, pudo consolidar y ampliar algunos de sus componentes: Austria, Bohemia, Brandeburgo-Prusia. Ello fue una amenaza para el equilibrio que le había caracterizado durante un milenio, y condujo a una oleada de secesiones en el siglo XIX.

Es indudable que si la colosal masa de tierra que el Imperio aglutinó con una cohesión tan débil pudo mantenerse tanto tiempo fue porque no hubo ninguna potencia hostil capaz de poner en peligro su centro vital. La más fuerte, Francia, tardó cinco siglos en conquistar regiones periféricas. El norte y el centro de Italia se emanciparon muy pronto; los Países Bajos lo hicieron entre los siglos XIV y XVI. El conflicto que enfrentó al Imperio con Dinamarca por Schleswig y Holstein evolucionó gradualmente en favor de los

**Las zonas muy boscosas obstaculizaban
los grandes movimientos de tropas,
y dieron lugar a la formación de unidades políticas específicas.**
Nuremberg en el Reichswald, 1516.
Nuremberg, Germanisches Nationalmuseum

daneses, pero fue un asunto marginal. La amenaza turca, que dio motivo para establecer por primera vez un impuesto general para todo el Imperio en el siglo XVI, no pasó de Hungría. La invasión sueca de 1630-1634, que desde Pomerania avanzó por Sajonia, Turingia y Franconia, fue un peligro serio pero pasajero. Las ganancias territoriales de los suecos se limitaron a Pomerania occidental, que fue reconquistada por Brandeburgo-Prusia en 1675. Considerada a largo plazo, la expansión sueca del siglo XVII llevó antes a activar la resistencia de Brandeburgo-Prusia que a asegurar para Suecia nuevos territorios.

Durante los mil años de existencia del Imperio germánico, ninguna potencia pudo por sí sola aspirar al dominio de tan inmensa extensión. Algunas zonas marginales, sobre las cuales apenas se ejercía ningún control en la práctica, se cedieron sin que la posición central del Imperio se viera en modo alguno comprometida. En cualquier caso, el Imperio como conjunto difícilmente habría podido hacer notar su poder con una política agresiva. En la desastrosa Guerra de los Treinta Años, enteramente librada en tierras imperia-

En 1683 el imperio otomano llegó a las puertas de Viena; después los turcos fueron cediendo terreno a Austria y Rusia.

Johannes Stradanus, *Retirada de los turcos tras el asedio de Viena.* Leiden, Universiteitsbibliotheek, Prentenkabinet

Durante el siglo XVII hubo innumerables incidentes fronterizos entre Francia y España.

En general, sin embargo, los Pirineos han sido una de las fronteras más estables de Europa occidental.

Peter van der Meulen, *Intercambio de princesas entre Francia y España en el Bidasoa,* 1615. Madrid, Museo Convento de la Encarnación

Actividad portuaria en el Meno junto a Francfort, siglo XVIII.

Francfort del Meno, Städtische Galerie

les, el emperador no fue capaz de reunir contingentes propios, y de ello salieron reforzadas a la larga las tendencias centrífugas. En la paz de 1648 se estableció incluso el derecho de los distintos principados a concertar alianzas con países extranjeros, siempre que no estuvieran dirigidas contra el emperador o el Imperio. El juego de coaliciones significaba que cada ampliación territorial inducía reacciones hostiles, de suerte que el equilibrio de poder entre los principados se mantuvo durante mucho tiempo.

Estas observaciones relativas al Imperio son también válidas para el conjunto de Europa. Tal vez se puedan agrupar en dos generalidades. En primer lugar, antes de 1800 no parece posible controlar directamente grandes extensiones de tierra, lo cual entronca una vez más con lo que ya se ha dicho de la lentitud y escasez de las comunicaciones. En segundo lugar, llama la atención que las regiones litorales evolucionaran de forma totalmente distinta que las interiores. A lo largo de las costas de Europa, ciudades y franjas estrechas de tierra gozaban de amplia autonomía. La orientación hacia el mar de las zonas litorales del Báltico, el Mar del Norte y el Mediterráneo les daba vínculos mutuos, originó el tráfico marítimo, las hacía más ricas que el *hinterland* medio, y dificultaba su control por parte de dinastías basadas en la posesión de tierras. Las cuencas de algunos grandes ríos, como el Rhin, el Vístula y el Po, encajan en el mismo esquema. Por tanto, convendría insistir menos en la ubicación geopolítica y las fronteras naturales y más en la naturaleza dual de Europa: las bien comunicadas zonas costeras y grandes valles fluviales frente a los rezagados territorios interiores. Por la forma del continente, esto refleja asimismo un contraste entre el oeste y el este, al ser las zonas central y oriental más continentales.

El Imperio renacido

Las que iban a ser las principales zonas de poder en Europa quedaron dibujadas en los siglos X y XI, y desde entonces han conservado no sólo sus nombres sino también su perfil territorial, aunque para algunas esto último haya sido en ciertas épocas más un deseo frustrado que una realidad. Pero entonces se establecieron y reconocieron unos derechos territoriales y una jerarquía de esos derechos que, por vaga que fuera su definición, en los momentos de conflicto bastaban para fundamentar un programa político. En épocas posteriores, el oscuro recuerdo de antiguos privilegios y situaciones serviría para justificar reivindicaciones territoriales.

La realeza es un título procedente del mundo germánico. Los reyes eran jefes militares elegidos por una tribu o un pueblo. Según los describía el historiador romano Tácito hacia el año 100 de nuestra era, adquirían fama por sus hazañas heroicas y por la generosidad con que repartían el botín entre sus fieles seguidores. Cuantas más victorias consiguiera un jefe, más guerreros se le unían, pudiendo incluso acaudillar a varias tribus y naciones. Si la empresa fracasaba, menguaban sus huestes, y con ellas la posición de rey. Los pueblos germánicos que desbordaron sobre Europa occidental y meridional en los siglos IV y V extendieron la idea de esa personalísima forma de ejercer la autoridad. Clodoveo (hacia 481–511) fue uno de los reyes más victoriosos de los francos que durante un tiempo tuvo bajo su mando la zona comprendida entre Aquitania y el Rhin. El carácter personal de su liderazgo determinó no sólo que su conversión al cristianismo decidiera a la vez la religión de su pueblo, sino también el reparto de las tierras conquistadas entre diversos jefes después de su muerte.

Esta realeza germánica se fundaba, pues, en un vínculo muy directo entre el pueblo y su caudillo, cuyo papel venía dado estrictamente por sus capacidades personales. No se puede hablar de un territorio estable, pues las conquistas se consideraban la actividad principal y la mayor fuente de ingresos. Este concepto del poder difería fundamentalmente del romano, en el que nociones como la jerarquía de funciones o las circunscripciones estaban claramente definidas. No obstante, todo lo romano seguía conservando el brillo de la civilización antigua y la grandeza imperial, de ahí que ejerciera un atractivo irresistible sobre los reyes germánicos, que nada anhelaban tanto como imitar a los césares.

Los francos parecen haber sido el pueblo germánico más belicoso de Europa occidental, aunque también los sajones habían demostrado su empuje en las costas del Mar del Norte y el este de Gran Bretaña. Los eficaces caudillos francos suplantaron a los reyes merovingios a partir de Carlos Martel, famoso por la batalla de Poitiers, que detuvo el avance musulmán en el año 732. El apoyo franco al papa, que veía su posición cada día más amenazada por los lombardos invasores, proporcionó el título de rey al hijo de Carlos Martel, Pipino. Pese a que tanto Carlos Martel como sus sucesores aplicaron el principio del reparto de la herencia del reino entre los hijos varones, su territorio se mantuvo unido por motivos circunstanciales: bien porque un hijo renunciara a su parte, se retirase a un monasterio o muriese joven. Durante más de un siglo, de 732 a 840, el liderazgo franco permaneció no sólo indiviso, sino en manos de personalidades fuertes. Carlomagno libró campañas de conquista contra los

La conversión de Clodoveo al cristianismo determinó la fe religiosa de su pueblo,
como consecuencia lógica del carácter personal de su gobierno y de la dimensión mágica de la realeza entre los francos.
Aquí vemos su bautismo en una representación tardomedieval.
Wolfenbüttel, Herzogliche Bibliothek

Batalla de caballería en un dibujo en colores que refleja las destructivas incursiones
de los húngaros en el sur de Alemania y Suiza, hacia 925.
Leiden, Universiteitsbibliotheek

Cristo coronando con sus propias manos al emperador Enrique II, que recibe de sendos ángeles la espada y la santa lanza, emblemas de su investidura. San Ulrico de Augsburgo y San Emerando de Ratisbona le ayudan a sostener esas insignias imperiales.

Miniatura, 1002–1014.

Munich, Bayerische Staatsbibliothek

sajones, los bávaros, en Cataluña y también contra los lombardos, cuyo cetro asumió en 774. Siempre pudo esgrimir el motivo de la propagación de la fe cristiana o la protección del papado, y ese papel de defensor de la Iglesia fue lo que le valió ser coronado emperador el día de Navidad del año 800.

Si detallamos aquí estos acontecimientos es porque a la larga tuvieron consecuencias trascendentales, tanto en el plano material como en el ideológico. La restauración del título imperial en occidente fue una afrenta para Bizancio, hasta ese momento sucesor único del imperio romano. En el futuro los papas defenderían cada vez con mayor ahínco su prerrogativa de coronar a los emperadores de occidente: a cambio de su defensa de la Iglesia en este mundo, el papado rubricaba su supremacía con respecto a los reyes germánicos. Las pretensiones de los obispos de Roma desembocarían en 1054 en el cisma entre las Iglesias occidental y oriental (griega ortodoxa). Los reyes francos ganaron entonces una doble ventaja sobre sus rivales, y de ese modo se elevaron, al menos en teoría, por encima del mundanal alboroto de las luchas por el poder; su título imperial era una referencia al poder universal de la Antigüedad tardía, y el ser ungidos por el papa los convertía en defensores por antonomasia de la fe cristiana. Andando el tiempo, esa posición iba a desembocar en una disputa de precedencia con el papado, disputa que se hizo especialmente virulenta cuando Gregorio VII y Urbano II se enfrentaron al emperador Enrique IV entre 1076 y 1093. A esto hay que añadir lo que a la larga quizá sería más importante, la llamada 'doctrina de las dos espadas', que al distinguir entre la autoridad temporal de los príncipes y la autoridad espiritual de la Iglesia supuso una especie de división del poder que haría posible su secularización gradual. A nivel territorial, los títulos carolingios de emperador y rey de los lombardos significaron una implicación secular del Imperio germánico en Italia, que contribuyó en no pequeña medida a su fragmentación política. Por otra parte, la orientación del Imperio hacia el sur, que en tiempos de Federico II (1211–1250) llegó incluso a Sicilia, intensificó las fuerzas centrífugas que había en su seno: no es casual que al reinado de Federico sucediera el Gran Interregno.

La elevación de Carlomagno al trono imperial engendró también nuevas paradojas. La primera es que esa dignidad suprema no impidiera en modo alguno a su dinastía –a Carlomagno le sobrevivió un solo hijo varón– volver a partir la herencia desde el año 843, de suerte que el título de emperador pronto quedó restringido a una parte del antiguo reino de los francos, y en algunos momentos ni siquiera se pudo asignar. Esa parte era la oriental, la menos franca y menos romanizada, de modo que la antorcha de la Antigüedad hubo de ser recogida por unas poblaciones de las cuales sólo una pequeña minoría, al sur del Danubio, se había empapado de las virtudes de la civilización romana. Retrospectivamente hubo que acuñar el concepto de *translatio Imperii*, transferencia del imperio de los romanos a otros pueblos, para justificar los hechos consumados.

¿Cómo se explica que el inmenso imperio franco de Carlomagno acabara perpetuándose en sus sectores orientales, los más atrasados y menos cristianizados? La realidad fue que los reyes germánicos lograron detener las fuerzas centrífugas que siguieron a la expansión carolingia antes que sus rivales franco-occidentales. Hubo un factor dinástico decisivo: el rey Enrique I (919–936) rompió la tradición de dividir la herencia. Le sucedieron las dinastías de emperadores otoniana y sálica, que aseguraron una fuerte continuidad.

Los carolingios franco-occidentales, en cambio, carecieron de una base de poder firme durante el siglo X; frente a ellos se alzaban príncipes territoriales y señores feudales que, protegidos por sus fortalezas y apoyados por las tierras circundantes, estaban dispuestos a aliarse con todo el que les ofreciera posibilidades de expansión. En ninguna otra parte o época fue tan total la fragmentación feudal del poder. Incluso después de que el arzobispo Adalbero de Reims instigara a los barones a deponer al último de los débiles sucesores de Carlomagno y consiguiera la elección de Hugo Capeto en 987, se conservó el título de rey, pero por lo demás la situación cambió poco. Hasta el siglo XII no se demostraría capaz la nueva dinastía de reconstruir lentamente cierto poder central. Los primeros reyes capetos siguieron dependiendo totalmente de la colaboración de príncipes territoriales como los duques de Normandía, que poseían bastante más tierra que ellos. Su influencia se limitaba a la Isla de Francia, donde podían hacer valer alguna autoridad con el beneplácito de los potentados locales.

Un segundo factor explica la preponderancia del imperio franco-oriental: el que los emperadores basaran su poder en el de la Iglesia, resultando ésta estrechamente vinculada con la administración de sus asuntos. La corte imperial se rodeaba de clérigos eruditos, a quienes confiaba el control de la cancillería y otras funciones centrales. De ahí, y a instancias del emperador, eran elevados a la dignidad de obispo, arzobispo o abad, pudiendo desempeñar sus servicios cortesanos a expensas de las propie-

Otón I, su esposa Adelaida y su hijo el futuro Otón II arrodillados a los pies de Cristo, la Virgen y San Mauricio. bajorrelieve de marfil, hacia 963. Milán, Castello Sforzesco, Museo d'Arte Antica

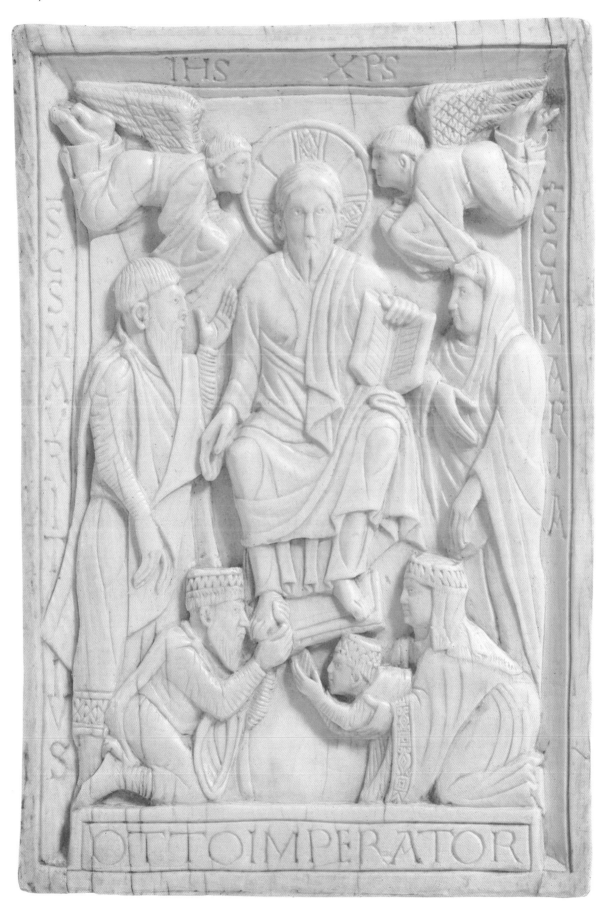

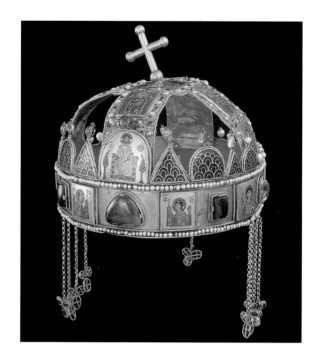

La corona real de Hungría evoca la magnificencia del antiguo imperio bizantino.

Está formada por dos coronas distintas: una griega abombada como la que usaron los emperadores de Bizancio,

y otra latina circular, hecha hacia 1160. La forma compuesta seguramente antecede a 1290, año en que se usó para coronar a Andrés III.

Budapest, Magyar Nemzeti Múzeum

Manto de coronación con inscripciones dedicatorias del rey Esteban (997–1038) y la reina Gisela de Hungría,

en seda bizantina con cenefas de oro.

Budapest, Magyar Nemzeti Múzeum

dades eclesiásticas y contribuyendo a la integración del Imperio. Gracias al celibato sacerdotal, esos dignatarios no amenazaban con acumular un patrimonio dinástico propio, como solían hacer los vasallos laicos. Esta Iglesia oficial podía ponerse al servicio de un emperador que al fin y al cabo era el defensor supremo de la cristiandad, cuya propagación apoyaba activamente. La sede arzobispal de Magdeburgo, por ejemplo, sirvió de avanzadilla germánica frente a los eslavos paganos del norte (entre el Elba y el Oder), y sobre todo del este. Fue precisamente la muy real confrontación con las poblaciones eslavas y magiares lo que robusteció tanto la cooperación de la Iglesia y el Imperio en la lucha contra el paganismo como la solidaridad mutua de los pueblos que el Imperio abarcaba ya en su seno. La derrota definitiva que en 955 el emperador Otón I infligió a los magiares en Lechfeld se logró gracias a los esfuerzos conjuntos de sajones, francos, alemanes, bávaros y lotaringios, que sin ese reto se habrían sentido más inclinados a enfrentarse entre ellos.[7] Desde su sólida *Hausmacht* de Sajonia, los emperadores otonianos pudieron apoderarse en el siglo X de los restos de Lotaringia, creada en 843 como un reino central que llevaría aparejado el título imperial, en detrimento de los reyes francos, totalmente debilitados.

Como todos los grandes territorios de Europa en los siglos X y XI, el imperio de los francos orientales tenía una población muy diversificada, que junto a las ya nombradas tribus germánicas comprendía gentes de lengua románica (los borgoñones, que habitaban la región del Mosela y el valle del Ródano inferior), latinos en Italia y eslavos occidentales entre el Elba y el Oder. El norte de Italia conservó su identidad frente a la dominación germánica, la zona de Tréveris asimiló lentamente la influencia alemana y los vínculos del Imperio con las restantes zonas románicas y con los Países Bajos nunca fueron muy estrechos. En el área germanófona, la diferencia entre el norte y el sur planteaba de hecho casi tantos problemas de comunicación como con otras lenguas occidentales. Más aguda aún fue, por tanto, la confrontación con los magiares y eslavos, que hablaban lenguas totalmente distintas. El Imperio desarrolló un cinturón defensivo a lo largo del Danubio, donde 'marcas' fortificadas (Krajina, Carintia, Estiria y la Marca Oriental) debían repeler a los eslavos y magiares, pero también las avanzadillas de Bizancio.

Los nuevos reinos

La doble perspectiva de la cristianización y la pacificación permite también comprender la fundación, por el Imperio germánico y el papado, de reinos cristianos en el flanco abierto que la cristiandad presentaba en el este. San Esteban (997-1038) coronado rey de Hungría por el papa Silvestre II en 1001 y la dinastía de los Arpadios, en un principio vasallos del Imperio, tuvieron que someter a los magiares en la dilatada planicie que lindaba con los Cárpatos al norte y al este. Desde esa posición fue anexionada Croacia hacia 1100, y de 1120 a 1150 también Bosnia estuvo bajo la tutela húngara. De ese modo el nuevo reino conquistó una salida al Adriático que mantendría durante varios siglos.

En Polonia el emperador y el papa aplicaron la misma estrategia: el nombre de *Polonia* y su título real datan del mismo período que el reino de Hungría, pero las rivalidades internas y la lucha por el dominio de Bohemia dieron lugar a nuevas intervenciones del Imperio. Las diócesis fundadas bajo la protección de Roma en Gniezno y Esztergom tuvieron un papel crucial en los dos nuevos reinos. Importante fue también la migración masiva de habitantes de los Países Bajos y Alemania occidental, que a impulsos de una relativa superpoblación marcharon al este para roturar las tierras que allí se ofrecían en condiciones de explotación ventajosas. Fue así como en innumerables aldeas y villas al este del Elba se formaron colonias de cristianos procedentes del oeste, que llevaban consigo sus propias tradiciones, su lengua y su derecho consuetudinario. Las huellas de esa migración se aprecian todavía en los topónimos y en la cultura local. Esos asentamientos en suelo eslavo aceleraron su sometimiento y asimilación. En 1085, en un momento en que crecían las tensiones entre el emperador y el papa, Enrique IV concedió a la dinastía de los Premyslidas la autoridad real sobre Bohemia, con estatuto de vasallos imperiales, mientras que el obispado de Praga quedaba bajo la autoridad del arzobispo de Maguncia.

Sería simplista identificar la creación de esas dignidades con la cristianización por una parte y con el control territorial por otra, pero lo cierto es que el desarrollo coordinado aunque a veces no exento de rivalidades de tres reinos cristianos en la región fronteriza entre eslavos y germanos, entre paganos y cristianos, tuvo un enorme valor programático para el futuro. Hasta hoy y pese a todas las vicisitudes de la historia, el nombre y el rango de esos reinos han seguido siendo puntos de orientación para la acción política.

La consolidación interna de esos reinos fue una enorme tarea, tanto más cuanto que por entonces los eslavos y magiares eran todavía hordas ecuestres,

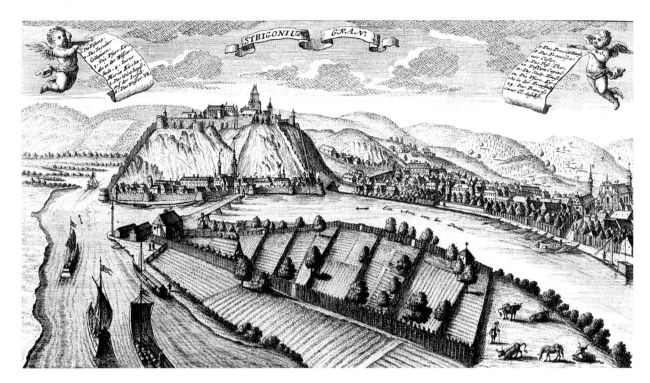

En los nuevos reinos de Polonia y Hungría se establecieron obispados bajo la protección de los papas:

el más importante de Hungría fue el de Esztergom, a orillas del Danubio.

Grabado de F.B. Wener y J.C. Leopold, siglo XVI.

Budapest, Magyar Nemzeti Múzeum

remisas a adoptar un modo de vida sedentario en un territorio fijo. La misma observación se podría aplicar, aunque aquí el medio de locomoción fuera distinto, a los daneses, que en torno al año mil no habían perdido, ni mucho menos, el empuje de los vikingos. En 1029 los normandos establecieron su primer señorío en el sur de Italia; un año antes, el rey danés Canuto (1019–1035) había conquistado Noruega y Suecia. En los años 950 y 980, daneses y noruegos habían reemprendido sus incursiones en las Islas Británicas, cosechando el rey Svend en 1014 la corona de Inglaterra, dignidad que su hijo Canuto unió con la de Escandinavia. Este episodio ejemplifica una vez más la impresionante movilidad de aquellos pueblos navegantes.

Las incursiones escandinavas en las Islas Británicas tuvieron abrupto fin en 1066, cuando el recién elegido rey Harold venció a su rival danés, Harald Hardrada. Pero cuando a su vez Harold fue derrotado en Hastings por el pretendiente normando Guillermo el Conquistador la historia de Inglaterra cambió de rumbo. Guillermo consolidó la victoria lograda en el campo de batalla con la eliminación sistemática de la nobleza autóctona, cuyas posesiones sirvieron para premiar a sus seguidores continentales. Edificó fortalezas al estilo normando en Londres y York, y también,

junto con catedrales, en Rochester y Durham. Implantó el sistema feudal de los francos, hasta entonces desconocido en Inglaterra, para proporcionar una base material a los nuevos amos, que en su mayoría conservaban otras posesiones en Francia. Dada su precaria posición de conquistadores extranjeros, era esencial para los normandos dotarse de un sólido sistema de administración, para lo cual pudieron apoyarse en la tradición anglosajona. Los condados, que datan del período anglosajón y en gran medida perduran aún hoy con los mismos límites, estaban subdivididos en *hundreds*. El rey ponía un *sheriff* o alguacil al frente de cada *shire*, con responsabilidades fiscales, militares y judiciales. A diferencia de sus homólogos francos, ni los *sheriffs* ni otros notables, como obispos y abades, eran vasallos del rey, ni se les recompensaba con tierras enfeudadas. Gracias a un esquema jerárquico de comunidades que resolvían determinados asuntos en asamblea -el *gemot* del condado y el *hundred*-, Inglaterra pudo crear una administración central del reino mucho antes que el continente, contando al mismo tiempo con un sistema de representación efectivo y sin tener que pasar por el largo proceso de fragmentación característico del feudalismo franco.

Ya con Inglaterra a salvo de invasiones escandina-

La expansión vikinga fue un golpe inesperado para Europa occidental.
Esta miniatura de hacia 1130 muestra el desembarco de vikingos daneses en la costa oriental de Inglaterra,
donde fundaron asentamientos permanentes. Nueva York, The Pierpont Morgan Library

vas, la dinastía normanda le aportó nuevos lazos de unión con el continente, más allá de la mera unión personal de los títulos de rey y duque. En 1154 los mecanismos sucesorios elevaron al trono inglés a Enrique II Plantagenet, que era a la vez duque de Normandía, conde de Anjou y, por su esposa Leonor, duque de Aquitania. Sólo en Francia ese complejo de poder era más vasto que los dominios del rey francés. Cincuenta años más tarde el rey Felipe Augusto sería lo bastante poderoso para conquistar Normandía y Anjou, pero Aquitania permaneció inglesa, si bien como feudo del rey de Francia. De ahí toma su origen la larga unión personal de Inglaterra y Aquitania, pero también las pretensiones inglesas a la corona de Francia, cuestión mucho más explosiva que a partir de 1337 se iba a dirimir, principalmente en territorio francés, en la Guerra de los Cien Años.

Durante el siglo XIII, sin embargo, la política expansionista de los ingleses no se detuvo ahí. En Irlanda habían acometido ya una primera conquista en 1171-1172, amparados por el respaldo papal a la ofensiva misionera. En 1341 se trazó el *Pale*, línea fronteriza al este de la cual se reconocía la autoridad inglesa. En 1541 el rey Enrique VIII se proclamó rey de Irlanda y emprendió una política de anexión en toda regla. La conquista y anexión de Gales se había efectuado en 1282, bajo el enérgico Eduardo I (1272-1307). Los normandos alzaron castillos por todo el país, que tenía una población de origen celta, pero los galeses conservaron muchas de sus tradiciones y se rebelaron de nuevo en 1400. Menos éxito tuvo el rey Eduardo frente a Escocia: allí su campaña desató en 1296 una resistencia tan encarnizada que en 1314, tras la famosa batalla de Bannockburn –que los escoceses conmemoran todavía–, Inglaterra tuvo que reconocer la independencia escocesa.

Entre los primeros reinos expansionistas de Europa hay que mencionar también a los ibéricos. Ante todo conviene recordar que en el siglo X el califato de Córdoba era, con Bizancio, la región más civilizada de

Guillermo el Conquistador guarneció las fronteras de su nuevo territorio con numerosos castillos y catedrales,
de las que Durham constituye un bello ejemplo.
La catedral de Durham y el puente desde el Wear, acuarela de Thomas Girtin, 1799.
Manchester, The Whitworth Art Gallery

Europa. La dinastía bereber de los almorávides consiguió llegar hasta Zaragoza y Barcelona entre 1086 y 1114. En los siglos siguientes, y a pesar de sucesivas pérdidas de territorio, la zona musulmana continuó auspiciando una transferencia de cultura por la que la Europa cristiana le está sumamente endeudada. Los europeos, sin embargo, tienden a contemplar la cuestión por el lado contrario, y contar cada palmo de tierra recobrado del Islam como una marca de progreso. Desde este punto de vista es llamativo que la expansión de los reinos cristianos hacia el sur, so pretexto de las cruzadas proclamadas por los papas a partir de 1063, siguiera tres ejes paralelos. En 1137, tras varios éxitos de armas, el conde de Portugal se proclamó rey, título en el que los papas le confirmarían después a modo de recompensa por el papel desempeñado por su región en la Reconquista. No olvidemos que antes de eso el rey de León se había autoproclamado emperador de España, reivindicación que pretendía subrayar la unidad de los cristianos frente a la división que entonces reinaba entre los musulmanes. En 1147 Lisboa pasó a manos cristianas. Las conquistas ulteriores se hicieron con un ritmo desigual y ocasionales refuerzos por parte de cruzados del noroeste de Europa, en particular de Provenza. El Alentejo y el Algarve fueron a parar en buena parte a las órdenes de caballería, que aseguraron su conquista y su posterior explotación. Faro fue tomada en 1249.

En los reinos cercanos a León y Castilla, que desde 1230 formaron una unión personal, y de los cuales el condado de Portugal había dependido en sus orígenes, las conquistas portuguesas de la costa occidental se veían con cierto recelo, por temor a un fortalecimiento excesivo del país vecino. También el avance de Castilla

El Court of Chancery, hacia 1450.

Ese tribunal inglés resolvía disputas sobre títulos de propiedad, herencias y contratos.

Su influencia aumentó notablemente al multiplicarse esa clase de pleitos en el siglo XV. Londres, The Honourable Society of the Inner Temple

Tras la incorporación de Gales a Inglaterra en 1282, Eduardo I mandó construir allí muchos castillos imponentes:

uno de ellos fue el de Carnarvon.

Acuarela de J.M.W. Turner, hacia 1883. Londres, British Museum, Prints and Drawings

se efectuó por etapas: Toledo fue conquistada en 1085, pero Córdoba no cayó hasta 1236; en 1247 se tomó Sevilla, y a continuación hubo otros dos siglos de estancamiento. Uno de los problemas de la expansión hacia el sur era la falta de mano de obra para labrar las tierras ganadas. Por ello, fue preciso conceder libertades atractivas a las comunidades de pueblos y aldeas, lo que con el tiempo restringiría sustancialmente el poder de los reyes sobre las zonas rurales. Sobre la costa oriental, la lucha secular contra los musulmanes acarreó la unión de los diversos territorios: el condado de Barcelona y los reinos de Aragón, Mallorca, Valencia y Murcia, a lo que hay que añadir una serie de asentamientos ultramarinos de los mercaderes catalanes. La integración de la Península Ibérica cristiana se realizó, pues, de norte a sur, pero con los reinos de Portugal, Castilla-León y Aragón avanzando codo con codo, y no pocas veces combatiéndose entre sí. En el plano lingüístico, ese triple proceso de expansión sería el origen de las grandes líneas divisorias que todavía hoy se aprecian. Aquí hay que señalar que la tesis de que las zonas costeras se organizan de otro modo que las grandes extensiones continentales, como es la meseta castellana, se comprueba claramente en la Península Ibérica.

Cerremos este repaso de la formación de nuevos reinos expansionistas con una breve ojeada a los Balcanes. Allí las poblaciones eslavas fueron cristianizadas por la Iglesia griega, empezando por la conversión de los búlgaros por Cirilo y Metodio en 861–862. Con ese fin se tradujeron al eslavo las Sagradas Escrituras, para lo cual hubo que inventar primero una escritura eslava. El resultado fue que el cisma de 1054 dividiera también a los eslavos entre una liturgia romana y otra eslavo-ortodoxa. La ocupación de los Balcanes por el imperio bizantino tuvo, naturalmente, sus altibajos. En las últimas décadas del siglo XII los búlgaros lograron por las armas una relativa libertad, bajo el gobierno de su propio zar, pero la invasión mongola de 1242 puso fin a esa situación, mientras que la conquista de Bizancio por los emperadores latinos en 1204 debilitó lo que quedaba del imperio griego. La rivalidad entre las iglesias de oriente y occidente le hizo el juego a los príncipes locales. Por ejemplo, el papa reconoció el señorío sobre Serbia del zar búlgaro en 1204, y del serbio Esteban en 1218. En ese vacío de poder, y no habiendo sufrido las invasiones mongolas, los serbios pudieron durante el siglo XIII ensanchar sustancialmente su territorio hasta Macedonia, Bosnia y Eslavonia. Su rey Milutin (1282–1321) era católico.

Alegoría de la unión dinástica de Inglaterra y Escocia en 1603, ambos países representados por figuras femeninas que coronan al joven príncipe Carlos.
Boceto al óleo de Pedro Pablo Rubens, estudio para el gran techo pintado en la *Banqueting House* de *Whitehall* (Londres).
Rotterdam, Museum Boymans-van Beuningen

Los cimientos de la Europa monárquica

En las páginas que anteceden hemos intentado concretar las circunstancias que dieron origen a las grandes monarquías europeas. Es sorprendente observar que en los siglos X y XI se sentaron efectivamente los cimientos de una larga lista de monarquías que desde entonces han seguido existiendo hasta el día de hoy, más o menos con los mismos nombres y las mismas fronteras. Lo cual nos lleva a concluir algo importante: una vez establecida, una gran organización no desaparece así como así. Cobra vida, se le adhieren intereses, se la acepta como un marco establecido. Los primeros grandes reinos determinaron en gran medida el futuro de Europa, porque fueron actores importantes que aglutinaron fuerzas y dirimieron conflictos entre sí. Si bien siglos después algunos de esos reinos se fundieron en uniones políticas mayores–pensemos, por ejemplo, en el matrimonio real que en 1469 unió de forma duradera los reinos de Castilla-León y Aragón; la unión de Inglaterra con Gales, Escocia e Irlanda, o la unificación de los Balcanes–, no es menos cierto que las antiguas entidades han resurgido en épocas más recientes, en un afán de sus poblaciones de identificarse con aquéllas.

La temprana formación de esas monarquías las distinguió de otras zonas cuyas estructuras no estaban asentadas aún, por ejemplo los Balcanes y Rusia, o habían cristalizado en menor escala, como fue el caso de Italia o los Países Bajos. La creación de un reino o del propio Imperio no se ha de interpretar como punto final o término de un proceso; al contrario, todos esos constructos pasaron por siglos de inestabilidad interna, con conflictos intestinos que pusieron en peligro su supervivencia. Más adelante tendremos que examinar su organización interna, pero podemos afirmar ya que en las postrimerías del siglo XX la gran Alemania, Francia, Inglaterra, Polonia, Hungría, la república checa (Bohemia), Dinamarca, Portugal, España (con Cataluña), Serbia y Bulgaria presentan unas fronteras que no difieren sustancialmente de las que se configuraron entre los siglos X y XIII. De estos mil años, en los que para todos esos países salvo Inglaterra ha habido épocas de invasión o desaparición, cabe concluir al menos que un temprano establecimiento ha contribuido a perpetuar su existencia. A la inversa que los primeros reinos germánicos, aquéllos formaron con el tiempo Estados firmemente institucionalizados.

Los rezagados iban a tenerlo más difícil en un paisaje político ya parcelado en gran medida.

En las circunstancias que presidieron la formación de las primeras monarquías se pueden distinguir algunas características generales. La primera y más común es la coincidencia del nacimiento de esas monarquías con su conversión al cristianismo, particularmente al catolicismo romano, pero también a la ortodoxia griega. Las expansiones escandinava y normanda parecen haber sido las únicas independientes de la cristianización. Primero el Imperio y después todos los reinos recibieron una tarea expresamente misionera tras ser reconocidos por la Iglesia. Tres factores explican esta relación: El primero es que al llegar el año mil el proceso de cristianización de Europa no había avanzado mucho, y ante la Iglesia universalista se extendían grandes áreas de paganos o adeptos de otras religiones. En Europa occidental quedaba aún mucho por hacer, pero fue sobre todo la presencia masiva de naciones enteras de infieles musulmanes, eslavos y escandinavos lo que impulsó a la Iglesia a invocar la ayuda de guerreros valerosos que quisieran consagrarse a la propagación de la fe verdadera. En segundo lugar, conviene recordar que en la alta Edad Media la Iglesia fue la única institución que mantuvo desplegada a escala continental la bandera cultural del imperio romano. En medio del caos de la competencia feudal y de las migraciones, la Iglesia era la única instancia situada por encima de partidos, sistemas legales, lenguas y valores. En tercer lugar, los caudillos ambiciosos no desdeñaban adornarse con la dignidad sagrada que la Iglesia podía ofrecerles en reconocimiento de sus servicios. Ella les permitía elevarse por encima de sus competidores y hacer inatacable su posición de fuerza excepto, claro está, por los propios eclesiásticos.

Una segunda característica general de las primeras monarquías permite dividirlas en dos categorías, una primaria y otra secundaria, según fuera su formación autónoma o derivada. Es obvio que en las grandes comunidades humanas no hay ninguna formación que se pueda calificar del todo de autónoma, porque siempre se edifica en mayor o menor grado sobre cimientos anteriores. Por categoría primaria entendemos aquí el establecimiento de un poder real como resultado de un proceso surgido de la propia comunidad. La expansión de los francos puede ser calificada como primaria por haber emanado básicamente de ese pueblo, y por consiguiente se puede decir lo mismo de la formación de los reinos franco-occidental y franco-oriental, destinados a ser el Imperio y el reino de Francia. La expansión inglesa, que hay que reconocer como secundaria con respecto a los daneses y nor-

mandos, es primaria con respecto al oeste de Francia, Gales, Escocia e Irlanda. La Reconquista fue impulsada por los papas, y en cuanto cruzada atrajo también a combatientes de países más septentrionales, pero aun así se puede afirmar que el núcleo original de ese movimiento de expansión hacia el sur estuvo en las sociedades cristianas del norte de la Península Ibérica. Finalmente, también se puede calificar de autónoma la expansión serbia del siglo xiii.

Por formación derivada entendemos aquí la creación de un reino por otro, del modo en que Polonia, Bohemia y Hungría fueron creadas por el Imperio y el papado. Procesos análogos se observan en Inglaterra bajo los daneses y normandos, en Noruega y Suecia, en las marcas sudorientales del Imperio, en Sicilia, y posiblemente en Bulgaria. Esta distinción refleja de entrada una dinámica diferente: es obvio que las monarquías de formación autónoma disponían de más recursos humanos y materiales, con los que a su vez podían poner en marcha la creación de otras fuera de sus fronteras.

Una tercera característica general se limita a los procesos de formación autónomos. Es de notar –particularmente en el desarrollo del Imperio, de Francia y de Inglaterra– que la extensión, concentración y capacidad productiva de las tierras de la corona fueron bazas esenciales para el crecimiento del poder monárquico. Los carolingios poseían un dominio de realengo muy grande y productivo, que fue su base de operaciones. Para los otonianos lo era el *Hausmacht* de Sajonia, mientras que a la trabajosa ascensión de los Capetos no fue ajena la dispersión y exigüidad de sus posesiones. En cambio, Guillermo el Conquistador puso buen cuidado en que las tierras de sus vasallos más eminentes quedaran en los remotos confines del país recién conquistado; así conservaba el control tanto del territorio como de sus súbditos. Debido a la necesidad de disponer de labrantíos, pastos y bosques en cantidad suficiente, los núcleos de los primeros reinos se hallaban en llanuras o mesetas poco accidentadas, con tierras fértiles que pudieran prestarse a distintos tipos de explotación. El sudeste de Inglaterra, la cuenca de París, la zona entre el Mosa y el Rhin y las llanuras de Sajonia son ejemplos evidentes.

La cuarta característica general de las monarquías tempranas es que se basan esencialmente en un desarrollo territorial. Los reyes poseían muchas tierras fértiles, y a partir de éstas podían conquistar aún más. También aquí hay que considerar aparte las expansiones danesa y normanda, que cruzaron los mares siguiendo la tradición vikinga, aunque en el período que estamos tratando (siglos x y xi) también ellas ambicionaron la tenencia duradera de tierras para su

La formación de las primeras monarquías generalmente coincidió con su cristianización.
Bautismo del rey Grimbaut y su hija
en una miniatura flamenca realizada entre 1460 y 1467.
Bruselas, Bibliothèque royale de Belgique

explotación sedentaria. Cuando en torno a 1200 se trazaron provisional y aproximadamente las líneas divisorias entre los reinos, algunas zonas marginales quedaron fuera. Eran regiones de menor extensión, pero en algunos casos ya muy estructuradas; estaban situadas en las costas y en la encrucijada de grandes centros de influencia. Italia satisfacía ambos criterios: el emperador y el papa, Bizancio, los musulmanes y los normandos, todos contribuyeron a mantener dividido este país altamente desarrollado y orientado al mar. En otra escala más modesta, vale decir lo mismo de la costa catalana, con su zona de expansión marítima; de los Países Bajos, comprimidos entre el Imperio, Francia e Inglaterra, y también orientados al mar; de la costa meridional del Báltico, y de los Balcanes. En el caso de estas regiones, el análisis pone de relieve una doble lógica: la de la amenaza–aunque también la relativa autonomía–que entrañaba su posición limítrofe con los poderosos, y la derivada de una estructura diferente. La influencia de los monarcas era grande, pero no absoluta.

Por último, conviene observar que en las etapas formativas de los reinos los distintos componentes del poder estaban estrechamente entretejidos. Como ya hemos dicho, nacían del expansionismo de los señores territoriales más poderosos, cuyo éxito siempre dependió del control efectivo de la tierra fértil, de sus cultivadores y de sus productos. Los terratenientes feudales dedicaban toda su atención y sus esfuerzos a mantener su patrimonio y a ser posible a acrecentarlo. Con ese objetivo las familias desarrollaban estudiadas estrategias matrimoniales y de sucesión. Eran éstas vías pacíficas para ampliar sus posesiones, y por lo tanto su poder, que en caso de protesta se complementaban sin vacilar por la vía de la fuerza física. Los amos de la economía señorial contaban con lo imprescindible para sufragar sus luchas por el poder: los escasos excedentes de la agricultura y la ganadería, que apenas bastaban para que la clase militar pudiera adquirir sus costosos caballos y arreos militares, adiestrarse en las artes de la guerra y procurarse un número suficiente de auxiliares a caballo o a pie. Los soberanos territoriales,

La ola de expansión inglesa no alcanzó sólo a Gales, Escocia e Irlanda, sino también al oeste de Francia.
Aquí vemos al 'Príncipe Negro' rindiendo homenaje al rey Eduardo III por el ducado de Aquitania, en julio de 1362.
Londres, British Library

No pocas veces las vicisitudes dinásticas dieron el poder a usurpadores con muy dudosos derechos.

En un sistema de sucesión hereditaria, la legitimidad de origen y el prestigio del linaje eran decisivos.

Cuanto más remota llegara a ser su ascendencia famosa, más ilustre era la dinastía.

Aquí aparece la genealogía de los reyes de Inglaterra en el siglo XIII, remontada hasta el troyano Bruto, nieto legendario de Eneas.

Es interesante la descripción, en los círculos, de los territorios que comprenden los siete reinos anglosajones: Essex, Kent, Sussex (Wiltshire y Yorkshire), Gloucester, Winchester y Warwick, Northumbria, Suffolk y Norfolk. El círculo del centro da las dimensiones del territorio inglés en total.

La Haya, Koninklijke Bibliotheek

En muchos metros de bordado, el Tapiz de Bayeux refiere la conquista de Inglaterra por los normandos en 1066.
Fue tejido poco después de la victoria de Guillermo el Conquistador,
y aquí le muestra en su trono con la espada alzada.
Bayeux, Musée de la Tapisserie de Bayeux

reyes y emperadores que entran en escena en los siglos x y xi no son, básicamente, sino los vencedores en la rebatiña por el control de los modestos excedentes de una economía agrícola que todavía era relativamente improductiva. Una vez afianzados en una posición de supremacía, siguieron siendo muy dependientes de la buena gestión de sus vastos dominios.[8]

Si bien es cierto que el poder monárquico tenía sus fundamentos en la economía señorial, no es menos obvio que a los vencedores en la competición les interesaba añadir lustre y capacidad persuasiva a su poderío asegurándose el apoyo de la Iglesia. La consagración de su cargo ayudaba a menudo a emperadores y reyes a consolidar una posición precaria. Dado que los eclesiásticos eran los únicos miembros letrados de una sociedad de campesinos y guerreros, el recurso a sus capacidades era absolutamente esencial. Por otra parte, el clero proporcionaba a los reyes la justificación ideológica que necesitaban, añadiendo abiertamente la propagación de la fe a su programa político. Desde finales del siglo x logró además imponer, aunque fuera laboriosa y paulatinamente, algunos principios cristianos en el comportamiento de los príncipes y señores feudales. A partir de 989, una serie de sínodos proclamaron la Paz de Dios, un movimiento iniciado en el sur de Francia que imponía límites a la violencia feudal ejercida contra las posesiones de la Iglesia y contra los campesinos y comerciantes humildes. A mediados del siglo xi se prohibieron bajo pena de excomunión las acciones violentas en determinados días y períodos de importancia litúrgica: domingos, jueves, Adviento y Cuaresma, la llamada 'Tregua de Dios'. También en lo referente al matrimonio hizo valer la Iglesia su autoridad, dictando normas estrictas para un contrato elevado por ella a la categoría de sacramento. En 1105 el obispo Ivo de Chartres obligó al rey Felipe i de Francia a abjurar públicamente de su bigamia. Se prohibieron los enlaces hasta el cuarto grado de consanguinidad y el repudio de la esposa, que era frecuente so pretexto de esterilidad. Con esa paulatina imposición de sus reglas, la Iglesia moderó hasta cierto punto el ansia desenfrenada de poder de los señores feudales. Al poder le sería cada vez más difícil sustraerse a la norma de una Iglesia que le proporcionaba su legitimidad. Hasta 1300 aproximadamente, la Iglesia y las monarquías siguieron controlando la economía agraria, que era con mucho la mayor fuente de riqueza. Entretanto se intensificó la

**Alegoría del orden de sucesión al trono sueco,
de donde no se excluía a las mujeres,
en un cuadro del pintor de la corte D.K. Ehrenstrahl, 1693.
Estocolmo, National Museet**

competencia entre ambas instituciones, y si la superioridad inicial del clero disminuyó fue únicamente porque los guerreros lograron poner bajo su mando mayores extensiones de tierra.

1 Braudel 1966–1972, 355–379; 1979, 3
2 Parker 1972, 280
3 Haverkamp 1993, 89
4 Paviot 1991
5 Tilly 1975, 41
6 Sahlins 1989, 17–22, 299–300
7 Prinz 1993, 223–243
8 Dhondt 1948, Barthélémy 198

Capítulo ii
Personas y recursos

Las concentraciones de población

Si la ubicación geográfica de una región era importante, no lo era sólo para el monarca y sus posibilidades de adquirir más poder. La configuración del terreno y sus cualidades eran asimismo factores decisivos para el modo de vida que pudieran desarrollar sus pobladores. Las posibilidades de desarrollar una agricultura más intensiva o comercializar sus productos dependían en grado sumo de condiciones geográficas tales como la fertilidad de la tierra, la existencia de minerales y la proximidad de ríos navegables y costas con puertos. Las diferencias a este respecto se reflejan muy claramente en la densidad de población y la consiguiente existencia o falta de grandes ciudades. Es evidente que sólo una zona de alta productividad agrícola puede sostener a una parte sustancial de su población en lo que hoy llamamos sectores secundario y terciario de la economía; sólo si se producen o importan alimentos en cantidad suficiente podrá gran parte de la población dedicarse a la artesanía, la industria o los servicios. Así pues, la densidad de población depende en primer lugar de las oportunidades que brinde el entorno natural para alcanzar unos niveles de producción elevados. Sólo en segunda instancia se puede sostener una densidad de población alta mediante la cooperación constructiva entre regiones que compensen sus respectivas deficiencias. Esa colaboración requiere transportes, comercio, medios técnicos; dicho en una palabra, desarrollo. Resumiendo, en un primer momento, la densi-

dad demográfica puede surgir de condiciones ambientales favorables, pero más tarde sólo se podrá mantener si la sociedad consigue un dominio efectivo sobre la naturaleza, bajo la forma de una productividad agrícola suficiente, un control del abastecimiento de agua para las ciudades y el campo, aperos adecuados y un sistema seguro de transportes.

Hasta mediado el siglo xix las grandes concentraciones de población sólo fueron posibles a lo largo de los ríos navegables y las costas, dado que los barcos podían asegurar el transporte masivo de mercancías mejor que los vehículos de tracción. Más tarde los ferrocarriles tendieron una nueva red de comunicaciones, posibilitando el transporte de grandes volúmenes de mercancías por el interior. Se entiende así que antes de la industrialización las grandes ciudades y los *hinterlands* densamente poblados se encontraran siempre en el litoral, con puertos de fácil acceso, y cerca de los grandes ríos. En torno a 1600, por ejemplo, los Países Bajos alcanzaron una densidad media de población de 48 habitantes por kilómetro cuadrado, e Italia llegó a los 44. Los grandes territorios continentales mostraban índices mucho más bajos: 34 en Francia, 28 en Alemania, 17 en la Península Ibérica, 14 en Polonia y Prusia; en la misma época Escandinavia contaba con menos de dos habitantes por kilómetro cuadrado. Claro está que esos promedios ocultan picos, verbigracia el de la costa meridional de Suecia. Pero incluso en Italia, y dentro de los diminutos Países Bajos,

Sólo en regiones muy productoras de alimentos podía dedicarse un alto porcentaje de la población a la industria y los servicios, que a su vez estimulaban el comercio. Detalle del puerto de Sevilla, situado en el fértil valle del Guadalquivir, en un cuadro de Alonso Sánchez Coello, del siglo xvi. Madrid, Museo de América

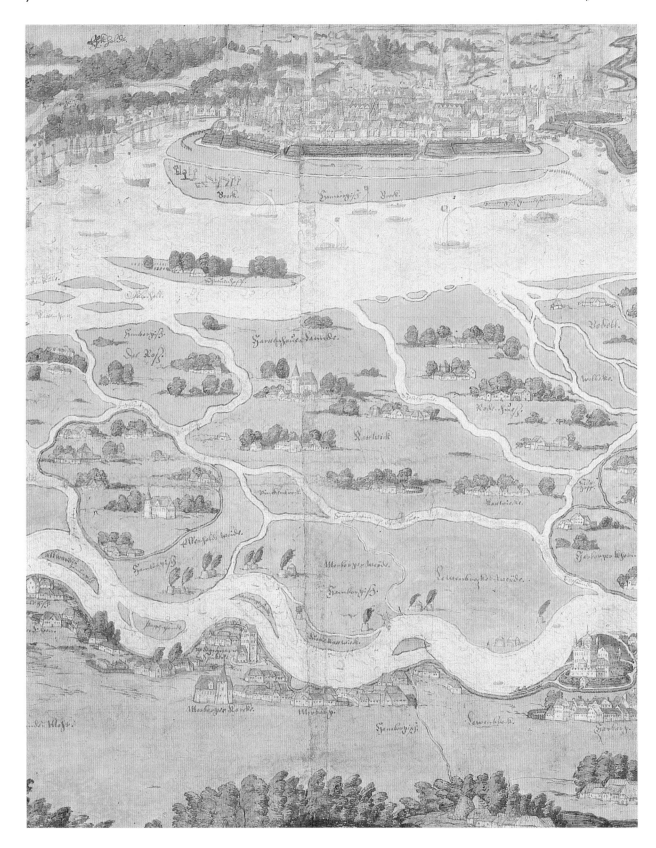

Durante la baja Edad Media se formaron grandes concentraciones de población
en el litoral comprendido entre la desembocadura del Sena y la del Elba.
Hamburgo del Elba, detalle de una vista topográfica dibujada en 1568 por Melchior Lorich. Hamburgo, Staatsarchiv

había una fuerte variación regional: en 1795 vivían 166 personas por kilómetro cuadrado en Holanda septentrional, pero apenas quince en la provincia oriental de Drenthe; el promedio del país, con 64 habitantes, era relativamente muy alto.

No obstante, las cifras absolutas reflejan fuertes disparidades de escala. Hacia 1600 la inmensa Rusia contaba con tantos súbditos como el Imperio germánico, y menos que Francia, que totalizaba unos 18 millones y medio. Al este del Vístula las únicas ciudades de más de 40 000 habitantes eran Moscú, Nóvgorod, Sofía, Smoliensk y Kiev. Constantinopla, Nápoles y París tenían en aquella época más de 200 000 almas, y había en occidente otras nueve ciudades con más de 100 000. Del total de 105 millones de europeos, aproximadamente un 12 por ciento vivían en ciudades; en Rusia ese índice sólo llegaba al 5 por ciento. Las mayores concentraciones de población se situaban en la costa del Mar del Norte, desde la desembocadura del Sena hasta la del Elba, y en la orilla septentrional del Mediterráneo.

Durante siglos el interior del continente estuvo por lo tanto mucho menos poblado que las áreas litorales y las cuencas de los grandes ríos. Además, el interior, por la mayor dureza del clima, solía ser menos apto para la agricultura. Hay en el centro y este de Europa vastas estepas que incluso hasta el siglo XX no han albergado sino a poblaciones muy escasas de nómadas. Las enormes distancias reducían el trato entre esas gentes a contactos ocasionales que no daban lugar a influencias mutuas profundas. También ahí sólo la llegada del ferrocarril introdujo cambios fundamentales. Antes la rapidez de los desplazamientos venía dada por el brío del caballo; a lo sumo, un sistema de relevos en unas pocas rutas importantes podía extender la resistencia de ese medio, pero no su velocidad. Sin embargo la red de asentamientos urbanos que venía desarrollándose desde la alta Edad Media dictó a su vez el trazado de los caminos de hierro: donde no había ciudades y vivía poca gente tampoco llegó el tren.

En la era preindustrial el tamaño de la mayoría de las ciudades europeas fue siempre bastante modesto, en gran medida por las dificultades de abastecimiento. Hacia 1500 había a lo sumo cinco núcleos de unos 100 000 habitantes: Venecia, Génova, Nápoles, quizá Milán, y París. Por ser capitales de grandes imperios, Roma, Córdoba y Constantinopla habían alcanzado o rebasado esa cifra en siglos anteriores, para después menguar. Llama la atención la ubicación mediterránea de todas esas metrópolis, con la única salvedad de París. Las razones son claras: la fertilidad de la zona, su tradicional importancia y sus buenos enlaces marítimos posibilitaban el desarrollo económico a orillas

del Mar del Norte en una escala que sólo se igualaría en el siglo XVII. Hacia 1500 no había más de una cincuentena de ciudades que superasen los 20 000 habitantes, y un centenar tenían entre 10 000 y 20 000. Los restantes núcleos urbanos, que se contaban por miles, eran muy pequeños, sobre todo los del interior, con sólo unos pocos millares de almas. Tal siguió siendo el panorama hasta mediado el siglo XVIII, produciéndose el cambio radical en torno a 1800. En 1500, un 5,6 por ciento de los europeos vivían en ciudades de 10 000 habitantes o más; tres siglos después la proporción era de un 10 por ciento. De las ciudades con 100 000 habitantes o más, que eran ya diecisiete, sólo ocho bordeaban el Mediterráneo.

Si se atiende no ya a cada ciudad por separado sino a la densidad de toda la red de grandes ciudades, se observa que Lombardía y el valle del Po -con Milán, Génova y Venecia en sus extremos- eran hacia 1500 la región más urbanizada de Europa con diferencia. La bahía de Nápoles y los Países Bajos meridionales alcanzaban el 80 por ciento de ese nivel. Muy por debajo, la cuenca de París y los valles del Rhin y del Ródano daban un 50 por ciento del nivel de urbanización del valle del Po. Fuera de esas zonas de máximos, el nivel de urbanización del interior de Francia, España y Alemania era muy bajo, mientras que en Escandinavia, en el norte y oeste de las Islas Británicas y en Europa central el tejido urbano era muy abierto, salvo en el litoral. Ese patrón se mantuvo en lo fundamental hasta aproximadamente 1750, pese a que la población urbana total en centros de más de 10 000 habitantes se duplicó con creces, de 3,4 a 7,5 millones, aumentando su proporción en la población total de un 5,6 a un 10 por ciento. La diferencia más importante estriba en que a partir del siglo XVI la mayor densidad urbana se situó en los países ribereños del Mar del Norte, con el sudeste de Inglaterra, los Países Bajos y el norte de Francia como núcleos. En esa zona el tamaño de Londres hacia 1800 aventajaba con mucho al de todas las demás regiones muy urbanizadas.[1]

Notas en p. 103

Esto nos lleva a la evolución global de la densidad de población a lo largo de todo el período considerado. A grandes rasgos se distinguen cuatro fases. Desde el siglo X hasta finales del XIII hubo un fuerte aumento de población en toda Europa, de 38,5 millones estimados hacia el año mil a casi el doble, alrededor de 75 millones, hacia 1300. Durante los siglos XIV y XV decayó en un tercio, a 50 millones. El siglo XVI presenció un crecimiento renovado, seguido de un estancamiento, de modo que hacia 1750 el total se cifra en unos 120 millones. Durante el subsiguiente período de explosión demográfica la población residente de Europa se disparó a 210 millones hacia 1850, y 393 millones en

La región de Nápoles estaba ya muy poblada en la época clásica, por su ventajosa situación geográfica y la fertilidad del suelo volcánico. Hacia 1500 la ciudad tenía unos 100 000 habitantes.

1950. Para lo que aquí nos interesa es importante subrayar que la primera fase de expansión y consolidación de los reinos coincidió con el primer período de crecimiento sostenido de la población. Además, es un dato fundamental que cada fase de crecimiento global se acompañó de un aumento más que proporcional de la población urbana, lo que indica que también el grado de urbanización aumentaba sin cesar.

¿Qué significado tuvieron esas concentraciones –y sus vaivenes– para las constelaciones de poder? Debido a su dependencia de las vías navegables, las metrópolis y sus ciudades satélite surgieron en la proximidad de las costas o de los grandes ríos. Por consiguiente, en su gran mayoría se hallaban en las regiones fronterizas de las primeras monarquías expansionistas consolidadas, que a la postre habían nacido de zonas fértiles del interior continental. Londres, que siempre fue con mucho la mayor ciudad de las Islas Británicas, quedaba lejos del centro de Inglaterra, y aún más del

de toda Gran Bretaña. Las regiones urbanizadas del Imperio germánico se escalonaban a lo largo de las cuencas del Rhin y del Danubio o en el litoral del norte, todas excéntricas respecto al macizo de tierras continental. Gracias a su tamaño y a su concentración, las ciudades de Lombardía eran ya ingobernables en el siglo XII para el emperador, por lo demás muy poderoso, Federico Barbarroja. Aparte de París, que absorbía el excedente de población de toda la Isla de Francia, las regiones urbanizadas de Francia estaban en la periferia: en Gascuña, el valle del Ródano, Alsacia y el noroeste. En la Península Ibérica el problema se resolvió en parte al deslizarse las capitales hacia el sur (de Coimbra a Lisboa, de León y Valladolid a Toledo y

Detalle de la *Vista del puerto de Nápoles* pintada
por un anónimo florentino antes de 1487.
Nápoles, Museo Nazionale di Capodimonte

Madrid), o quedó sin resolver, para más adelante ser origen de regionalismos (Barcelona, Valencia). También hubo un deslizamiento al centro en Polonia, de Cracovia a Varsovia, cuando Prusia se incorporó al reino, en los siglos XV y XVI. Hasta entonces Danzig, con su *hinterland* urbanizado en el valle del Vístula, había constituido un centro de gravedad típicamente excéntrico. En las zonas costeras de los Países Bajos, muy urbanizadas, no se consolidó un Estado monárquico extenso antes de 1600.

Vemos, pues, que las grandes ciudades, esencialmente orientadas al comercio internacional y a menudo ultramarino, estaban situadas fuera del centro de las monarquías surgidas de grandes unidades territo-

riales. Eso dificultaba su gobierno para los monarcas, que a pesar de ello trataban de poner bajo su férula a esas concentraciones de personas y riqueza; pero precisamente por sus recursos, las ciudades podían ofrecer una resistencia tenaz. En el mejor de los casos se llegó a una especie de condominio, con un alto grado de participación de los ciudadanos en la administración de su territorio. Un ejemplo son los fueros de Barcelona–y en lo tocante al comercio de ultramar, incluso una generosa autonomía–otorgados por sus condes primero, y los reyes de Aragón después. Pero en general las comunidades urbanas más comerciantes se habían formado cuando los principados y reinos no podían aún hacer valer su autoridad sobre las regiones periféricas que ofrecían localizaciones más estratégicas para construir puertos. Eso les brindó la oportunidad de organizar por su cuenta la protección de sus intereses esenciales en materia de abastecimiento e intercambios.

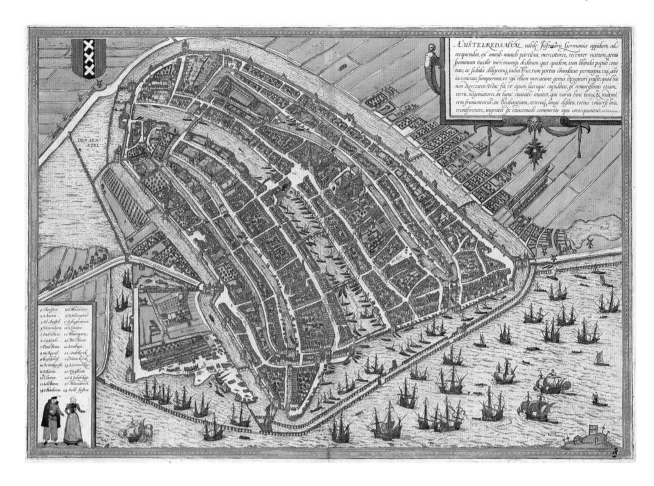

Desde el siglo XVI las regiones ribereñas del Mar del Norte fueron las más urbanizadas de Europa. En su centro estaban los Países Bajos.

Mapa de Amsterdam por Frans Hogenberg según una xilografía de Cornelis Anthonisz, 1544. Amsterdam, Gemeentearchief

Las monarquías fuertes escogían una ciudad céntrica para situar en ella la capital, Así hizo Castilla,

primero con Toledo y en el siglo XVI con Madrid, que creció artificialmente.

A la izquierda se divisa el Alcázar o palacio real. *Vista y mapa de Toledo* por El Greco, hacia 1600. Toledo, Museo del Greco

Las concentraciones de capital

Para los príncipes había varias ventajas en el crecimiento de ciudades dentro de su territorio, una dinámica iniciada en el siglo X, paralelamente a la formación y consolidación de sus reinos. Era lógico esperar que sus rentas por acuñación de moneda, peajes y administración de justicia aumentaran al crecer la población, y particularmente la actividad urbana. De ahí que otorgasen derechos de autogobierno a los jóvenes municipios que lo solicitaban, aunque reservando para sí determinados ingresos. Conforme las ciudades cobraron importancia, empezaron a tener más peso en las relaciones de fuerza política de la región. Al príncipe le podía resultar muy oportuno su apoyo frente a sus rivales más importantes, los señores feudales y a veces también los altos dignatarios de la Iglesia, que en definitiva eran también grandes terratenientes. A partir del siglo XIII ese apoyo revistió una forma muy concreta, que más adelante comentaremos: la posibilidad para el príncipe de recabar subsidios especiales de las ciudades, aparte de lo que percibía regularmente en concepto de derechos de soberanía.

En las regiones donde se desarrollaron grandes centros comerciales, los príncipes tenían aún otra posibilidad excepcional, la de acudir a los mercaderes ricos y a los municipios en busca de crédito. No en vano era en las ciudades donde se concentraban las actividades artesanales y mercantiles que generaban la nueva riqueza. Desde el siglo X habían aumentado los ingresos tradicionales procedentes de la tierra, de resultas de la creciente demanda de suelo cultivable y su mayor productividad, pero en el siglo XIII la inflación erosionó todas las exacciones fijas. En cualquier caso, el crecimiento de esas rentas no podía ni compararse con las fabulosas fortunas que amasaban los mercaderes ricos.

Ya en el siglo XII los grandes comerciantes de algunas regiones emplearon sus excedentes de liquidez para satisfacer la necesidad acuciante de crédito a corto plazo que sentían los príncipes y señores feudales para sus expediciones militares. Cuando en 1249 el rey Luis IX de Francia cayó prisionero en Limassol mientras combatía en la cruzada, fueron los banqueros y comerciantes sieneses Scotti quienes pagaron su rescate, contra reembolso un año después en la feria anual de Provins, en Champaña. Los Scotti financiaban habitualmente las empresas pontificias, y en 1282 prestaron al rey Eduardo I de Inglaterra las sumas que necesitaba para la conquista de Gales, el cual no se las devolvería hasta 1287, en París. Este príncipe había encomendado ya en 1275 la gestión de sus rentas aduaneras a banqueros toscanos, que por su condición de grandes compradores de lana inglesa tenían un interés directo en la correcta recaudación de esos impuestos, pero además sabían sacarles rendimiento. Sus buenas relaciones con el papa les hicieron agentes recaudadores de la Cancillería Apostólica. Con el dinero que recaudaban en Inglaterra pagaban allí sus compras de lana, evitándose así el financiarlas con recursos propios. Roma recibía pocos meses después sus tributos procedentes de la venta del paño acabado en Italia.

Esa ingeniosa combinación de tráfico de mercancías y de dinero les permitía además obtener nuevos beneficios de sus excedentes de liquidez en Inglaterra, a través de préstamos al rey, a quien adelantaron sumas cada vez mayores, con las rentas de aduanas como aval. Desde un punto de vista puramente económico el riesgo quedaba cubierto, pero en la estrecha vinculación de las altas finanzas con la monarquía entraban también factores políticos. Una constante presencia en los círculos reales mantenía a los mercaderes-banqueros debidamente informados de las operaciones militares en proyecto, conocimiento que era muy útil para sus negocios financieros y comerciales. La creciente complejidad de sus intereses acabó colocando a los italianos en un dilema. Sus derechos contra la corona crecían día tras día, y con ellos la necesidad de seguir asegurando las buenas relaciones: si ponían mala cara, al rey se le podía ocurrir entorpecer su comercio mediante confiscaciones o exacciones más altas, o acudiendo a sus competidores. Por ejemplo, hasta 1299 los Riccardi de Lucca gozaron de la confianza del monarca, pero tras esa fecha fueron los Frescobaldi de Florencia los más favorecidos. Para el rey las ventajas eran obvias: gracias al aflujo de crédito conseguía no sólo poner en pie a sus ejércitos para una campaña concreta, como era normal bajo el sistema de servicio feudal, sino también seguir pagándolos después. Además, pudo sembrar Gales de castillos para mantener la región conquistada firmemente sujeta a su autoridad. El crédito no sólo le proporcionaba dinero rápido aparte del lento goteo que producían sus tierras de realengo, sino que a la larga también ponía en sus manos sumas muy superiores a su renta normal. De ese modo acumuló una deuda que a su muerte no estaba pagada. Como los Frescobaldi se resistieron a seguir prestando fondos, en 1311 se les expulsó del país. Poco después tuvieron que declararse en quiebra.

Los mercaderes-banqueros del norte de Italia no eran desde luego los únicos que prestaban a los príncipes, pero sí los que disponían de mayores capitales y contactos más amplios, y por ello eran los socios más buscados. Fueron los Bonsignori de Siena quienes prestaron a Carlos de Anjou, el hermano de Luis IX, el dinero que en 1266 le permitió conquistar el reino de

Ya en la baja Edad Media había extensos señoríos al este del Elba
que cultivaban principalmente centeno para exportarlo al oeste.
Vista del castillo de Marienburg junto al Vístula, que con Koenigsberg, más al noreste, fue cuartel general de la orden teutónica;
en los siglos xiv y xv los caballeros teutónicos desarrollaron
una parte importante de la exportación de cereales a Europa occidental.

Sicilia. Los mencionados sieneses hablaban sin disimulo del interés que cargaban sobre sus préstamos y el monto de las penalizaciones que acarreaba el retraso en la devolución. En 1275 consiguieron incluso que la condesa de Flandes declarase por escrito que ninguna de las prohibiciones canónicas sobre los préstamos a interés y la usura sería aplicable a la consolidación de su deuda, que llevaba aparejada una penalización del 0,97 por ciento semanal (o sea un 50,5 por ciento anual).

Fue, no obstante, la acusación de cobrar intereses usurarios lo que llevó a la ruina a los Templarios en Francia. Desde el siglo xii, con el loable fin de costear las cruzadas, los Templarios aceptaban depósitos de fondos en Europa occidental, gestionaban transferencias a la zona mediterránea y prestaban a interés. Desde 1146 actuaron como banqueros y principales garantes financieros de la corona francesa. Pero el rey Felipe iv (1285–1314) prescindió de sus servicios y desató la persecución contra ellos, confiscando sus nada desdeñables propiedades. El papa de Aviñón decretó la condena de la orden y su disolución.

A despecho de los evidentes riesgos que implicaban las relaciones entre príncipes y banqueros, las grandes casas florentinas facilitaron también ingentes sumas a Eduardo iii, dándole así una ventaja decisiva en la primera fase de la Guerra de los Cien Años. El rey, sin embargo, tuvo que declararse insolvente en 1339, lo que significaba que los florentinos no recuperarían su capital. Ello hizo inevitable la quiebra de los Peruzzi en 1342, y de los Bardi en 1346. Un caso parecido es el del industrial y comerciante mayorista Jacques Coeur de Bourges, que fue escalando puestos al servicio del rey Carlos vii; tuvo a su cargo la ceca y las finanzas del rey, que administró ayudándose de su extensa red comercial en el Mediterráneo. En 1449 costeó la reconquista de Normandía, pero dos años después tuvo que huir del país, acusado de malversación de fondos.[2]

El capital de banqueros como los Médicis permitió a los príncipes costear guerras sin depender de sus ingresos propios.

Hacia 1440 Domenico Veneziano retrató a miembros de esa familia en el séquito de su *Adoración de los Magos:*

Piero, con un halcón en la mano, aparece detrás del rey arrodillado;

Cosimo y Giovanni, más hacia el centro.

Berlín, Staatliche Museen Preussischer Kulturbesitz, Gemäldegalerie

Dos conclusiones se imponen para el período que va hasta el siglo XV. La primera es que en las regiones donde el comercio exterior era un factor económico importante hubo un considerable movimiento de capitales que brindó unas posibilidades de expansión sin precedentes a quienes ostentaban el poder político. Empleando los derechos de aduana como garantía crediticia no se gravaba a los súbditos del príncipe, sino el comercio internacional. Si la deuda no se amortizaba, eran los compradores adinerados de las mercancías distribuidas por los mercaderes-banqueros quienes pagaban el precio de una política expansionista. La segunda es que las concentraciones de capital que permitían a los príncipes financiar unas

Este *San Eloy, patrono de los plateros* es una obra lombarda del siglo XVII
que hasta el XIX adornó la ceca milanesa;
muestra con gran detalle distintas etapas del proceso de acuñación.
Milán, Castello Sforzesco, Civica Pinacoteca

guerras que no habrían podido costear únicamente con sus ingresos habituales sólo se dieron en unas pocas regiones de Europa. De ese modo, las regiones muy mercantilizadas adquirieron una ventaja sobre las zonas más ancladas en la agricultura. Cuanto mayor fuera en la región la actividad de negociantes extranjeros con grandes recursos financieros, y la concentración de capital comercial e industrial en las ciudades, mayores eran las reservas y garantías con que podían contar los príncipes ávidos de crédito. Prueba de ello en la época a que nos referimos son los éxitos militares de Francia durante el siglo XIII, de Inglaterra a partir de 1268, de Aragón, y, huelga decirlo, de las ciuda-

Durante los siglos XVII y XVIII el crédito estuvo muy barato en la República de las Provincias Unidas, y ello hizo posible que ese Estado, pequeño pero comercialmente avanzado, desempeñara un papel de gran potencia.
Esta impresión de *la Bolsa de Amsterdam* fue pintada por J. Berckheyde después de 1668.
Rotterdam, Museum Boymans-van Beuningen

des del norte de Italia. En cambio, los reinos de Europa central, Castilla, Escocia, y en buena medida también Francia, siguieron dependiendo fundamentalmente de las rentas feudales tradicionales, mucho más modestas y, sobre todo, mucho más difíciles de movilizar. Por ejemplo, todavía en los siglos XIV y XV los reyes de Dinamarca tenían que hipotecar castillos y feudos para resolver sus problemas de liquidez. Como el crédito comercial era menos corriente en Europa central y septentrional que en las regiones donde se habían instalado los mercaderes italianos, resultaba más caro, y por lo tanto menos asequible para los príncipes. En el oeste y sur la deuda pública era ya un fenómeno tan corriente

hacia 1500 que cuando había problemas para amortizarla se solía consolidar en obligaciones a largo plazo.

La aceleración y expansión del capitalismo comercial durante el siglo XVI repercutió en la región en el volumen y la estructuración de los préstamos públicos. El desplazamiento del centro de gravedad económico a las costas atlánticas, el aflujo de la plata americana a España y el auge de la economía del sur de Alemania, todo ello afectó a la gestión de las finanzas de los príncipes. Los banqueros genoveses dominaron esa esfera en varios estados, España y Francia en particular. Los Függer, mayoristas y banqueros de Augsburgo, gestionaron las finanzas de los papas en Alemania, Austria, Polonia y Hungría. Jacobo Függer había encabezado el consorcio de bancos que reunió el capital prometido por Carlos V a los príncipes electores que le eligieron emperador en 1519, y esa actuación les dio a los Függer un papel dominante en el mercado de capitales de Amberes. Allí vendían cartas de crédito al portador, con lo que las crecientes sumas en circulación se reciclaban en forma de créditos a corto plazo. Durante el siglo XVI los grandes banqueros del sur de Alemania y Génova compraron cada vez más asientos–derechos sobre una parte de las remesas de plata americana a su llegada a Sevilla–al gobierno español, a cambio de facilitarle fondos para sus actuaciones los mercados de cambio de España, Italia, Alemania y los Países Bajos. Los márgenes aplicados por los bancos a esas operaciones pasaron de un promedio del 18 por ciento en la década de 1520 a un 49 por ciento entre 1552 y 1556. Al principio los banqueros se contentaban con garantías sobre las rentas de la plata americana, las tierras de realengo o las minas de plata. La sed de créditos de los Habsburgo, y en particular la urgencia con que necesitaban el dinero para sus guerras, sobre todo contra Francia y después contra los Países Bajos rebeldes, situaron el precio de los préstamos al gobierno en alturas de vértigo. La deuda de los Habsburgo en los Países Bajos subió de 500 000 libras en 1535 a 1,4 millones desde 1538 y 7 millones en 1555.

El déficit avanzaba a grandes zancadas en tiempo de guerra. Lógicamente, los reyes de Francia, los grandes rivales de los Habsburgo, tuvieron que pechar con los mismos problemas. Esa rivalidad arruinó a ambos estados, que a partir de esta época tuvieron que pedir repetidas moratorias mientras negociaban con sus acreedores la consolidación de la deuda flotante a tipos de interés más bajos. El imperio español solicitó nueve de tales moratorias entre 1557 y 1662, siempre por insolvencia de la corona como resultado de gastos militares inaplazables. La corona de Francia recurrió a ese sistema en 1559, 1598 y 1648.[3]

Es digno de nota que los Estados cuyos ciudadanos ejercían una participación efectiva en el gobierno mostraran mayor prudencia en su política financiera. Un caso único es el de los cantones suizos, que, liderados por Ginebra y Basilea, actuaron básicamente como prestamistas y a partir de 1650 consiguieron liquidar toda deuda pública. El mercado de cambios de Basilea venía sacando a suscripción pública los empréstitos a otros estados desde 1506, mediante el cobro de comisiones inferiores al 2 por ciento. La ortodoxia financiera de los suizos se demostró muy claramente en 1555, cuando la Asamblea de la Confederación expropió el territorio del insolvente conde de Gruyère y lo repartió entre los cantones de Berna y Friburgo, que heredaron las deudas del conde.

En la República de las Provincias Unidas, al frente del comercio en aquella época, la acumulación de capital durante los siglos XVII y XVIII abarató extremadamente el crédito, con un tipo de interés del 3 por ciento, mientras que en Inglaterra lo normal era un 6, que en periodos de crisis subía a 10 o un 15, lo mismo que en Francia. En Polonia, cuya participación en la economía monetaria era sólo marginal, lo corriente era un 12 y hasta un 18 por ciento. Con tales diferencias en el precio del dinero, se comprende que un Estado pequeño pero tan rico como las Provincias Unidas pudiera desempeñar un papel de gran potencia. En Inglaterra la revolución parlamentaria de 1688 condujo asimismo a un riguroso escrutinio de las finanzas del Estado. En el futuro el Parlamento garantizaría los empréstitos gubernamentales, que él mismo decidiría otorgar con arreglo a su prerrogativa presupuestaria. La creación en 1694 del Banco de Inglaterra, el primer banco central, seguido un año después por el Banco de Escocia, combinó las funciones de ordenador de pago del Estado y emisor fiable de papel moneda. Sus billetes, que no tardaron en circular como títulos de crédito, abrirían el camino para la conversión de Londres en centro financiero durante los siglos XVIII y XIX. En el curso del XVIII muchos Estados crearon bancos centrales con la misión de controlar la deuda pública y emitir dinero mediante billetes convertibles. El primero del continente fue el *Wiener Stadtbank* en 1703, seguido por los bancos centrales de Dinamarca, Suecia, Prusia, Rusia y España. La tentativa, lanzada en 1716 por el escocés John Law, de emitir papel moneda en Francia mediante una *Banque Générale* naufragó a los pocos años por la desproporción entre el volumen emitido y su cobertura en metales preciosos. Ese fracaso se puede atribuir a la desconfianza del público ante la magnitud de la deuda estatal, y sus dudas sobre la validez comercial del experimento. París no lo volvería a intentar hasta 1776.

Entretanto el papel moneda de varios Estados en-

El primer banco estatal fue el Banco de Inglaterra, fundado en 1694 no sólo como banquero del gobierno sino también como banco emisor, ya que sus billetes tenían la garantía del Estado. *La sala de operaciones del Banco de Inglaterra en Londres,* acuarela de Thomas Rowlandson, 1808. París, Bibliothèque des Arts décoratifs

contró un público comprador muy internacional. Cuando, de 1794 a 1796, Prusia se vió en acuciante necesidad de liquidez para su guerra contra Francia, el mercado de capitales de Amsterdam le facilitó un tercio de los fondos necesarios. El endeudamiento de los Estados era ya un fenómeno habitual. Los monarcas han arrastrado siempre a sus países en aventuras que revelan su megalomanía y su indiferencia a la realidad económica y que sólo fueron posibles con el concurso de financieros deseosos de obtener pingües beneficios en poco tiempo. Una solitaria excepción fue el Estado prusiano, que en la primera mitad del siglo XVIII, gracias a un intachable sistema administrativo, disfrutaba de unas arcas bien llenas y unas cuentas saneadas; no hubo por entonces otro caso igual, fuera de la pequeña república suiza.[4]

El desarrollo del capitalismo mercantil fue sin duda uno de los puntos de inflexión más fundamentales de la historia de Europa. De la descripción que acabamos de hacer se desprende que no por estar vinculados los grandes mercaderes-banqueros con los poderes políticos y eclesiásticos se hallaban aquéllos totalmente bajo el control de éstos. Los sectores más estratégicos de la economía agrícola estaban bien sujetos en manos de los príncipes y otros grandes terratenientes eclesiásticos y feudales. En cambio, el capital era escurridizo por su propia naturaleza: consistía en bienes que se podían transportar y transformar, en barcos, pagarés, dinero en efectivo y, en definitiva, la propia actividad empresarial. El capitalista, por definición, persigue siempre la combinación de factores que pueda proporcionarle la máxima ganancia. Dichos factores pueden variar continuamente; lo que Max Weber llamó «el desasosiego racional» es típico del sistema. Si un príncipe ponía trabas a la libertad de comercio con restricciones y exacciones desmedidas en forma de

LAW, als een tweede Don-Quichot, op Sanches Graauwtje zit ten spot.

Dulcinia en 't Actie Roth,	In 't groot betoovert Actie-huis.	Hy kruipt zyn baas na als een pad.
Verzoekt den Lawen Don-Quichot,	En Sanche, tot zyn droevig kruis	En Heintjemaat te drommels plat
Op Sanches Eseltje gezeeten,	Moet voor Bombario hier speelen;	Weet vast een ider te bespotten,
(Wyl Rosinant wat hooy gaat vreeten)	Het kan den bloed zo zeer verveelen;	Daar een Zot maakt veel duizent Zotten

En 1716 John Law intentó sacar a Francia de su desbarajuste financiero, pero su plan fracasó.
En 1720 Bernard Picard satirizó lo sucedido en una serie de estampas, entre ellas esta *Law, un segundo Don Quijote*.
Amsterdam, Rijksmuseum, Rijksprentenkabinet

peajes, aranceles, devaluaciones de la moneda, impedimentos legales, o incumplimiento en el pago de sus deudas–lo cual disparaba el coste de las transacciones–, algunos negociantes salían perjudicados, pero sus colegas rehuían aquel territorio y probaban fortuna en otro sitio. El sistema en sí era dinámico, y por lo tanto incontrolable por los respectivos poderes territoriales. Es cierto que la importancia estratégica de materias primas procedentes de una determinada región–por ejemplo la sal y la lana de las Islas Británicas, o el alumbre que sólo se extraía en Focea y Tolfa pero era esencial para la industria textil–permitía al gobernante del país de origen venderlas a alto precio, como efectivamente hicieron los reyes de Inglaterra entre los siglos XIII y XVI; pero con ello no hacían sino espolear la búsqueda de alternativas más rentables.

El capital mercantil no requería grandes inversiones fijas, y se procuraba repartir lo más posible sus riesgos o trasladarlos a otros. A las grandes quiebras, como fueron las muy sonadas de los banqueros florentinos Peruzzi y Bardi en 1342 y 1346, seguía la formación de nuevas sociedades con lo que quedaba del capital original. Los Függer sufrieron cuantiosas pérdidas debidas a la reestructuración de las deudas de los Habsburgo, pero entretanto habían ganado e invertido nuevas fortunas. El banco de la familia Függer, elevada a las filas de la nobleza, existe aún hoy día.

Gracias a la competencia, el relevo en los primeros puestos era inherente al capitalismo, pues los vaivenes de las circunstancias hacían imposible que el empuje necesario se conservara en una misma familia o negocio durante más de tres o cuatro generaciones. La sustitución de personas, métodos, productos y lugares caracteriza al capitalismo mercantil, que como sistema ha demostrado ser flexible y dinámico en grado sumo.

La familia Függer, banqueros de Augsburgo que financiaron a los emperadores Maximiliano y Carlos v,
ascendió hasta la más alta nobleza. Sus armas aparecen en este grabado de Wolfgang Kilian, 1618.
Augsburgo, Stadtarchiv

La relativa independencia de los mercaderes-banqueros con respecto a la Iglesia no era menor que la distancia que procuraban mantener con el poder temporal. Las antiguas estructuras eclesiásticas estaban profundamente enraizadas en el mundo feudal: obispos, capítulos y monasterios eran grandes terratenientes que explotaban sus señoríos y sus poblaciones exactamente igual que los nobles. Durante varios siglos las ciudades en auge constituyeron un mundo extraño que los prelados miraban con desconfianza, y a menudo con desaprobación y hostilidad. Las rentas del comercio estaban mal vistas, y por lo tanto se prefería dejarlas a extranjeros infieles como los judíos y los árabes. La Iglesia insistía en lo pernicioso de amasar capital, y rodeaba la cabecera de más de un moribundo con amenazas de condenación eterna, cuyo resultado eran donaciones piadosas y la consiguiente milagrosa salvación del alma del negociante generoso en sus últimos estertores.

La cuestión más fieramente debatida fue la de saber si era permisible cobrar interés sobre el capital prestado. Los teólogos sostenían que el tiempo sólo es de Dios, y por lo tanto el hombre no puede ponerle precio. Además, la caridad cristiana ordenaba ayudar al necesitado sin esperar nada a cambio. Durante los siglos xii y xiii, sucesivos concilios tronaron contra lo que se consideraba usura. En 1179 el tercer concilio de Letrán negó a los usureros la comunión y la sepultura cristiana. Los decretos pontificios de la época definían la usura como la percepción de una suma superior al capital prestado; los transgresores se exponían a ser excomulgados si eran laicos, y destituidos de su cargo si eran eclesiásticos. Los predicadores franciscanos arremetían de palabra y por escrito contra el tráfico de dinero y el lucro. Durante el siglo xv la Iglesia reconoció que la indemnización por gastos ocasionados o por lucro cesante era legítima, pero siguió condenando el

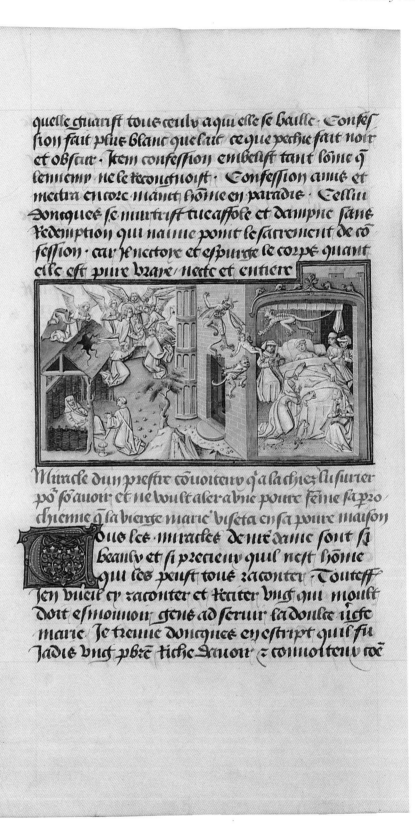

En 1179 el tercer concilio de Letrán decretó que los usureros no tenían derecho a ser enterrados como cristianos;
estaban destinados al infierno. Esta miniatura de 1456, *La condenación de un usurero,* refleja gráficamente esa doctrina.
Lo cierto es que ya en el siglo XIII los mercaderes cobraban interés sobre sus préstamos sin el menor disimulo.
París, Bibliothèque nationale de France

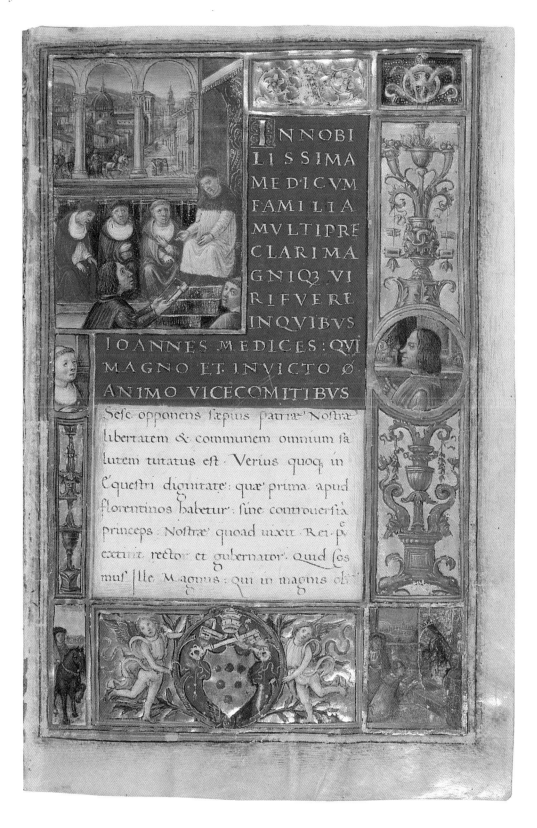

Lorenzo de Médicis, el Magnífico, ofrece un ejemplar de su biografía a su segundo hijo, el papa León X.
Esta miniatura del siglo XVI ilustra la compleja interrelación que unía los intereses de los mercaderes,
banqueros y gobernantes de Florencia con los del Vaticano.
Florencia, Biblioteca Laurenziana

interés puro. A la vista de la vehemencia y la reiteración de las censuras eclesiásticas resulta tanto más sorprendente que el mundo mercantil hiciera tan poco caso de ellas. En un principio el problema se esquivaba camuflando el interés en el monto a devolver, o mediante procedimientos opacos como la hipoteca, donde una propiedad rentable servía de aval. En las principales zonas mercantiles del Tirreno y del Adriático ya no se disimulaba la realidad hacia 1250: un dictamen de la magistratura de Marsella resolvió entonces que la usura estaba efectivamente prohibida, ¡y que el 5 por ciento era un interés razonable! Ya hemos aludido a los mercaderes-banqueros de Siena que en 1275 rechazaban de plano cualquier traba canónica a tipos de interés mucho más altos. El mundo del comercio y las altas finanzas negociaba amigablemente con los papas y prestaba escasos oídos a sus preceptos, que con el tiempo llegaron a parecer trasnochados. Lo cierto es que entre 1513 y 1521, cuando se ciñeron la tiara papal León X y Clemente VII, descendientes de la gran banca mercantil de los Médicis, ya ni se nombraban los viejos principios del derecho canónico. La autonomía del capitalismo mercantil frente a la Iglesia era aún mayor que frente a los príncipes, y eso hizo posible su crecimiento continuado.

Los ingresos por impuestos

Los príncipes eran aquellos terratenientes que, por haber reunido un señorío muy vasto, podían movilizar más recursos y seguidores que sus adversarios. Sus rentas no se distinguían de las de otros señores feudales por su origen, sino tan sólo por su magnitud. En Francia, la profunda descentralización que había sufrido el poder estatal en los siglos anteriores puso ante los reyes del siglo XI la ardua tarea de reconquistar unos derechos que en un principio iban unidos a la autoridad real. Lógicamente se tropezaron con la oposición de los señores feudales más poderosos, como los duques de Normandía y los condes de Flandes, los cuales habían usurpado en provecho propio prerrogativas reales que eran otras tantas fuentes de ingresos, tales como la acuñación de moneda, el cobro de peajes, la concesión de privilegios y el ejercicio del poder judicial supremo. Alrededor de 1190 su posición material no era en modo alguno inferior a la del rey de Francia; únicamente les faltaba su aura. De hecho, un duque de Normandía había ocupado ya el trono de Inglaterra, y en 1204 un conde de Flandes iba a ser elevado nada menos que a la dignidad de emperador de Constantinopla.

Con las rentas de sus tierras de realengo, los emperadores de la dinastía otoniana (936-1002) lograron, no obstante, edificar una sólida base de poder. Además, se beneficiaban de ciertos derechos que no estaban al alcance de todos los reyes, por ejemplo la imposición de tributos a las hordas ecuestres sojuzgadas y la explotación de las minas de plata del Harz. Del mismo modo, el rey Bela III de Hungría (1172-1196) conseguía embolsarse doce toneladas de plata fina de sus monopolios sobre la extracción de sal, plata y oro; se calcula que sus otros ingresos, procedentes de peajes, impuestos y señoríos propios (esto último percibido casi enteramente en especie, lo que hace que la conversión sea sólo conjetural), equivalían a otras diecinueve toneladas de plata fina. No en vano el rey Esteban se había apropiado de dos tercios de todas las tierras de Hungría, que en aquella época comprendía Croacia y Bosnia. Las rentas de Bela III eran enormes en comparación con las de su cuñado el rey Felipe Augusto de Francia, que para 1203 se calculan en más de diecisiete toneladas de plata fina. Sin embargo, un conjunto de factores, entre ellos la concesión de tierras a la nobleza independiente y las fluctuaciones en el rendimiento de las minas, hacían que su efecto político fuera limitado. Los reyes posteriores hubieron de conformarse con mucho menos, y cuando en 1470 Matías I volvió a alcanzar una renta de treinta y una toneladas de plata fina, la parte de ese total correspondien-

Los ingresos de los reyes no procedían sólo de sus señoríos,
sino también de diversas exacciones y tributos cobrados a los enemigos sometidos.
En esta miniatura del siglo XIII, unos recaudadores judíos llenan las arcas reales.
No siendo miembros de la Iglesia, los judíos fueron empleados desde muy pronto como expertos en finanzas;
si algo salía mal, era fácil para el príncipe echarles la culpa y despedirlos. París, Bibliothèque nationale de France

te a las minas era sólo de tres toneladas y media, menos de un tercio de lo que daban tres siglos antes. El alto rendimiento de los señoríos no era forzosamente garantía de éxito: en los siglos XIII y XIV los húngaros exportaron cantidades enormes de metales preciosos que no tenían aplicación productiva en su país.

Las prolongadas guerras contra los musulmanes posibilitaron el cobro de tributo a los vencidos, que a la larga permitiría a los cristianos recompensar a sus guerreros con grandes concesiones de tierras. Pero a partir de 1091 las cruzadas ibéricas llevaron a implantar en Castilla un impuesto permanente que se exigía también a los cristianos. La protección frente a posibles invasores fue un segundo motivo para introducir impuestos generalizados. En Inglaterra, para hacer frente a una nueva oleada de ataques vikingos, se reimplantó en 991 el *Danegeld* de la época de las pri-

meras invasiones, pero esta vez con carácter permanente; se mantuvo, bajo el nombre de *heregeld*, tras la victoria de los daneses, y también bajo los normandos, hasta 1160 aproximadamente. Consistía en una cuota fija por unidad de superficie, y se pagaba en plata amonedada, cuya emisión experimentó un fuerte aumento en ese período. Se puede considerar, pues, el más antiguo de los impuestos estatales europeos de percepción regular y proporcional a la cantidad de tierra poseída. Otros impuestos generales se establecieron en Inglaterra mucho antes que en el continente. En 1185, a petición del papa y para preparar la tercera cruzada, se decretó el cobro de un diezmo sobre las rentas y la propiedad mobiliaria. Fiscalmente fue un éxito y más aún teniendo en cuenta que en Francia un intento similar se estrelló no sólo contra la inmunidad de los grandes magnates territoriales, que eran lo bastan-

El rey Bela III de Hungría (1172–1196), cuyo cetro de plata vemos aquí,
cobraba pingües rentas de su monopolio sobre las minas de plata, oro y sal de su país.
Budapest, Magyar Nemzeti Múzeum

te poderosos para negarse a colaborar, sino también contra una objeción de principio: la de que el rey no estaba legalmente facultado para gravar esa clase de propiedades. En Inglaterra, el principio de imposición proporcional sobre los bienes muebles se volvió a aplicar poco tiempo después, hasta los abusos del reinado de Juan sin Tierra, que en 1215 le obligarían a firmar la Carta Magna, con sus garantías contra la imposición arbitraria. Andando el tiempo, ese método sería precisamente el que permitiera a la corona inglesa centralizar su poder.[5]

En 1275 el Parlamento inglés aprobó por primera vez el cobro de impuestos indirectos que gravaban principalmente la exportación de lanas; estaban destinados a ser una fuente permanente de ingresos para la corona y un arma política contra los compradores del continente, en particular italianos, flamencos y alemanes del norte. Fue siempre el Parlamento quien dispuso las modalidades de su recaudación, lo que implicó someter a debate público las grandes cuestiones económicas y políticas. La magnitud y frecuencia de la imposición tributaria en el siglo XIII, época en que fue implantada en Inglaterra como sistema permanente –aunque basado en precedentes antiquísimos–, vendrían dictadas por el ritmo de la guerra. En épocas de relativa paz con los escoceses (1298–1306) y de tregua con Francia (1360–1369) no se cobraron impuestos. En cambio, la intensa actividad bélica de 1294 a 1298 y el inicio de la Guerra de los Cien Años (1338–1342) acarrearon un aumento desorbitado de la presión fiscal. La guerra permitía a los monarcas pedir a sus súbditos dinero y ayudas extraordinarias so pretexto de defender el reino, que al fin y al cabo era cosa de todos. Los eruditos consejeros del monarca desempolvaron los conceptos de «defensa legítima» y «necesidad ineludible» cuando ya no se pudo esgrimir el pretexto de la cruzada. Pero ¿qué país había que defender con tal urgencia, y frente a qué agresor? En 1297 los barones concluyeron que el ataque de Eduardo contra Flandes ya no se podía presentar como defensa del reino, pero las campañas de Gascuña, Gales y Escocia no suscitaron la misma resistencia.

En las tierras dependientes de la corona de Aragón, las ayudas se sucedieron con creciente frecuencia a partir de 1292, como resultado de las campañas reales. La conquista de la Cerdaña en 1323 suministró un motivo legítimo; diez años más tarde sería la guerra contra los musulmanes y los genoveses; en 1340, el envío de una armada de veinte galeras al estrecho de Gibraltar; en 1342, la reconquista de Mallorca. La larga contienda con Castilla a mediados del siglo XIV significó una continua sangría fiscal para todos los súbditos del reino. En 1363, por ejemplo, las Cortes generales de Valencia, Aragón, Cataluña y Mallorca decidieron gravar la producción de paños y la exportación de mercancías.[6]

También en Francia la guerra exigía implantar nuevas medidas fiscales. Desde 1295 el rey Felipe IV convocó periódicamente a los Estados provinciales del Languedoc con apremiantes peticiones de fondos, amparadas en el argumento jurídico del «derecho del reino». El curso catastrófico de la primera fase de la Guerra de los Cien Años generó, lo mismo que en Inglaterra, enormes exigencias fiscales por parte de la corona que, a cambio, tuvo que hacer promesas y concesiones a los Estados generales. Fue, sin embargo, la monarquía la que salió ganando, al conseguir la implantación de impuestos indirectos permanentes. Se empezó en 1355 con la *gabelle*, un impuesto sobre la sal, y la exacción de una trigésima parte del valor de los bienes comerciables; en 1435 esa proporción se elevó a un vigésimo. El gran golpe se asestó en 1440, con la introducción de la *taille*, impuesto anual recaudado por funcionarios de la corte. A diferencia del Parlamento inglés, en Francia los Estados generales y las asambleas regionales perdieron su función de órgano político al renunciar al control de los impuestos. A largo plazo esa renuncia tendría enormes consecuencias, que se traducirían en el predominio de la

La cruzada contra los musulmanes ocasionó que en Castilla se implantara en 1091 un impuesto permanente también sobre los cristianos.
Eran sobre todo las crecientes necesidades tributarias lo que obligaba a los soberanos a convocar a las Cortes para obtener su aprobación.
Reunión de las Cortes de Castilla y León en 1188.
Cortes de Castilla y León

corona en Francia mientras que en Inglaterra prevalecía el Parlamento.

El mismo conjunto de impuestos siguió constituyendo la base de la fiscalidad real hasta la Revolución Francesa. Pero ello no significa que este sistema fuera uniforme ni que los ingresos fueran a parar íntegramente a las arcas de París, más bien todo lo contrario. En el siglo xviii hacía ya mucho tiempo que el Estado no conseguía recaudar directamente sus tributos, como disponía el decreto de 1440. Para cobrarlos en la fecha y por el monto debidos, poco a poco se fue encomendando su recaudación a particulares, que abonaban de su propio peculio el rendimiento esperado, determinado por subasta al mejor postor. Así recaudaban cuanto podían, llenando ante todo sus bolsillos y desangrando de paso a los súbditos del reino. Con ello el Estado sufría un doble perjuicio: los contribuyentes, entregados a la rapacidad de los recaudadores, protestaban, y buena parte de lo recaudado sólo servía para enriquecer a aquéllos, sin llegar jamás al tesoro público. A esto hay que añadir que, si nos referimos al reinado de Luis xiv, los tipos de la infame *gabelle* distaban mucho de ser uniformes en todo el país. Las provincias recién conquistadas, como Artois y Bretaña, estaban totalmente exentas del impuesto sobre la sal; en las demás la tarifa variaba, dependiendo sobre todo del poder efectivo que el Estado pudiera esgrimir. En el antiguo centro del reino, la región de París, se pagaban sesenta libras por la sal, mientras que sólo se pagaban dos en las provincias circundantes. Se entiende que tales diferencias dieran lugar a un tráfico floreciente, que hacia 1760 se cifraba en unas tres cuartas partes de la venta oficial. Como el control del contrabando estaba también en manos de particulares

En 1280 el tesorero de la ciudad de Siena era un monje cisterciense llamado Guido.

La tapa del libro de cuentas de ese año le muestra manejando dinero.

Siena, Archivio di Stato

Una sesión del tribunal de cuentas de París. A diferencia del Parlamento inglés,
en Francia los Estados generales y las asambleas regionales perdieron su función de órgano político al renunciar al control de los impuestos.
Miniatura del *Livre Ferré, registre des titres et privilèges de la chambre des comptes*, 1511.
París, Archives nationales

La vocación de San Mateo fue un tema predilecto en el arte de los siglos XVI y XVII,
que permitía mostrar el ambiente de una oficina de impuestos.
La cantidad de papeles llama la atención en este ejemplo de los Países Bajos del sur, obra de Marinus van Reymerswaele.
Gante, Museum voor Schone Kunsten

que hacían de él un negocio lucrativo, nada cambiaba, pese a lo mucho que gastaba el Estado en intentar reprimir esos abusos.[7]

Las guerras elevaban a la vez los impuestos y la deuda pública. En Gran Bretaña la deuda nacional se duplicó tres veces en el siglo XVIII, pasando de 16,7 millones de libras en 1697 a 36,2 millones en 1713 (guerra de sucesión de España), a 60 millones tras la guerra de sucesión de Austria (1739–1748) y a 132,6 millones tras la Guerra de los Siete Años (1756–1763). También en Holanda se duplicó entre 1678 y 1713: la deuda tributaria per cápita en las tres provincias más ricas de la República pasó de 7,27 florines en 1600 a 14,12 en 1650 y 20,18 en 1790. Un fuerte crecimiento económico en el primer período, y la inflación en el segundo, compensaron en gran parte las respectivas subidas nominales. En España la corona consiguió duplicar sus ingresos entre 1703 y 1713, básicamente merced a la explotación implacable de fuentes de ingresos extraordinarios a costa de la Iglesia, la confiscación de bienes a insurrectos y la supresión de los privilegios fiscales que hasta entonces habían disfrutado Aragón, Valencia y Cataluña.

Bajo el reinado de Luis XIV se batieron todas las marcas del antiguo régimen. La ampliación de las fuerzas armadas a un total de 400 000 hombres duplicó el gasto militar, de un promedio anual de 99 millones de libras entre 1672 y 1678 (guerra contra Holanda) a 218 millones en 1708–1714 (guerra de sucesión de España). Para sostener esos esfuerzos bélicos hubo que introducir nuevas exacciones entre 1695 y 1710, primero un impuesto de capitación y después un diezmo por la duración de la guerra.[8] En 1713 era evidente el agotamiento de todas las grandes potencias en conflicto, que necesitaron varios decenios de coexistencia pacífica para lamer sus heridas, dar respiro a sus súbditos y liquidar algunas deudas. El arriendo de la recaudación fiscal y el aumento de la deuda pública habían enriquecido a la burguesía pudiente, que contaba con capital para invertir, a expensas del contribuyente ordinario. Bajo el llamado régimen absolutista, el Estado, tanto en Francia como en España, estuvo muy lejos de ostentar el monopolio fiscal, por mucho que lo reivindicara. Hasta poco antes de la Revolución Francesa se respetaron las exenciones tradicionales de la aristocracia y de

Muestra de la oficina de un recaudador del impuesto de chimeneas en Amsterdam,
pintada por un artista anónimo hacia 1580.
Amsterdam, Rijksmuseum

los bienes de la Iglesia. El Estado no ponía obstáculos a que los grandes terratenientes cobrasen los impuestos habituales. En Castilla un 45 por ciento de la población se sustraía así a la autoridad real en el siglo xv. Con el correr del tiempo, el peso de los latifundios no hizo sino aumentar: del siglo xv a comienzos del xx su extensión media se multiplicó por cuatro.[9]

Como decía Cicerón, el dinero es el nervio de la guerra. Por extensión, es también la piedra de toque de las relaciones entre quienes deciden las guerras y el común de los mortales. Cuanto más se dejaba arrastrar a la guerra un príncipe, más tributos tenía que imponer a sus súbditos. Si esas demandas excedían de lo que un soberano podía esperar de sus vasallos como servicio feudal, tenía que solicitar una contribución voluntaria. Pero los monarcas hicieron costumbre de ello desde el siglo xiii, invocando unos frente a otros la defensa del reino o de sus intereses legítimos. La frecuencia de esas peticiones y su cuantía creciente dieron origen a asambleas representativas que negociaban las condiciones de su posible aceptación. Fue un progreso de la mayor trascendencia, que sin embargo estuvo suspendido en muchos países, como Francia, Polonia, Hungría, Suecia y Dinamarca entre los siglos xv y xvii. La razón esencial de ese retroceso no fue otra que la capacidad de los soberanos para instaurar un sistema fiscal que pudiera dar fruto sin el asentimiento de una representación popular.

Esa posibilidad dependía a su vez del tipo de economía practicada en el país. En Inglaterra y Cataluña fue posible gravar las exportaciones ya en los siglos xiii y xiv, respectivamente. Una economía orientada a la exportación podía fundamentar un sistema fiscal que no gravase a la población autóctona sino a los compradores extranjeros. Este sistema tuvo su apogeo durante los siglos xvii y xviii en la República de las Provincias Unidas, en aquella época la potencia mercantil por excelencia, que gracias a eso podía medirse con países mucho más extensos y poblados. Allí donde faltaba esa posibilidad, sólo quedaba gravar a los propios súbditos, con riesgo de insubordinación si la presión se estimaba injusta. Hay un nexo palpable entre la intensificación de las pretensiones fiscales y la creciente resistencia que les oponían las instancias representativas. A lo largo del siglo xv, los soberanos de Francia y de casi todos los demás Estados consiguieron reducir a esas instancias a un papel modesto, casi simbólico. En otras regiones en cambio opusieron una resistencia efectiva a la erosión de sus derechos, que por extensión eran también los de la población representada, particularmente en lo relativo a la asignación y reparto de los impuestos. Hemos mencionado ya el ejemplo de las tierras pertenecientes a la corona de Aragón, con una tradición de gran autonomía que se remontaba al siglo xiii y se plasmaba, sobre todo para las ciudades comerciales más ricas, en una serie de fueros. El gobierno de Madrid tuvo que recurrir a las armas a comienzos del siglo XVIII para acabar definitivamente con dichos fueros.

Una situación parecida se observa en los Países Bajos, donde la mayoría de las regiones disfrutaban también de una larga tradición representativa, perpetuada principalmente por las grandes ciudades. Negociando con energía cada nueva solicitud de la corona lograban hacer oír sus propias reivindicaciones, participando de ese modo en el manejo de la política. Si el príncipe pedía dinero para una guerra de conquista que no les parecía necesaria o aconsejable, no se lo concedían. Se opusieron con firmeza a todo intento de subida de los peajes porque ello iba en detrimento de sus vitales intereses comerciales. Su actitud no resulta extraña sabiendo que en 1445 el duque de Borgoña recaudó 13 000 libras en el peaje de Gravelines, en la frontera de Flandes con Calais, por donde pasaba toda la lana inglesa importada en los Países Bajos, mientras que todo el condado de Namur apenas le reportaba 8000 libras de renta. Por la misma razón, y para impedir que se recortara su representación, las grandes ciudades de Flandes se opusieron en 1447 con terquedad y eficacia al proyecto de su duque de gravar la sal con un impuesto permanente, siguiendo el ejemplo de Francia.

Durante la primera mitad del siglo XVI las ciudades holandesas lograron frustrar en cinco ocasiones los planes de los Habsburgo para gravar las exportaciones de trigo. También en este caso se trataba de una cuestión vital, pues el comercio de trigo constituía la base de la economía internacional de Holanda, y gracias a esa resistencia continuó siéndolo hasta el siglo XVIII. Cuando el gobierno, una vez más inspirado por modelos extranjeros, intentó implantar a partir de 1542 varios impuestos indirectos, como el céntimo (un uno por ciento) sobre las exportaciones y el diezmo sobre los beneficios comerciales, la oposición fue tan tenaz que en 1545 se descartó el proyecto. Sólo la severa y represiva política del duque de Alba durante su etapa de gobernador general consiguió reimplantar esas tasas en 1569; pero de nuevo la oposición fue tan virulenta que las recaudaciones quedaron muy por debajo de lo esperado, y también ese plan desapareció a los pocos años, junto con el duque. Entretanto había contribuido a atizar la rebeldía contra la dominación española. Más tarde, sin embargo, esa clase de exacciones sobre el consumo y el comercio exterior formarían la mayor parte de los ingresos de las Provincias Unidas, aunque básicamente a nivel municipal y provincial y bajo el control de sus representantes. Lo mismo que en Inglaterra, y sobre todo en la confederación suiza, la actitud vigilante de los órganos representativos sirvió entonces para frenar el aumento de los impuestos por encima de la capacidad de los contribuyentes.

Durante los siglos XV y XVI la imposición creció en los Países Bajos mucho más deprisa que la población, la economía o la inflación. Aunque en aquella época el país ocupara una posición nuclear en la economía mundial, ese ordeño por parte del Estado, a pesar de la acción enérgica de los órganos de representación, atacó indudablemente las raíces de su prosperidad. Alrededor de 1445, y de 1531 a 1535, los ingresos del Estado sufragaban gastos de paz, pero comparando las cifras medias de ambos períodos se observa un aumento del 65 por ciento en noventa años. La proporción de los tributos con respecto a los ingresos señoriales tradicionales había subido de un 38 al 80 por ciento. Tras 1535 las necesidades de la guerra los elevaron en promedio otro 58 por ciento. Esa capacidad de variación en tan corto espacio de tiempo sólo era imaginable en un país muy rico; pero al mismo tiempo era la mejor manera de menoscabar su economía.

Si consideramos la política fiscal como instrumento del poder, lo primero que se observa es la relación directa y permanente entre la imposición y la guerra. La guerra reclamaba sin cesar nuevos y mayores impuestos, y ni los órganos de representación más activos pudieron remediarlo. Los príncipes no se dejaban guiar por consideraciones de orden macroeconómico, las cuales no empezaron a influir hasta el siglo XVIII, con las teorías mercantilistas. La realidad es que los gobernantes no medían cabalmente las consecuencias de sus actos porque no disponían de datos estadísticos fidedignos sobre sus propias finanzas y las de sus súbditos. A nivel de Estado no existieron cuadros completos de datos demográficos ni de indicadores económicos hasta 1688, año en que Gregory King hizo una estimación para Inglaterra; antes de esa fecha sólo se contó con datos fragmentarios. Hasta el siglo XVI no se contempló la elaboración de presupuestos. Una y otra vez, el gasto imprevisto para objetivos militares sumía en el caos las finanzas del Estado. Luego de iniciada una contienda no se podía controlar el volumen de gasto, ya que lo que importaba en una guerra no era la eficiencia económica sino la victoria. Por consiguiente, siempre había que invertir ingentes sumas de dinero tomadas en préstamo a altos tipos de interés; pesando su amortización como una losa sobre el gasto de las décadas sucesivas. Por otra parte, sólo los Estados que parecían solventes conseguían crédito. En Polonia los intereses eran bastante más altos que en las Provincias Unidas, porque la disponibilidad de capital y la expectativa de una pronta devolución redundaban en beneficio de las regiones con más recursos financieros. Eran contadas las ciudades donde los impuestos sobre

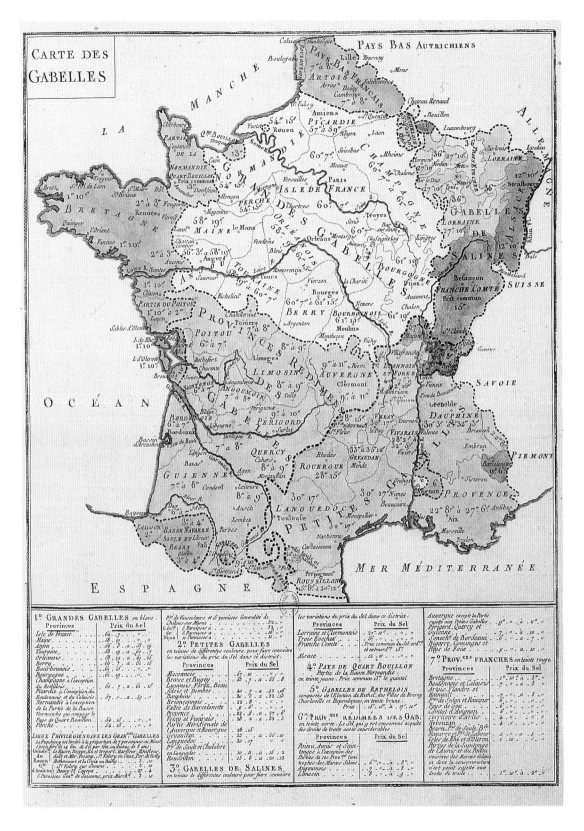

Mapa de Francia hacia 1707, dividida en zonas según el régimen del impuesto sobre la sal.
Demuestra claramente que el rey no era capaz de imponer un sistema uniforme para todo el país,
por lo que el contrabando era muy lucrativo.
París, Bibliothèque nationale de France, Estampes

Las incesantes guerras de Luis XIV dieron como resultado que sus sucesores heredasen un tesoro vacío.

En ese contexto surgió el impuesto de capitación, ilustrado en esta lámina de 1709.

París, Bibliothèque nationale de France, Estampes

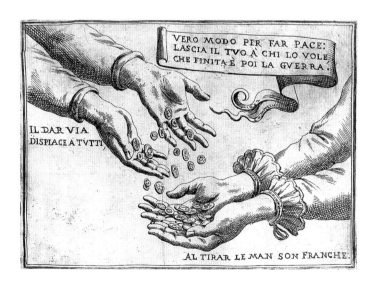

Vero modo per far pace. No sólo la guerra costaba grandes sumas de dinero, sino también la negociación y compra de la paz.

Estampa satírica italiana de Giuseppe Mitelli, 1692. Bolonia, Cassa di Risparmio, Collezioni d'arte e di storia

el consumo o la venta de rentas avaladas por el patrimonio total del municipio (el «hôtel de ville», como se decía en París) ofrecían garantías de solvencia. Dicho en otras palabras, el buen funcionamiento del sistema tributario facilitaba la obtención de crédito, lo que a su vez ponía en peligro el equilibrio del sistema.

Así, el tipo de sistema económico afectaba las posibilidades del Estado de allegar fondos de dos maneras: en una economía mercantilizada se podían cosechar plusvalías mucho mayores y más deprisa mediante imposición indirecta, a cualquier nivel, que en una economía agrícola; además, en la primera el crédito era más fácil y más barato, lo que hacía posible una rápida expansión de la liquidez, mientras que la segunda dependía básicamente de los rendimientos de los señoríos, que eran lentos, limitados y poco elásticos.

La mayoría de los impuestos del antiguo régimen estaban muy mal repartidos, ya que se eximía de ellos a la nobleza rica e influyente y al clero. Muy rara vez se gravaron proporcionalmente las fortunas, como en Inglaterra durante los siglos XI y XII; los más acomodados siempre se opusieron a ello, por puro y a veces ciego egoísmo. Los impuestos indirectos sobre el consumo alimentario, que componían el grueso de las exacciones municipales y estatales, pesaban injustamente sobre la población más humilde. Cuanto más subían los impuestos, y sobre todo la deuda pública, mayor era la ventaja para los ricos a costa de los pobres. De ese modo, la acción del Estado acrecentaba notablemente las diferencias sociales.

En los estados donde funcionaban instituciones representativas con una defensa suficiente de los intereses comerciales se prestaba más atención a los efectos económicos de la política que en las llamadas monarquías absolutas. Se podían atemperar así los efectos sociales y económicos negativos de la política bélica de los monarcas. Obviamente esos Estados eran también las regiones más urbanizadas, donde el capital mercantil tenía un papel principal. Se observa así que la política de guerra, la presión fiscal y la represión característica de los Estados monárquicos constituían serias amenazas para la prosperidad de los centros de comercio. Casi todos éstos alcanzaron su mayor auge en épocas en que la autoridad estatal era débil o incluso nula: tal fue el caso de las ciudades del norte de Italia o de Flandes, de Barcelona y Valencia, de las ciudades del sur de Alemania en los siglos XV y XVI, de las ciudades holandesas y de Londres. El fenómeno inverso, esto es, el estrangulamiento de las metrópolis por el poder creciente del Estado, se observa en Brujas a finales del siglo XV, en Amberes a partir de 1566, en Florencia y Lübeck en el siglo XVI. Con todo, las metrópolis autónomas no eran sino componentes del sistema europeo de Estados, luego no podían sustraerse a las condiciones que les imponía el entorno, y también ellas se vieron atrapadas en la espiral de violencia y saqueo de la economía con fines destructivos.

Tal vez estemos dando una visión demasiado esquemática. Algunos comerciantes, por ejemplo los venecianos y genoveses, combatían unos contra otros con no menor saña que los guerreros, y algunos monarcas practicaban políticas económicas prudentes. Lo que movía a las ciudades comerciales era la esperanza de eliminar a sus competidores o conseguir por otros medios ventajas materiales a largo plazo. Para los príncipes ese móvil, si no ausente, era en cualquier caso mucho menos tangible. La cuestión clave sigue siendo, pues, la siguiente: ¿en qué se basaba el derecho del príncipe a hacer la guerra? ¿Por qué sus súbditos aceptaban en general una y otra vez, y a largo plazo, el horror de la guerra con todos sus perjuicios fiscales y económicos, por no hablar de sus estragos humanos? ¿No es digno de nota que en casi todos los países y a lo largo de los siglos las poblaciones hayan consentido las guerras al menos pasivamente, y muy a menudo activamente? ¿Es que no tenían elección? ¿Creían realmente en la buena causa de su príncipe, y estaban dispuestos a sacrificar por ella una parte de su bienestar? Preguntas de esta índole nos introducen en el terreno de los sistemas políticos y su legitimación, de lo cual vamos a hablar en los capítulos siguientes.

1   De Vries 1984, 29–77, 163
2   Van der Wee 1994, 103–114
3   Van der Wee 1994, 160–180
4   Körner in Bonney 1995
5   Barta & Ormrod in Bonney 1995
6   Sanchez Martinez in Bonney 1995
7   Hocquet 1989, 151–167
8   Bonney 1995
9   Ladero Quesasda 1983, Bernal 1988

CAPÍTULO III

Del poder privado al poder público

La pirámide feudal y el poder de los señores locales

La célebre descripción de las costumbres de los germanos que nos ha dejado el historiador romano Tácito[1] data aproximadamente del año 100, y se basa en las informaciones facilitadas por soldados y comerciantes que habían estado en Germania. Obviamente, cabe preguntarse hasta qué punto ese retrato, suponiendo que fuera exacto en el siglo I, seguía siéndolo quinientos o mil años después. Por ejemplo, el estudio arqueológico de millares de enterramientos ha revelado que el siglo VIII fue testigo de una mutación cultural que implicó, entre otras cosas, la desaparición de las ofrendas funerarias que habían sido típicas de la era precristiana. Por otra parte, la adopción de ritos cristianos no significó en absoluto el abandono total de los valores, normas y costumbres de la cultura anterior. Lo fascinante en el cuadro que pinta Tácito es precisamente su caracterización minuciosa de una mentalidad guerrera que se reproduce idéntica en las fuentes altomedievales. De ahí que resulte tentador ver, en el modo de vida y la ética de la clase guerrera germánica, donde los honores y el poder tenían su origen tanto en el linaje como en las hazañas personales, una de las raíces de la futura nobleza europea.

Eligen algunas veces por príncipes algunos de la juventud, ora por su insigne nobleza, ora por los grandes servicios y merecimientos de sus padres. Y éstos se juntan con los más robustos y que por su valor se han hecho conocer y estimar; y ninguno de ellos se corre de ser camarada de los tales y de que los vean entre ellos; antes hay en la compañía sus grados más y menos honrados por parecer y juicio del que siguen. Los compañeros del príncipe procuran por todos los medios alcanzar el primer lugar cerca de él, y los príncipes ponen todo su cuidado en tener muchos y muy valientes compañeros. El andar siempre rodeados de una cuadrilla de mozos escogidos es su mayor dignidad y son sus fuerzas, que en la paz les sirve de honra; y en la guerra, de ayuda y defensa; y el aventajarse a los demás en número y valor de compañeros, no solamente les da nombre y gloria con su gente, sino también con las ciudades comarcanas, porque éstas procuran su amistad con embajadas y los honran con dones, y muchas veces, con sola la fama acaba la guerra, sin que sea necesario llegar a ella.

Cuando se viene a dar batalla es deshonra para el príncipe que se le aventaje alguno en valor; y para los compañeros y camaradas, no igualarle en el ánimo. Y si acaso el príncipe queda muerto en la batalla, el que de sus compañeros sale vivo de ella es infame para siempre, porque el principal juramento que hacen es defenderle y guardarle y atribuir también a su gloria sus hechos valerosos. De manera que el príncipe pelea por la victoria; y los compañeros, por el príncipe. Cuando su ciudad está largo tiempo en paz y ociosidad, muchos de los mancebos nobles de ella se van a otras naciones donde saben que hay guerra, porque esta gente aborrece el reposo, y en las ocasiones de mayor peligro se hacen más fácilmente hombres esclarecidos. Y los príncipes no pueden

Las torres defensivas de las casas privadas y del Palacio Público de Siena son símbolos del poder de las grandes familias y de la comunidad urbana. Detalle de la *Fiesta de toros en la Piazza del Campo de Siena* pintada en el siglo XVI por V. Rustici. Siena, Monte dei Paschi

Los jefes combatían por la victoria y los seguidores por su jefe, de quien esperaban conseguir mercedes.
Esa mentalidad de dependencia desempeñó un importante papel en la sociedad feudal,
en cuyo código de honor eran esenciales la lealtad recíproca y el cumplimiento de las obligaciones militares.
Batalla de hombres desnudos, grabado de Antonio Pollaiuolo (1432–1498). Manchester, Whitworth Art Gallery

sustentar aquel acompañamiento grande que traen, sino con la fuerza y con la guerra, porque de la liberalidad de su príncipe sacan ellos, el uno un buen caballo, y el otro una frámea victoriosa y teñida en la sangre enemiga. Y la comida y banquetes grandes, aunque mal ordenados, que les hacen cada día, les sirven por sueldo. Y esta liberalidad no tienen de qué hacerla sino con guerra y robos. Y más fácilmente los persuadirán a provocar al enemigo, a peligro de ser muertos o heridos, que a labrar la tierra y esperar la cosecha y suceso del año. Y aun les parece flojedad y pereza adquirir con sudor lo que se puede alcanzar con sangre.[1]

Notas en p. 159

En la época carolingia, aproximadamente los siglos VIII y IX, distintas clases de relaciones de dependencia, algunas de las cuales se remontaban a las postrimerías del imperio romano, se fundieron en un sistema original, y en principio coherente: el sistema feudal. Su inicio está en las demandas de Carlos Martel, que siendo mayordomo de palacio se sirvió de los bienes del clero para recompensar a los pertrechados caballeros que luchaban contra el avance de los musulmanes en el sur del reino franco. Eso implicaba que la Iglesia cediera tierras en feudo a los soldados para apoyarles en el combate por la fe, que al fin se saldó con victoria en la batalla de Poitiers en el año 732. Para refrenar las ambiciones de aquellos audaces

guerreros, que comprensiblemente aspiraban a quedarse con las tierras recibidas, se ideó la fórmula de que una décima parte de su rendimiento le fuera entregada a la Iglesia. Oficialmente ésta conservaba la plena propiedad, y podía reclamar su feudo en caso de deslealtad del feudatario hacia su señor, al cual podía también revertir al morir el vasallo.

Carlomagno amplió esa estructura, haciendo de ella un sistema con el que vincular a su persona a los funcionarios y militares de su extenso reino. Es de una lógica evidente: en una sociedad donde la tierra–incluidos los hombres y las bestias que la trabajaban–era la principal forma de riqueza, y donde el dinero, o al menos el oro acuñado, prácticamente no circulaba ya, ésa era la manera ideal de repartir recompensas entre los seguidores y servidores fieles. El rey, que había vencido en numerosas guerras de conquista, disponía de muchas tierras, y parte de ellas eran repartidas en feudos con la esperanza de mantener así cierto control sobre sus vasallos. Como sistema de gobierno, el régimen feudal se basaba en una serie de contratos bilaterales entre un soberano y su feudatario o vasallo, ambos con capacidad legal pero con estatuto desigual. El soberano ofrecía su protección y requería servicios a cambio; en compensación daba en feudo una fuente de rentas, que normalmente era un dominio o señorío, pero también podía ser un derecho

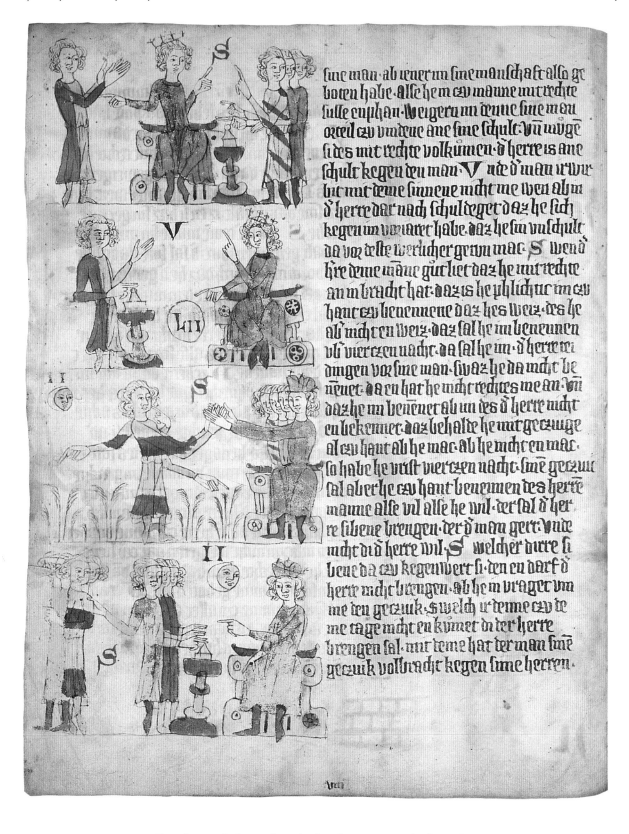

sune man · ab iener un sine manschaft also ge
boten habe · Alse hem czu manne mit rechte
sulle enphan · Weigeru un denne sine man
orteil czu vindene ane sine schult · Vn muge
si des mit rechte volkumen · d herre is ane
schult kegen den man · V nde d man ir vur
bit mit deme sinnene nicht me wen ab un
d herre dar nach schuldeget daz he sich
kegen im verlaret habe · daz he sin unschult
da vor deste werlicher getun mac · S wen d
hirr deme mane gut liet daz he mit rechte
an in bracht hat · daz is he phlichtic im czu
hant czu benennene daz hes weiz · des he
al imchten weiz · daz sal he im benennen
vli viertzen nacht · da sal he im d herre ver
dingen vor sine man · swaz he da mcht be
neuet · da an hat he nicht rechtes me an · Vn
daz he im benennet ab un des d herre nicht
en bekennet · daz behalte he mit gezuwge
al czu hant ab he mac · ab he nicht en mac ·
so habe he vrist viertzen nacht · sine gezuwc
sal aber he czu hant benennen des herre
manne alse vil alse he wil · der sal d her
re sibene brengen · der d man gert · Vnde
nicht did herre wil · S welcher dirre si
beue da czu kegenwert si · den eu darf d
herre nicht brengen · ab he im vraget um
me den gezuwc · $ swelch ir deme czu de
me tage nicht en kumet dn ter herre
brengen sal · mit deme hat ter man sine
gezuwc vollbracht kegen sine herren ·

El vasallo prestaba homenaje poniendo ambas manos entre las de su señor.

En esta miniatura de comienzos del siglo XIV, otras tres manos apuntan simbólicamente al propio vasallo

y a los feudos que aseguran su sustento.

Heidelberg, Universitätsbibliothek

Guerreros a caballo, piezas de ajedrez de marfil talladas en el sur de Italia a finales del siglo XI.
Los caballeros con yelmo puntiagudo y escudos largos son cristianos, los de los escudos redondos son musulmanes.
Se cree que fueron los musulmanes quienes introdujeron el juego del ajedrez en Europa occidental. París, Bibliothèque nationale de France

de peaje o un territorio entero, incluso un reino. A cambio de la protección y del *beneficium*, o propiedad enfeudada, el vasallo prometía su leal servicio, su consejo y su homenaje. Este contrato era personal, y en principio intransferible; era rescindible bajo determinadas condiciones, a saber, la quiebra de la lealtad recíproca o el incumplimiento de las obligaciones contraídas. El vasallo podía declararlo rescindido si su señor tomaba las armas contra él, le desposeía del feudo o cometía adulterio con su mujer. El señor podía declararlo rescindido si el vasallo dejaba de servirle lealmente y partía a la guerra a las órdenes de otro.

El feudalismo fue un valioso instrumento para integrar a los potentados locales en un tejido político más amplio. Pero siempre fue una relación entre individuos, aunque a través de una verdadera jerarquía feudal se pudiera llegar a formar una auténtica pirámide de vínculos mutuos de protección y subordinación. Carlomagno se adhirió también los grandes obispados y abadías, con lo cual pudo aparecer como protector de la Iglesia y al mismo tiempo asegurarse el servicio de los vasallos de obispos y abades, que pasaban a ser sus valvasores o subvasallos. Se ha calculado que podía reclamar los servicios de dos mil vasallos y treinta mil valvasores.[2] Sin duda al asociar ciertos cargos del reino, como los de conde o margrave, a un feudo en teoría revocable estaba sentando las bases de una estructura administrativa. Llama la atención que el término latino *comes*, que pasó a las lenguas romances *(comte, conde, conte)*, sea el mismo que Tácito emplea para denominar a un seguidor.

El sistema feudal podía operar tanto en sentido centrífugo como centrípeto. Mientras se libraran guerras de conquista, como ocurrió bajo Carlomagno, habría siempre nuevas tierras que repartir y el rey podría dotarse de muchos vasallos. Su ejército crecía sin cesar, y con ello su superioridad militar. Pero la enorme extensión de su reino, que abarcaba de los Pirineos a Sajonia, significaba que sólo se podía movilizar a los feudatarios a escala regional. Significaba también que una expedición de castigo contra un vasallo desleal podía llevar mucho tiempo, y ser descartada a la luz de otras prioridades. En el reino de los francos de occidente el feudalismo favoreció decisivamente la fragmentación del poder entre los siglos IX y XI. Al ser la tierra un bien inmueble, su control requiere una presencia en el lugar. Los feudatarios tendieron, pues, a residir en sus principales feudos y aliarse por matrimonio con familias locales, lo cual hacía aumentar sus propiedades en la región. Al mismo tiempo se fueron desentendiendo de su soberano. Las reiteradas particiones por herencia del imperio fundado por Carlomagno y sus dificultades dinásticas mermaron la capacidad de control de los carolingios sobre sus feudatarios. Las guerras que emprendían reportaban menos victorias, proporcionaban menos botín, y por lo tanto eran menos atractivas para los vasallos. Ya en 877, Carlos el Calvo tuvo que prometer a los suyos que sus primogénitos heredarían sus cargos y feudos si ellos perdían la vida en la campaña de Italia a la que les convocaba.

Poco a poco el traspaso hereditario del feudo fue de

Caballeros en acción en Capua, durante una campaña del emperador Enrique VI. Abajo a la derecha, los cadáveres son retirados de la batalla en una carreta. Dibujo a tinta de colores, primera mitad del siglo XIII.

Berna, Bürgerbibliothek

Fueron sobre todo los señores locales quienes por propia iniciativa edificaron fortalezas para la defensa y protección de su tierra y sus súbditos frente a las acometidas imprevisibles de los vikingos. Al hacerlo robustecieron notablemente su posición frente a sus superiores feudales y el rey.
El castillo de Norwich, acuarela de John Sell Cotman, hacia 1808. Norwich, Castle Museum

Ruinas de la abadía cisterciense de Kirkstall en el Yorkshire, que Enrique VIII disolvió en 1539.
Con acciones como esa añadió vastas propiedades y rentas a los señoríos de la corona.
Acuarela de Thomas Girtin, hacia 1800. Londres, British Museum, Prints and Drawings

uso corriente, y su conservación se fue desligando del cabal desempeño de una serie de obligaciones feudales. Aquello que había empezado siendo un instrumento de sujeción de los poderes regionales y locales a la autoridad central pasó a ser propiedad inalienable del vasallo. Lo que quedaba del ejército real fue totalmente incapaz de repeler las invasiones vikingas que acometían la periferia del imperio con nuevas técnicas militares y en momentos y lugares imprevisibles. Los señores locales fueron quienes asumieron la defensa, y con ello robustecieron su dominio sobre la región. Ocuparon las fortalezas antaño construidas por reyes o emperadores, o alzaron otras por su cuenta. De ese modo, erigiéndose en protectores de la población local, se iban forjando un poder autónomo y directo.

Del siglo x al siglo xiii el poder más efectivo fue el local. Emperadores, reyes, papas y obispos dependían de la cooperación de los potentados locales. En el famoso conflicto entre el rey germánico Enrique iv y el papa Gregorio vii, la autoridad del primero se tambaleó cuando, en 1076, el segundo exoneró a sus vasallos de sus obligaciones feudales: grandes y pequeños feudatarios se alzaron entonces en rebeldía y eligieron otro monarca. Este ejemplo demuestra sin duda la fuerza de la instancia religiosa, y de ello hablaremos más adelante; pero también que el vínculo feudal era un arma de doble filo que los feudatarios locales y regionales podían muy fácilmente esgrimir contra el soberano. Para entender este fenómeno conviene explicitar qué derechos adquiría el vasallo que recibía un feudo. Sólo nos referiremos aquí a los dominios o señoríos, haciendo abstracción de todas las demás tenencias feudales.

Los señoríos fueron la base de la economía de Europa occidental del siglo v al siglo xiii, y hasta el xviii e incluso el xix en Europa central y oriental. Consistían en vastas explotaciones agrícolas, que solían tener, aunque no siempre, un núcleo central de una superficie equivalente a la de varios pueblos actuales. Según las circunstancias en que fuera adquirido o su función específica, el señorío podía estar compuesto por propiedades muy dispersas. Podía constar de grandes zonas de bosque para la caza, viñedos si el terreno era propicio, fangales de donde extraer turba.

Dentro de su territorio, el señor ejercía en la práctica todas las formas del poder: tenía el derecho de dar órdenes y movilizar a la población para la guerra, administraba justicia, nombraba al cura, gestionaba sus haciendas como una empresa, y disponía de los excedentes. El poder local era personal, directo y absoluto. No era arbitrario, porque la ley y la costumbre, fijadas o no por escrito, definían los derechos y deberes de cada habitante según su categoría. Algunos gozaban de libertad personal, lo que significaba que podían ir y venir a su antojo, pero seguían estando obligados a cumplir determinadas prestaciones de trabajo y a efectuar determinados pagos en especie, lo cual esquilmaba parte de las parcelas que cultivaban con sus familias. Los habitantes no libres eran casi siempre descendientes de antiguos esclavos o siervos, parte del botín conquistado con la tierra. Estaban adscritos a la gleba con carácter hereditario, y se les exigían tareas bastante más duras, que podían ocupar hasta la mitad del año. El trabajo de los campesinos del señorío producía una plusvalía que debía asegurar al señor una existencia digna de su condición. En las abadías y capítulos, las necesidades del señor, que en ese caso era la comunidad religiosa, estaban prescritas con exactitud: un nivel de vida acomodado, pero nada más. Las distintas partes del señorío se encargaban del abastecimiento de alimentos, vestiduras, vino, pergamino, combustible, etcétera.

Cuando el avance de las técnicas agrícolas hizo aumentar los excedentes, las abadías no supieron qué hacer con ellos, porque la regla no lo tenía previsto.[3] Los laicos no estaban sujetos a normas tan estrictas, y estamos mucho menos informados de cómo administraban sus tierras, porque la documentación conservada es mucho más escasa que la referente a instituciones religiosas. Los señores y su séquito inmediato necesitaban en primer lugar aprovisionarse de buenos corceles y costosas armas. Aparte de eso, es muy de suponer que los laicos supieran sacar buen partido de sus excedentes. Con todo, fueron principalmente los tesoreros de las heredades eclesiásticas quienes a través de una administración austera y racional acrecentaron la productividad de la tierra, y con ello sentaron las bases del fenómeno que, al menos en buena parte de Europa occidental, iba a significar la dislocación del sistema señorial desde el siglo xii: nos referimos al crecimiento sostenido de la población. Ya no sería necesario, ni posible, que los campesinos permanecieran ligados a la tierra, por lo que las condiciones de trabajo se liberalizaron y suavizaron; y aquéllos para quienes ya no había sitio en los señoríos marcharon a colonizar tierras nuevas o a poblar las ciudades nacientes.

También a propósito de esto, como de todos los fenómenos fundamentales de la historia de Europa, hay que subrayar la existencia de fuertes disparidades regionales, aunque también de influencias mutuas. El crecimiento de la población observado a partir del siglo x se concentró en las zonas agrícolas más productivas y en la proximidad de las costas y de los grandes ríos. Precisamente debido a esa expansión demográfica y a la urbanización, la mercantilización llegó también a la agricultura, y la explotación de los señoríos basada en la servidumbre y la coacción quedó

Hacia 1450 un artista de Ferrara representó a *La musa Polimnia en la figura de esta labradora con pala y azadón.*

Los racimos simbolizan la riqueza de las cosechas en el valle del Po.

Berlín, Staatliche Museen Preussischer Kulturbesitz, Gemäldegalerie

Pórtico de entrada al Cortijo Guzmán de Sevilla, del siglo XVIII. Ya en la época clásica había extensos latifundios en esa región, y aún hoy las grandes haciendas, administradas por poderosos terratenientes desde un cortijo central, configuran gran parte del paisaje andaluz.

obsoleta. Desde el siglo XIII el trabajo servil empezó a ser sustituido en esas regiones por el arrendamiento, cuyas condiciones se revisaban periódicamente en función del mercado; pero en las partes menos pobladas del continente–el interior de la Península Ibérica, de Francia, de Alemania, y casi toda Europa central y oriental–el sistema señorial siguió funcionando hasta que las grandes revoluciones sociales y políticas de finales del siglo XVIII y del siglo XIX le asestaron el golpe de gracia. El contraste entre la Europa de las ciudades y la de los señoríos responde a diferencias en la estructura demográfica y en la economía. Allí donde el tejido urbano era más denso fue donde se desarrolló una dinámica más fuerte y compleja; fuera de esas zonas, la rivalidad entre los grandes terratenientes siguió dictando el destino de la comunidad. De ahí que haya que

esperar a las revoluciones de 1848 y posteriores para ver abolida la servidumbre en Europa central.

En la terminología actual, diríamos que el poder del terrateniente pertenecía a la esfera del derecho privado: recibía señoríos en feudo y a título personal, pudiendo administrarlos y transmitirlos como patrimonio propio. Los señoríos gozaban de inmunidad, esto es, constituían jurisdicciones sobre las que otras instancias más altas, como el rey, no podían imponer directamente su autoridad. Por otra parte, el terrateniente ejercía potestades que ahora consideramos de derecho público: llamaba a filas, administraba justicia y cobraba impuestos. Esa mezcla de lo público y lo privado fue característica de los derechos señoriales y del feudalismo que pervivió durante todo el antiguo régimen. Dado que el señorío era el cimiento que sustentaba

El emperador Federico II (1211–1250) entrega la enfeudación escrita
del ducado de Brunswick al duque Otón, todavía niño,
quien a su vez da un fuero a los representantes de Lüneburg.
En la orla aparecen los escudos de armas de las familias dominantes
en la época del manuscrito.
Miniatura de Hans Borneman en una versión de Lüneburg
del *Sachsenspiegel,* fechada en 1442. Lüneburg, Ratsbibliothek

Como clase especializada en la guerra,
los terratenientes medievales atendían primordialmente
a la conservación y aumento de sus propiedades heredadas.
De ahí que la destreza en el uso de las armas fuera esencial
y fuente de gran prestigio. *El caballero Wolfram von Eschenbach
con su escudero,* miniatura de la primera mitad del siglo XIV.
Heidelberg, Universitätsbibliothek

toda la estructura de poder, es esencial subrayar el carácter 'totalitario' del marco ideológico contemporáneo. El propietario feudal–concepto que podía referirse a instituciones como las abadías, lógicamente representadas por su vasallo o administrador local–era dueño y señor, en todos los aspectos de la vida, de cuantos habitaban sus tierras. En el ámbito religioso debía, evidentemente, reconocer la autoridad de los sacerdotes, pero hasta cierto punto la limitaba con su potestad de nombrarlos.

La mezcla de lo público y lo privado afectaba a todos los niveles de poder. El soberano vinculaba la concesión de un patrimonio–originalmente propiedad real o eclesiástica–al ejercicio de una función pública: la prestación de un servicio de armas, el papel de consejero o el desempeño de un cargo. Sin embargo, el tributo o botín de guerra no era un bien público sino privado, y lo seguiría siendo durante siglos; incluso cuando, desde la baja Edad Media, se pagó el rescate de príncipes y nobles cautivos con cargo al erario público, el que lo cobraba lo añadía a su fortuna personal. También los monarcas tardaron mucho tiempo en llegar a distinguir su riqueza privada de la propie-

dad del Estado. Entre señores feudales, el elemento personal fue siempre muy importante: mantenían relaciones directas de lealtad o enemistad. Inevitablemente, esos aspectos entraban en juego en las guerras, lo mismo que el honor personal. Cuando los señores guerreaban entre ellos, a sus ojos era sobre todo por cuestiones de rango, no menos que por bienes o derechos que a su vez consideraban parte de su haber personal, o más exactamente familiar. En cuanto clase guerrera especializada, la de los caballeros, los terratenientes medievales veían la lucha por aumentar o conservar su patrimonio como su misión esencial y el modo de defender su categoría social. En ese contexto, la guerra era esencialmente una manera de dirimir conflictos de intereses privados.

Nuevas dinastías principescas supieron sacar partido de esa permanente lucha de intereses para alzarse por encima de la rebatiña. Originalmente, su manera de pensar no difería de la de los demás terratenientes: sus mejores hazañas consistían en acrecentar el patrimonio familiar. Los príncipes siguieron considerando ésto su cometido hasta el siglo XVIII: desde esta óptica reivindicaban el derecho exclusivo a declarar o hacer la guerra, y a mantener relaciones exteriores. Sus ambiciones y su honor personal eran cuestión de Estado, el cual encarnaban personalmente. El aspecto glorioso y puramente guerrero ocuparon un lugar cada vez mayor en la presentación pública de su ejercicio del poder. Hasta el siglo XIV la historia escrita consistió principalmente en el relato de las gestas de los príncipes y la lista inacabable de sus valientes caballeros.

El modelo de la Iglesia

En los siglos que siguieron a la caída del imperio romano, la Iglesia fue la única institución bien organizada que sobrevivió a escala universal. Era de hecho, junto con el imperio bizantino, la principal heredera de los romanos. Siguió usando la lengua latina, tanto más emblemática de sus aspiraciones universalistas cuanto más escasos fueron siendo los pueblos que se expresaban en ella. El latín elevó a la Iglesia por encima de cualquier colectivo particular, acrecentando la distancia ritual entre la institución y el común de los creyentes. A efectos de organización, la unidad lingüística de la Iglesia era una enorme ventaja: los clérigos podían ser reclutados en cualquier parte de la cristiandad, comunicarse sin el menor problema y ser destinados a cualquier sitio.

La Iglesia hizo suyas las subdivisiones administrativas del bajo imperio romano que llevaban aparejada toda una serie de conceptos como el carácter territorial de la autoridad, la jerarquía de circunscripciones y cargos, y cosa aún más fundamental, la idea misma de cargo público. Todo ello eran ideas abstractas que los pueblos germánicos y eslavos aún no dominaban en el siglo X. Cuando, a partir del siglo IV, la Iglesia pudo darse una organización legal, lógicamente sentó sus bastiones en las capitales de provincia, las *civitates*. Desde allí los obispos podían supervisar–tal es el sentido literal de *episcopus*–la cura de almas. *Civitas* es el término obvio que utiliza San Agustín, uno de los Padres de la Iglesia, en su célebre *De civitate Dei* (413–426), donde contrasta la Ciudad de Dios con la ciudad terrestre del mal. Las palabras derivadas de *civitas* en las lenguas modernas hacen referencia a la posición central de una ciudad.

En el año 292 el emperador Diocleciano había dividido el imperio en prefecturas, diócesis y provincias. Esos tres niveles se vuelven a encontrar en la organización territorial de la Iglesia. Los metropolitanos o arzobispos supervisaban cierto número de diócesis, y los patriarcas disfrutaban de amplios poderes sobre un territorio muy dilatado. La primacía que para sí reclamaba el obispo de Roma descansaba, desde una óptica puramente religiosa, en su posición de patriarca único de occidente, titular de la cátedra de San Pedro. También, como es lógico, influía el prestigio de la antigua capital imperial, sobre todo frente a Constantinopla, que no había desempeñado ninguna función apostólica y no fue elevada a patriarcado hasta más tarde (en 381, frente a 325). Si mantener unas circunscripciones jerárquicamente ordenadas y definidas era tan importante en la época, es porque entre los siglos V y XI las grandes migraciones hicieron desaparecer toda noción de fronteras. Entre los germanos, y más aún entre las hordas ecuestres que barrieron Europa central y los Balcanes, el poder no iba unido al territorio sino a las personas.

La Iglesia también tomó del bajo imperio el concepto de inmunidad, que la clase senatorial de grandes terratenientes había desarrollado para proteger sus haciendas frente al fisco. Alegando su misión sobrenatural, reivindicó la inviolabilidad de sus propiedades y la inmunidad de sus servidores frente a los tribunales temporales. De ese modo, y por los siglos sucesivos, se erigió en estamento aparte, diferenciado no sólo por su estatuto jurídico propio, sino también por su formación y por su vocación sagrada. Estos dos elementos vinieron a completar el contenido de la idea de cargo público, que la Iglesia había tomado de los romanos. En tanto que abstracción, el cargo consiste en un conjunto preciso de condiciones que su ocupante debe reunir, y de competencias que puede o debe ejercer. El cometido del cargo se define claramente, al margen de quién lo ocupe. Los criterios de aptitud para el cargo, las modalidades de acceso a él y, llegado el caso, de destitución por exceso en las competencias o dejación de las obligaciones, todo ello existe con total independencia de los individuos llamados a desempeñarlo. Esta visión abstracta era totalmente desconocida para los germanos y eslavos; para ellos no había más que individuos a quienes, en virtud de la confianza en ellos depositada, se concedían poderes amplios pero de vaga definición. Perder el cargo era impensable sin un conflicto sangriento con los aspirantes al relevo.

El desempeño de un cargo público requería saber leer y escribir, otra tradición que durante siglos sólo la Iglesia perpetuó en Europa. Acarreaba además una retribución fija que, para los cargos de rango superior, era a menudo un *beneficium*, un señorío con sus rentas y sus derechos feudales. La Iglesia administraba también otras formas de remuneración en forma de prebendas–dotaciones o rentas–, y hasta el mero sustento del clérigo. Los votos de pobreza y celibato impedían amasar patrimonios personales, y los bienes permanecían adscritos a la institución.

La Iglesia retomó también la gran tradición del

Los príncipes de la Iglesia apenas se distinguían de los príncipes seculares durante el Renacimiento.
El cardenal Lodovico Trevisano retratado por Andrea Mantegna, segunda mitad del siglo xv.
Berlín, Staatliche Museen Preussischer Kulturbesitz, Gemäldegalerie

derecho romano. Hacia el año 500 los papas empezaron a promulgar el derecho canónico o eclesiástico, y entre los siglos xi y xiii se trabajó con ahínco en la compilación y colación de todos los cánones y decretos emitidos hasta entonces por concilios y pontífices. Mientras los príncipes seculares trataban de mantener un mínimo de relaciones jurídicas sobre la base de una gran diversidad de usos en su mayoría no escritos, la Iglesia, siglos antes que ningún estado occidental, poseyó una codificación que podía ser entendida y aplicada en cualquier lugar. Si bien es cierto que el derecho canónico se inspiraba en el derecho romano en cuanto a su nivel de abstracción, sin embargo difería rotundamente de él tanto por las personas a las que se dirigía como por las materias que trataba. La Iglesia se reservaba la potestad de juzgar a sus servidores, a quienes aplicaba sus propias leyes canónicas. Reclamaba, además, la extensión de sus competencias a todo lo que guardara relación con los sacramentos que administraba, de los cuales el matrimonio era lógicamente el que encerraba mayores repercusiones sociales. Apoyándose en una doctrina legal muy elaborada, a partir del siglo xi la Iglesia pudo dictar progresivamente sus normas a la sociedad, empezando por los príncipes y la clase militar; así fue imponiendo el matrimonio monógamo e indisoluble, y prohibiendo las uniones hasta el cuarto grado de consanguinidad y el repudio por esterilidad o en aras de otra unión más atractiva.[4]

Por ser una organización de grandes dimensiones, la Iglesia pasó también por un proceso de diferenciación interna creciente. Junto a la jerarquía secular, que iba

Esta miniatura de hacia 1100 muestra la Ciudad de Dios según la describiera San Agustín, uno de los Padres de la Iglesia. Así como en el reino de los cielos Cristo se sienta en su trono sobre los ángeles y los apóstoles, la personificación de la Iglesia aparece entronizada sobre los reinos de este mundo, reflejo en la tierra del reino celestial y rodeada de santos, reyes y emperadores. Florencia, Biblioteca Laurenziana

desde el papa hasta el cura párroco pasando por el obispo, se fueron desarrollando las órdenes monásticas. Cada uno de esos subsistemas tenía sus propias reglas escritas, su jerarquía y sus asambleas para aplicar la regla en cada circunstancia. La tradición eclesial de sínodos, concilios y capítulos de ciertas órdenes originó un procedimiento de toma de decisiones mediante representación delegada, que no tardaría en ser imitado por el resto de la sociedad. Su asimilación fue muy directa debido a la presencia de clérigos en las cortes de los príncipes laicos, a quienes a menudo auxiliaban en la redacción de documentos. Además, obispos y abades, en su calidad de titulares de grandes señoríos, asumían una parte sustancial de la administración pública; no era raro que el obispo ostentara también la autoridad temporal en su diócesis. Más que los señores laicos, los eclesiásticos estaban formados para manejar conceptos abstractos como los de instituciones y normas, y podían expresar su opinión a la hora de tomar decisiones o, cuando menos, de formularlas por escrito. La Iglesia del Imperio otoniano fue el más cumplido ejemplo de subordinación eclesiástica al poder temporal.

Como reacción frente a ese estado de cosas, pero también contra la malversación y enajenación de cargos y propiedades eclesiásticas por los señores feudales, surgió en el siglo x un movimiento de reforma con la fundación, en 910, de la abadía borgoñona de Cluny. Sus patrocinadores deseaban expresamente atajar la tendencia de los señores de la zona a inmiscuirse en los asuntos monásticos; de ahí que se excluyera a la abadía de la jurisdicción episcopal para colocarla directamente bajo la autoridad del papa. La intención de los abades era seguir la regla benedictina original en todo su esplendor y sencillez, sin otro objeto que la gloria de Dios. Las donaciones afluyeron, y el experimento cosechó tal éxito que en 1049 Cluny era ya cabeza de una congregación de sesenta y cinco monasterios. En otras regiones nacieron movimientos similares. Entre sus frutos hay que destacar una depuración interna de la Iglesia, que, sabiéndose desde entonces moralmente superior a quienes ostentaban el poder temporal, no vaciló en ponerles en su sitio. Consecuencia directa de ello sería la famosa querella de las investiduras, el conflicto entre el papado y el emperador sobre el derecho de nombramiento de obispos. En ella la Iglesia afirmó su autonomía, e incluso sus ambiciones hegemónicas frente al mundo feudal. En adelante, los asuntos religiosos permanecerían exclusivamente en sus manos, el celibato sacerdotal se volvería obligatorio y las dinastías feudales perderían su dominio sobre el clero. A la Iglesia correspondería el juicio definitivo sobre aspectos cruciales de la vida de un caballero: la

validez de su matrimonio, la legitimidad de su descendencia, el valor de un juramento prestado sobre objetos sagrados; en suma, la equidad de todas sus acciones.

Una manifestación importante de la nueva posición normativa adoptada por la Iglesia fue su lucha contra la brutalidad feudal. Dentro de su recíproca rivalidad, los caballeros veían como lo más natural asolar y saquear los territorios de sus adversarios en correrías que costaban la vida de más de un pobre campesino. Desde finales del siglo x, los sínodos episcopales del sur de Francia, y más tarde los de regiones más al norte, respaldaron al campesinado en sus anhelos de orden público y seguridad. La autoridad territorial de los obispos les permitió proscribir ciertas formas de violencia dentro de sus diócesis, en nombre de la paz de Dios y bajo pena de excomunión. La sanción era religiosa, pero el objetivo, político: establecer zonas pacificadas y protegidas en un mundo entregado a la violencia. La Iglesia persiguió, por ejemplo, las agresiones contra campesinos y viajeros indefensos, y más tarde impuso treguas en determinados días y períodos litúrgicos del año, las llamadas 'treguas de Dios'. Esa actitud hizo tambalearse los cimientos de la caballería, cuyo belicismo no había conocido límites hasta entonces. El movimiento de pacificación iniciado por la Iglesia fue secundado por algunos príncipes, que también veían en él una manera de refrenar a los turbulentos señores feudales que socavaban su autoridad. Así, la tregua de Dios vino a ser igualmente la tregua del rey o del conde, o *Landfriede* (paz del país) en el caso del Imperio germánico. Una vez más, el ejemplo de la Iglesia había surtido efecto.

A partir del siglo xiii, sin embargo, la Iglesia vio disminuir su influencia sobre las monarquías y las ciudades. Sus movimientos de reforma interna ya no tuvieron el mismo impacto social que en épocas anteriores, simplemente porque entretanto habían surgido otras estructuras sociales con mayor capacidad de autonomía. Desde el siglo xiv, víctima de desgarramientos internos que la sumieron en un largo período de crisis, volvió a depender del poder temporal, que para entonces era ya el de los Estados recién formados. Su papel pasó a ser de mero apoyo; sus tiempos de liderazgo quedaron definitivamente atrás.

La entronización del papa Bonifacio IX en Roma en 1389. Por entonces era muy poca la autoridad que le quedaba al obispo de Roma, ocupante de la cátedra de San Pedro; en Aviñón reinaba un antipapa.

Roma, Biblioteca Apostolica Vaticana

La Iglesia prolongó algunas tradiciones del derecho romano, intentando someter el orden social a sus decretos.
En el ámbito matrimonial prohibió las uniones hasta el séptimo grado de consanguinidad.
Los grados de parentesco en un diagrama de finales del siglo XIII.
Tolosa, Musée des Augustins

En el mundo de la violencia feudal, la Iglesia proclamaba la Paz de Dios, que a menudo pasaba a ser la paz del conde,
la paz del rey o la paz del país. Ello acabó muy gradualmente con la violencia ejercida contra los campesinos indefensos.
Esta miniatura, visión de una atmósfera de paz idealizada, adorna un libro de oraciones fechable entre 1452 y 1460,
que perteneció a Étienne Chevalier, tesorero de Francia. París, Musée du Louvre, Arts graphiques

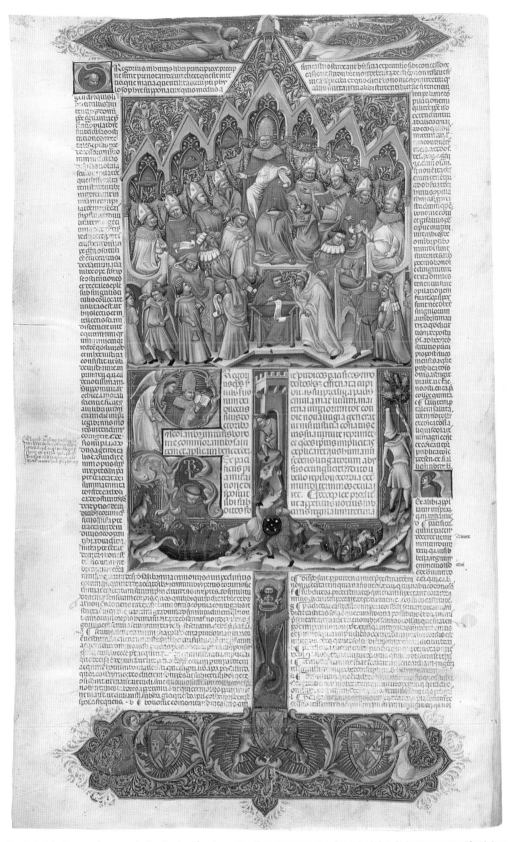

Dentro de la Iglesia eran órganos decisorios los sínodos y concilios, que sentaron los principios de la representación delegada; sus decisiones quedaban registradas por escrito.

Vista de un concilio general, hacia 1350. Roma, Biblioteca Apostolica Vaticana

Vista de la catedral de Bamberg, que fue uno de los centros administrativos del Imperio del siglo XI al XIII,
en un detalle del *Retablo de los Apóstoles,* obra de 1483 atribuida a Wolfgang Katzmeier el Viejo. Bamberg, Historisches Museum

Retrato oficial de Ricardo II, rey de Inglaterra de 1377 a 1399. Incluye todos los símbolos imaginables del poder: el trono, la corona, el cetro,
el orbe y el collar con la rosa de la casa de York, repetida en el manto, que ostenta también el monograma coronado RL.
Londres, Westminster Abbey

El cargo regio

El papel de liderazgo de la Iglesia repercutía en las dignidades temporales más altas, las de emperador y rey. En el año 962, con motivo de la coronación imperial de Otón el Grande, miembros de su séquito en Maguncia compusieron una plegaria de acción de gracias, que en parte decía así:

> *Señor, [...] enriqueced con Vuestra generosa bendición al rey que aquí se encuentra con su ejército, concededle fortaleza y seguridad en su trono real. Mostraos a él como os mostrasteis a Moisés en la zarza ardiente, a Josué en la batalla, a Gedeón en el campamento, a Samuel en el templo; colmadle con las estrellas de Vuestra bendición, bañadle con el rocío de Vuestra sabiduría, que el bienaventurado David recibió en sus salmos y que su hijo Salomón obtuvo del cielo por Vuestra clemencia. Sed su armadura contra sus enemigos, su yelmo contra la desgracia, su templanza en los días de prosperidad, su escudo eternamente protector; haced que los pueblos le guarden fidelidad, y que los poderosos mantengan la paz; que por amor al prójimo aparten de sí la codicia, proclamen la justicia y sostengan la verdad. Que el pueblo todo se llene de Vuestra eterna bendición, para que viva siempre alegre por la victoria y en paz.*[5]

Dios estaba, pues, directamente implicado en el mantenimiento de la supremacía de Otón, lo cual, a los ojos de sus contemporáneos, sin duda confería al emperador una posición muy elevada. El procedimiento dual de elección como rey germánico y consentimiento del papa a su coronación imperial dotaba el cargo de un carácter casi sagrado. Por ello, tan pronto como hubo al frente de la Iglesia papas enérgicos y eruditos en la segunda mitad del siglo XI, trataron de limitar esa posición, sobre todo cuando conllevaba una injerencia en las cosas de la Iglesia.

En el siglo XI se canonizó a grandes reyes conquistadores, como Canuto de Dinamarca y Esteban de Hungría, por los milagros que habían hecho; ese fue también el caso del conde de Flandes Carlos el Bueno, asesinado en 1127 cuando se hallaba en el templo. Desde el siglo XII los consejeros eclesiásticos de los reyes de Francia intentaron prestar a su cargo un carácter intrínsecamente sagrado, que entre otras cosas incluía, por analogía con Cristo, el poder de curar la escrófula. Los reyes adquirían, al ser ungidos con óleo durante el rito de coronación, un estatuto casi sacerdotal que les elevaba por encima de sus contemporáneos, y sobre todo por encima de sus rivales. Afirmaban haber recibido su autoridad de la gracia de Dios, por lo que ningún mortal podía menoscabarla

sin desatar la ira divina. La Iglesia respaldaba la sacralización del soberano con la esperanza de obtener a cambio apoyo y protección. A los atributos del jefe militar, la Iglesia añadía así otro muy específico; pero también podía desacreditarle negándole esa bendición.

El pensamiento eclesiástico ejerció una influencia todavía más profunda sobre el concepto de realeza. Ser ungido rey se definía, en parte por inspiración religiosa, como asumir un papel que era disociable de la persona individual que ocupase el cargo. Dicho en otras palabras, mientras la tradición germánica de la realeza seguía basada en las proezas militares de un caudillo aclamado por la casta guerrera, la Iglesia añadió a ése otros elementos de estirpe bíblica, como observamos en la plegaria de Otón. El rey pasaba entonces a ser el que mantiene la paz y asegura la felicidad de su pueblo gracias a su posición de mediador ante Dios. Esa función era permanente aun tras la muerte de su titular. Al contemplarla como separada de su ocasional ocupante, el pensamiento eclesiástico la convirtió en una función abstracta, lo mismo que los deberes y recursos que llevaba aparejados. La función así descrita era lo que prevalecía, y en esa perspectiva se elegía a su ocupante. Desde esta óptica, la realeza era un cargo, a la imagen de los cargos que la Iglesia había creado para sí misma. Este esquema se apartaba mucho de la concepción personal y menos formalizada de la realeza u otras formas de ejercicio del poder temporal características de la sociedad feudal.

El eminente historiador Ernst Kantorowicz ha apuntado que el modelo de la doctrina cristiana permitía distinguir claramente al rey vivo y mortal de la función permanente que desempeña. En efecto, el cuerpo místico de Cristo ejerce una acción eterna, aunque la persona viva de Cristo haya abandonado este mundo. Las otras religiones no tienen una dualidad semejante, de suerte que han seguido considerando el poder como un atributo personal, sin imaginar la continuidad de su ejercicio desde el punto de vista de la función.[6] Se entiende así que los reyes de Francia e Inglaterra pudieran asumir el mando inmediatamente después de muerto su antecesor, aunque se dejara pasar un tiempo antes de la coronación propiamente dicha. En la Inglaterra de los siglos XIV y XV el nuevo reinado comenzaba al día siguiente del óbito, pero en el siglo XVI se llevó su inicio al mismo día, eliminando hasta ese breve interregno. De este modo ni los rivales ni los súbditos tenían tiempo de oponerse a la sucesión, al menos en teoría.

Claro está que la evolución de la realeza hacia una función despersonalizada no fue sólo debida a los conceptos divulgados por el clero; lo que esas ideas hicieron fue reforzar un proceso que seguramente era

La Iglesia prestó su apoyo a la sacralización de la realeza. Por analogía con Cristo,
el rey de Francia podía curar a los escrofulosos imponiéndoles las manos.
Esta escena de su libro de horas muestra a Enrique II tras su coronación en Reims en 1547. París, Bibliothèque nationale de France

El rey podía beneficiar a sus súbditos haciendo oficio de mediador ante Dios.
Broche y relicario con un águila coronada que pertenecieron a Carlos VI,
rey de Bohemia y emperador.
París, Musée de Cluny

inevitable por razones de orden práctico. En efecto, la expansión territorial obligaba a los grandes vencedores en la lucha por el poder a implantar una estructura administrativa que garantizara la estabilidad de los territorios conquistados. Pacificar, sofocando la oposición interna, era su principal preocupación. De hecho, esa tarea les permitía rodearse del aura de quien no sirve a un interés privado sino al bien común, con la certeza de que la Iglesia les daría su apoyo. En ese sentido les animarían los consejeros espirituales y dignatarios de la corte, así como quienes a partir del siglo XII rehabilitaron el derecho romano.

La pacificación requería un núcleo de subordinados de confianza que, en la primera fase de expansión territorial, eran destacados a fortalezas por todos los puntos estratégicos a fin de ofrecer seguridad a la población y prevenir los ataques de enemigos internos o externos. Para el soberano era vitalmente importante ser el más fuerte de su territorio, y para conseguirlo de forma duradera dependía de un conjunto de fieles servidores: en primerísimo lugar los comandantes de sus fortalezas (burgraves o vizcondes), después también los recaudadores de tributos y funcionarios de justicia. En suma, el control de un territorio extenso pasaba necesariamente por la creación de un aparato administrativo. De ese modo el rey ya no lideraba una hueste informal, sino una jerarquía de cargos en la que él simplemente ocupaba el más alto.

Los castillos eran bases de operaciones y refugios seguros para los señores feudales, y también símbolos impresionantes del poder, cuya sola vista infundía respeto y sumisión. August Holmberg, *El castillo de Füssen en Allgau*. Berlín, Staatliche Museen Preussischer Kulturbesitz, Gemäldegalerie

La ciudad como caldo de cultivo

El desarrollo de las ciudades, que comenzó en Italia durante el siglo X y se propagó a toda Europa con grandes variaciones de ritmo e intensidad, fue en su origen un fenómeno totalmente extraño al mundo feudal. Que los señoríos produjeran mayores rendimientos y acabaran por estar superpoblados, como consecuencia de los avances de la paz y de una explotación intensiva, no fue nunca un objetivo deliberado de la clase militar. Más aún, hasta cierto punto iba en contra de sus intereses, porque ponía en peligro todo el sistema mayoritariamente autárquico de los señoríos. Con la mejora de las condiciones de vida sobrevivían más personas que en los siglos anteriores, de suerte que no todas podían permanecer atadas a la tierra, y hubo que conceder cierta libertad de movimiento a la mano de obra superflua. Del reconocimiento de ese derecho brotaron diferencias apreciables de estatuto entre el campesinado de las tierras recién puestas en cultivo y el de los siervos de los antiguos señoríos, lo que aceleró aún más la movilidad. Desde entonces no sólo la mano de obra sino también la producción se orientó hacia el mercado incipiente, y el sector agrario empezó a mercantilizarse. Todo ello aconteció sin la colaboración consciente de militares y clérigos, que en su condición de grandes terratenientes eran, sin embargo, los grupos rectores de la sociedad. Fue el fruto inesperado del fin de las invasiones, del aumento de la seguridad y de la buena gestión de los señoríos.

Las ciudades crecieron con la afluencia de hombres y mujeres que ya no tenían cabida en las estructuras de explotación del campo. Muchos se liberaban así de su servidumbre, aunque no sin dificultades, pues al principio fueron numerosos los señores que intentaron impedir su marcha y mantener el *statu quo*

Una de las libertades municipales era la de libre circulación del ciudadano de unos lugares a otros, cosa que
en el mundo feudal estaba vedada a la mayoría de la población.
Andrea Mantegna, detalle de la *Crucifixión* en la predela del retablo de San Zeno, segunda mitad del siglo XV.
París, Musée du Louvre

La ciudad tenía que arrancar sus libertades al señor local. El palacio del municipio era el símbolo primario de la autonomía conquistada.

Gustavo Strafforello, *El Palazzo dei Priori de Perugia*, 1889.

Gante, colección particular

por la fuerza. Se formaron así, al margen de la ley, colectivos de gentes que se habían situado fuera del orden establecido y cuya prioridad era protegerse mancomunadamente de los señores feudales que pretendían volver a atarles a sus obligaciones tradicionales. Aquellos primeros burgueses se coaligaban en *coniurationes*, literalmente 'conjuraciones', en sí un término legal respetable si no fuera por la connotación peyorativa que le dieron los príncipes y señores feudales. Los burgueses se juraban, pues, apoyo y asistencia mutuos en un orden social que de momento no tenía lugar para ellos. Ese lugar era lo que había que conquistar frente a los señores que veían desobedecida su autoridad.

La batalla por la emancipación de las ciudades se libró en los siglos xi y xii, a menudo con violencia, simplemente porque ésa era la manera de actuar de los caballeros. Las ciudades de Lombardía conocieron un desarrollo temprano, y alrededor de 1100, lideradas por cónsules que ellas mismas habían elegido, se sustraían ya al poder episcopal. Es famoso el conflicto que las enfrentó al emperador Federico Barbarroja. A pesar de su victoria en Milán, el emperador no fue capaz de someter a la liga de las ciudades lombardas, y en 1183 tuvo que reconocerles la autonomía, supeditada a una autoridad imperial puramente teórica. En el siglo xii los reyes germánicos reconocieron las libertades individuales de los habitantes de las antiguas ciudades episcopales del Rhin, pero aún tardarían mucho en admitir el autogobierno de los municipios. En cambio, por la misma época los reyes de Francia otorgaron privilegios junto con la autonomía a muchas ciudades del norte de su reino, con miras sobre todo a robustecer la posición de la monarquía frente a los grandes

Cuando un nuevo gobierno municipal tomaba posesión, los magistrados juraban su cargo sobre objetos sagrados.

Derick Baegert, *El juramento en la ciudad noralemana de Wesel,* 1493–1494.

Wesel, Städtisches Museum

señores feudales que hasta entonces habían mantenido bajo su férula aquellos territorios.

Los obispos, que desde la fundación de sus diócesis obraban a su antojo en la ciudad donde tenían su sede, eran los menos inclinados a ceder ninguno de sus derechos a la comunidad urbana. La batalla se dio en primer lugar por la libertad individual de todos los ciudadanos, que reclamaban la abolición de las obligaciones y limitaciones que habían pesado sobre ellos en cuanto siervos. A este respecto se convino que todo el que residiera en una ciudad durante un año y un día adquiría la libertad legal. Esa libertad implicaba poder desplazarse a voluntad, para lo cual la comunidad urbana instauró el principio de solidaridad, segundo elemento constitutivo de los nacientes derechos municipales: todo miembro de la colectividad juramentada podía contar con asistencia si se veía en apuros fuera de la ciudad. Como persona jurídica, la comunidad podía hacerse escuchar mejor que cada burgués por separado.

Un tercer paso en la emancipación de las ciudades sería la petición de autonomía, esto es, el derecho a dictar sus propias leyes y normas para regir la vida de la comunidad, y a ejercer jurisdicción sobre ella. Eso suponía que el señor de la región renunciara en todo o en parte a sus atribuciones. La mayoría de los señores supieron ponerles precio exigiendo a cambio el pago de rentas o censos perpetuos, otras compensaciones materiales y una parte de los ingresos derivados de la administración de justicia. El resultado de esa batalla

Para mantener el orden público y crear un clima favorable a la actividad económica,
las autoridades municipales procuraban reprimir las frecuentes y sangrientas luchas entre clanes rivales.
Miembros armados de un clan en un detalle del *San Bernardino* pintado por Perugino en 1473.
Perugia, Galleria Nazionale dell' Umbria

Poco a poco los gobiernos municipales intentaron poner coto a la venganza privada
y apaciguar la rivalidad entre clanes instándoles a reconciliarse bajo pena de cuantiosas multas.
Este cuadro conmemora una reconciliación de ese género, en un altar erigido por la salvación de la familia de Ulrich Schwarz.
Augsburgo, Städtische Kunstsammlungen, Maximilianmuseum

varió mucho de unos lugares a otros, dependiendo de la proximidad o distancia del señor del lugar, de su poder o debilidad y del peso que la propia comunidad urbana pudiera poner en la balanza por su tamaño y riqueza. En el Imperio germánico fueron numerosas las que adquirieron el estatuto de ciudad libre imperial, lo que, exceptuando una subordinación formal al rey o emperador, significaba de hecho el autogobierno, unas veces en la sola ciudad y otras, como en Ulm y Nuremberg, también en la comarca circundante. Algunos obispos, viendo que su situación peligraba en su *civitas*, optaron por irse a vivir fuera, como el de Colonia, que fijó su residencia en Bonn y Bruhl. En otros casos la comunidad urbana fue comprando poco a poco sus derechos al señor. Pero fuera cual fuese el método empleado, el hecho es que el gobierno de la ciudad pasó a manos de sus habitantes, es decir, de burgueses. Los mercaderes, empresarios y propietarios más ricos acabaron por monopolizabar el poder, de un modo u otro. El gobierno municipal solía ser una plutocracia en la que unas pocas familias se repartían el poder por cooptación. Ellas ejercían la potestad política, judicial y legislativa en nombre del soberano; era la consecuencia de la delegación del poder por los príncipes, cuyo cargo había reunido esos tres aspectos. La asociación del cargo de edil con el de juez se mantuvo

en las ciudades europeas hasta finales del siglo XVIII. En la Edad Media dificultó la legitimación de algunas sentencias de importancia política, porque era fácil acusar a los ediles de obrar según sus intereses.

Dentro de la comunidad urbana y de su área jurisdiccional, la paz era la norma prescrita, en el sentido de que el derecho del más fuerte, característico del feudalismo, no tenía allí vigencia. Las comunidades arrebataron a sus señores unos derechos concretos, que con el paso del tiempo se fijaron por escrito en forma de privilegios, fueros y estatutos. La exclusión de la violencia y del recurso a las armas aparece en esos documentos como preocupación primordial. En el privilegio otorgado por el conde de Flandes a la ciudad de Ypres en 1116, éste autorizaba a los burgueses a adoptar un método más pacífico y racional de dirimir sus litigios que el combate singular o la ordalía, recabando el testimonio de cinco hombres buenos bajo juramento. De los veintiocho artículos que componían los fueros otorgados por el conde Felipe de Alsacia a Gante y otras seis ciudades de su condado de Flandes entre 1163 y 1177, la mitad se referían a la prevención de actos de violencia; otros diez versaban sobre procedimientos judiciales. Una de las cláusulas estipulaba que nadie podía llevar espada dentro de las murallas, salvo que fuera comerciante de paso o agente de justicia del conde; los burgueses de Gante sólo podían ceñírsela para salir de las fortificaciones; circular armados les podía acarrear la máxima multa. La misma preocupación por mantener la paz se trasluce en la tregua otorgada por el emperador Federico Barbarroja en la Franconia renana en 1179:

Si alguno, yendo en pos de un enemigo que huye, llegare hasta los confines de una ciudad, y por la fogosidad de su caballo, que no por propia voluntad, viniere a entrar en ésta, deberá arrojar de sí su lanza y sus armas a la puerta. Dentro de la ciudad estará obligado a declarar bajo juramento que no entró por propia voluntad sino por la fuerza de su caballo, o de lo contrario será tenido por quebrantador de la tregua.[7]

De este texto se desprende claramente la importancia que tenían las murallas y la puerta de la ciudad: éstas protegían a la comunidad urbana, su sistema jurídico y su modo de vida frente a un entorno violento donde el caballero era amo y señor. Ni que decir tiene que las sociedades urbanas vivían bajo una constante amenaza de conflictos, que en algunos casos eran la herencia directa de aquel derecho a la venganza que los caballeros se habían arrogado. Hasta el fin de la Edad Media, y en Europa central aún más tarde, todas las ciudades tuvieron que pechar con la tendencia de las grandes familias a conducirse según el código de la caballería y resolver sus querellas con guerras privadas.

La venganza cobrada so pretexto de un derecho puramente personal era el modo tradicional de reparar las ofensas. A falta de una autoridad que castigara, los bandos, es decir, familias enteras con sus partidarios, se enfrentaban obedeciendo a la lógica del 'ojo por ojo, diente por diente'. El agravio, aunque sólo fuera un insulto al honor, tenía que ser resarcido con arreglo al código establecido. Originalmente esto sólo regía para los autorizados a portar armas, esto es, los hombres libres. Muchas veces la reconciliación era ardua, porque la venganza conllevaba un riesgo de abuso, o sea de represalia desproporcionada con la ofensa primera, y entonces producía un nuevo desequilibrio en dirección contraria; así las banderías se perpetuaban, a veces hasta el agotamiento de las dos partes. Pero si se alcanzaba una reconciliación satisfactoria para las partes, con todo el debido acompañamiento de daños y perjuicios, retractación pública, peregrinaciones en sufragio del alma de las víctimas y fundaciones pías, entonces debían volver a tratarse amistosamente, porque ya no había motivo para el rencor.

Los fueros otorgados en 1165–1177 a las principales ciudades flamencas aludían con suma prudencia al derecho del más fuerte, y no condenaban el ejercicio de la venganza en los *probos vires,* los 'hombres probos' de la ciudad, lo cual sin duda se refería a la élite. Sin embargo, los regidores, representantes de la administración municipal, sí trataban de reconciliar a las partes y obligarlas a pactar bajo pena de multa.

Si alguno por cualquier disputa se negare a avenirse tras ser requerido a ello por dos o más regidores o pacificadores, pagará sesenta libras [la sanción máxima]. Si entre los hombres probos de la ciudad se suscitare alguna querella, discordia, contienda o cualquier otra rencilla, y ello llegare a oídos de los regidores, éstos, sin perjuicio de los derechos del conde, lo arreglarán y harán paz entre las partes. Mas el que rechazare dicho arreglo o paz propuesta por los magistrados será sancionado con el pago de sesenta libras.[8]

Así pues, ni los regidores ni los agentes de justicia estaban todavía obligados a perseguir las luchas de banderías, ni podían intervenir en ellas como jueces penales; únicamente podían castigar la negativa a un intento de conciliación. Los bandos conservaban el derecho a resarcir privadamente el daño sufrido, bien causando un daño equivalente al bando contrario, bien obteniendo de él compensación financiera y moral. Mientras las autoridades municipales no pudieran prohibir y castigar la venganza privada, seguirían estando en una posición de inferioridad frente a las grandes familias locales, que además solían ser las mismas de donde procedían los propios funcionarios y tenían sumo interés en conservar en sus manos las riendas de la justicia.

Las grandes y poderosas ciudades del norte y centro de Italia hubieron de arrastrar esa debilidad estructural en relación con sus propias élites hasta bien entrado el siglo XV. En los siglos XII y XIII eran gobernadas por cónsules elegidos en la propia comunidad, bajo la presidencia de un magistrado, el *podestà,* que era un juez de profesión venido de fuera, y al que por lo tanto se consideraba capaz de alzarse por encima de los partidos para mantener la paz y la cohesión. El mandato del *podestà* solía durar seis meses. Al tomar posesión de su cargo juraba los estatutos de la ciudad y las ordenanzas y decisiones municipales. Se solía aprovechar esta ocasión para añadir al libro de estatutos las leyes nuevas del período anterior. De esa manera se fue creando una sólida tradición jurídica fundada en el texto escrito. En Bolonia, una comisión de diez juristas constituida en 1264 necesitó nada menos que dieciocho meses para desentrañar el laberinto de reglamentos, leyes y disposiciones varias que con el paso del tiempo se habían acumulado en los ochenta y cinco libros de estatutos. La formación impartida en facultades tan célebres como la de la propia Bolonia proporcionaba a los

Los tribunales de las ciudades del norte y centro de Italia estaban presididos por el *podestà*,
un juez profesional venido de fuera.
Escenas de un proceso penal por sacrilegio en Florencia: prendimiento, prisión, juicio y ejecución de la sentencia.

magistrados, letrados y jueces la base que les permitiría instaurar una cultura jurídica supralocal. Durante mucho tiempo ese alto nivel de profesionalidad en la administración de justicia fue exclusivo de las ciudades de Italia central y septentrional.

Con todo, las grandes familias siguieron dominando por el terror. Se organizaban en clanes alrededor de la familia nuclear, siguiendo una estricta jerarquía patrilineal. En torno a ese centro gravitaban los parientes más lejanos y los secuaces, también pertenecientes a la élite. Un tercer escalón se componía de lacayos y empleados a sueldo. Todos se conducían conforme a un código que era reflejo del caballeresco,

aunque con un uso de la violencia menos profesional y más instrumental. Los miembros del clan se sabían ligados por una lealtad recíproca, que podía ser vital en el combate. Tácito y su descripción de la *Gefolgschaft* germánica vienen a la memoria cuando aparecen en las ciudades italianas o flamencas el fenómeno de los clanes, ataviados con los colores heráldicos de la familia, haciendo alarde de la hombría temeraria del grupo como manera de afirmar su honor, su rango y, llegado el caso, su superioridad. Las ostentosas mansiones de piedra de esos linajes dominaban el paisaje urbano; con su robusta construcción, dotadas de almenas y torres y preparadas para resistir un asedio, eran una manifestación visible de poderío. En las ciudades del norte de Italia todas esas mansiones aristocráticas poseían torres de gran altura, por razones tanto defensivas como de ostentación.

La explicación última de la continua lucha de clanes en las ciudades de Italia hay que buscarla en la dispersión de los medios de acción violenta. Mientras los magistrados, en tanto que gobierno de la comunidad, carecieron de fuerza suficiente para imponer el orden público, la calle fue de los clanes; mientras éstos movieron los hilos de la administración urbana, nada cambió. Para imponer la paz tenía que intervenir un poder externo y superior, como sucedió en Flandes, por ejemplo, cuando hacia 1170 el conde dio su apoyo a los regidores. En el siglo xiii, sin embargo, los condes fueron perdiendo autoridad frente a las poderosas ciudades, y en la práctica el gobierno de éstas siguió siendo asunto privado.

Lo mismo sucedía en Italia: hasta los poderosos emperadores Hohenstaufen tuvieron que reconocer su impotencia frente a las ciudades lombardas. Las facciones urbanas procuraron servirse de los conflictos entre el emperador, el papa y, más tarde, los reyes de Nápoles y Sicilia, para fortalecer su posición mediante coaliciones. Vistas desde otro ángulo, las divisiones a nivel territorial dividieron también a las ciudades. Originalmente las facciones reflejaban la rivalidad entre las grandes familias alemanas que se disputaban el poder. Los Hohenstaufen, cuya fortaleza de Waiblingen dio el nombre de gibelinos *(Ghibellini)* a sus aliados de Italia, eran el mascarón de proa de uno de los bandos, mientras que los adversarios del emperador en las ciudades lombardas –que se llamaron a sí mismos güelfos, por la familia Welf– se alinearon al papado. Tras la muerte de Federico ii en 1250 estalló un nuevo conflicto por el dominio de Sicilia. Los gibelinos mandaban en Siena y los güelfos en Florencia, de donde los primeros los expulsaron en 1261. La victoria, en 1268, de Carlos de Anjou, el candidato papal a la corona de Sicilia, significó también el triunfo de los güelfos en las ciudades de Toscana. La coalición güelfa –Sicilia, el papa, Florencia– duró más de un siglo, y también en la banca se cosecharon sus frutos.

Una vez instaladas en la cultura política, era difícil erradicar esas luchas partidistas, cuya larga tradición vino a configurar la manera de definir los problemas. Durante el siglo xiv el partido güelfo dominante en Pistoia y Florencia se escindió en Blancos y Negros.[9] En esa complicada situación, las élites tenían un interés común en mantener su poder oligárquico, máxime cuando en el siglo xiv los artesanos lo amenazaron abiertamente con sus pretensiones. Frente a ese desafío, los magistrados municipales revalidaron su legitimidad activando su papel de mediadores y erigiéndose en defensores del interés general. Varias fórmulas expresaban ese concepto abstracto, derivado de los principios del derecho romano: *bonum commune, utilitas publica, quod interest civitati.* El interés de la ciudad justificaba ciertas intervenciones en contra de intereses particulares, e incluso en contra de algunas normas legales. Al apelar los magistrados a tales principios generales en decisiones particulares, su actuación cobraba más autoridad, sin dejar de contribuir en la cohesión de la élite y la ciudad. El respaldo de juristas profesionales ayudó a elevar a las magistraturas por encima de los partidos, dando un carácter institucional a su actividad. Para esto fue decisiva su función judicial, demostración inequívoca de su eficacia y credibilidad como responsables del orden público. Los procedimientos penales que los agentes de justicia debían incoar de oficio por delitos contra la autoridad, como el de perturbar el orden público, imponían exigencias más altas a la capacidad de las autoridades para perseguir a los culpables y reunir pruebas fehacientes en su contra.

Cualquier nexo entre el procedimiento de conciliación privada, en el que las autoridades edilicias eran simples mediadoras y supervisoras del acuerdo pactado, y la persecución pública de los delitos desaparecería de toda Europa occidental en el transcurso de los siglos xiv a xvi. Ello implicaba que la paz, que en los siglos xi y xii era todavía un estado de excepción, se consideraría en el futuro la situación normal. Pero la paz sólo se podía mantener si la autoridad responsable contaba con una superioridad suficiente, fundada en el reconocimiento de su uso de la fuerza como legítimo. El código penal promulgado por Carlos v en 1532 acabó oficialmente con la tolerancia de la ley del talión. Pero en las regiones donde la autoridad era débil, como el Tirol, el sur de Italia, Sicilia y Córcega, la venganza siguió siendo una práctica habitual durante siglos.

La lentitud con que la justicia privada de las grandes familias fue sometida a una autoridad pública imparcial se explica por la amalgama de la política y la justicia característica del antiguo régimen, y por la participación en el poder precisamente de aquéllos cuyas atribuciones habría sido necesario limitar en aras del interés general. Eso sí: cuando se inventaron las armas de fuego portátiles, se prohibieron rápidamente en las ciudades. En Francia, la legislación real intentó a comienzos del siglo xvii prohibir la tenencia de armas cortas bajo pena de multas elevadas, destierro y castigos corporales, para privar a sus súbditos de instrumentos de violencia peligrosos. La práctica del duelo, a la que los nobles recurrían para tomarse la justicia por su mano, fue combatida por los reyes

INIVSTICIA

La injusticia, representada en un hombre que sostiene como cetro un garabato, y deja actuar a sus anchas a los ladrones, violadores y bandoleros representados a sus pies.

Grisalla al fresco pintada por Giotto hacia 1305. Padua, Cappella degli Scrovegni

Las murallas de las ciudades separaban dos clases de sociedad regidas por distintas leyes.
En la *Toma de Lier por los españoles en 1595* se distinguen dos anillos concéntricos de murallas antiguas y nuevas.
Bruselas, Musées royaux des Beaux-Arts de Belgique

desde 1589; hemos mencionado que los burgueses de Ypres la habían prohibido ya en 1116. Pero la nobleza sintió esa prohibición como un ataque contra los privilegios de su clase, y castigos como la pena de muerte, la pérdida del título nobiliario y la confiscación de bienes poco pudieron hacer contra una concepción de la justicia tan profundamente anclada en su mentalidad. Sólo a finales del siglo XVII pudo la autoridad del soberano inclinar la balanza, al menos en Francia.[10]

En ámbitos menos sensibles, las ciudades pudieron proceder mucho más deprisa al establecimiento de funciones públicas. En tanto que asociación juramentada, la comunidad urbana inicial se había erigido en persona moral que exigía y ofrecía solidaridad, un concepto abstracto en comparación con los lazos personales de fidelidad que caracterizaban al feudalismo. La lucha con los antiguos señores territoriales sirvió para delimitar con claridad la jurisdicción de las ciudades, dentro de cuyas murallas la Iglesia y los príncipes conservaban, no obstante, sus inmunidades. Pero esas murallas significaban para todos una línea diviso-

ria visible y elocuente entre dos esferas jurídicas y dos formas de sociedad, por más que las libertades ciudadanas se extendieran en un radio extramuros, y que las ciudades se ampliaran–sobre todo hasta 1300 y nuevamente en los siglos XVI y XVII, época de fuerte crecimiento urbano en todas las regiones.

Edificar una muralla, construcción maciza de una circunferencia de varios kilómetros–en Gante, por ejemplo, nada menos que doce–suponía un esfuerzo enorme para la ciudad. Para costearlo hubo que crear un sistema de imposición que casi siempre consistía en tasas sobre el consumo. Los burgueses eran conscientes de estar haciendo un sacrificio por el bien de la comunidad, lo mismo que cuando se trataba de recaudar un censo para el señor o comprarle ciertos derechos. Ya a finales del siglo XIII la administración de los recursos comunes vino a ser un motivo de fricción entre la oligarquía establecida y los gremios, que iban organizándose y exigiendo responsabilidades por el empleo de los ingresos tributarios. En 1279-1280, tras varios levantamientos de las corporaciones, el conde de Flandes dispuso que las autoridades de sus grandes ciudades registraran todos los ingresos y gastos públicos para poder rendir cuentas de su gestión. Fue también por entonces cuando las ciudades empezaron a formar sus propias milicias, organizadas por distritos y gremios: formadas tras sus estandartes y con sus vistosos uniformes, daban una expresión muy viva de la conciencia que los burgueses tenían de su propia identidad.

Además de las murallas se levantaban otros edificios públicos: una casa consistorial, naturalmente, pero también campanarios exentos, llamados *beffrois* en Francia y Flandes. Éstos tenían múltiples usos: eran atalayas; el toque de sus campanas anunciaba eventos públicos, así como las horas de inicio y cese del trabajo; sostenían relojes de sol o mecánicos; y el cofre que contenía los privilegios de la ciudad se guardaba en ellos, celosamente protegido. Como era natural, esas impresionantes torres no tardaron en simbolizar a las propias ciudades. Eran asimismo construcciones comunales las lonjas y mercados, los almacenes, los puertos, los canales y esclusas, los puentes y calzadas, las grúas y balanzas, los acueductos y las fuentes. La ciudad abría además espacios públicos, en primer lugar para los mercados, que constituían su principal razón de ser, y calles y plazas que servían de escenario a las manifestaciones colectivas o al diario trajín de los ciudadanos. Las iglesias eran igualmente edificios públicos por su función, y en gran medida financiados con los recursos de la comunidad, aunque su administración corriera a cargo del clero. Como conjunto arquitectónico, la ciudad era un marco de vida en el que se plasmaba en forma muy concreta y visible el concepto abstracto de comunidad.

Es interesante examinar hasta dónde se extendía la esfera de lo público en las ciudades. La asistencia social empezó estando en manos de la Iglesia, pero pasó a ser controlada por los representantes de las autoridades municipales que la fueron encomendando cada vez más a fundaciones de particulares. Supervisaban la administración de los bienes, y a veces imponían reglamentos; su relación triangular con los donantes privados y la beneficencia religiosa fue duradera. Lo mismo cabe decir de los hospitales, cuya gestión estaba encomendada a las órdenes religiosas, y de la limosna a los pobres, de la que se encargaban principalmente las parroquias. El cuidado de ancianos, viudas y huérfanos, en tanto no quedara cubierto por las dos categorías anteriores, era competencia de los gremios y hermandades. En todo ello las autoridades municipales ejercían una función supervisora. La custodia de los enfermos mentales se consideraba, en cambio, como un problema de orden público, que por tanto asumía la ciudad junto con la gestión de las prisiones. En el siglo xv las ciudades contaban también con médicos y parteras para atender a las urgencias que sobrevinieran en lugares públicos.

En las primeras décadas del siglo xvi vemos a las autoridades municipales de toda Europa asumir un papel más organizativo, con miras a coordinar las múltiples formas de asistencia social y someterlas a un control riguroso. Con la primera depresión económica, el nuevo aumento de la población hizo patente la necesidad de racionalizar. En el siglo xiv eran ya varias las ciudades que habían fundado una o más escuelas, con clara intromisión en lo que hasta entonces era monopolio de la Iglesia. La difusión de la Reforma aceleró ese proceso, porque entonces todas las confesiones se abalanzaron a conquistar las almas de los niños.

Esta larga lista de nuevas competencias municipales que fueron incorporándose hasta el siglo xvi pone de relieve que las ciudades, o cuando menos las de mayor tamaño, constituían un entorno socialmente muy diferenciado, con una alta densidad de contactos humanos. Ello sin duda era fuente de discordias, pero también nutrió la creatividad con que asumieron la vanguardia de la modernidad con respecto al mundo feudal que las rodeaba: Por ejemplo, fue en las ciudades donde la idea de república, *res publica*, recobró su sentido real y original por primera vez desde los tiempos de Roma. El concepto medieval de comuna, más concreto que el de *res publica*, tomado del vocabulario clásico por los eruditos, alude a la comunidad que forma una identidad colectiva y regula sus asuntos a nivel público. Así, las ciudades fueron mucho más allá en el desarrollo del poder público que las ideas abstractas heredadas por la Iglesia del aparato de Estado y el derecho romanos. Y se situaron así varios siglos por delante de las monarquías, que sólo con gran dificultad habían empezado a distinguir el ámbito público del patrimonio privado.

En las ciudades hubo que construir edificios de uso público. Además de murallas, casa consistorial y lonjas,
algunas tenían también cárcel, que en Zurich era un torreón levantado sobre el río, aislado y de difícil acceso.
Hans Leu el Viejo, *Vista de Zurich,* hacia 1492–1496. Zurich, Landesmuseum

Redes de ciudades

No todas las ciudades cumplían funciones primordialmente comerciales: algunas surgían, o eran fundadas
para suministrar servicios a una catedral o un centro
administrativo. Las de la Península Ibérica debieron
sus amplias libertades a la Reconquista liderada por
los reyes, y fueron a la vez bases de operaciones y centros de ocupación. Durante la Edad Media, las ciudades nacidas para servir a una única función–como por
ejemplo, la de sede de un arzobispado–permanecieron
en general bastante pequeñas: así Canterbury, Sens y
Esztergom. Las grandes capitales planificadas, que
normalmente se situaban en el centro del reino, datan
de tiempos más recientes, cuando los Estados pudieron disponer de más recursos centralizados para realizar con éxito el proyecto: Madrid y Varsovia son ejemplos en el siglo XVI, Berlín en el XVII y San Petersburgo
en el XVIII.

Lo que llama la atención es que hasta el siglo XVIII
las grandes metrópolis comerciales disfrutaran de un
alto grado de autonomía con respecto a los Estados
circundantes. A menudo estaban ubicadas en Estados
pequeños, sobre cuyo gobierno ejercían una fuerte
influencia. Habían podido conquistar esa posición de
relativa autonomía en la medida en que su desarrollo
era anterior a la consolidación del poder real en las
zonas costeras. Además, sus intereses las llevaban a
ocuparse de cuestiones tan específicas como la seguridad de las vías de comunicación, la protección de los
comerciantes en sus desplazamientos, la firma de tratados comerciales con distintos socios y la creación de
procedimientos eficaces para el arreglo de disputas.
Ahora bien, ni los señores feudales ni sus consejeros
eclesiásticos entendían mucho de esas cosas, de suerte que eran los comerciantes directamente implicados
quienes forjaban la necesaria normativa institucional,
a veces con la rúbrica formal de un príncipe próximo.

Entre los siglos X y XIII, esto es, durante la fase de crecimiento simultáneo de reinos y ciudades, esa problemática llevó a las grandes ciudades mercantiles a dotarse de toda clase de mecanismos institucionales para proteger sus intereses vitales frente a los señores feudales que con frecuencia perseguían objetivos directamente contrarios, o frente a príncipes muy poco informados o interesados. Mencionemos en primer lugar los puertos italianos, cuya expansión mediterránea es un hecho a partir del siglo X con la fundación de establecimientos comerciales; más tarde, desde el siglo XII, serán ciudades enteras a lo largo de las costas de Grecia y Dalmacia, el Levante y el Mar Negro, las que queden bajo su autoridad colonial. Venecia y Génova, especialmente, tendieron una inmensa red de colonias mercantiles, que se disputaban con uñas y dientes. Pisa y Marsella, tras una competencia feroz, tuvieron que reconocer que no daban la talla. Barcelona desarrolló su red en el siglo XIII, principalmente en el Mediterráneo occidental, con establecimientos en las Baleares, Cerdeña y Sicilia, pero también consulados en Túnez, Bugía y Orán. El primer objetivo era organizar los mercados y proteger a los conciudadanos en el extranjero. Para ello se negociaban concesiones con las autoridades de cada lugar, incluso en zonas musulmanas, en las que ciertamente se contó con el respaldo de los potentados cristianos que en el siglo XII habían fundado reinos propios en el Levante y partes del imperio bizantino. Allí donde lo permitían las circunstancias, por ejemplo en las costas de Dalmacia y Grecia, los venecianos impusieron su gobierno en varios grupos de ciudades, y durante el siglo XV también en incontables islas, de las cuales eran las mayores Creta, Eubea y Chipre.

El sistema italiano de establecimientos comerciales fue con mucho el mayor de Europa en la Edad Media. A partir del siglo XII se desarrolló un sistema semejante, aunque a escala mucho más modesta, en el Mar del Norte y el Báltico, con establecimientos de alemanes del norte en Escandinavia y las costas bálticas. El centro más importante fue la isla de Gotland, frente a la costa oriental de Suecia. Daneses y alemanes de la región de Lübeck, y más tarde también de Westfalia, trataban allí con traficantes locales, y desde allí comerciaron con Nóvgorod (donde ya hacia 1190 había una colonia de alemanes), Inglaterra y Flandes. Comerciantes de distintas regiones se asociaban para protegerse en determinadas rutas. En los siglos XII y XIII se formaron organizaciones mercantiles en unas regiones y otras, por ejemplo para el comercio anglo-flamenco y el transporte de mercancías desde Flandes, Artois y Brabante a las ferias anuales de Champaña. Eran siempre asociaciones privadas de asistencia mu-

tua, que adquirían privilegios de las autoridades que gobernaban en los mercados de destino. Algunas tomaron el nombre de guilda, otras el de hansa. La más célebre es el Hansa teutónica, una liga nacida en el siglo XIII de otras asociaciones comerciales más antiguas de las regiones de Lübeck, Westfalia, Sajonia y Prusia. En 1356 el Hansa teutónica se transformó en una confederación de ciudades, que en su época de mayor auge llegó a agrupar casi doscientas, desde Nóvgorod, pasando por el litoral escandinavo, hasta los Países Bajos. Hasta 1669 el Hansa operó a escala interregional para promover los intereses comerciales de sus miembros, y de cara al exterior, como entidad colectiva de derecho público.

De ese modo fueron surgiendo sistemas interregionales de defensa y fomento de las relaciones comerciales, que darían origen, entre otras cosas, a distintas formas de derecho mercantil y marítimo. Las más antiguas nacieron en el Mediterráneo oriental, pero desde el siglo XI la región comprendida entre Pisa y Marsella tuvo también su propia tradición jurídica. Una tercera línea es la del consulado de Barcelona que, en el marco de sus particulares relaciones comerciales, aseguró el enlace con los usos jurídicos de la vertiente atlántica. A lo largo de las costas del Atlántico y del Mar del Norte rigió un código del siglo XIII que recibió su nombre de la isla de Oléron y se aplicó a toda la zona donde se vendía el vino de Gascuña. A comienzos del XIV se hizo de él una traducción en Brujas, que sirvió de modelo a una serie de adaptaciones en el área de influencia del Hansa teutónica. Alrededor de 1200 se había codificado otra tradición en los estatutos de la ciudad de Schleswig. En todos los casos se trataba de sistemas de derecho consuetudinario, nacidos de la práctica de la justicia en un determinado circuito comercial. No era un príncipe quien había dictado las normas; surgían de la casuística de los jueces, que pertenecían a los círculos comerciales y sabían de qué estaban hablando. En ninguna parte de Europa fue el derecho mercantil competencia de los príncipes y sus letrados. Su iniciativa emanaba enteramente de las organizaciones interregionales de comerciantes, que eran las que formulaban las normas, negociaban los acuerdos y resolvían las querellas.

Las ciudades se agrupaban para procurarse protección en un mundo que, debido a la fragmentación de la autoridad, era sumamente inseguro para los viajeros. Dado que las ciudades dependían de un tráfico intenso con su *hinterland* y otros mercados, la seguridad de los caminos era su preocupación constante. Los pequeños señores feudales tendían siempre a aprovecharse de su control sobre un tramo de una ruta estratégica, amenazando con atacar y desvalijar a

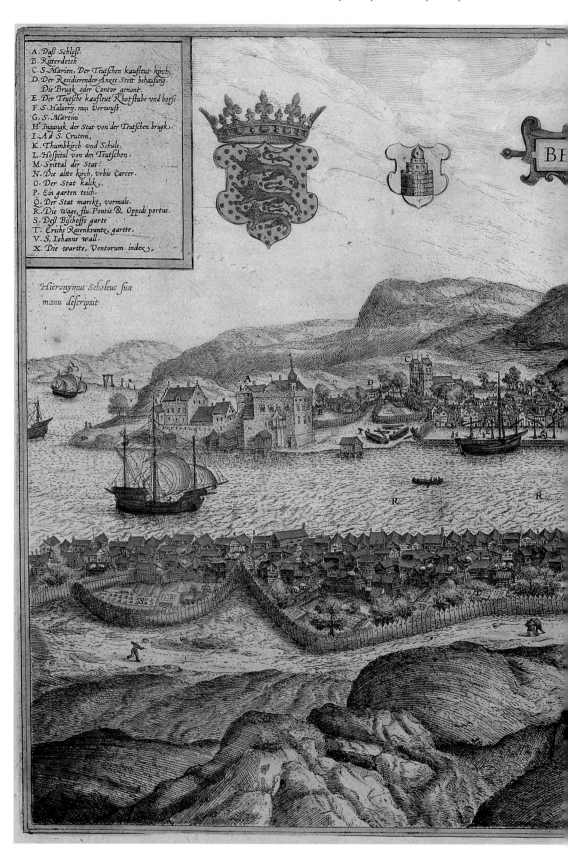

A. Daß Schloß.
B. Ritterdetch
C. S. Marien, Der Teutschen kaufleut kirch.
D. Der Residierender Ansee Stett behaufung.
   Die Brugk oder Contor genant.
E. Der Teutsche kaufleut Rhotstube vnd borß.
F. S. Haluerij, nun Verwuft.
G. S. Martini
H. Ingangk der Stat von der Teutschen brugk.
I. Ad S. Crucem.
K. Thumbkirch vnd Schule.
L. Hofpital von den Teutschen.
M. Spittal der Stat.
N. Die altte kirch, vrbis Carcer.
O. Der Stat kalck.
P. Ein garten teich.
Q. Der Stat marckt, vormals.
R. Die Wage, flu. Pontis Q. Oppidi portus.
S. Deß Bifchoffs gartte
T. Erichs Rosenkrantz gartte.
V. S. Iohanns wall.
X. Die waritte, Ventorum index.

Hieronymus Scholeus sua
manu descripsit

La ciudad hanseática de Bergen de Noruega en 1581, por Frans Hogenberg y Hieronymus Scholeus.
A la entrada del puerto se alza la *Hakonshall* gótica, donde se coronaba a los reyes en el siglo XIII.

A su derecha se distingue claramente el muelle con grúas de descarga de los mercaderes alemanes.

Al otro lado del puerto hay ovejas que pastan la hierba de los tejados.

La metrópolis comercial de Venecia dependía
de una buena red de información para relacionarse con sus colonias.
El consejo de asuntos exteriores del Senado supervisaba la correspondencia
de los embajadores enviados por la república.
Vittorio Carpaccio, *Partida de un embajador de Venecia,* siglo xv.
Venecia, Accademia delle Belle Arti

los mercaderes de paso si éstos no pagaban el tributo exigido. Para los poderosos era una manera de cobrarse la renuncia a ejercer su fuerza militar. Los peajes eran en realidad lo que hoy llamaríamos una extorsión mafiosa: si pagaba el peaje, el viajero podía contar con paso seguro. La cuantía del tributo podía ser, sin embargo, objeto de discusión: era difícil excluir la arbitrariedad por parte del señor o de sus agentes.

Un eje tan vital como el Rhin estaba sembrado de autoridades codiciosas de llevarse cada cual su bocado de los beneficios del intenso tráfico fluvial. Del siglo XIII al XV, las ciudades renanas de Alsacia y Suabia solían coaligase para protegerse contra los ataques a su seguridad, la de sus ciudadanos y la de su comercio. En ocasiones incluso atrajeron a señores feudales a la liga, o a cambio de apoyo financiero consiguieron garantías o derechos del rey o del emperador germánico. La primera gran liga de ciudades renanas data de 1254, cuando el Gran Interregno originó problemas de orden público. Con la fórmula de una *coniuratio* que las colocaba directamente bajo la protección de Cristo, las ciudades se propusieron en primer lugar mantener la paz, arreglar los conflictos por la vía legal o el arbitraje, cooperar en la persecución de los que perturbaban la convivencia y poner topes a los peajes fluviales y viarios. Aunque en ese programa había puntos claramente incompatibles con los intereses de la nobleza, el movimiento consiguió granjearse el apoyo de algunos arzobispos y obispos, del conde palatino y de otros condes y señores. Asumía de ese modo una tarea que en realidad correspondía al rey: la de mantener la paz y la justicia en bien de todos y contra los abusos y violencias de los nobles.

Sin embargo, esas ligas de ciudades no duraron mucho, y sus escasas acciones militares conjuntas sólo lograron triunfos modestos. La liga de Suabia se vio derrotada por los señores feudales en 1388. Los intereses encontrados y la heterogeneidad de las coaliciones eran obstáculos a la cohesión en áreas geográficas extensas. En el caso de Suabia, al acabar el siglo XIV la gran liga estaba formada por ciudades diseminadas en una extensión de más de 300 kilómetros de norte a sur y 240 kilómetros de este a oeste. El grado relativamente bajo de urbanización dificultaba aquí la acción política y económica, pero no impidió que la organización sugiriese formas alternativas de ejercicio del poder público frente a las iniciativas de los príncipes. Gracias a ella las ciudades de Suabia pudieron también preservar su condición de ciudades libres imperiales, y su independencia frente a los príncipes territoriales de Württemberg.

Aparte de la seguridad de los caminos, la protección contra extorsiones y la reglamentación de las disputas comerciales, las ciudades crearon otros sistemas de poder en las áreas que controlaban. Lo que las unía eran sus intercambios comerciales, pero cada una de ellas necesitaba también mantener una circulación protegida de hombres y mercancías en la campiña circundante para su abastecimiento. Los alimentos solían venir de las inmediaciones, y ello hacía necesaria una regulación del mercado que previniese las situaciones de escasez. Muchos burgueses invertían su capital en la compra de tierras fuera de la ciudad, que a menudo dedicaban a cultivos comerciales, aunque solían estipular el pago de las rentas consiguientes en especie, para ponerse a salvo de las fluctuaciones de los precios. Al mismo tiempo, cada ciudad trataba de proteger sus productos prohibiendo actividades similares en las cercanías. Las inversiones y regulaciones de los burgueses influyeron notablemente sobre la vida del campo. La proximidad de un mercado urbano llevaba a mercantilizar la agricultura, lo cual era beneficioso para la productividad de la tierra; pero la ciudad imponía su dominio a los campesinos y les sometía a toda clase de discriminaciones.

Aún menos idílicas eran las relaciones entre ciudades, estrictamente definidas por su respectiva posición en la jerarquía de los mercados. Las grandes solían ejercer una hegemonía asfixiante sobre las pequeñas, lo mismo que sobre el campo. Fue en las regiones más urbanizadas, como en Italia del norte, donde esas relaciones cristalizaron con mayor nitidez. Durante los siglos XV y XVI se formaron allí Estados regionales por impulso de las grandes ciudades como Venecia, Florencia, Génova y Milán, que asumieron en cada caso la capitalidad. Las ciudades subordinadas —a veces sometidas por conquista, como lo fue Pisa, vencida en 1406 por Florencia, que de ese modo adquiría por fin el control de un puerto— eran puestas bajo una administración designada por la capital. Los tribunales de la capital gozaban de precedencia en todo el *contado*, en cuestiones jurídicas los burgueses recibían trato preferente con respecto a la gente del campo, los bienes rústicos se gravaban más que la propiedad urbana, los gremios urbanos disfrutaban de mayores derechos que las hermandades del campo, y la burguesía se fue haciendo cada vez más terrateniente. La hegemonía política acabó paralizando las relaciones de mercado, a pesar de que beneficiaban más a los núcleos grandes que a los pequeños. Los Estados regionales del norte de Italia presentan otro modelo de orden socioeconómico y político surgido al margen de las monarquías, y aun en oposición a ellas.

Vemos, pues, que la dinámica urbana hizo posibles diversos sistemas políticos, entre los cuales el modelo italiano, con un componente interior y otro ultramarino, pudo desarrollarse libremente beneficiándose de

Barcelona tendió una red de establecimientos comerciales en el Mediterráneo occidental.

Su posición avanzada se expresó en un sistema independiente de derecho mercantil marítimo.

Miniatura del *Código de los Usatges* de Barcelona, 1448. Barcelona, Museo de la Ciudad

Desde el siglo XII también los alemanes formaron una red comercial, el Hansa,
en las costas del Mar del Norte y del Mar Báltico;
era una liga de ciudades prácticamente autónomas.
Von Schikinge unde Vorderinge es una miniatura que muestra los tribunales de comercio de Hamburgo en 1497.
Hamburgo, Staatsarchiv

La seguridad de los caminos era fundamental para los mercaderes.
Este cuadro votivo fue dedicado por Stephan Praun en 1511,
en señal de gratitud por haber sobrevivido a un asalto de bandoleros en Italia.
Nuremberg, Germanisches Nationalmuseum

Antiguamente era costumbre cobrar peajes a lo largo de los grandes ríos, lo cual costaba a los mercaderes no sólo mucho dinero,
sino también mucho tiempo. Si pagaba, sin embargo, el mercader podía seguir viaje tranquilo.
Alberto Durero, *Vista de Trento*. Bremen, Kunsthalle

Ya en la Edad Media las ciudades dependían de regiones distantes para su avituallamiento;
de ahí que las zonas más urbanizadas se encontraran a lo largo de las costas o de los grandes ríos.
Fra Angelico, *Escena de la vida de San Nicolás,* en la predela del Tríptico de Perugia (1437). Roma, Pinacoteca Vaticana

El mes de octubre, tapiz del siglo XVI tejido sobre cartón de Bartolomeo Suardo, llamado el Bramantino;
en la orla aparecen los escudos de armas de los señoríos que abastecían al duque de Milán.
Milán, Castello Sforzesco, Museo d'Arte Antica

las mayores concentraciones demográficas y económicas de la baja Edad Media y de la relativa escasez de monarcas en su vecindad. Ni siquiera las invasiones, primero la de las huestes francesas en 1494, y luego la de las imperiales, que asoló el país en la primera mitad del siglo XVI, consiguieron menoscabar realmente ese sistema de Estados regionales; todo lo más lograron reducirlo a cierto número de Estados vasallos prácticamente autónomos. En otras regiones las relaciones de poder no favorecieron tanto a las grandes ciudades, y surgieron otras configuraciones.

La conclusión provisional de este breve examen es que, en ciertas partes de Europa, algunos distritos de carácter urbano o rural, donde el poder feudal o monárquico no tuvo una penetración temprana o muy profunda, desarrollaron sus propias estructuras políticas y sociales para atender a sus intereses vitales comunes. Bajo el lema de la paz organizaron de forma autónoma la protección de su comercio y de las rutas que los unían entre sí. Allí donde disfrutaban de superioridad, formaron sistemas de mercado hegemónicos con proyección colonial. A medida que los reinos y principados territoriales crecían en extensión y fuerza, lógicamente entraron en colisión con los sistemas

Las ciudades sintieron pronto la necesidad de dotarse
de un cuerpo de funcionarios eficientes, y a menudo costeaban los estudios de jóvenes
con aptitudes para su ingreso en la administración.
Jacob de Vogelaer, secretario municipal de Amsterdam en 1655,
retratado por un maestro anónimo.
Amsterdam, Amsterdams Historisch Museum

de poder ya instaurados por las redes urbanas en algunas zonas. Entre unos y otras surgieron entonces conflictos de competencias y luchas abiertas por el poder, que a veces también dieron lugar a diversas formas de colaboración.

Las comunidades campesinas

Un ejemplo muy interesante que ilustra, a escala mucho menor, la capacidad de ciudades y grupos de aldeas para formar sistemas políticos es el de Suiza. A diferencia de Italia, allí no todos los cantones rurales se sometieron a las ciudades; los de Uri, Schwyz y Unterwald incluso acaudillaron la lucha por la independencia en 1291. Es verdad que en los cantones urbanizados las capitales dominaban sobre las aldeas. Pero entre la tutela de los señores feudales y la de los burgueses existía aún una tercera vía, que sirvió para que colectivos de campesinos crearan formas de poder público desde la base. La especial configuración del terreno, que hacía inviable su explotación en la forma del señorío tradicional, y una economía fundamentada en la ganadería sentaron las condiciones ideales para la eclosión de la libertad en el ámbito rural.

En las regiones donde los pastos escaseaban por la montuosidad del relieve y la sequedad del clima, como sucedía en torno al Mediterráneo, los ganaderos se sustentaban pasando de las tierras altas en el verano a las llanuras en el invierno. La trashumancia hacía necesaria una forma especial de organización. Su expresión institucional más clara se dio en la Península Ibérica; allí, en el transcurso de la Reconquista, los reyes cristianos concedieron derechos especiales en las tierras conquistadas a comunidades de pastores procedentes de los distritos montañosos del norte. En 1273 el rey Alfonso X de Castilla reconoció al Honrado Concejo de la Mesta, una federación de propietarios de ganado trashumante, concediéndoles el derecho a apacentar libremente sus rebaños a lo largo de ciertas cañadas, que podían alcanzar una longitud de cientos de kilómetros y una anchura de docenas de metros, y que unían los pastizales de verano de las montañas con los pastizales de invierno del sur recién conquistado y apenas poblado. De trecho en trecho había sesteaderos, y a medio camino, cerca de Segovia, esquiladeros. El derecho de pastoreo podía llegar a impedir que algunos terratenientes cultivasen sus tierras. El privilegio protegía también a la Mesta contra la subida de los peajes. La propia organización cobraba una cuota a sus miembros, y con esos fondos pagaba a agentes encargados de supervisar la observancia de sus privilegios. Ni que decir tiene que también la coro-

na se llevaba una parte. Este sistema, que sobrevivió hasta 1836, controlaba en 1780 la circulación de cinco millones de ovejas. Hubo organizaciones similares en otras regiones, pero en menor escala, porque las estructuras de poder estaban más fragmentadas que en Castilla. En la meseta de Foggia (Italia central), este tipo de trashumancia se aplicaba en el siglo XV a unos tres millones de ovejas.[11]

La cría de ganado requiere fuertes dotaciones de capital y el mantenimiento de contactos comerciales. Dondequiera que las condiciones geográficas la hicieron prosperar fuera de los grandes señoríos, dio origen a instituciones que respondían a las necesidades específicas de los campesinos libres. En el contexto de Suiza el resultado no fue una gran organización como en Castilla, pero sí la agrupación de comunidades autónomas de campesinos y más tarde también de burgueses en régimen confederado, la forma jurídica que en general salvaguardaba los derechos colectivos. No había diferencia fundamental entre las comunidades de campesinos y las de burgueses; también en Francia hubo aldeas que recibieron fueros semejantes a los de las ciudades. Debido a su menor escala, la asamblea de todos los hombres libres de la aldea siguió funcionando eficazmente como órgano de decisión, y hasta de administración de justicia, mientras que en las ciudades esa práctica pronto se hizo inviable. Por otra parte, esa clase de democracia directa era una rémora para la profesionalización y la modernización, y ello, unido al pequeño tamaño de las aldeas, resultaría perjudicial para la supervivencia de muchas comunidades campesinas.

Fuera de los territorios montañosos, los problemas de reparto de aguas contribuyeron también a que las comunidades y organizaciones de campesinos libres actuasen durante mucho tiempo como organismos públicos de carácter supralocal. En Cataluña y Murcia los sistemas de regadío se hallaban bajo una administración autónoma con poderes judiciales, que todavía hoy se reúne en el pórtico norte de la catedral de Valencia. En este caso se trataba de un servicio público especializado, con unos límites que por razones naturales no coincidían con los de otras jurisdicciones. La necesidad de construir una infraestructura que sirviera a grandes extensiones con gran número de terratenientes y usuarios, y de establecer normas para la distribución justa y equitativa de los beneficios y las cargas, llevó a formar grupos de intereses colectivos con carácter público.

Análogamente, los campesinos libres de las tierras bajas ribereñas del Mar del Norte crearon organizaciones autónomas para defenderse colectivamente del peligro de inundación. Las enormes inversiones de

En el sur y el oeste del Imperio germánico los campesinos se organizaron
en comunidades para defender sus derechos.
Aldea con una fábrica de alambres a orillas del Pegnitz, dibujo en colores de Alberto Durero.
Berlín, Staatliche Museen Preussischer Kulturbesitz, Kupferstichkabinett

mano de obra que exigía la construcción de canales de derivación y diques, y todas las medidas necesarias para llevar a cabo esas obras y mantenerlas, corrían a cargo de unas organizaciones específicas, las juntas de aguas o *waterschappen.* Las primeras las constituyeron aldeas en el siglo XII, pero al llegar el XIII el problema requería ya un enfoque de mayor envergadura. También participaron en ello los príncipes territoriales, aunque por regla general limitándose a mediar o a confirmar el trabajo de fondo ya hecho por quienes tenían un interés más directo. Al igual que en Valencia, desde el siglo XIII las juntas de aguas tuvieron atribuciones públicas en su esfera propia, tales como el derecho a recaudar tributos, dictar justicia y hacer cumplir la ley. Esos quehaceres logísticos y administrativos se complicaron cada vez más con el paso de los siglos, sobre todo en Holanda, Utrecht y Frisia, porque el terreno seguía hundiéndose por debajo del nivel del mar y había que emplear sistemas cada día más complejos para cerrar el paso a las aguas. En con-

secuencia las *waterschappen* se profesionalizaron cada vez más en el aspecto técnico, con amplios poderes públicos; pero siguieron basándose en la representación de los interesados y su participación proporcional en los beneficios y las cargas. Esa solidaridad era tanto más fácil de lograr cuanto que la naturaleza, al provocar diversas catástrofes, añadía sus propias sanciones a las que imponían los hombres.

A veces las comunidades rurales también pudieron hacerse escuchar fuera de las regiones donde la ganadería trashumante o el ordenamiento hidrográfico planteaban problemas específicos a los cuales los propios campesinos aportaban solución. Cuando esas comunidades no disponían de ningún órgano de concertación institucionalizada, las situaciones extremas podían empujarlas a la rebelión; entonces solían demandar justicia y nada más. En Escandinavia se llegó muy pocas veces a esos extremos, porque el consejo comunal o *ting* podía apelar con sus reclamaciones a la corona con la certeza de ser escuchado, de modo que

Al amparo de las cumbres alpinas, las comunidades de campesinos suizos salvaguardaron su independencia,
y desde 1294 se juramentaron en una liga para la protección de sus derechos colectivos.
Albert Anker, *Reunión del concejo,* siglo XIX.
Berna, Kunstmuseum

era posible allanar las dificultades mediante negociación y arbitraje. En el sur de Alemania eran frecuentes esas tradiciones de formulación de quejas.[12] Con todo, la pequeña escala de sus operaciones, la baja densidad de población, la escasa acumulación de capital y el acceso restringido a los sistemas de mercado daban menos ocasión de participar en el juego del poder a los campesinos que a los burgueses.

Cui bono?

En este capítulo hemos hablado de los príncipes básicamente desde el punto de vista de sus orígenes feudales: grandes terratenientes deseosos de adquirir cada vez más tierras por los métodos tradicionales de matrimonio, herencia o hipoteca, o en calidad de feudos. En caso de litigio, el recurso inmediato a la fuerza era la manera normal de reparar el honor agraviado. En la evolución de los señores feudales a la realeza, los príncipes encontraron inspiración e instrumentos en los conceptos y métodos administrativos que la Iglesia les brindaba. Pero tanto eclesiásticos como caballeros eran grandes terratenientes que habían basado su posición en el disfrute de vastos señoríos. El comercio, las artesanías, la navegación y las finanzas eran mundos totalmente ajenos para unos y otros.

He ahí el porqué de que las nuevas necesidades surgidas de la aparición de una economía mercantil empezaran siendo atendidas sin graves problemas por las comunidades de burgueses o campesinos interesadas. Al principio se trataba de fenómenos periféricos—no sólo, pero también en la acepción geográfica

Los pólderes de los Países Bajos septentrionales,
como éste cercano a Enkhuizen (hacia 1600),
tenían que ser protegidos contra la continua amenaza de inundación,
lo cual exigía esfuerzos colectivos en gran escala.

Nacieron así las juntas de aguas,
organismos que desde el siglo XIII actúan en régimen de participación
y reparto de los costes proporcional a la tenencia de tierras.
Enkhuizen, Stadhuismuseum

Armas rrado cō la mesta.

del hon cejo de•

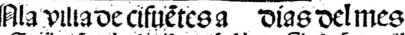

En la villa de cifuétes a ___ días del mes de Setiébre año del nascimiéto de ñro saluador Jhesu xpo de mill τ quiniétos τ onze años. Ante los señores doctor Juá lopez de palacios ruuios del cōsejo dla reyna nfa señora τ presidéte del hōrado cōcejo dla mesta:el doctor Pero diaz alcalde mayor enla dicha villa de Cifuétes. Y en psencia de mi el escriuano τ testigos de yuso escriptos:parescio psente AMiguel sanchez trancó pcurador general ōl dicho hōrado cōcejo dela mesta:τ psentó ante los dichos señores presidēte τ alcalde mayor:ciertas cartas ō puilegios dadas τ cōcedidas al dicho cōcejo dla mesta por los reyes de gñosa memoria ātepassados τ cōfirmados:τ ouados por sus subcesores

En España la trashumancia o migración semestral de grandes rebaños
de ovejas estaba ya institucionalizada en el siglo XIII a través del Honrado Concejo de la Mesta,
una asociación de propietarios de esa clase de ganado.
Madrid, colección particular

Seis órdenes de la sociedad medieval en una miniatura de hacia 1375.
Nicolás de Oresme, consejero de Carlos V de Francia, expuso claramente en su traducción de la *Política* de Aristóteles
la posición relativa de los guerreros, los consejeros, el clero, los campesinos,
los artesanos y los mercaderes. Tanto los clérigos como los guerreros eran grandes terratenientes.
El mundo de la industria y el comercio al que pertenecían los burgueses les resultaba bastante ajeno, y lo miraban con recelo.
Bruselas, Bibliothèque royale de Belgique

El Tribunal de las Aguas sigue reuniéndose una vez a la semana en el pórtico norte de la catedral de Valencia.

Este tribunal milenario resuelve los conflictos ocasionados por el reparto de agua en la Huerta,

una zona muy fértil que desde hace siglos se cultiva mediante regadío intensivo.

Ferrandis pintó una de esas sesiones en 1865.

Valencia, Palau de la Generalitat

del término dentro de una sociedad predominantemente rural. Poco a poco, sin embargo, los poderes de los príncipes y de las ciudades se fueron acercando. Algunas redes urbanas, en concreto los establecimientos de ultramar, pudieron sobrevivir bastante tiempo precisamente porque quedaban fuera de las zonas de expansión territorial de los príncipes europeos. El Hansa teutónica tuvo que oponérseles enérgicamente entre los siglos XIV y XVI, pero perdió la partida. La mayoría de las colonias mediterráneas serían absorbidas por la expansión desenfrenada del imperio otomano en los siglos XV y XVI. Dentro de Europa, todas las grandes ciudades se chocaron con las demandas de los Estados que también buscaban fortalecerse en el interior.

De las ligas de ciudades pertenecientes al Imperio germánico, sólo una, la Confederación Suiza, había podido sacudirse totalmente el yugo feudal gracias a sus victorias militares. Una tras otra, metrópolis aisladas como Génova, Brujas, Lübeck, Amberes, Barcelona, Milán o Florencia tuvieron que doblegarse ante el creciente poder de los príncipes con quienes en tiempos mejores habían podido hacer pingües negocios. Pero esas ciudades, las mayores de las regiones más urbanizadas, habían puesto en marcha un importante proceso de modernización al desplazar el ejercicio del poder hacia la esfera pública en muchos terrenos. La característica esencial de la comunidad era la igualdad fundamental ante la ley y la solidaridad de sus miembros, lo que significaba una innovación en la historia del mundo. A pesar de toda la hermosa retórica, la 'democracia' griega seguía basándose, a fin de cuentas, en la explotación de los esclavos. No cabe la menor duda de que fue la base cristiana de la cultura occidental lo que impulsó su avance en ese aspecto. Igualmente cristiano por su origen, aunque favorecido por el interés propio, fue el afán de paz de las comunidades y su rechazo de una justicia personal y brutal a

En Escandinavia las comunidades rurales podían elevar sus reclamaciones directamente a la corona.

Alaert van Everdingen, *Paisaje escandinavo con una serrería,* 1675.

Ruán, Musée des Beaux-Arts

En la baja Edad Media las grandes ciudades comerciales tuvieron que ceder ante el poder creciente de los príncipes, y ligas de ciudades como el Hansa teutónica perdieron mucha de su fuerza.

cambio de una justicia racional. La legalización de las relaciones sociales implicó que las autoridades tomaran el papel de fiscales en el lugar de las víctimas.

El talón de Aquiles de los sistemas jurídicos de las ciudades estaba, sin embargo, en su limitación a su área jurisdiccional. Las ligas de ciudades, incluida la que fue con mucho la mayor y más duradera, el Hansa teutónica, fueron incapaces de elevarse sobre los intereses particulares de sus miembros, y sus acciones embarrancaron una y otra vez a causa de disensiones internas. Tampoco supieron las ciudades extender los derechos de sus habitantes a los *hinterlands* que dominaban económicamente, y en algunos aspectos también administrativa y judicialmente. Cuando los príncipes consiguieron la suficiente superioridad para pacificar sus territorios, las ligas de ciudades perdieron su razón de ser. En el ámbito marítimo su utilidad duró más tiempo, pero también ahí los príncipes comenzaron a dominar en el siglo xvi. Desde el momento en que los soberanos pudieron alegar que eran ellos, y no las ciudades, quienes servían el interés común por su atención a intereses supralocales, las ciudades perdieron mucha de la ventaja adquirida en el camino hacia la modernidad. Ese fue el equilibrio alcanzado en el siglo xvi.[13]

Vista de Lübeck, hacia 1660.

Lübeck, Museum für Kunst und Kulturgeschichte

1   Tacitus, *Germania,* c. 13-14
2   Prinz 1993, 254-258
3   Duby 1973, 237-251
4   Duby 1981, 35, 40-42
5   Folz 1967, 284-285
6   Kantorowicz 1966
7   Böhmer, *Acta Imperii Selecta,* 130
8   Van Caenegem & Milis 1978, 235
9   Heers 1977, 49-50, 57-60, 147
10 Muchembled 1992, 149-150
11 *La Lana* 1974
12 Blickle, Neveux-Oesterberg, Imsen-Vogler in Blickle 1997
13 Dilcher in Blickle 1997

CAPÍTULO IV
Competencia a degüello

Caballeros e infantes

La organización de los dominios feudales servía para que los señores pudieran llevar a cabo sus enaltecidas tareas para la comunidad: rezar o combatir por ella. Así lo veía también el obispo Aldalbero de Laón cuando, hacia 1020, consideraba la sociedad dividida en tres estamentos, de los cuales el tercero lo formaban quienes mantenían a los dos primeros con el trabajo de sus manos. Tales eran los labradores, a quienes sus señores podían llamar a la guerra, pero que en tiempo de paz no tenían derecho a portar armas. Los caballeros gozaban de una ventaja importante en el reparto de los instrumentos de violencia: sólo ellos podían dotarse de costosas armas y armaduras de hierro, montar fuertes corceles y practicar asiduamente las artes militares. Todo caballero que partía a la guerra se hacía acompañar por lo menos por un escudero y un hombre de armas, ambos a caballo, así como varios hombres a pie.

Era obligación feudal del vasallo seguir a su señor a la guerra. En las regiones donde las leyes de sucesión sólo reconocían como heredero al hijo primogénito, los segundones trataban de ilustrarse por su arrojo en el combate, para así poder entrar al servicio de un señor poderoso y ganarse su favor. Por lo tanto, los ejércitos se componían de vasallos y otros seguidores. Los caballeros disfrutaban de una aplastante superioridad sobre los vulgares campesinos, a quienes con frecuencia dominaban por el terror. Por lo general, un caballero bien armado era equiparable con diez infantes. Las acciones de guerra consistían fundamentalmente en expedi-

ciones de pillaje en territorio enemigo o región a conquistar, y en asedios. La batalla campal era excepcional, ya que implicaba la aceptación de un riesgo por ambos ejércitos. Mucho más provechosas, en cambio, eran las pequeñas incursiones por sorpresa, que acarreaban botín. Por un caballero apresado se podía pedir rescate, y eso representaba una sustancial fuente de ingresos para el guerrero emprendedor. La población campesina vivía prácticamente indefensa frente a tales correrías, y a menudo veía consumirse en llamas los frutos de su arduo trabajo. Hasta el emperador Carlos IV (1346-1378), amante de las artes y las letras, declaraba sin rodeos en su autobiografía los móviles y consideraciones que impulsaban a las familias de mayor rango, para quienes sólo contaban el honor, las estrategias y los intereses personales; los súbditos no eran dignos de mención, ni mucho menos de conmiseración por los perjuicios que sufrían.

En aquel tiempo [la década de 1330] nuestro padre nos ordenó marchar con una gran hueste contra el duque Bolko de Silesia, señor de Münsterberg, pues ese duque no era ni príncipe ni vasallo de nuestro padre ni del reino de Bohemia. Nuestro padre, en efecto, había recibido la villa de Breslau del duque Enrique VII de Breslau, que murió sin herederos directos. [...] Después de que nuestro padre tomara posesión de la villa de Breslau, todos los duques de Silesia, como también los señores de Opeln, se sometieron a su autoridad y a la corona de Bohemia en

Adriaan Pietersz van de Velde, *La quema de los navíos de guerra ingleses por la flota holandesa frente a Chatham el 20 de junio de 1667*, detalle. La victoria conseguida en Chatham, que era la principal base naval de Inglaterra, fue un espaldarazo moral para la marina holandesa. Un siglo más tarde, Gran Bretaña reinaba en los mares sin rival. Amsterdam, Rijksmuseum

Rapiñar armas y armaduras en el campo de batalla era un negocio lucrativo,

lo mismo que apresar a los caballeros:

por un prisionero importante se podía conseguir un alto rescate.

Alberto Durero, *El trofeo de Bohemia.*

Viena, Graphische Sammlung Albertina

Notas en p. 201

solicitud de protección y defensa. Mas no lo hicieron el duque de Silesia ni el señor de Schweidnitz, ni Bolko, señor de Münsterberg. Asolamos, pues, las tierras de Bolko, según se refiere en una crónica. Fueron tales los estragos que hubo de avenirse a pactar y, como los otros duques, rendir vasallaje a nuestro padre y al reino de Bohemia. [...] Entonces el rey de Hungría resolvió el litigio. En esta ocasión también él se comprometió a ayudar a nuestro padre contra el duque de Austria, que había arrebatado el ducado de Carintia a nuestro hermano, y contra Luis [de Baviera, depuesto por el papa en 1346], que se hacía llamar emperador.[1]

Los castillos brindaban protección efectiva a los señores y sus 'familias', denominación que incluía también a sus séquitos y servidumbre. Eran excelentes bases de

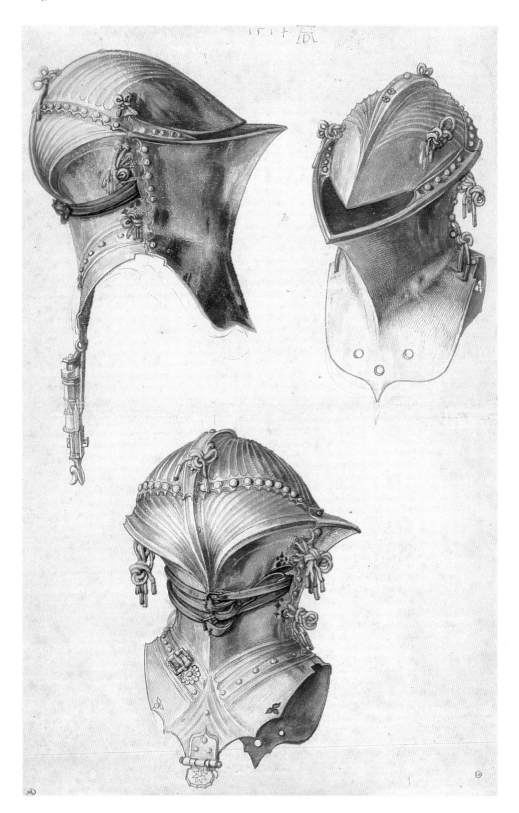

Era muy caro adquirir una armadura completa,
que por otra parte tenía la desventaja de ser pesada y poco manejable, lo que a menudo era causa indirecta de derrota.
En el siglo XVI los armeros perfeccionaron su diseño para hacerla más cómoda y segura.
Alberto Durero, *Estudio de un yelmo*. Dibujo y acuarela, 1514.
París, Musée du Louvre, Arts graphiques

La ballesta fue el arma más letal de su época;
los caballeros consideraban deshonroso combatir con ella.
El martirio de San Sebastián, obra atribuida a Antonio y Piero del Pollaiuolo.
Londres, National Gallery

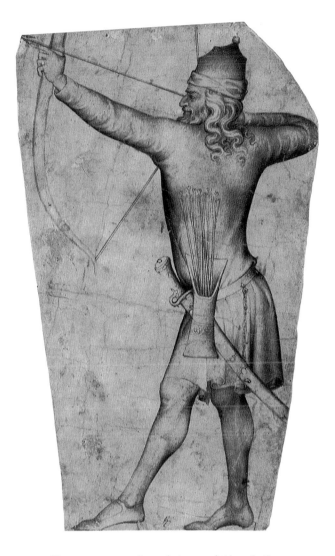

El arco era un arma de combate muy rápida y efectiva;
a él hay que atribuir muchos de los triunfos ingleses en la Guerra de los Cien Años.
Dibujo de finales del siglo XIV, atribuido al Maestro del Paramento de Narbona.
Oxford, Christ Church Picture Gallery

control sobre los territorios recién conquistados o amenazados. En caso de ataque, algunos podían servir también de refugio a los campesinos del señorío e incluso a sus ganados. Se edificaban sobre eminencias naturales o artificiales, que a la vez que dominaban el terreno circundante ponían en desventaja al atacante. A éste le convenía más valerse del subterfugio y la negociación, ya que solía ser difícil mantener un cerco durante mucho tiempo. En cuanto a los sitiados, su suerte dependía casi exclusivamente de sus reservas de agua, víveres y municiones; por lo demás, la protección de las gruesas murallas solía inclinar la balanza a su favor. De ahí que los castillos simbolizaran a la perfección el poder de la clase guerrera dominante.

Las grandes transformaciones demográficas y económicas de los siglos X a XIII repercutieron, lógicamente, sobre las artes de la guerra. El siglo XIII vio cómo los campos de batalla se poblaban de arqueros, que combatían a pie y solían ser mercenarios venidos de las Islas Británicas. Se empleaban en aquel entonces arcos grandes y ballestas; los primeros medían entre 1,6 y 1,8 metros, eran de rápido manejo y podían disparar entre diez y doce flechas por minuto a una distancia que no solía superar los 200 metros. Las ballestas eran más lentas; sólo permitían disparar dos o tres saetas pesadas por minuto, pero el tiro era preciso y llegaba a los 300 metros. Las mayores, provistas de pie y tensadas con soga, alcanzaban hasta 450 metros. Como sus proyectiles podían atravesar la armadura, los caballeros tenían la ballesta por un arma deshonrosa que transgredía las

Feliz regreso en 1167 de las pertrechadas milicias milanesas.
Relieve de 1171, originalmente situado en la Porta Romana de Milán.
Milán, Castello Sforzesco, Museo d'Arte Antica

leyes de la caballería. Al fin y al cabo ellos observaban un código de guerra, no se mataban unos a otros, y sobre todo era vil que un vulgar arquero de extracción campesina les pudiera derribar. Aún peor era cuando las villas y comunidades de campesinos libres ponían milicias en campaña.

En el curso del siglo XIII dichas milicias rurales habían servido ya como tropas auxiliares, pero hacia 1300 empezaron a actuar por cuenta propia. Los campesinos suizos que en 1291 y 1315 vencieron a la caballería de los Habsburgo estaban haciendo historia, lo mismo que, a escala mucho mayor, las huestes de artesanos y campesinos flamencos que en 1302 aplastaron a la caballería francesa. Las nuevas concentraciones de población les proporcionaban ventaja numérica: en 1302 los flamencos, ayudados por el carácter pantanoso del terreno, pusieron en combate a 11 000 hombres frente a 7500 franceses. De éstos una tercera parte era caballería pesada, frente a 500 en el bando flamenco. También los escoceses que en 1314 derrotaron a los ingleses en Bannockburn eran infantes en su mayoría. La infantería iba armada con arcos, picas, mazas y dagas. Las empleaba con gran efecto, y sin distinción de personas, pues a menudo lo que la movía era un afán liberador, el rechazo de una dominación que se sentía como extranjera.

Por tres veces hubo en el siglo XIV grandes revueltas de campesinos que desafiaron la autoridad feudal, en Flandes, Francia e Inglaterra. Las milicias burguesas hacían uso de su fuerza militar para imponer la autoridad de las ciudades sobre el campo, y la de las ciudades grandes sobre las pequeñas. En regiones urbanizadas como Lombardía, las ciudades apelaban incluso a los restos del sistema feudal para dominar sobre su entorno. Los jefes militares tomaban a sueldo tropas mercenarias para su servicio personal, y a su vez se ofrecían con ese contingente al mejor postor. El fenómeno del *condottiere,* que en realidad era el capitán de una banda de mercenarios, está estrechamente vinculado con la rivalidad entre los estados regionales, pequeños pero ricos, del norte y centro de Italia. En los ejércitos de los príncipes fue cobrando mayor importancia la infantería, llamada a filas o contratada por dinero. En 1346 los arqueros de Gales tuvieron una participación decisiva en la matanza de 1500 caballeros franceses a manos de los ingleses en Crécy. La era de la caballería tocaba a su fin, sobre todo con el advenimiento del cañón en la década de 1330.

El victorioso *condottiero* milanés Francesco Sforza se hizo retratar por Giovanni Pietro Birago, departiendo,
visiblemente satisfecho, con predecesores ilustres de la época clásica como Escipión, Pompeyo, César y Aníbal. Fresco del siglo xv.
Florencia, Gallerie degli Uffizi

La guerra santa

Si para los señores feudales la guerra era un asunto privado, a partir del siglo xi la Iglesia dio una dimensión más general al ejercicio de la violencia con su llamada a una guerra santa contra el musulmán. A la vez que combatía el uso de la fuerza bruta entre cristianos, que era sobre todo costumbre de los señores feudales y sus caballeros, la Iglesia canalizó esa agresividad hacia la periferia de la cristiandad. A los intereses particulares y a los de reinos y pueblos se antepuso un interés superior, el de la lucha por la propagación del cristianismo y el dominio de los Santos Lugares. El obispo Ivo de Chartres (hacia 1040-1116) recogía, por ejemplo, en su compilación de cánones poco anterior a 1100, la siguiente cita de una carta escrita por el papa Nicolás i a los búlgaros en torno al año 860:

> *Al que fielmente perezca en esta guerra no se le negará el reino de los cielos. Pues bien sabe el Todopoderoso que aquel de vosotros que pierda así la vida lo hace por el triunfo de la fe, la salvación de su patria y la defensa de los cristianos, y ése recibirá su recompensa del Señor.*[2]

Esa perspectiva de salvación también se esgrimió ante los ojos de los cruzados. Con cierto éxito, aunque fuera efímero, los papas persuadieron a los grandes soberanos temporales del siglo xii a deponer sus rivalidades y marchar juntos por la fe. En 1190 tomaron la enseña de la cruz no sólo el emperador Federico Barbarroja, sino también los reyes de Francia, Felipe Augusto, y de Inglaterra, Ricardo Corazón de León; sus contribuciones a la liberación de Jerusalén, sin embargo, fueron desiguales e infructuosas.

Pero el concepto de guerra santa hizo mella, porque proporcionaba a los caudillos la justificación de un objetivo superior para sus acciones, siendo así más fácil motivar a sus guerreros. Los reyes cristianos de España sacaron gran provecho de su guerra 'santa' contra los musulmanes, que se saldó con victorias notables en la primera mitad del siglo xiii. Los caballeros teutónicos aterrorizaron a la población eslava de Prusia y ocuparon sus tierras bajo la bandera de la conversión. Los reyes de Francia lanzaron cruzadas contra los cátaros del Languedoc, calificados de herejes. En 1208 el papa Inocencio iii convocaba a los guerreros a esa empresa con esta exhortación:

> *¡Despertad, caballeros de Cristo! ¡Despertad, bravos miembros de la comunidad cristiana! [...] Debéis procurar, según Dios os ha revelado, cortar de raíz el mal de la herejía y sus adeptos atacando a los herejes con mano dura y largo brazo, con convicción aún mayor que si combatiérais contra sarracenos, porque aquéllos son más peligrosos.*[3]

La implacable guerra de exterminio contra los albigen-

Boabdil, el último rey moro de Granada, se rinde a los Reyes Católicos; los moros salen de la Alhambra esposados y cabizbajos.
Relieve del retablo hecho por Felipe Vigarny en 1520 para la Capilla Real de Granada

ses, que alcanzó su triste apogeo con el saco de Mont-ségur en 1244, dio ocasión al rey de someter el condado de Tolosa a su autoridad directa. Como el candidato papal Carlos de Anjou había perdido la corona de Sicilia frente a Pedro III de Aragón en las Vísperas Sicilianas de 1282, el papa instó a su sobrino Felipe III de Francia a lanzar lo que él denominaba una cruzada contra Aragón. Desdichadamente esta vez parece que Dios no estaba de parte de los cruzados, y en 1285 el rey pagó esa campaña con su vida.

El nexo con lo sagrado siguió siendo muy utilizado por los reyes para legitimar sus guerras. Una manera de hacerlo era el culto a los santos nacionales, que en Francia eran San Dionisio – el primer obispo de París, que dio origen al grito de guerra *Montjoie Saint Denis* –, San Miguel y San Luis (Luis IX). Los héroes militares compartían con los reyes el privilegio de ser enterrados en la basílica de Saint-Denis, donde se guardaba la *oriflamme*, el estandarte desplegado en las campañas reales. El largo enfrentamiento entre Francia e Inglaterra en la Guerra de los Cien Años (1337-1453), y en particular la movilización de la resistencia francesa por Juana de Arco (1429-1431), sin duda ayudaron a consolidar la conciencia nacional en ambos países. En cuanto caudillos de una guerra de liberación contra un invasor extranjero, los reyes de Francia se erigieron en servidores de un interés superior al

El duque de Lancaster y San Jorge retratados
como Templarios poco antes de 1322.
Los Templarios fueron la orden de caballería más antigua,
fundada en Jerusalén en 1119 para la protección
de los peregrinos y de los Santos Lugares.
En las cruzadas actuaron también como banqueros.
Oxford, Bodleian Library

Blasones de caballeros, en su mayoría procedentes de Flandes,
Renania y los Países Bajos septentrionales, en cruzada contra
los eslavos de Prusia, hacia 1382–1384. Ilustración del *Armorial Bellenville*,
realizado en los Países Bajos hacia 1364–1386.
París, Bibliothèque nationale de France

Juana de Arco a caballo con la *oriflamme*,
estandarte real de Francia y acicate
del espíritu nacional en campaña.
Miniatura de 1505, en *La vie des femmes célèbres*, de Antoine Dufour.
Nantes, Musée Dobrée

de los grandes príncipes territoriales. Desde ese momento, la guerra del rey fue considerada la única por el bien común del reino, la única legítima y santa. La defensa de la patria, presentada como un cuerpo místico, bien valía una muerte gallarda, como proclamaron los propagandistas con tesón creciente en el siglo xv. La poetisa Christine de Pisan, próxima a la corte real, confortaba a las viudas de los muchos caballeros muertos en la batalla de Azincourt (1415) con la idea de que sus amados héroes

> *han sido escogidos para mártires de Dios por una causa justa, obedientes hasta la muerte para preservar la justicia y los derechos de la corona de Francia y de su soberano señor; por ellos y para ellos dijo el Evangelio 'Benditos los que sufren por la justicia'.*[4]

Después de reconquistar Normandía a los ingleses

San Luis de Tolosa, hijo del rey de Sicilia Carlos de Anjou,
renunció en 1296 al trono en favor de su hermano Roberto;
ingresó en la orden franciscana y fue obispo de Tolosa,
dignidad en la que Simone Martini le inmortalizó en 1317.
Fue Roberto, que aquí aparece de perfil,
quien encargó esta pintura, pieza de inequívoca
propaganda dinástica y política para la casa de Anjou.
Nápoles, Museo Nazionale di Capodimonte

en 1450, Carlos vii decretó que en todas las catedrales y colegiatas se celebrara una misa solemne con procesión cada 12 de agosto, aniversario de la toma de Cherburgo. Los reyes no regateaban esfuerzos por dar a sus guerras una legitimidad exclusiva, mientras que las de los príncipes territoriales eran rebajadas a la categoría de querellas privadas, cuando no de rebeliones contra la autoridad legítima. En ocasiones se podía acusar de hereje al adversario, y combatirle así más fácilmente; la guerra de 1411 a 1436 contra la independencia de Bohemia fue librada por el emperador so capa de cruzada contra los herejes husitas.

Si el rey no conseguía movilizar a sus nobles para la defensa de una causa cristiana, corría un grave riesgo de que éstos hicieran depender su participación de consideraciones puramente oportunistas. Ejemplo claro de esto fue el de

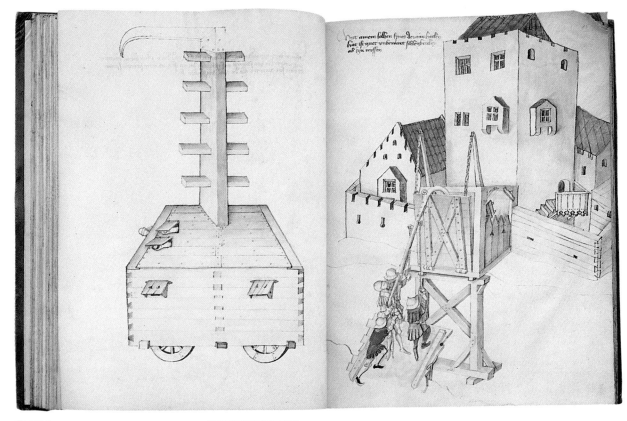

Nuevas técnicas de asalto y la utilización creciente de la artillería pesada acrecentaron paulatinamente la efectividad de la táctica de asedio desde comienzos del siglo XV. Ilustraciones de Johannes Hartlieb, *Iconismi bellici,* hacia 1400–1468. Rotthalmünster, Antiquariat Tenschert

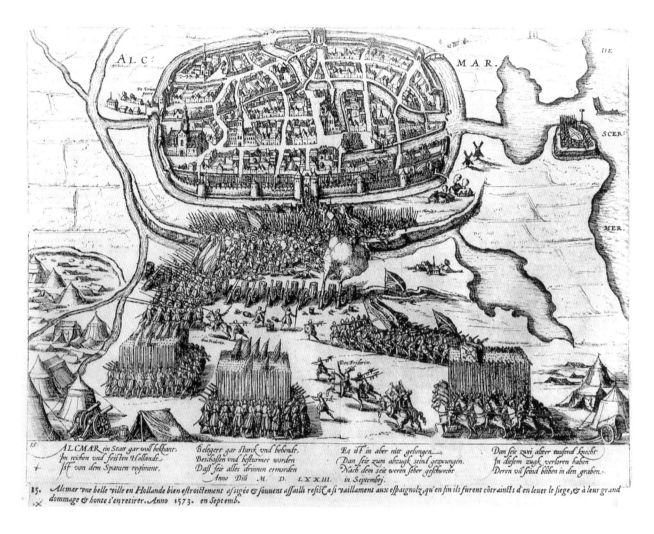

En este grabado de Frans Hogenberg, *El asedio frustrado de Alkmaar por las tropas españolas en 1573,*
se aprecia claramente el desplazamiento de la caballería a los flancos.
Amberes, Museum Plantin-Moretus, Prentenkabinet

Hungría, amenazada por el avance de los turcos, donde a la llamada del arzobispo acudió el campesinado pero no la nobleza. El ejército tuvo pues que prescindir de sus jefes naturales, con el resultado de que los campesinos desahogaran sus iras contra los castillos de los nobles, a quienes acusaban de traidores. En ese precedente de lo que diez años más tarde sería la sublevación de los campesinos alemanes, la nobleza optó por guerrear contra el campesinado, que volvió a caer en una larga opresión. En 1526 los turcos se apoderaron de la mayor parte de Hungría.

La carrera de armamentos

La legitimación de la guerra como actividad exclusivamente real se vio también favorecida por la evolución de las técnicas militares. Al amurallarse, las ciudades habían adaptado el principio del castillo fortificado a mayor escala. El atacante era vulnerable; el defensor estaba a salvo mientras tuviera víveres y municiones. El largo perímetro de las ciudades dificultaba su bloqueo efectivo, porque exigía la presencia de grandes contingentes de tropas durante un período prolongado, lo cual a menudo agotaba los recursos financieros del sitiador. Pero desde las últimas décadas del siglo XIV el cañón invirtió los términos, y más de una guerra de asedio terminó en derrota para las ciudades. Sus murallas estaban calculadas para resistir el impacto de arietes, no de balas de cañón. Se construían en alto

Desde el siglo XV la infantería de mercenarios suizos tuvo fama de invencible.
Urs Graf, *Soldados suizos,* 1515. Basilea, Öffentliche Kunstsammlung, Kupferstichkabinett

En el siglo XVI los soberanos avanzados introdujeron en sus ejércitos la falange móvil para contrarrestar la fuerza creciente de la infantería.
Pieter Bruegel el Viejo, *La batalla de Gelboé y el suicidio de Saúl,* detalle.
Viena, Kunsthistorisches Museum

Tobias Stimmer,
Retrato de Jacob Schwytzer,
alférez de Zurich, 1564.
Con la mano derecha ase
una daga suiza,
un arma de acero
que atravesaba la cota
de malla y cortaba
con toda facilidad las correas
de un yelmo.
Basilea,
Öffentliche Kunstsammlung

La artillería hacía pedazos las murallas de las ciudades medievales.
En el siglo XVI se extendió al resto de Europa el nuevo estilo
de fortificación inventado en Italia,
con murallas más resistentes y baluartes.

Este fresco de Giovanni Stradano muestra el bombardeo
de un *palazzo* mal defendido del norte de Italia,
y a lo lejos una ciudad protegida por baluartes.
Florencia, Palazzo Vecchio, Sala di Giovanni delle Bande Nere

En el curso del siglo XVI la guerra pasó a ser una actividad constante,
y por lo tanto se reclutaron ejércitos permanentes. Aquí vemos
a soldados de los Tercios españoles, profesionales y bien equipados.
Pintura mural del palacio de Oriz en Navarra, siglo XVI.
Pamplona, Junta de Navarra

Luis XIV, con 'Monsieur' su hermano,
visitando las trincheras del frente francés de Mons en 1691.
El arte de la guerra se representa
aquí como cosa estética.
París, Bibliothèque nationale de France, Estampes

El empleo de la pistola por la caballería data de 1550 aproximadamente.
Combate con armas nuevas y tradicionales en un detalle de *El asalto,* de Jan Martens, 1639. Amsterdam, Rijksmuseum

En los siglos XVI y XVII **Francia intentó repetidas veces capturar la ciudad costera de Gravelines,
en su frontera con los Países Bajos españoles. Su ingenioso sistema de defensas,
que aquí vemos en una pintura de Pieter Snayers, fue diseñado por Vauban,
que tomó parte en el asedio victorioso de 1658.**
Madrid, Museo del Prado

para dominar desde ellas una gran extensión, y para resistir los proyectiles de catapultas y torres de asalto. Hacia 1400 las balistas arrojaban piedras de hasta 600 kilogramos a distancias de 400 o 500 metros, de modo que se podían emplazar fuera del alcance de los arqueros defensores. Pero era difícil abrir brecha en las murallas por ese sistema; a lo sumo podía dañar las puertas y los caminos de ronda. Fue precisamente su altura lo que hizo a las murallas particularmente vulnerables frente a los disparos de cañón. Hasta el siglo XVI su enorme peso, su lentitud y su escasa puntería limitaron la eficacia de aquellos nuevos ingenios en el campo de batalla. Pero en las fortificaciones podían abrir grandes brechas, de suerte que a partir de 1400 los castillos y las ciudades ya no eran invencibles frente a un ejército provisto de artillería. Las balas de cañón de aquella época, que eran de piedra y pesaban hasta 700 kilogramos, se podían lanzar a una distancia de 600 metros; en alcance y peso, pues, no había mucha diferencia con las catapultas de gran tamaño, pero en fuerza y precisión de tiro sí. Sin embargo, la operación de disparar sólo se podía ejecutar una o dos veces al día. Fue una revolución militar, pero muy lenta.[5]

Durante el siglo XV, pues, la disparidad de los medios militares dio la ventaja a los sitiadores, siempre que pudieran permitirse el lujo de adquirir los entonces costosísimos cañones. Obviamente, las ciudades y los señores feudales quedaron en inferioridad con respecto a los príncipes; en general, carecían de los recursos financieros necesarios para dotarse de una buena artillería con el correspondiente personal especializado, y, lo que es más importante, no podían sacarle el mismo partido que sus adversarios. La artillería era una baza para los grandes jugadores, capaces de sufragar el altísimo coste de las nuevas armas y pagar a los técnicos expertos en su manejo. Los soberanos no tardaron en ver la ocasión de asestar un golpe definitivo a sus rivales más temibles, las concentraciones de poder locales y regionales. En Francia, los Países Bajos y el

El gran número de combatientes y el uso de armas de fuego exigía una férrea disciplina en la tropa.
Esta medalla de Thomas Bernard, de 1665, celebra la instrucción del ejército francés como base de sus victorias.
París, Bibliothèque nationale de France, Médailles

norte de Alemania las grandes ciudades perdieron su autonomía frente al rey o al príncipe territorial. El ejemplo más espectacular fue la conquista de Constantinopla por los turcos en 1453: aquellas murallas legendarias, que habían soportado los asedios de muchos siglos, quedaron reducidas a cascote por la artillería. En el norte y centro de Italia no había, aparte del papa, grandes monarcas territoriales capaces de explotar la innovación, y quienes se valieron de ella fueron las grandes ciudades para ampliar notablemente su zona de influencia. La más voraz fue Venecia, que, viendo perdido parte de su imperio colonial frente a los otomanos, aseguró su tranquilidad y su prosperidad sometiendo el valle del Po y conquistando un área de más de 30 000 kilómetros cuadrados, hasta una distancia de 30 kilómetros de Milán.

También en los campos de batalla se impuso en esta época la ofensiva, siempre y cuando pudiera adaptarse la organización militar a los nuevos retos. Para poder manejar enormes huestes a pie, los príncipes más progresistas organizaron su infantería en falanges móviles equipadas con picas largas, capaces de detener a la caballería enemiga y obligarla a retroceder, así como de encabezar el avance frente a la infantería contraria. El papel de la caballería se desplazó a los flancos, desde donde debía hostigar al enemigo. Los esbozos de este orden de batalla moderno se deben a Francia, donde en 1439 el rey reunió por primera vez fondos suficientes para formar un ejército permanente. En contraste con la práctica feudal de movilizar a los vasallos durante el buen tiempo para campañas cortas, de cuarenta días por ejemplo, la guerra pasó a ser una actividad ininterrumpida, que exigía la disponibilidad constante de tropas adiestradas. El rey de Francia puso entonces a su servicio permanente entre 20 000 y 25 000 oficiales y soldados contratados como *gens d'armes*, especializados en diversos tipos de armamento. Esta iniciativa coincidió con la ofensiva final de la Guerra de los Cien Años, y contribuyó a la expulsión definitiva de los ingleses. El principal antagonista de Francia, el duque Carlos de Borgoña, formó a su vez *compagnies d'ordonnance* en 1471. Ambos príncipes hubieron de implantar para ello un régimen fiscal permanente y más gravoso sobre sus súbditos. En Castilla, donde no había tradición de caballería pesada, existía el servicio militar obligatorio para los hombres de edad comprendida entre veinte y cuarenta y cinco años, de los cuales tenía que servir uno de cada doce. A finales del siglo XVI este sistema dio paso a un ejército profesional de voluntarios.

La composición de los ejércitos, permanentes o temporales, fue muy cosmopolita hasta finales del siglo XVIII. Aun en países como España y Francia, que normalmente podían reclutar un número suficiente de soldados en su propia población, los soberanos recurrían con frecuencia a mercenarios; eran combatientes adiestrados y disponibles al momento, y también era sencillo licenciarlos cuando ya no se requerían sus servicios. La proporción de tropas permanentes pagadas directamente por el erario público era, en conjunto, muy pequeña. La guerra se convirtió progresivamente en el negocio de una clase particular de empresarios que ofrecía sus servicios al mejor postor, sin distinción de religiones, nacionalidades o servicios prestados al otro bando. Los *condottieri* italiano prepararon el camino que en los siglos XVI y XVII pisarían con gloria aquellos pequeños príncipes territoriales que se ilustraron como grandes contratistas de la muerte y la destrucción por cuenta ajena, como el conde bohemio Albert von Wallenstein, el conde Ernst von Mansfeld, el conde Jean de Tilly y el príncipe Bernard de Sajonia-Weimar. Como general de los ejércitos imperiales durante la Guerra de los Treinta Años (1618-1648), Wallenstein se hizo inmensamente rico, porque gestionaba la producción de armamentos y suministros para el ejército como una gigantesca empresa privada. Las tropas se reclutaban en las zonas rurales más pobres de Europa, que no podían dar trabajo a toda su población: Alemania central, las Highlands escocesas, los Alpes. Desde sus triunfos militares frente a los Habsburgo en el siglo XIV y los borgoñones en el XV, los suizos se habían forjado una sólida reputación de temibles combatientes a pie. Su método consistía en formar en cuadro, armados con largas picas; a su paso podían desbaratar a la caballería mejor equipada. Su disponibilidad al servicio de todas las partes enfrentadas llevó paz y prosperidad a los cantones helvéticos, e hizo que ninguna potencia pensara nunca en invadir su territorio, porque ninguna podía prescindir de sus *suisses*. No menor importancia tuvieron los lansquenetes de diversas regiones de Alemania, que en un principio eran contratados por miembros modestos de la nobleza junto con sus seguidores. Gracias a ellos, las técnicas de combate evolucionaron a comienzos del siglo XVI, al diversificarse la composición de los ejércitos, integrados a partir de entonces por caballería, artillería, piqueros y mosqueteros.

Fue en Italia, principal escenario bélico de Europa en la primera mitad del siglo XVI, donde se ideó la respuesta defensiva al cañón. En 1534 Alejandro de Médicis, duque de Florencia, hizo construir la *Fortezza di Basso*, primera aplicación de un nuevo invento que vendría a ser conocido como fortificación a la italiana.

Se engrosaron las murallas rellenándolas de tierra, y se les añadieron baluartes triangulares que permitían disparar contra el atacante desde todos sus flancos; parapetos de tierra y anchos fosos mantenían a distancia a la artillería enemiga. Con el tiempo ese sistema se perfeccionó adelantando bastiones avanzados y rebellines pentagonales, coronas y hornabeques unidos a la fortaleza central por una red de pasajes subterráneos. De esa manera no sólo se mantenía alejada a la artillería atacante, sino que desde el interior de la plaza fuerte se podían emprender también acciones ofensivas.

Las armas de fuego no hicieron su verdadera irrupción en el campo de batalla hasta 1530 aproximadamente. En 1534 se reorganizaron los tercios españoles en unidades de 3000 hombres, mosqueteros y piqueros a partes iguales, frente a la proporción anterior de un mosquete por cada seis picas. El arma de fuego portátil exigía un entrenamiento riguroso. Debido al tiempo que se tardaba en cargar y apuntar, varias filas de hombres disparaban sucesivamente. Para ello había que hacer instrucción, de modo que la tropa aprendiera a hacer todos los movimientos por su orden y de manera coordinada: cargar, arrodillarse, apuntar, disparar y retroceder. Ni la caballería ni los piqueros podían resistir las sucesivas andanadas, y hacia 1600 el papel de los piqueros se redujo a defender a los mosqueteros contra las cargas de la caballería enemiga. Al final, la pica se transformaría en una bayoneta unida al fusil. Esos avances de la técnica de combate fueron perfeccionados a finales del siglo XVI por Mauricio de Nassau, que con ello aseguró la supervivencia militar de la República de las Provincias Unidas. Nassau inventó una formación de largas filas de mosqueteros, hasta diez en fondo, flanqueadas por piqueros y caballería. Su táctica requería tropas estrictamente disciplinadas, cosa a la vez necesaria y posible porque la República tenía mucho dinero pero relativamente pocos hombres. En esto como en el diseño de fortificaciones y trincheras, la guerra pasó a ser una actividad para profesionales, en algunos aspectos sumamente técnica y hasta científica. Y cuanto más exigente se hacía la competición, menos eran los que se animaban a competir.[6]

Esas ingeniosas técnicas incrementaron sustancialmente la complejidad de las guerras, así ofensivas como defensivas, a la vez que las hacían más largas y más costosas que nunca. Los ejércitos crecían sin cesar: en 1552 el emperador Carlos V tenía unos 150 000 soldados a su servicio, pero en la década de 1620 el rey de España tenía ya el doble. Durante el siglo XVI el tamaño de los ejércitos creció dos veces más deprisa que la población. Hacia 1475 Francia, Inglaterra y Castilla-Aragón sumadas tenían unos 85 000 hombres en armas, pero para 1760 esa cifra se había multiplicado por seis y medio, a 550 000, mientras que la población de los tres países apenas había crecido en la mitad. Así pues, el número de soldados por habitante se había cuadruplicado, de tres a doce por mil. Para el total de Europa las proporciones no eran muy distintas: entre 1500 y 1800 la población se duplicó, pero el número de soldados se multiplicó por diez. Un cómputo de la intensidad de la guerra muestra valores de 311 para el siglo XV, 732 para el XVI y 5193 para el XVII.[7]

Desde el siglo XVI hasta finales del XVIII, guerrear consistió básicamente en sitiar ciudades. Las fortificaciones exigían grandes desembolsos de capital, y para defenderlas hacían falta guarniciones numerosas. Por otra parte, los ejércitos sitiadores necesitaban decenas de miles de hombres. La conquista española de Flandes y Brabante entre 1582 y 1585 sólo fue posible porque el general Alejandro Farnesio disponía de 86 000 soldados expertos y bastante bien pagados; pudo así conseguir la rendición de una ciudad tras otra, al cabo de asedios que a veces duraban meses. La mayor ciudad del noroeste de Europa era Amberes, defendida por 7,5 kilómetros de las fortificaciones más modernas. Se rindió en 1585, tras quince meses de asedio con el Escalda cerrado, y sin que contra sus muros se lanzase un solo disparo. El sitio español de Breda en 1624-1625 obligó a dotar a la ciudad de dos anillos de fortificaciones compuestas por noventa y seis reductos, treinta y siete fortines y cuarenta y cinco baterías. Todo el perímetro se proyectaba en trincheras, y a los intentos de los holandeses de inundar los campos respondían los españoles abriendo canales de derivación. La ciudad acabó capitulando porque en nueve meses de asedio se agotaron los víveres. El asedio holandés de 's-Hertogenbosch en 1629 requirió 25 000 hombres para completar un cerco de cuarenta kilómetros.

En tiempos de Luis XIV las fronteras francesas se rodearon de un cinturón de fortificaciones con imponentes construcciones salientes diseñadas por Vauban, el ingeniero militar del rey. Todas las tropas se concentraron así cerca de las fronteras, prestas a aplicar la política expansionista del rey en un sentido tanto defensivo como ofensivo. El Tratado de Utrecht, en 1713, autorizó a la República de las Provincias Unidas a mantener guarniciones en la zona intermedia de los Países Bajos austríacos como barrera frente a Francia. De ese modo los territorios quedaban claramente delimitados, al menos en los estados que disponían de medios para construir obras fortificadas.

Para mantener bajo control semejantes multitudes de hombres armados fue imprescindible modernizar drásticamente la organización del ejército, instaurando una burocracia centralizada para la gestión de los recursos, un escalafón estricto basado en el mérito y una sólida disciplina en la tropa. De lo último ya hemos hablado a propósito de la difusión de las armas de fuego portátiles; era imperioso inculcar una obediencia férrea a cada una de las unidades, de modo que se pudiera maniobrar con eficiencia en los inmensos campos de batalla, y eso a su vez implicaba para los oficiales una responsabilidad mayor que en el pasado. Si antes bastaba con ser de familia noble para estar al mando de una compañía, ahora había que demostrar verdaderas dotes de mando y sólidos conocimientos de táctica y estrategia. En la artillería y la marina, el saber técnico y científico cobró cada vez más importancia; de ahí que la mayoría de los jóvenes burgueses aspirasen a la oficialidad de esas armas. Por la misma razón, la carrera militar se jerarquizó con mayor rigor: se iniciaba en el escalón más bajo, y sólo satisfaciendo unos criterios de selección precisos se ascendía a los grados superiores. La topografía vino a ser un auxilio importante para las operaciones de gran envergadura. La formación de los oficiales se estandarizó, de manera que en todo el ejército se pudieran aplicar los mismos métodos y procedimientos. El ejército otomano, que no pasó por esta modernización tras los éxitos que había alcanzado en los siglos XV y XVI gracias al uso de la pólvora, perdió por ello su ventaja competitiva frente a sus adversarios austríacos y rusos. También el ejército polaco, en cuya caballería seguía atrincherada la aristocracia autónoma, fue aniquilado en el curso del siglo XVIII por los ejércitos de todos sus Estados vecinos, que eran a la vez más modernos y superiores en número.

Entretanto había quedado claro que sólo las grandes concentraciones de recursos militares podían aspirar a cambiar las relaciones de fuerza. Había básicamente dos posibilidades: una era que el estado estuviera provisto de una abundante población que pudiera ser movilizada para el servicio de las armas mediante una burocracia eficaz y fuertes medios de coacción. Tal era el caso de Rusia: Pedro el Grande (1689-1725), entre el servicio obligatorio para los campesinos y su aristocracia feudal, podía poner 370 000 hombres en pie de guerra; Catalina (1762-1796), hasta un millón. En el otro extremo, los estados menos poblados sólo podían mantenerse en la lid si tenían dinero para contratar a mercenarios extranjeros. Así, por ejemplo, el estado inglés utilizó sistemáticamente tropas de Hesse, lo cual significaba una fuente de ingresos indispensable para ese pequeño landgraviato alemán, y para los ingleses una existencia pacífica. La era de las ciudades independientes y los pequeños señoríos quedaba definitivamente atrás. Tras sucesivas revueltas, ciudades poderosas acabaron sometidas a un soberano gracias a la construcción de una fortaleza. Tras convertirse en el

Desde el siglo XVII la profesionalidad se hizo notar también en el alto mando.
Ya no bastaba haber nacido noble para llegar a general;
era imprescindible tener dotes de mando y sólidos conocimientos de estrategia.
Jan Bronchorst, *Retrato del general Ottavio Piccolomini* (1599–1656).
Bayona, Musée Bonnat

La Guerra de los Treinta Años (1618–1648) fue particularmente mortífera:
dos millones de soldados murieron en acción, y el Imperio germánico perdió cinco millones de personas, la tercera parte de su población.
Escuela italiana (?), *Soldado muerto*, siglo XVII. Londres, National Gallery

papa Paulo III (1534–1549), Alejandro Farnesio construyó su *Rocca* de Perugia sobre las ruinas de la ciudad saqueada. Carlos V hizo lo propio en Utrecht y Gante, y se estacionaron fuertes guarniciones, dispuestas a intervenir en cualquier momento contra todo enemigo del monarca, ya viniera de dentro o de fuera.

El precio de la guerra

Ya hemos subrayado la fuerte correlación existente entre la guerra, la deuda pública y los impuestos. La dependencia era recíproca: la guerra de Sucesión española (1701–1713), por ejemplo, tuvo que acabar cuando a todas las partes contendientes se les agotó el crédito. La carga de la deuda se había elevado al total de sus ingresos normales de cinco a siete años.[8] Pero había además otros costes no financieros: perjuicios económicos en forma de obstáculos al comercio, destrucción de bienes, interrupción de la actividad económica y retiradas de capital y mano de obra de la inversión productiva. Y, por supuesto, el coste en vidas humanas. Los sacrificios más onerosos hasta el

siglo XX fueron los de la Guerra de los Treinta Años, que costó más de dos millones de vidas en el campo de batalla. El Imperio germánico perdió en total cinco millones de personas, un tercio de su población. En Württemberg, el ducado más perjudicado, sólo quedaba en 1634 una población de 100 000 almas, de las 450 000 que había en 1618; esta cifra no se volvería a alcanzar hasta 1750. Más de la mitad de la población pereció en las regiones atravesadas por el ejército sueco: Pomerania, Mecklemburgo, Brandeburgo, Turingia, Sajonia occidental, el Palatinado y Würzburg. El sur de Alemania, de Alsacia a Baviera, perdió entre un tercio y la mitad de sus habitantes.[9] Sólo en las batallas campales de las grandes guerras que costaron más de 100 000 vidas, murieron 3 694 000 personas en el siglo XVII y 3 457 000 en el XVIII. Aun así, el siglo XVIII padeció *sólo* setenta y ocho años de guerra, frente a noventa y cinco y noventa y cuatro en los dos siglos anteriores. Las guerras europeas quizá se habían hecho más cortas y un poco menos mortíferas, pero implicaban a más Estados.[10] La guerra era la situación normal de los Estados europeos; la paz era la excepción, atribuible al agotamiento de los combatientes.

Frutti di guerra, 'los frutos de la guerra', una mordaz estampa satírica del italiano Giuseppe Mitelli en 1692.

Bolonia, Cassa di Risparmio, Collezioni d'arte e di storia

La guerra trastornaba la vida económica y se cobraba un alto precio sobre la población.

Grabado de Herman Muller según Willem Tybaut, *El civil y el soldado,* hacia 1580.

Amsterdam, Rijksmuseum, Rijksprentenkabinet

Desde el siglo XIV la guerra había venido a ser competencia exclusiva de los Estados, e incluso su función primordial; a ella dedicaban, con mucho, la mayor parte de sus recursos; para ella crecía el aparato estatal, cada día con más funcionarios; por ella se fijaban las fronteras territoriales. Era una rivalidad cada día más encarnizada, de la que ningún estado podía retraerse so pena de ser devorado por sus vecinos más agresivos. Después de Hungría, le tocó a Polonia sufrir esa triste experiencia. En los siglos XV y XVI había sido una gran monarquía, relativamente próspera y poderosa, capaz de anexionar Prusia y Lituania. Pero el régimen aristocrático, en el que la nobleza no sólo elegía al rey sino que podía bloquear cualquier decisión por su derecho de veto en el parlamento, la debilitó. Al contrario que en Europa occidental, ni se centralizó el Estado ni se desarrolló un ejército moderno. Como consecuencia de ello, en el curso del siglo XVII, Polonia se convirtió en el blanco de la expansión sueca, hasta que en 1697 buscó su salvación eligiendo como rey al elector de Sajonia, Augusto II el Fuerte. Pero en 1701 los suecos le destronaron. Sucesivas particiones entre las grandes potencias vecinas, Brandeburgo-Prusia, Austria y Rusia, en 1772, 1793 y 1795, acabaron borrando a Polonia del mapa. Desde una óptica puramente económica, ese desenlace quizá no fuera tan desastroso para el pueblo polaco como lo suele presentar la historiografía nacional. La nobleza terrateniente prefirió conservar las rentas de sus tierras antes que cederlas a un Estado más fuerte. Para los campesinos polacos eso significó un destino algo más clemente que el de sus homólogos de Rusia, Prusia, Dinamarca o Suecia, que también sufrieron el azote de invasiones extranjeras.

Los presupuestos estatales se inflaban por la presión creciente del gasto militar, en gran medida financiado con empréstitos cuyo efecto inevitable, tarde o temprano, era la subida de los impuestos. A mediados del siglo XIV y comienzos del XV, la ciudad de Florencia libró una serie de guerras contra el papa, Milán y Pisa. Al inicio de ese período los gastos normales de la república ascendían a 40 000 florines, pero las guerras le costaron 2,5; 7,5 y 4,5 millones, respectivamente.[11] En la etapa culminante de sus hazañas bélicas, entre 1560 y 1620, la corona de España vio crecer sus gastos militares directos de dos a ocho millones de ducados, respectivamente un 40 y un 60 por ciento de su presupuesto total, del cual los intereses de la deuda se llevaban, por su parte, del 32 al 51 por ciento.[12] Entre 1689 y 1714, las grandes potencias dedicaron año tras año un 75 por ciento de su gasto a operaciones militares. Es interesante observar que en ese período Francia pudo darse el lujo de desafiar al mismo tiempo a Inglaterra, las Provincias Unidas y los grandes príncipes alemanes porque sus ingresos, en 300 millones de libras, equivalían a los de todos sus contrincantes sumados.[13]

Ninguna monarquía de la época da muestras de sentido de la responsabilidad. En la Inglaterra de los últimos Estuardo (1660–1688), los gastos militares oscilaron normalmente entre un 40 y un 70 por ciento del gasto total del Estado, llegando al 77 por ciento en 1665 y 1666. Las grandes guerras navales con las Provincias Unidas, un adversario temible, se saldaron con colosales pérdidas, a pesar de las ganancias visionarias que se esperaban de la captura de navíos holandeses. La segunda guerra anglo-holandesa (1664–1666) costó 5,25 millones de libras esterlinas, mientras que el botín del corso sólo fue de 281 000 libras. Además, el conflicto marítimo redujo los ingresos normales de la corona en un 19 por ciento (159 000 libras esterlinas). La tercera guerra anglo-holandesa, entre 1672 y 1674, costó 2,43 millones de libras, pero proporcionó 450 000 en subsidios de Francia, 110 000 en producto del corso y 47 000 en compensaciones de los holandeses, lo que da una pérdida neta de más de 1,8 millones. El Parlamento había concedido un subsidio de 1,18 millones. En 1678 el mismo Parlamento aprobó una petición suplementaria de 1,385 millones para una guerra contra Francia, con la condición de que se desmovilizaran las tropas ya reclutadas; en total se invirtieron 2,165 millones de libras en una guerra que afortunadamente no tuvo lugar. Sin la resistencia parlamentaria, el coste habría sido sin duda aún mayor.[14]

Los últimos en sumarse a la competición gozaban de la dudosa ventaja de poder organizar más sistemáticamente el poder del Estado, si las circunstancias eran propicias. Así, desde finales del siglo XVI la expansión sueca pudo beneficiarse de las innovaciones recientes en materia de armamentos y estrategia. En 1544, tras una revuelta de los campesinos católicos contra el rey protestante que había expropiado los bienes de la Iglesia, Suecia se dotó de un ejército permanente que, al contrario que en el resto de Europa, estaba formado en su totalidad por hombres del país, reclutados por conscripción forzosa. Utilizando los datos del censo de población–otra novedad, ésta en el ámbito administrativo–, se podía llamar a filas a un campesino de cada cinco o seis. Con el tiempo se perfeccionó este sistema, y fueron grupos de granjas los que se responsabilizaron colectivamente de suministrar reclutas. Cada uno de esos grupos *(rotar)* debía proveer al soldado de una parcela cultivable, un prado y una casa, y atender al sustento de su familia durante su ausencia. El propio soldado cobraba una paga tan baja que seguía dependiendo de los ingresos de su granja. De ese modo la economía rural fue puesta al servicio de los objetivos militares del Estado, que por su parte

Los soldados solían cobrar con mucho retraso,
y era frecuente que desahogaran sus iras sobre la población local, robando todo lo que podían.
Karel Breydel (1678–1733), *Asalto a una alquería*.
Amberes, Museum Mayer Van den Bergh

construyó carreteras para comunicar las aldeas y los distritos militares con los puertos de embarque.[15] El sistema de conscripción (la *indelta*, que perduró hasta 1901) repercutió incluso sobre el comportamiento reproductor de las comunidades campesinas: si un soldado caía estando en servicio, interesaba a la comunidad tener quien le sustituyera, pues la obligación de reclutar no se extinguía.

Gracias a su posición relativamente aislada, Suecia no tuvo que invertir sumas ingentes para rodearse de fortificaciones como Francia, que por todos lados tenía enemigos al acecho. Las minas del país producían todo lo necesario para su industria de armamentos, y no faltaba madera para la construcción naval. La monarquía sueca se estableció en el Báltico con el apoyo de unas Provincias Unidas muy dinámicas, que veían así afian-

zados sus intereses frente a Dinamarca y el Hansa. Las debilitadas ciudades hanseáticas trataron de enemistar entre sí a los soberanos de la región, mientras Moscovia hacía notar cada vez más claramente su presencia.

La gran época de expansión de Suecia comenzó en 1617 con la conquista de Carelia e Ingria, territorios lindantes con Finlandia, que ya pertenecía a los suecos. En las décadas siguientes se anexionaron otras zonas próximas, entre ellas la Livonia en 1629. La participación de Suecia en la Guerra de los Treinta Años se tradujo en una campaña tan espectacular como destructiva de un lado a otro del Imperio germánico, a cambio de una ganancia territorial limitada a la Pomerania occidental y el ducado de Bremen. En los ciento sesenta años siguientes a 1560, Suecia sólo vivió cuarenta de paz, con un promedio de 1,6 conflictos por

año en los demás. Mientras esas contiendas se acom-
pañaran de adquisiciones de territorio y botín, como
más o menos ocurrió hasta el Tratado de Westfalia
en 1648, el país pudo hacer frente al enorme coste de
sus operaciones militares. A partir de esa fecha la
monarquía, atenazada por la competencia internacional, tuvo que recurrir a una explotación creciente de
sus propios súbditos para mantenerse entre las grandes potencias. El hecho de que las guerras se libraran
casi siempre en territorio ajeno sólo aligeraba un poco
su coste; la composición del ejército, integrado exclusivamente por suecos y fineses, suponía una sangría muy
fuerte de la mano de obra y la economía. En 1709 alcanzó sus mayores efectivos: 110 000 hombres, o sea, el 7,1
por ciento de una población de 1,4 millones de habitantes, con mucho la proporción más alta de Europa en ese
momento. El ejército de Luis XIV, con 300 000 hombres, representaba sólo el 1,5 por ciento de una población de 20 millones de habitantes; el de las Provincias
Unidas, con 100 000 hombres, un 5,3; el de Rusia, con
170 000, un 1,3, y el de Inglaterra, con 75 000, apenas
un 0,7.[16] Medio millón de soldados suecos y fineses perdieron la vida entre 1620 y 1719, o sea, un 30 por ciento
del total de varones adultos. De ellos sólo un 10 por
ciento murieron en acción o por heridas de guerra, y
otro 10 por ciento en cautiverio. El 80 por ciento restante sucumbió a las penalidades de la vida militar, y principalmente a las enfermedades infecciosas, la sífilis en
primer lugar. En el siglo XVII una carrera militar activa
no solía durar por término medio más allá de tres o cuatro años, lo que suponía que el Estado tenía que reclutar anualmente entre un cuarto y un tercio de sangre
nueva. De ahí que en Suecia un muchacho de quince
años sólo tuviera una esperanza de vida media de cuarenta y siete, mientras que una muchacha podía contar con llegar a los cincuenta y nueve.[17]

Otros dos entrantes tardíos pero belicosos en el
sistema de Estados europeos fueron Brandeburgo-
Prusia y Rusia. El electorado de Brandeburgo salió
reforzado de la Guerra de los Treinta Años. En compensación por los daños sufridos obtuvo la notable
ampliación de su territorio a la Pomerania oriental,
sobre el Báltico, incluida la ciudad de Stettin, mientras por el suroeste anexionaba Magdeburgo y Hal-
berstadt. El gran elector modernizó su estado con la
instauración de un ejército permanente y una burocracia centralizada, que le permitieron actuar de forma
cada vez más agresiva, en primer lugar contra Suecia, a
la que ya en 1675 había expulsado de Pomerania occidental. En 1701 se tituló rey de Prusia, y con ello, marcó
una dirección decididamente nueva hacia el futuro, en
el contexto de un Imperio gravemente debilitado en
todos los aspectos.

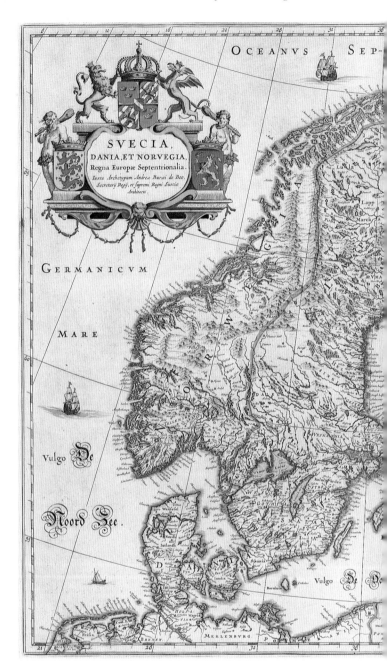

Mapa de Suecia, Dinamarca y Noruega impreso
por Willem y Johan Blaeu hacia 1635;
había sido dibujado pocos años antes
por Anders Bure de Boo (Buraeus),

Al igual que Suecia y más tarde Rusia, Brandeburgo-Prusia implantó paulatinamente la conscripción
general desde 1693. Al principio se fijaba un número
de reclutas por cada provincia; más tarde se declaró
aptos para el servicio a todos los hombres solteros, a
menos que fueran indispensables por su situación de
grandes terratenientes o siervos. El sistema se basaba

por encargo del rey Gustavo Adolfo II (1611–1622).
Mapas como éste hicieron posible establecer
un mejor control administrativo
y político sobre la población.

en el *Kanton*, que era la circunscripción que debía proveer un regimiento; para la infantería eso significaba 5ooo 'hogares' o familias, para la caballería 18oo. Todo niño era inscrito a los diez años como *Obligat*, y al llegar a la edad adulta tenía que someterse a un período de instrucción que duraba entre año y medio y dos años. Durante el resto de su vida serviría en el ejército de dos a tres meses cada año como *Kantonist*. También aquí el aparato militar descansaba casi íntegramente sobre la economía agrícola, pues tanto la oficialidad como la tropa necesitaban los ingresos de la tierra para completar una paga irrisoria. Pero, a diferencia de Suecia, donde existía un sólido estamento de campesinos libres, los territorios al este del Elba habían sido sistemáticamente colonizados, en parte por los caballeros teutónicos, en grandes haciendas basadas en una mano de obra servil. El comercio internacional potenció todavía más la servidumbre en esas regiones desde el siglo xv, cuando la creciente demanda de centeno en Europa occidental estimuló el monocultivo de ese cereal para la exportación.

El militarismo prusiano se incorporó a esa estructura tardofeudal en el curso del siglo xviii. Gobernando con mano dura, el 'rey sargento' Federico Guillermo (1713–1740) logró convertir a su país relativamente atrasado y empobrecido en una auténtica potencia. Al acabar el siglo Prusia era el décimo estado de Europa por superficie y el décimotercero por población, pero el tercero o cuarto por el tamaño de su ejército. La infraestructura feudal posibilitó un progreso que en Italia, por ejemplo, habría sido inimaginable, pero la acción enérgica de sus sucesivos soberanos provocó una transformación radical de toda la sociedad prusiana. Un ejemplo notable fue la imposición del servicio militar a escala nacional, incluso para la nobleza. Hacia 1700 los grandes terratenientes prusianos, los *Junkers*, servían, al igual que los demás nobles de Europa, en el ejército que mejor les pagase, cualquiera que fuese. Prusia fue el primer Estado que prohibió el servicio en el extranjero, declarándolo traición. La nobleza estaba incluso obligada a permanecer en el país, so pena de ver confiscadas sus propiedades.

El *Junker* tuvo que ir al ejército lo mismo que el *Kantonist*. En 1722 se fundó en Berlín una escuela de cadetes donde los jóvenes nobles se formarían como oficiales. Pero un oficial cobraba poco más que un soldado raso, de ahí que el estado reforzase su posición de terratenientes: para enajenar sus haciendas el *Rittergut* tenían que obtener permiso del rey, y no podían venderlas a plebeyos. Los nobles no debían comerciar ni arrendar tierras de realengo, de modo que dependían de la renta de sus posesiones y de sus cargos. Pero la suma del poder económico, judicial y político que les correspondía en tanto que señores feudales y terratenientes y el poder que como oficiales adquirían sobre sus campesinos les compensaba de la pérdida de libertad frente al rey. Eran los oficiales quienes seleccionaban a los reclutas, y un soldado no se podía casar o recibir licencia sin su consentimiento, que poco a poco llegaron a cobrar. Los capitanes recibían una

Miembros de la casa de Brandeburgo hacia 1610,
como parte del árbol genealógico del rey Cristián IV de Dinamarca.
Detalle: Isabel, hija del rey Johan de Dinamarca, y su esposo Joaquín I Néstor, elector de Brandeburgo.
Copenhague, Slot Rosenborg, Colección real danesa

asignación cuidadosamente calculada para el sostenimiento de sus compañías, de suerte que empezaron a actuar como pequeños empresarios, recortando los gastos y obteniendo ingresos adicionales de, por ejemplo, la compra de vituallas. En las ciudades de guarnición el ejército era a la vez el mercado y la industria principales, y su comandante tenía a todo el mundo a sus órdenes. El rey había domesticado a la nobleza, pero le dejó libertad para oprimir a los campesinos. La baja paga militar, sin embargo, ponía un límite a la explotación de un pueblo que seguía siendo relativamente pobre: a un *Kantonist* había que dejarle siempre lo suficiente de sus rentas propias para subsistir.

Prusia ofrece un ejemplo extremo de militarización de la sociedad. Las estructuras de la milicia y su ieología impregnaban toda la vida civil. Dentro de la nobleza, entre un 60 y un 68 por ciento de los hombres servían como oficiales. Los oficiales retirados cubrían puestos administrativos. En 1760 el ejército prusiano contaba 260 000 hombres: un soldado por cada catorce habitantes, proporción sólo igualada por Suecia en 1709. A pesar de la ausencia casi total de

libertad, y de las cargas financieras y materiales que el sistema hacía pesar sobre todas las clases y estamentos, era un régimen aceptado porque cosechaba victorias y conquistas. Poco a poco, además, la explotación se hizo algo más tolerable gracias al aumento general de la productividad agrícola.

En Rusia, Pedro el Grande instituyó un sistema de conscripción semejante que suministraba un regimiento por distrito, a razón de un recluta por cada 250 habitantes en 1726, y por cada 121 en 1742. Pero se aplicó con menos rigor que en Prusia, sin duda porque era imposible centralizar al estilo prusiano la administración de un país tan grande. La expansión de estas dos potencias basadas en el autoritarismo iba a marcar el paisaje europeo hasta finales del siglo XX. Primero hicieron retroceder a Suecia; después, con el concurso de Austria, borraron a Polonia del mapa. Austria y Rusia emprendieron codo con codo la destrucción del poder otomano en los Balcanes. Como Estados típicamente monárquicos, su objetivo era la conquista de territorio, y su medio la opresión de sus súbditos.

La competencia agudizada entre los Estados, que

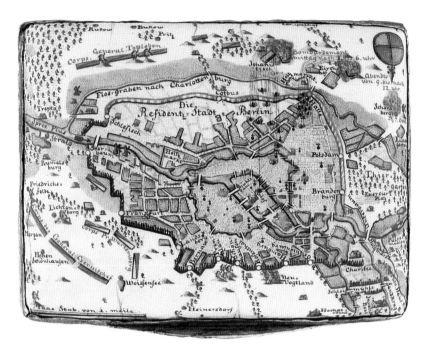

Caja de rapé de porcelana con el plano de Berlín y las posiciones de las tropas prusianas y rusas en la tapa, hacia 1760.
Doorn, Museumstichting Huis Doorn

El nuevo pabellón de ejercicios de las unidades de élite prusianas en el siglo XVIII. Grabado en colores de Peter Haas.
Berlín, Staatliche Museen Preussischer Kulturbesitz, Kunstbibliothek

El 1 de septiembre de 1697 el almirantazgo de Amsterdam organizó unas espectaculares maniobras navales en el río IJ para el zar Pedro el Grande,
que mandó construir una moderna flota en San Petersburgo con ayuda holandesa. Grabado de Carel Allard.
Amsterdam, Rijksmuseum, Prentenkabinet

había comenzado en el oeste para extenderse después a toda Europa, ejerció una presión más fuerte sobre las sociedades menos evolucionadas y diferenciadas económica y socialmente. Las viejas monarquías de Polonia, Hungría y Bohemia se desmoronaron, mientras otras que antes eran periféricas se expandían con pujanza. El refuerzo de la explotación interna llevó a aún más pueblos a la servidumbre. En las economías agrarias al este del Elba no había más recursos para la concentración del poder que la propia población y sus exiguas cosechas. De ahí que estos regímenes autoritarios paralizaran las relaciones de producción en sus formas tradicionales de servidumbre feudal, ahondando así la brecha que ya desde la Antigüedad se abría entre el este y el oeste.

El control de los mares

Los príncipes medievales rara vez se preocuparon por el dominio de los mares. Los reinos escandinavos se cimentaron sobre el servicio militar naval, y los condes de Holanda también podían apelar a sus súbditos en solicitud de naves y remeros. Hasta el siglo XVI fueron sobre todo las comunidades de comerciantes y pescadores quienes se interesaron en garantizar la seguridad de determinadas rutas de navegación, caladeros, canales y puertos. Los acuerdos privados o reglamentos de una o más comunidades contemplaban normalmente la navegación en convoy y el armamento de algunas naves de escolta.

En el Mediterráneo la mayoría de los conflictos marítimos surgieron entre las grandes ciudades rivales de Italia. En 1284 Pisa perdió su flota frente a Génova y ya nunca se recuperó de ese golpe. La competencia entre Génova y Venecia se dirimió sañudamente en cuatro guerras navales entre 1257 y 1400. En 1298 hubo en liza casi 200 galeras, pero ninguna de esas dos grandes potencias imperiales consiguió desalojar a la otra de un solo sector del comercio marítimo; en cambio se

Los pesados galeones del siglo XVI ya no podían fondear en el arsenal de Génova, donde tradicionalmente se amarraban las galeras.
Por ello hubo que acometer obras de importancia en la infraestructura del puerto.
Cristoforo Grassi, *Dragado del puerto de Génova en 1597*. Génova, Museo Navale di Pegli

agotaron mutuamente en una lucha que pronto adquirió proporciones desmesuradas. En 1475 el avance otomano por tierra costó a los genoveses prácticamente todas sus plazas fuertes en el Mediterráneo oriental y el Mar Negro. En 1470 los venecianos perdieron la isla de Eubea y con ella la fortaleza de Negroponte, desde donde controlaban el Egeo. También por mar les derrotaron los otomanos en 1499, que en pocos años les despojaron de todas sus fortalezas en las costas albanesa y griega. Ya las flotas veneciana y genovesa no podrían volver a actuar aisladas a gran escala. En 1571, en la famosa batalla naval de Lepanto de la que los otomanos salieron vencidos, Venecia y Génova aún aportaron escuadras importantes, pero la mayor parte de la flota y su comandante, don Juan de Austria, eran españoles. Esa victoria significó la hegemonía de los Habsburgo sobre el Mediterráneo, al menos por algún tiempo.

En el Báltico los estrechos entre Dinamarca y Suecia eran pasos estratégicos que los reyes daneses trataron siempre de controlar en beneficio propio, y lógicamente en detrimento de los comerciantes del Mar del Norte y del Hansa. Cuando en 1360 el rey Valdemar IV, tras conquistar Escania y Gotland, elevó sus tasas

sobre el tránsito de mercantes y negó el paso a los navegantes holandeses, todas las ciudades hanseáticas desde Narva hasta el Zuiderzee formaron con las ciudades holandesas una liga que en 1370 le obligó a restablecer la libertad de circulación y ocupó como garantía las fortalezas de Helsingborg, Skanor, Falsterbo y Malmö. Pero movilizar una gran flota era una empresa descomunal que requería acuerdos y tributos especiales; por ello, apenas restaurada la paz, la alianza se debilitó. Pero en torno a 1400, bandas de *likedelers* ('los que se reparten el botín a partes iguales') procedentes de Frisia, sumida entonces en la anarquía, hostigaron el comercio de los Países Bajos y el Hansa. No bastó la acción naval contra estos piratas, y el conde de Holanda emprendió también campañas por tierra. Entre 1438 y 1441, una guerra naval entre ligas de ciudades conquistó para los holandeses derechos de paso y portuarios en el Báltico oriental; las ciudades vendas, bajo el liderazgo de Lübeck, intentaron en vano poner toda clase de obstáculos en el camino de esos competidores.

Las asociaciones de navegantes empleaban la fuerza, tanto ofensiva como defensiva, para alejar a sus competidores de ciertas rutas y puertos o protegerse a

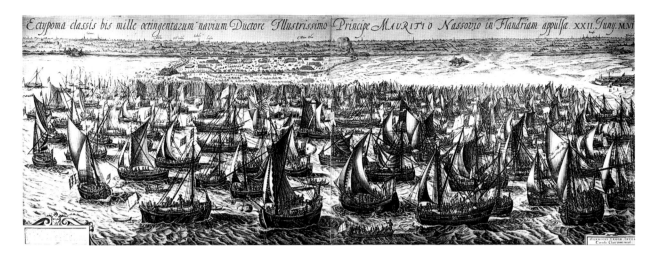

Ectypoma classis bis mille octingentarum navium Ductore Illustrissimo Principe MAVRITIO Nassovio in Flandriam appulsa. XXII Juny MVI

El elevado coste de mantenimiento de una marina de guerra disuadía a los monarcas,
y durante mucho tiempo se la sustituyó por una flota mercante armada. En 1600, por ejemplo,
Mauricio de Nassau situó 2800 barcos civiles en el Escalda occidental para levantar el sitio español de Nieuwpoort.
Grabado contemporáneo de Henricus Vroom. Rotterdam, Atlas van Stolk

sí mismas de sus acciones, y para precaverse de los tributos e incluso de los actos de piratería de príncipes y otros señores guerreros. Lo cierto es que hasta el siglo XVI hubo en los mares de Europa una gran variedad de actores que organizaban su protección o sus ataques privadamente o en comunidad. En ese contexto, rara vez desplegaron los príncipes una política activa. Ni siquiera los reyes de Inglaterra, que durante la Guerra de los Cien Años tuvieron que disponer una gran flota, la emplearon en batallas navales. En 1340 los ingleses rompieron el bloqueo francés del puerto de Sluis combatiendo cuerpo a cuerpo e incendiando las naves. En 1372 naves castellanas atacaron un convoy inglés con escolta delante de La Rochela. En 1386 los franceses ya no se atrevieron a salir de Sluis con la flota que habían reunido allí; para juntar unas docenas de naves habían tenido que construir, requisar y alquilar de Castilla a Zelanda.

Así seguirían las cosas hasta el siglo XVI, y todavía en el XIX era frecuente componer parte de una flota con barcos mercantes alquilados para cubrir las necesidades. Sólo la industrialización de la guerra, y en particular la aparición de barcos de vapor muy tecnificados, acabaría poniendo fin a la dependencia mutua de las marinas militar y mercante. Vale decir lo mismo de las tripulaciones, que mientras duró la era de la vela pasaban fácilmente al sector civil en tiempo de paz.

Con su victoria sobre la armada otomana en la batalla naval de Lepanto el 7 de octubre de 1571, la monarquía Habsburgo conquistó la hegemonía en el Mediterráneo por algún tiempo. Giorgio Vasari pintó el acontecimiento en la Sala Regia del Vaticano de Roma. Roma, Museo Vaticano

Y no sólo tardaron los Estados mucho más en poner sus miras en los mares que en la tierra, sino que casi todos fueron remisos a constituir una marina de guerra permanente, por los enormes gastos que acarreaba su mantenimiento. Unos pocos lo hicieron en el siglo XVII, pero sin dejar de recurrir a soluciones temporales como la contratación de barcos con sus tripulaciones y tropas mercenarias, y su avituallamiento forzoso o voluntario a cargo de ciudades y villas.

La tardanza de las monarquías en desarrollar un poder naval se explica por su origen, como ya se ha dicho, en el dominio de tierras interiores, mientras el mar quedaba a la iniciativa de las ciudades. Cuando, a partir del siglo XV, los Estados fortalecieron su control sobre las regiones costeras, lo más sencillo para ellos fue adoptar los usos ya existentes para la defensa de la navegación. Pero también eso cambió tras la invención de la artillería. Si hasta entonces bastaba llenar de soldados unos cuantos barcos mercantes para tener una armada, la aparición de la pólvora impuso nuevas exigencias. Debido al gran peso de los cañones y su retroceso había que estudiar minuciosamente la distribución de la carga en todo el navío, además de reforzar el casco para que resistiera el fuego enemigo. La consecuencia lógica de todo ello fue la creación de marinas de guerra permanentes, cosa que por su elevado coste sólo emprendieron, y no sin vacilación, un escaso

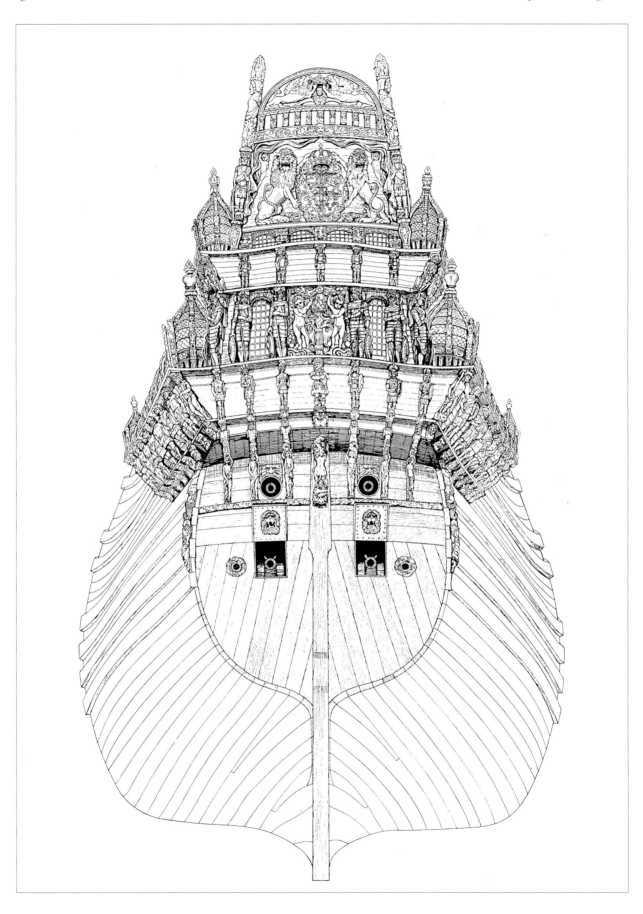

Vista del Sund, paso del Mar del Norte al Báltico,
con la ciudad danesa de Elsinor y la fortaleza de Frederiksborg, también llamada Kronborg.
Grabado de Frans Hogenberg, 1657.

número de potencias marítimas. Aparte de la construcción, mantenimiento y reemplazo de los buques, también había que invertir cuantiosas sumas en bases navales y arsenales.

Durante la segunda mitad del siglo XVII las armadas europeas registraron un crecimiento explosivo, pasando de un total de menos de 200 000 toneladas en 1650 a 450 000 en 1680 y 769 000 en 1705. De ahí se descendió a 614 000 toneladas en 1720. Los barcos pasaron a ser mucho mayores, de un promedio de 630 toneladas en 1650 a 900 en 1680. La causa fundamental de ese proceso fue la carrera de armamentos entre Inglaterra y las Provincias Unidas de 1650 a 1674, y entre ambos países y Francia en la década de 1690. En efecto, los jefes de la *Commonwealth* bajo Cromwell, impulsados por su afán

militarista, juzgaron que el monopolio del poder marítimo era condición indispensable para imponer el mercantilismo de su Acta de Navegación de 1651. Dado que su objetivo primordial era disputar la supremacía marítima de los holandeses, la reacción de éstos no se hizo esperar. A menor escala hubo una carrera semejante en el Báltico entre Suecia y Dinamarca, desatada en 1660 por la amenaza de Suecia contra la soberanía nacional de los daneses. En el Levante y el Mar Negro, Venecia y el imperio otomano mantuvieron grandes flotas disuasorias hasta aproximadamente 1730; más tarde Rusia entró en la lid de forma agresiva. Durante la segunda mitad del siglo XVIII, Inglaterra, Francia y España se lanzaron a una nueva carrera de armamentos con miras al dominio de las colonias y el comercio interconti-

Este dibujo de Björn Landström representa la reconstrucción del *Wasa*, nave capitana de la armada sueca, que se hundió tras su botadura en el puerto de Estocolmo por un craso error de lastraje. Los motivos y figuras que decoraban su popa, recubiertos de pan de oro, constituían un completo programa iconográfico de glorificación del poder real.
Estocolmo, Museo Marítimo Nacional

nental. Sólo unas cuantas potencias construyeron grandes flotas incluso en tiempo de paz: Inglaterra, Dinamarca, Suecia y Venecia. En Francia los vaivenes del poder determinaron una política caprichosa para la marina, que en las primeras mitades de los siglos XVII y XVIII se redujo a proporciones muy modestas. En cuanto a España, la fuerza de su imperio colonial no bastó para vencer la sublevación de los Países Bajos con una marina adecuada después de que los ingleses hundieran la Armada Invencible en 1588. La carrera de armamentos empujó a los Estados a dispendios mucho mayores de lo estrictamente necesario, simplemente por garantizar la seguridad de los mares. Las Provincias Unidas, que ya tenían astilleros suficientes para botar unos diez nuevos buques de guerra cada año, pudieron apostar por la reconversión de su gigantesca flota mercante, en parte armada.[18]

Desde finales del siglo XVI las marinas danesa y sueca, y un siglo después la rusa, velaban por la seguridad del Báltico para proteger sus intereses vitales en el comercio. Por ello también la flota mercante prusiana pudo surcar aquellas aguas sin la protección de una marina propia. La rusa se forjó con fines básicamente políticos. Ya en 1674 las tres guerras anglo-holandesas habían establecido un monopolio de poder en el Mar del Norte para Inglaterra, las Provincias Unidas y Francia. Es muy probable que la caída de los costes del transporte que resultó de la eliminación la violencia incontrolada en esos mares influyera positivamente en las condiciones del crecimiento económico, pero desde luego no fue ésa la razón que llevó a desarrollar las marinas nacionales. Las tres potencias marítimas que acabamos de mencionar dedicaron también mucha energía a proteger el Mediterráneo occidental frente a los piratas del norte de África, a los que las flotas italiana, maltesa y española, divididas, no conseguían neutralizar. A raíz de las tres guerras de Inglaterra con las Provincias Unidas entre 1652 y 1674, que fueron breves pero intensas y muy costosas, y la de ambas contra Francia en 1692, Inglaterra se alzó como primera potencia marítima. Desde 1665 la marina fue el capítulo más abultado del presupuesto británico. En cualquier caso, las posiciones quedaron establecidas: delimitadas las zonas de influencia y protegidos los puntos estratégicos de las aguas europeas, la lucha por conseguir nuevas ventajas se libró a nivel privado y se desplazó a las colonias. No es de extrañar que los propios navíos de guerra se decorasen con un derroche de ornamentación heroica, y que las marinas fueran el género más apreciado y valorado por los pintores holandeses.

Unter den Linden. La Neue Wache o nuevo pabellón de la guardia, la Armería y el Palacio de los reyes de Prusia en Berlín, pintados en 1853 por Eduard Gärtner.

El resultado: Estados poderosos

Nuestro punto de partida en este capítulo era la competencia entre los hombres–las mujeres pocas veces aparecen directamente implicadas–por la tierra, los beneficios comerciales y la autoridad sobre una población. Para los señores feudales, lo importante era tener tierras y gente: si un caballero se encontraba de improviso con un montón de dinero, no se le ocurría cosa mejor que repartirlo y dilapidarlo.[19] La competencia fue un móvil permanente, y hasta el siglo XVIII el uso de la fuerza se consideró en muchas regiones un medio legítimo y complementario de las estrategias patrimoniales. Siempre caracterizó profundamente la mentalidad de las élites nobiliarias y principescas. El objetivo principal de todas ellas hasta el siglo XIX fue la propiedad de la tierra, que alimentó la expansión de sus zonas de influencia, hasta la instauración de un equilibrio duradero en ciertas regiones. La aptitud de las élites para servirse de los nuevos medios materiales y organizativos desarrollados por sus oponentes fue lo que determinó sus posibilidades de supervivencia. La composición de algunas élites varió en función de las

En el centro de la plaza se alza la estatua ecuestre
de Federico el Grande.
Berlín, Archiv für Kunst und Geschichte

circunstancias: la participación de los habitantes de las ciudades en las zonas urbanizadas desde el siglo XIII, y su exclusión desde el XV en estructuras estatales de mayor envergadura. Allí donde las élites no se adaptaron, como sucedió en Polonia, Hungría y el imperio otomano, y en Rusia hasta 1917, el propio Estado acabó por desaparecer.

La rivalidad impulsó la constitución de grandes áreas de influencia, que absorbieron, eliminaron o se adueñaron de las menores; las ciudades y baronías independientes fueron englobadas en principados territoriales, y éstos a su vez en reinos o imperios. Entre 1300 y 1800 las fronteras del oeste y norte de Europa no cambiaron tan espectacularmente como las del centro, este y sudeste del continente. Aun así existían diferencias muy apreciables de evolución y ritmo, que antes hemos explicado por la densidad demográfica, el nivel de urbanización y las estructuras económicas. Si se examinan los cambios de fronteras acordados entre los Estados tras años de guerrear, se observa una sorprendente desproporción entre la magnitud de la violencia empleada y sus frutos. Véase, por ejemplo, la Guerra de los Cien Años: los ingleses y los compradores extranje-

ros de sus lanas perdieron toneladas de oro durante 116 años, los franceses quedaron exangües bajo la presión fiscal y buena parte del noroeste de Francia quedó asolada durante decenios. Resultados para Inglaterra, el agresor: la pérdida del ducado de Gascuña y la posesión hasta 1559, como único resto de todas sus conquistas, de la ciudad de Calais. ¿Y qué decir de la atroz Guerra de los Treinta Años? Francia ganó Alsacia; Suecia, la Pomerania occidental; Brandeburgo, la Pomerania oriental; la Confederación Suiza y las Provincias Unidas, que existían desde hacía tiempo, fueron reconocidas como Estados soberanos; el Imperio perdió poder frente a sus principados constituyentes; las divisiones religiosas se confirmaron. ¿Para eso cinco millones de muertos? Es cierto que los contemporáneos no podían tener la misma visión global que nosotros, y menos al comienzo de la aventura. Luis XIV agotó a su país durante medio siglo a cambio de unas ganancias territoriales mínimas. Se podría prolongar la lista, y quizá decir que las guerras eran pruebas de fuerza que unas veces conducían a la estabilización y otras a la modificación de las relaciones anteriores. En todo caso, sigue siendo cierto que los métodos violentos de redefinición de las relaciones de fuerza eran excesivamente costosos.

Entonces, ¿por qué las poblaciones de los Estados aceptaban cargas tan gravosas en aras de objetivos tan quiméricos? Hay que reconocer que no siempre lo hacían sin protestas: las instituciones representativas establecían límites y condiciones. Allí donde los monarcas prescindieron de ellas, como sucedió en la mayoría de los Estados a partir del siglo XVI, la aversión del pueblo hacia las consecuencias inmediatas de las guerras, que para él solían significar mayor explotación, se manifestó a veces en revueltas. Sobre esto conviene barajar tres hipótesis: es posible que los súbditos estuvieran convencidos, del todo o a medias o momentáneamente, de lo justo de la causa por la que se luchaba, y por lo tanto la apoyaran aunque fuera a tan alto precio. Otra posibilidad es que sintieran una impotencia total ante la situación y se resignaran por tanto ante las desgracias que se abatían sobre ellos. Examinaremos estas dos interpretaciones en el capítulo VI.

Una tercera explicación reside en el hecho de que la guerra no encerraba sólo muerte y destrucción, pues también servía los intereses directos de algunos: nobles que ambicionaban una carrera lucrativa de oficial; soldados deseosos de una existencia más variada con ocasiones de pillaje, al margen, claro está, de que esas expectativas se frustraran muy a menudo; pero también contratistas que obtenían pingües beneficios de las empresas bélicas; y todos aquellos a quienes la acción militar reportaba ganancias personales. Mucho dependía, claro está, del teatro de operaciones:

Cuando en los meses de invierno se interrumpían las guerras y se dispersaban los ejércitos,
bandas de soldados deambulaban por el campo y saqueaban a los aldeanos indefensos.
Gillis Mostaert pintó esta escena a finales del siglo XVI.
Viena, Kunsthistorisches Museum

Suecia e Inglaterra se batían heroicamente en país ajeno mientras en el suyo reinaba la calma. Muy distinto era el caso de regiones agrícolas ricas como el valle del Po, Polonia, Alemania occidental y los Países Bajos, donde ejércitos numerosos, 'vivían de la tierra' a su paso por ella, es decir, del saqueo, estrategia que aquel gran empresario que fue Wallenstein preconizaba abiertamente. Hacia 1700, ni siquiera generales menos cínicos como Louvois y Marlborough sacaban de sus bases más de un 10 por ciento de los víveres necesarios en campaña. Esto significaba que al décimo día, si no antes, el ejército se abatía sobre los campesinos para saquear y extorsionar en villas y aldeas. A las gentes expuestas a ese tipo de invasión era fácil convencerlas de que la defensa del reino costaba dinero y que había que perseguir al enemigo. Los conflictos de larga duración, como fueron las guerras de religión de los siglos XVI y XVII, creaban una imagen subjetiva del adversario que predisponía a soportar grandes sacrificios.

Una variante de esta última interpretación consistiría en señalar que la formación de Estados mayores y poderosos no produjo sólo perdedores–en los castillos feudales y dentro de las ciudades–, sino también ganadores, al menos en algunas zonas de Europa occidental; por ejemplo, la clase de los campesinos libres, que

podían esperar más justicia de un Estado lejano que de un opresor inmediato. En un plano más general, la consolidación del territorio y su protección con líneas de plazas fuertes significaba que a partir de entonces la violencia del Estado se ejercería sólo fuera de sus fronteras. Dentro de ellas el Estado protegía a sus súbditos, y a cambio exigía servicio militar e impuestos. Los Estados, si funcionaban debidamente, establecían la paz en el interior y exportaban las hostilidades. Ahora bien, lo que es el interior para un Estado es el exterior para otro, de ahí que ese modelo interactivo resultara, en conjunto, tan inútil. Consecuencia de ello fueron largas y agotadoras pruebas de fuerza que en Europa occidental se tradujeron en nimios corrimientos de fronteras. No hay que olvidar, sin embargo, que esa misma Europa occidental exportaba también su violencia a las colonias, actividad que no estaba al alcance de las zonas menos desarrolladas del continente, a excepción de Rusia, que disponía de un inmenso campo de expansión en Asia.

La competencia condujo, pues, a una expansión constante de las entidades supervivientes. No sólo creció su territorio dentro y fuera de Europa, sino que en el forcejeo adquirieron una configuración permanente: la de Estados. Durante siglos éstos siguieron siendo muy dispares en tamaño, composición y carác-

A medida que los ejércitos se hacían más numerosos, sólo podían avituallarse a costa de las zonas agrícolas prósperas.
David Vinckboons (1578–1629), *Campesinos iracundos expulsando a soldados de su casa.*
Amsterdam, Rijksmuseum

ter. Hasta aproximadamente 1800 hubo distritos rurales autónomos en Suiza, y ciudades independientes, con o sin territorio, en Suiza, Italia y el Imperio germánico; en las Provincias Unidas, ciudades y provincias conservaron sus derechos soberanos en paralelo con los de la República; existían aún decenas de principados eclesiásticos y seculares con autonomía de hecho, y otros subordinados a estados monárquicos con muy escaso grado de integración. No obstante, los Estados fueron cumpliendo cada vez más claramente las funciones esencialmente públicas que antes sólo se encontraban en las ciudades. Y sobre todo, los mayores de entre ellos, que disponían no sólo de una población numerosa sino también de importantes fuentes de capital, demostraron ser los más aptos para concentrar los recursos militares más modernos de la época. Por tierra y por mar, eran los mejor situados para imponerse por la fuerza a sus rivales, concurrentes u oponentes, lo mismo en el interior que en el exterior. El Estado creció en tamaño y en medios de presión, como consecuencia involuntaria–y no siempre deseada por la mayoría de los participantes–de la propia competencia que le había hecho nacer. De sus adversarios tomó su territorio y su identidad; el desarrollo de instituciones específicas fue una necesidad concomitante, que a su vez contribuiría a reforzar aún más esa identidad.

1   Hillenbrand 1979, 125–126
2   Contamine 1986, 13
3   Riley-Smith 1981, 84–85
4   Contamine 1986, 21–22
5   Waale 1990, 153–160
6   Howard 1976, 25–55
7   Parker 1972, 6; Parker 1988, 24; Aho 1981, 195
8   *The New Cambridge Modern History* vi, 1970, ch. ix
9   Press 1991, 248, 270
10 Tilly 1990, 72–73, 165–166
11 Molho 1971, 9–21
12 Thompson 1976, 69–71, 288
13 *Cambridge Modern* 1970, ch. ix
14 Chandaman 1975, 196–241, 332–333, 348–363; Brulez 1979
15 Corvisier 1976, 62–70
16 Corvisier 1976, 126; Tilly 1990, 79
17 Lindegren in Contamine 1997
18 Glete 1993, 158–160, 199, 241
19 Duby 1984

Capítulo v
El aparato del Estado

Jueces ecuánimes

Ley y orden: si la concentración de los medios de coerción descrita en el capítulo anterior permitía establecer algún tipo de orden, al menos en ciertos territorios, surgía la cuestión inevitable de cómo justificar ese poder. La superioridad coercitiva era sin duda condición necesaria para todo ejercicio duradero del poder, pero no suficiente. Si amplios segmentos de la población no aceptaban como legítima la autoridad que se les imponía, su resistencia elevaba el coste del mantenimiento del orden para los gobernantes, amenazaba sus pretensiones de brindar protección a todos los súbditos del territorio y volvía a su régimen vulnerable a las coaliciones de enemigos internos y externos. Si se tiene en cuenta que toda sociedad humana presenta, junto a un componente considerable de agresividad, una necesidad fundamental de paz y estabilidad, cabe imaginar que tanto los gobernantes como sus súbditos se esfuercen siempre por lograr acuerdos duraderos que lógicamente afectarán a aspectos fundamentales de la existencia: la distribución de bienes escasos, la instauración y el mantenimiento de cierto orden social y la definición del sentido de la vida.

El control de la discordia interna siempre es una función primordial en toda sociedad; para que el orden establecido perdure con un mínimo de esfuerzo y gasto, no basta con imponerlo, ha de ser admitido. Para elevar el poder a autoridad es necesario que en la comunidad sean respetados ciertos valores, especialmente por la élite dirigente y grandes sectores de la ciudadanía. Entonces es posible socializar las pautas y que cada individuo las interiorice desde la infancia, de modo que su comportamiento sea normalizado y previsible para sus congéneres. Las desviaciones de la norma son definidas y sancionadas.

Las comunidades aplicaron sistemas jurídicos mucho antes de que surgieran los Estados. Desde el siglo vi los juristas redactaron las primeras versiones escritas, en latín, de las reglas vigentes en distintas tribus germánicas, para poder establecer un mínimo de orden en la complejísima situación que siguió a las grandes migraciones. A decir verdad, con ello la situación no hizo sino complicarse aún más, por la entrada en escena de un número cada vez mayor de instancias reguladoras. La Iglesia trataba de imponer sus normas y sanciones, muchas de ellas relativas a asuntos de derecho privado y penal tales como el matrimonio, el robo y la violencia. Los señores feudales administraban justicia sobre sus siervos con arreglo a otras fórmulas. El feudalismo inspiró un derecho propio, que diferenciaba los casos según la categoría de la persona y el hecho. En las ciudades y villas libres regía un derecho especial, definido por sus privilegios y usos. Según su condición personal, a cada individuo se aplicaba un sistema legal específico, con sus correspondientes jueces y procedimientos.

Los reyes y príncipes territoriales trataban de

Auto de fé de 1680 en la Plaza Mayor de Madrid, presidido por el rey de España. En este espectáculo, las autoridades civiles ejecutaban en la hoguera a herejes que previamente habían sido condenados por la Inquisición eclesiástica; era, pues, a la vez una demostración del fanatismo religioso y del poder del Estado. Dibujo contemporáneo de Francisco Rizi. Madrid, Museo del Prado

Para prevenir disensiones internas, los gobiernos intentaban también inculcar valores morales por medio de las artes.
En el siglo XVIII Jan Ovens pintó esta alegoría de la Prudencia, la Justicia y la Paz para el ayuntamiento de Amsterdam, ahora palacio real.
Amsterdam, Stichting Koninklijk Paleis

establecer su autoridad por encima de todas esas formas de administración de justicia, pero hasta finales del siglo XVIII tuvieron que tolerar una gran diversidad de sistemas legales dentro de sus territorios. A medida que éstos se ensanchaban, la diversidad iba en aumento, no sólo según las regiones sino también por la multiplicación de instituciones dotadas de códigos particulares. Los reyes podían invocar el carácter divino de su poder, que desde el siglo VII estaba consagrado por una unción. Las referencias a los reyes sacerdotes del Antiguo Testamento corroboraban esa elevación del monarca sobre el común de los mortales: a imagen de Samuel y David, y naturalmente también de Cristo, se presentaban como jueces supremos y fuente de la justicia. Sus asesores espirituales añadieron a esos atributos el de valedor de la Iglesia y de los menesterosos.

Los gobernantes se esforzaban por imponer sus leyes a todos los súbditos de sus dominios y conferir a su administración de justicia, si no el monopolio, sí al menos el carácter de fuerza legal suprema. Dados los conflictos de intereses implicados, el proceso distaba mucho de ser sencillo. La fuerza podía ser un auxilio eficaz para establecer la supremacía del soberano en el ámbito del derecho, por ejemplo reduciendo la autonomía judicial de los vencidos tras sofocar la revuelta de una ciudad o región. Fue así como se impusieron los monarcas a grandes ciudades y señores locales en el curso de los siglos XV y XVI. Los Países Bajos proporcionan un claro ejemplo en este aspecto, por la larga tradición de autonomía de sus grandes ciudades frente a un mosaico de principados territoriales relativamente pequeños. Cuando éstos se unieron bajo la auto-

ridad común de los duques de Borgoña, los duques dispusieron de una notable superioridad de medios coercitivos y los emplearon una y otra vez, con motivo de conflictos de competencias que dejaban deliberadamente agravarse en largas guerras. Cada vez que una de las grandes ciudades tuvo que hacer acto de sumisión a la autoridad del gran duque–Brujas en 1438, 1485 y 1490; Gante en 1453, 1467, 1485, 1492 y 1540; Malinas en 1467; Bruselas en 1488 y 1532; Utrecht en 1483 y 1525–, el príncipe triunfante aprovechó para restringir su autonomía judicial.

Otros soberanos intentaron establecer la supremacía de sus tribunales por métodos más graduales. Inglaterra fue la más avanzada en esto, como en tantos otros aspectos de la organización del Estado. Desde el siglo XIII los tribunales centrales del rey tenían precedencia sobre todos los demás y poseían el derecho exclusivo de juzgar los delitos más graves. A los reyes de Francia les fue mucho más difícil reservarse ciertos casos 'regios', tales como la falsificación de moneda, la lesa majestad y los recursos. El Parlamento de París, que hacia 1250 quedó instituido como tribunal supremo del reino, se vio asignados cada vez más casos a medida que fue aumentando la confianza en la independencia de sus jueces.

En las regiones más progresistas del reino de Francia, el ducado de Normandía, el condado de Flandes y los dominios de realengo, los responsables de perseguir a los delincuentes y juzgarlos con arreglo a derecho fueron desde la segunda mitad del siglo XII los agentes de justicia del rey, *baillis y sénéchaux* (bailes y senescales), con jurisdicciones bien delimitadas.

En el dibujo, un criminal 'germano' es condenado a la amputación de una mano. Se trata de un sajón, identificable por el arma *(sax)* que porta. Dibujos de una versión de hacia 1330 del *Sachsenspiegel,* uno de los códigos más difundidos de derecho consuetudinario. Heidelberg, Universitätsbibliothek

La fuerza era un auxilio eficaz para establecer la supremacía del soberano; tras el levantamiento de Gante en 1539–1540, Carlos v recortó los poderes judiciales de la ciudad y sus magistrados. *Ciudadanos de Gante postrándose ante el emperador Carlos V en el Prinsenhof,* por F.J. Pinchart según un original del siglo xvi. Gante, Stadsarchief

Convertir el aparato judicial en una organización de funcionarios fijos
fue la primera operación de los reyes de Francia. En la baja Edad
Media los *baillis* cobraban un sueldo y eran severamente castigados si
no desempeñaban su cargo debidamente. *Luis XI condenando al baile
de Sens a ser decapitado* en agosto de 1468, miniatura de la época.
París, Bibliothèque nationale de France

Los muchos códigos regionales de derecho consuetudinario hacían
difícil una normalización sistemática de las leyes a instancias
del gobierno central. Ilustración del *Grand coutumier de Normandie*
(hacia 1330–1340), con el rey Luis X de Francia entregando
el fuero de Normandía al arzobispo de Ruán y su séquito.
París, Musée du Petit Palais

Su retribución no era ya un feudo, sino un salario o un estipendio con cargo a los gastos de la justicia y las multas. La burocratización de la justicia permitió que por primera vez el poder judicial del soberano se extendiera a todo el reino. Hasta entonces sólo había funcionarios en el círculo inmediato del monarca, en la jerarquía de su corte y en la cancillería. Tradicionalmente esos puestos eran cubiertos por vasallos o, si exigían conocimientos intelectuales, por clérigos. La territorialización de la justicia real significó, por lo tanto, un paso importante hacia la administración moderna del estado.

Varios factores, y en primer lugar las simples relaciones de fuerza, influyeron en que la justicia del soberano pudiera imponerse a una plétora de jurisdicciones rivales. Algunos señores poderosos y ciudades prósperas pudieron resistirse hasta bien entrado el siglo XVIII. Venecia permitió que todas las ciudades de la *terraferma* conquistada en el siglo XV conservaran sus privilegios e instituciones, pero mantuvo su autoridad política y fiscal. Para los campesinos la dominación veneciana significó sin duda un alivio frente a la justicia de clase que dictaban los burgueses en las villas. También en otras zonas la posibilidad de apelar a los tribunales del príncipe abría nuevas oportunidades a los grupos situados en una posición política o económica más débil que la de las ciudades principales. La justicia del príncipe trataba de elevarse sobre

El moderno proceso civil se deriva en lo esencial del procedimiento canónico medieval,
a su vez inspirado en los procesos legales del bajo imperio romano, donde la prueba escrita era fundamental.
Durante la vista del juicio, los secretarios tomaban nota de las declaraciones.
En esta miniatura del siglo xv aparece San Pedro como juez supremo, supervisando los tribunales de derecho canónico y civil.
Ginebra, Bibliothèque publique et universitaire

los derechos consuetudinarios locales y regionales aplicando casi siempre procedimientos y principios más generales, a menudo inspirados en la teoría jurídica erudita. A partir del siglo xv fue cada vez más frecuente que los campesinos españoles solicitaran el arbitraje de la corona frente a los abusos de los nobles terratenientes. Los jueces reales o alcaldes y en ocasiones la Audiencia, tuvieron que tramitar cada vez más pleitos de comunidades rurales que protestaban por las excesivas exacciones feudales. A la larga, la justicia real fortaleció la posición del campesinado, y de paso la del rey como supremo garante de la equidad.[1]

Tanto el derecho canónico como el romano, que desde el siglo xii se divulgó desde Bolonia y volvió a ser estudiado a fondo en muchas de las universidades en pleno auge, contenían abundantes elementos que los príncipes podían esgrimir en sus tentativas de autojustificación. El derecho romano se había transmitido en una codificación de comienzos del siglo vi; de fuerte sesgo centralista y absolutista, se traducía en principios como 'la ley no es vinculante para el rey' y 'la voluntad del rey tiene fuerza de ley', axioma éste que citó el emperador Federico Barbarroja tras su victoria sobre la ciudad de Milán en 1162. Los juristas de la corte del rey de Francia emplearían fórmulas similares en el siglo xiii para justificar decretos supuestamente orientados al 'interés general'. Pero el recurso al derecho romano también encontró resistencias, por ejemplo la de la corte inglesa, que no quería aparecer como subordinada al emperador. Henry Bracton,

Notas en p. 265

El *lit de justice* fue en sus orígenes el banco donde se sentaba el rey de Francia durante las reuniones del Parlamento; más tarde se dio ese nombre al tribunal que presidía el propio rey. Jean Fouquet representó así para la posteridad el *lit de justice* que Carlos VII presidió en Vendôme en 1458. Munich, Bayerische Staatsbibliothek

sacerdote y juez del *King's Bench* a mediados del siglo XIII, escribió un tratado sobre las leyes y costumbres de Inglaterra basándose en un corpus de unas dos mil sentencias. Bracton defendía la superioridad del sistema inglés de procesos públicos con jurado y la del derecho natural, argumentando que el derecho romano favorecía los intereses del rey, volvía a reducir a servidumbre al emancipado que daba pruebas de ingratitud, prohibía a la mujer representar a otra persona o hacer testamento, y al menor adquirir bienes sin el consentimiento del padre de familia. El derecho inglés, en cambio, protegía los intereses del pueblo, impedía que el emancipado volviera a la condición servil, permitía a la mujer dar testimonio y al hijo adquirir propiedad libremente. Lo cierto es que el derecho romano fue una disciplina básica en la formación de los hombres de leyes de todos los países, aunque los reyes de Francia lo tuvieran prohibido en la Universidad de París desde el siglo XIII hasta 1679. Conceptos como el de *res publica* calaron en el espíritu y hasta en el lenguaje de la administración, y, aunque sin una exacta equivalencia contemporánea, propiciaron el desarrollo de la idea de Estado y la distinción entre derecho público, civil y penal.

Los intentos de codificación a escala del reino fue-

ron siempre excepcionales en la Edad Media: en Castilla se produjo uno en la segunda mitad del siglo XIII, poco después de una notable expansión territorial frente a los musulmanes, y en Polonia otro en 1347, en circunstancias parecidas. Pero la elaboración de códigos sistemáticos no llegaría hasta el siglo XVI, a través de una evaluación gradual y generalmente laboriosa de los múltiples derechos consuetudinarios de ámbito local y regional. En Francia hubo una respuesta lentísima a la instrucción, dada por el rey a mediados del siglo XV, de proceder a la codificación oficial y autorizada de los distintos usos legales regionales. Un siglo después se había publicado la mayor parte de ese corpus para el norte y centro de Francia, pero no para el sur, donde la tradición romana era mucho más fuerte. A la codificación plena, la ordenación sistemática y normalizada bajo la autoridad del gobierno central, no se llegó nunca. Todo lo más, el Rey Sol consiguió unificar los procedimientos civiles y penales en todo el país con sus decretos de 1667 y 1670, pero la llamada monarquía absoluta no fue capaz de expresar el poder del Estado en una legislación uniforme. En la práctica de la justicia, los jueces locales conservaron amplias libertades.[2]

Más aún que el derecho romano, el derecho canónico marcó con su impronta las prácticas administrativas

Una antigua tradición mandaba que en las salas de justicia hubiera una pintura impresionante. Este retablo, pintado hacia 1450 por un maestro flamenco anónimo, estuvo colgado en el Parlamento de París. A la izquierda se ve a San Luis y San Juan Bautista con el Louvre al fondo, y a la derecha a Carlomagno y San Dionisio, que lleva la cabeza entre las manos. París, Musée du Louvre

y judiciales de los jóvenes Estados. Fue la Iglesia la que, con su *inquisitio,* dio el modelo para el examen racional de los hechos efectuado por el juez antes de incoar un proceso, frente a la costumbre germánica del procesamiento directo y el combate singular. En 1215 el cuarto concilio de Letrán condenó formalmente la ordalía como procedimiento probatorio, por tratarse de un método irracional y de resultado muchas veces dudoso. Los reyes carolingios la habían instaurado para poder dictar sentencia en aquellos casos en que las pruebas o testimonios no permitían llegar a una certeza suficiente, cosa que debía suceder a menudo en la sociedad multicultural que gobernaban. En el siglo XIII las autoridades religiosas y seculares, en un grado de evolución más avanzado, ya no se confiaban a la imprevisibilidad de un juicio de Dios decidido por el pueblo, y preconizaban un método de averiguación más racional, aplicado por jueces profesionales formados para ese cometido.[3] La importancia de la investigación está ya recogida en los códigos de las grandes ciudades flamencas hacia 1170.

Para la evolución del pensamiento occidental fue decisivo que, en las jóvenes universidades, el derecho romano y el derecho canónico se reconocieran como disciplinas independientes de la teología. Aunque

sometidas a la autoridad de la Iglesia, las universidades –a diferencia, por ejemplo, de las escuelas islámicas– permitían desarrollar un enfoque no dogmático del derecho, libre de prescripciones religiosas. De ese modo se racionalizó el pensamiento jurídico occidental. La técnica de interpretación de los textos legales hacía posible su renovación constante y su adaptación a una realidad que cambiaba sin cesar. Así fue también como se acomodaron los principios del derecho romano para darles aplicaciones nuevas.[4]

La clase profesional de juristas dotados de una formación universitaria común conquistó puestos clave en todas las administraciones públicas, dentro y fuera del Estado. En Italia y en el sur de Francia desempeñaron un papel muy importante en la vida pública desde el siglo XIII, tanto en la administración municipal como en las instancias territoriales y religiosas, y también en calidad de notarios. Los tribunales y órganos legislativos se fueron poblando de expertos con formación académica, los *consules iustitiae.* Su actividad contribuyó a legitimar todos los aspectos de la vida pública: a partir de entonces sería posible invocar los principios del derecho erudito para defender los intereses particulares frente a las autoridades, sobre todo en lo concerniente a la propiedad privada, las

Los tribunales de las ciudades fueron en un principio presididos por miembros de las familias patricias; en el curso del siglo XIV se les unieron representantes de los gremios. Carentes de formación legal, dictaban sentencia con arreglo a los usos locales. Miniatura del *Libro de leyes de la ciudad de Hertford,* hacia 1375. Hertford, Town Archives

disposiciones testamentarias, la libertad de las partes contratantes y la protección de viudas y huérfanos. La noción de persona jurídica colectiva, *universitas,* se aplicó a ciudades y comunidades, a sus asociaciones y a sus órganos colectivos, como los gremios. Como tantas otras cosas, la difusión del pensamiento jurídico racional y moderno estuvo estrechamente ligada al medio urbano y a las grandes cortes principescas, con las que competía. En efecto, desde el punto de vista social, los estudios universitarios ofrecían oportunidades de ascenso a burgueses que, armados de ese saber técnico, conquistaban posiciones de influencia en las ciudades y sobre todo en la corte, quebrando el monopolio del poder que detentaban los caballeros. En las regiones de Alemania y de Europa central y septentrional que de tiempo atrás se caracterizaban por la preponderancia de la nobleza y de las relaciones feudales, el nuevo racionalismo jurídico sólo se impuso parcialmente y con lentitud, pero en el siglo XVI juristas universitarios de origen burgués eran llamados a puestos de responsabilidad en todo el Imperio.[5]

La práctica de la justicia marcó la realidad social mucho más profundamente que la legislación de los soberanos. Las normas locales estaban mucho más cerca de la realidad, y la combinación del control social y del interés común hacía más simple su aplicación. Inglaterra difería del continente a este respecto,

en parte debido a su larga tradición de juicio por un jurado de legos, y también por el desarrollo temprano, desde el siglo XII, de un sistema de tribunales regios profesionales dotados de amplias competencias. El *common law,* el derecho consuetudinario, permaneció inalterado, con sólo pequeñas influencias del derecho académico y un gran peso del precedente, lo que hacía que de hecho fueran los tribunales quienes dictaran la ley. Tampoco cabe interpretar la legislación de los reyes de Francia como simple emanación del capricho o *bon plaisir* del soberano: la inmensa mayoría de los decretos reales nacían en respuesta a demandas presentadas por grupos de presión. La solicitud era objeto de examen atento, y, caso de ser aceptada, la decisión gubernamental requería aún el visto bueno de diversos funcionarios y del tribunal supremo, el Parlamento de París. Desde el siglo XIV los controles administrativos fueron un freno para las decisiones arbitrarias.

El interés de las partes en litigio fue un estímulo importante para la expansión de los tribunales reales, sobre todo en razón de su independencia y de las oportunidades de empleo que brindaban. Así, el Gran Consejo de los Países Bajos dictaba 40 sentencias al año hacia 1500, y hasta 135 hacia 1550. Los tribunales centrales nacieron de los consejos originales de los soberanos, por especialización y división en salas separadas. A medida que se sometían más pleitos a la

Bajo el antiguo régimen, los criminales eran expuestos en un lugar céntrico de la ciudad después de recibir sentencia.
Este *Ecce Homo* ilustra lo que se hacía en Brunswick en el siglo xv. Brunswick, Herzog-Anton-Ulrich Museum

La creciente importancia de la documentación escrita en los procesos legales durante el siglo xvi hizo que los abogados y notarios
de formación universitaria estuvieran muy solicitados. Pieter Bruegel el Joven, *El abogado de pleitos difíciles,* 1621.
Gante, Museum voor Schone Kunsten

Retrato de un hombre de leyes, probablemente Francesco Righetti, pintado hacia 1626–1628 por Giovanni Guercino.
En la estantería aparecen una serie de libros de derecho fundamentales,
como las *Decretales* del papa Gregorio y el *Digesto* de Justiniano.
Fort Worth, Tejas, The Kimbell Art Museum

La Vergüenza y el Remordimiento, cariátides de Artus Quellinus en la Sala de Justicia de Amsterdam, 1648.
Amsterdam, Stichting Koninklijk Paleis

corona, se hizo necesario ampliar y especializar los órganos judiciales superiores. Solían éstos funcionar como instancias de apelación para todos los tribunales inferiores del país, para lo cual a veces había que hacer abstracción de antiguos privilegios que asignaban la jurisdicción plena a la ciudad o señorío. En territorios compuestos, como los Países Bajos y el Imperio, se superponían así tres instancias: la local, la territorial y la central. En Francia el rey añadió en 1552 unos quince *présidiaux*, tribunales de apelación entre los *bailliages* (bailiazgos) y los *parlements* (parlamentos), que en el siglo XVIII eran ya un centenar. Al fin y al cabo, el rey seguía ejerciendo personalmente su potestad judicial soberana–lo que en la Francia del siglo XVI implicaba todo el ceremonial del *lit de justice*–y conservaba el derecho de gracia, y por ende de anulación de cualquier sentencia. Debido al alto número de *parlements* regionales, fueron los consejos reales, y finalmente el *Grand Conseil*, los que cubrieron la jurisdicción suprema para los delitos contra la legalidad constituida. En Inglaterra vemos, al lado de la *Star Chamber*, alto tribunal de nuevo cuño para asuntos criminales, la creación singular del *Court of Requests*, para los litigantes que por su pobreza extrema no podían acudir a los tribunales ordinarios.

A los príncipes les interesaba monopolizar el poder judicial supremo en sus territorios. Eso significaba proteger a sus súbditos de las injerencias de instancias exteriores, fueran jueces episcopales, facultades universitarias de leyes o tribunales de otros príncipes de rango superior. En este aspecto el interés del príncipe coincidía con el de sus súbditos, o al menos de aquéllos con voz. Éstos, en efecto, a través de sus órganos representativos afirmaban insistentemente el derecho de todos a ser juzgados en primera instancia por sus jueces 'naturales' (entendiendo por tales los poderes locales tradicionales) y no por tribunales externos. Uno de los argumentos invocados era el del alto coste que suponía seguir un pleito en un lugar distante, a menudo en lengua extranjera y con arreglo a un procedimiento mal conocido. Había también, claro está, conflictos de competencias con los jueces autóctonos. La competencia del Parlamento de París en los condados de Artois y Flandes, que formaban parte del reino pero cayeron en poder de los duques de Borgoña, y de los Habsburgo a partir de 1477, fue motivo de discordia entre las monarquías rivales. En 1529 Carlos V consiguió sustraer sus territorios a la jurisdicción soberana de su adversario; la investigación moderna ha demostrado, sin embargo, que el Parlamento de París no se dejaba influir en sus sentencias por motivos políticos. Análogamente, Carlos V quiso hacer coincidir los límites de los obispados con las fronteras políticas de sus territorios para evitar interferencias del exterior. La Reforma redujo considerablemente la importancia de la jurisdicción eclesiástica en los países protestantes, pero también en las regiones católicas fue perdiendo terreno en beneficio de los tribunales civiles.

El emperador germánico hacía uso de su *Reichsacht* para tomar represalias contra la comunidad, urbana o rural, a la que perteneciera el delincuente, procedimiento que en cualquier caso era muy corriente en el ámbito del derecho mercantil. La creación, en 1495, del *Reichskammergericht* o tribunal supremo imperial brindó amplias posibilidades de apelación en un vasto territorio. Sin embargo, prueba de la debilidad del Imperio es que el emperador tuviera que otorgar de entrada la inmunidad a los súbditos de los príncipes territoriales más poderosos, que disponían de sus propios tribunales centrales. También en Francia la diversidad regional se refleja en la creación de *parlements* en regiones de fuerte tradición autonómica: en 1600 eran ya nueve, y bajo el reinado de Luis XIV su número aumentó a trece. En el Languedoc, por ejemplo, el rey delegaba la administración financiera en la oligarquía regional de clientelas, a cambio de ver reconocida la hegemonía política y cultural del Estado. La monarquía supo adaptarse a la diversidad regional, sin renunciar a imponer sus pautas en la medida en que las circunstancias lo permitían.[6]

La extensión del aparato judicial sirvió para hacer más tangible la autoridad del Estado y de sus normas para un mayor número de súbditos. Los jueces representaban la autoridad sagrada del soberano en su forma más omnipresente, la del mantenimiento del orden público y el castigo de los transgresores. A partir del siglo XVI, el ejercicio de esa función se acompañó en los Estados monárquicos de una creciente teatralidad, hasta el punto de convertir las ejecuciones públicas en grandes espectáculos de masas. Se respetaba un ritual estricto para la humillación física del malhechor y su ejecución, que con frecuencia se llevaba a cabo por etapas, según la gravedad del delito. Las autoridades responsables supervisaban el cumplimiento de sus sentencias, mostrándose con gran aparato ante la población en su calidad de garantes solemnes de la justicia divina en nombre del rey. En Amsterdam, que con sus 200 000 habitantes era por entonces la mayor ciudad del noroeste de Europa, hubo sesenta y ocho ejecuciones entre 1650 y 1750. En Artois durante el siglo XVI, los jueces de Carlos V y Felipe II ordenaron 649 ejecuciones en ochenta y dos años, lo que indica una represión proporcionalmente mucho más severa.[7] Por muy crueles que esos ritos de ejecución pública puedan parecer a los ojos del obser-

vador occidental del siglo XX, cumplían una función dentro de la ofensiva civilizadora de los Estados monárquicos. Al aislar y humillar públicamente al infractor de la ley, las autoridades subrayaban el imperio de la propia ley ante las masas congregadas. El efecto esperado era que público se distanciara del reo, y de esa manera profundamente emocional se le inculcaba la ley. Desde la perspectiva de la creación de una sociedad disciplinada y pacificada, los ritos judiciales públicos aseguraban la interiorización de la norma. Era, desde luego, un método harto brutal de 'civilizar', un método cuya necesidad se hacía notar mucho menos en el mundo más urbano de las Provincias Unidas que en las monarquías absolutas. Sin duda en las comunidades urbanas los mecanismos de pacificación interna eran suficientes, mientras que en el medio rural aún había que imponer el orden desde arriba.

El Estado como empleador

Desde el siglo XII los soberanos sintieron la necesidad de rodearse de un creciente número de administradores expertos. Cabe imaginar el proceso de formación del Estado burocrático como una expansión concéntrica a partir de la corte del rey o príncipe territorial. Las funciones más elementales se desplegaron dando origen a cargos diferenciados, con una estructura que perduró inalterada hasta el siglo XVII. En cada corte se distinguían unas cuantas funciones de base que cubrían las distintas tareas: el cuidado de las caballerizas, de la cocina, del vino, del pan, de la carne, de los aposentos personales del príncipe, de la princesa y de sus hijos, y el cuidado de la capilla.

Cuanto más importante era el personaje central, más diferenciado era el conjunto de funciones cortesanas de que se rodeaba. Para la redacción y difusión de documentos escritos, los primeros soberanos sencillamente acudían a los clérigos de su séquito, que eran los únicos que sabían leer y escribir, y además en latín. En 1308 el rey de Noruega convino con el papa en que su cancillería formara un todo con la capilla real. Era un fenómeno generalizado: los príncipes encomendaban la redacción de sus escritos al clero. En efecto, cada monasterio poseía una tradición secular de escritura en latín, a veces plasmada en una escuela. También las catedrales crearon sus propias escuelas, que a partir del siglo X alcanzaron un nivel intelectual muy alto. A lo largo de los siglos, el uso de la escritura para dejar constancia de las actas y contratos públicos progresó rápidamente. El recurso a la comunicación oral, personal y directa en los procedimientos judiciales y administrativos fue debilitándose en provecho de la anotación, la

Jean Fouquet, *Retrato de Guillaume Jouvenel des Ursins,* canciller de Francia, hacia 1460.

París, Musée du Louvre

Charles Le Brun, *El canciller Séguier,* **hacia 1655.**
París, Musée du Louvre

declaración y la argumentación escritas. El auge de la escritura hizo posibles otras prácticas judiciales y administrativas más objetivas, exhaustivas y claras que las que dependían de la presencia personal, la memoria, el testimonio de viva voz y el juramento. Como los guerreros iletrados que eran los señores feudales recurrían al clero para la composición de sus documentos oficiales, sus sentencias y sus acuerdos, el latín eclesiástico vino a ser en toda Europa la lengua administrativa de los Estados en ciernes.

A mediados del siglo xiii se empezaron a emplear en Occidente las lenguas vernáculas en documentos oficiales. En Hungría, en cambio, el latín perduró en el uso administrativo hasta el siglo xix, en parte debido a las raíces totalmente distintas de la lengua húngara. El paso a la lengua vernácula aparece vinculado al papel creciente de los burgueses en la administración, y en cierto modo contribuyó a acortar la distancia entre los señores feudales y el mundo de las ciudades. Una consecuencia fundamental de esa apertura de los círculos dirigentes a la lengua vulgar y a funcionarios de origen plebeyo fue que la administración pública, contrariamente a lo que sucedía en la Iglesia católica o en el imperio chino, se volvió comprensible para sus súbditos. Ya no se ocultaba tras el velo de un lenguaje y una cultura esotéricos que la distanciaban del pueblo.

Desde entonces los príncipes, los funcionarios y los representantes de la población podrían hablarse directamente; de ahí el término *parlement*. No hay que perder de vista, por supuesto, que dentro de cada región lingüística se hablaban distintos dialectos, y que el alto alemán era considerado lengua extranjera por los que hablaban bajo alemán, lo mismo que en Francia la *langue d'oïl* difería de la *langue d'oc* y de muchas otras lenguas regionales, como el bretón. En la Península Ibérica las familias de lenguas estaban repartidas en tres franjas tendidas de norte a sur, más o menos en correspondencia con la orientación marítima o continental institucionalizada en los distintos reinos. Siguiendo a los normandos, la corte inglesa conservó el francés de Normandía como lengua de elección para diversos usos hasta el siglo xvi, a lo cual no eran ajenas sus aspiraciones a la corona de Francia. A medida que la administración y la justicia fueron apoyándose más en procedimientos escritos, la lengua oficial fue cobrando mayor importancia social. De ahí que diversos órganos representativos de los estamentos protestaran con éxito, en los siglos xiv y xv, contra el empleo por sus soberanos de una lengua extranjera, como el alemán en Bohemia y el francés en los Países Bajos. Los centros administrativos acortaron la distancia que los separaba del pueblo mediante el uso de la

Hans Holbein, *Robert Cheseman,* halconero de Enrique VIII de Inglaterra, 1533.
La Haya, Mauritshuis

lengua vulgar, que de ese modo aventajó en difusión a las restantes, aunque sólo fuera en documentos oficiales. A ello se añadiría en los países protestantes el efecto unificador de la lectura obligada de una traducción normativa de la Biblia.

De todos modos, el origen eclesiástico de la tradición escrita en Occidente dejaría una impronta duradera por la condición clerical de los jefes de las cancillerías principescas: A partir de 1070, los condes de Flandes nombraron sistemáticamente para el puesto de canciller a un preboste del capítulo de San Donaciano de Brujas; y los cancilleres de los reyes germánicos solían tener la dignidad episcopal, o la recibían poco después del nombramiento. Hay que esperar a 1424 para que un laico ascienda a canciller germánico. De 1280 a 1331 todos los cancilleres de Francia fueron titulares del rico obispado de Laon. En el siglo XIV los papas de Aviñón elevaron a la púpura cardenalicia a varios cancilleres de Francia, y uno de ellos llegó a ser papa. En 1390 también el canciller del rey de Navarra recibió el capelo. En Inglaterra el cardenal Wolsey, lord canciller y legado pontificio, reunió en su persona las máximas dignidades religiosa y temporal del reino. Luego de que éstas se hicieran incompatibles como consecuencia de la ruptura de Enrique VIII con Roma, y de que en 1530 el propio Wolsey muriera trágicamen-

te bajo custodia del rey, sólo dos clérigos más ocuparían por breve tiempo la cancillería. En la católica Polonia, por el contrario, uno de los dos cancilleres reales siguió siendo eclesiástico hasta 1795. En Francia la secularización se había iniciado mucho antes: desde mediado el siglo XIV hubo cancilleres laicos, y hacia 1500 no se contaba más de un 8 por ciento de clérigos entre los secretarios reales.[8]

Además de su monopolio del saber, el empleo de hombres del clero aportaba otras ventajas a los príncipes. Una importante era que su dignidad eclesiástica les proporcionaba una renta desahogada, por lo cual su colaboración resultaba poco costosa. La Iglesia concedía de buen grado las dispensas necesarias para desempeñar tales servicios, sin duda por caridad y cuidado del buen gobierno de los creyentes. Pero también es verdad que desde el servicio al rey podía gestionar mejor sus propios intereses, y de manera tan discreta como directa. No es de extrañar que la gran mayoría de las escrituras de propiedad anteriores a 1300 que se han conservado se refieran a bienes eclesiásticos. Los soberanos, por su parte, ambicionaban asegurarse el apoyo del clero, que prácticamente en todas partes era el mayor terrateniente y podía influir sobre las almas. Además, gracias al celibato los eclesiásticos no tenían la tentación de los señores laicos de

buscar su conveniencia personal y dinástica. En principio no tenían hijos que recomendar como sucesores en el cargo, y cuando ocasionaban algún conflicto o llegaban a edad avanzada no era difícil devolverlos a su ministerio pastoral. Richelieu, Mazarino, Dubois y Fleury, los célebres primeros ministros –en el sentido original de primeros servidores– de los reyes de Francia en los siglos XVII y XVIII, perpetuaron esa tradición. Los consejos de los reyes de España aún incluían entre un 15 y un 17 por ciento de eclesiásticos en los siglos XVI y XVII.

Durante la primera fase de formación de los Estados, la preeminencia dada al clero fue pura necesidad. Ahora bien, ello conllevaba una fuerte influencia política, que fue particularmente notable desde mediados del siglo XI hasta el XIII, en la época de mayor prestigio de la Iglesia. Papas enérgicos habían puesto en marcha reformas y depuraciones internas, y planteado elevadas exigencias a los príncipes temporales. El conflicto fue particularmente enconado con los emperadores germánicos, sobre todo en tiempos de Enrique IV y Gregorio VII (1073–1085), que se destituyeron y humillaron mutuamente. También frente a los reyes de Inglaterra y Francia el papado esgrimió sus aspiraciones al ejercicio de la autoridad suprema, y particularmente en lo relativo al nombramiento e investidura de los obispos. Precisamente por estar las estructuras administrativas del Imperio tan entretejidas con las de la Iglesia, y porque los emperadores habían conferido a los obispos un poder temporal considerable, deseaban aquéllos tener voz y voto en su nombramiento. Ese empeño chocaba de lleno con la nueva visión –perfectamente justificada desde la óptica de la Iglesia– de los papas reformadores, para quienes la elección e investidura de los obispos era un asunto puramente eclesiástico. El enfrentamiento acabó debilitando a ambas partes: las relaciones entre el Imperio y el papado siguieron siendo muy tensas hasta Federico II; la autoridad imperial perdió mucha de su fuerza en Alemania, pero el papado tuvo que conceder a no pocos soberanos occidentales el derecho de intervenir en los nombramientos de prelados. Entretanto, los papas, gracias a su influencia sobre los primeros Estados, habían puesto en marcha las cruzadas, haciendo prevalecer así sus intereses sobre los de los monarcas. En ese contexto se pudo crear un clima de terror dirigido contra otros enemigos de la Iglesia, como los judíos y los heterodoxos. En el preciso momento en que el clero controlaba con mano firme el aparato administrativo de los incipientes Estados, y en que el poder de la Iglesia culminaba, esta y el poder temporal desataron conjuntamente campañas contra los judíos. Hasta el siglo XII, gracias a su mejor formación intelectual y comercial, la presencia de judíos había sido frecuente en las cortes de los príncipes occidentales, en calidad de financieros, médicos y administradores. A comienzos del siglo XIII, la cruzada proclamada contra los albigenses, una secta herética del sur de Francia, se justificó con el argumento, entre otros, de que el conde Raimundo VI de Tolosa se apoyaba demasiado en funcionarios judíos. La campaña librada simultáneamente contra judíos y herejes fue un efecto lógico del ascendiente –reciente y durante cierto tiempo exclusivo– del clero sobre los jóvenes Estados; para los soberanos, acusar de herejes a sus enemigos y competidores era un pretexto eficaz para exterminarlos con la bendición de Roma.[9]

A partir del siglo XV no sólo los reyes sino también los poderosos duques de Borgoña, por ejemplo, adquirieron de hecho, y después en virtud de bulas pontificias de 1515 y 1521, una influencia decisiva sobre el nombramiento de obispos, abades y prebostes en sus territorios. Disponían, además, de numerosas canonjías para repartirlas entre clientes fieles o miembros de su familia. Los papas del Renacimiento no solo renunciaron así a la famosa 'libertad de la Iglesia' por la cual se había luchado con tanto empeño en los siglos XI y XII, sino que de hecho abandonaron también el ideal universalista de sus antecesores. Desde las postrimerías de la Edad Media, la Iglesia se vio cada vez más atada al creciente poder de los Estados. En la década de 1290 tanto el rey de Inglaterra como el de Francia gravaron fuertemente los bienes eclesiásticos de sus territorios. Las protestas del papado sólo sirvieron para incitar a Felipe el Hermoso a retener los fondos abonados a Roma por las iglesias de Francia. El asunto se emponzoñó aún más cuando hubo que dilucidar si competía al papa o al rey juzgar a un obispo acusado de herejía. Una vez más, la soberanía territorial chocaba con la universalidad de la Iglesia; pero esta vez el que cedió fue el papa. Así comenzó la llamada 'cautividad de Babilonia', esto es, el período de residencia de los papas en Aviñón, del cisma de Occidente y del movimiento conciliar, que acarrearían un debilitamiento fatal del papado. Más de un soberano aprovechó entonces esa vulnerabilidad para reforzar su dominio sobre los recursos materiales y humanos de la Iglesia.

Durante su ofensiva final contra los musulmanes, que culminaría con la toma de Granada, los Reyes Católicos, Fernando de Aragón e Isabel de Castilla (1474–1516), hicieron de la Inquisición un verdadero órgano estatal con el que resolver

El Greco, *Retrato de un cardenal*, probablemente don Fernando Niño de Guevara, Gran Inquisidor de Toledo entre 1599 y 1601. Nueva York, Metropolitan Museum of Art

La reina Isabel de Inglaterra recibiendo a los embajadores de los Países Bajos.
Kassel, Staatliche Kunstsammlungen

los problemas que les planteaba la presencia en sus reinos de minorías activas de musulmanes y judíos. En los comienzos de la Reforma esa imbricación no hizo sino aumentar en un Estado que promulgaba decretos contra los herejes, encomendaba la tarea de juzgarlos a la Inquisición diocesana o central y a continuación ejecutaba las sentencias.

Aparte de la cancillería y los diversos consejos, la diplomacia fue otro campo de acción privilegiado para los eclesiásticos. Su formación homogénea a escala internacional y su dominio del latín eran bazas obvias a su favor, junto con la inviolabilidad de su estatuto jurídico y la confianza que inspiraba su condición sacerdotal. De ahí que en la mayoría de las delegaciones diplomáticas hubiera clérigos, cuyo rango y número dependían de la importancia que el gobierno quisiera dar a cada misión. Habrá que esperar al siglo XV para ver surgir, en el complejo entramado político de Italia, la institución del intercambio de embajadores residentes. Hacia 1500 las monarquías occidentales empezaron a adoptar esa forma reglada de intercomunicación. Fue por entonces cuando la perspectiva de heredar el reino de España ensanchó de pronto considerablemente la esfera de intereses de la casa de Habsburgo, y las diversas cortes reales sintieron con apremio la necesidad de disponer de canales de comunicación permanentes.

Para gestionar los asuntos financieros no era tan fácil hallar expertos comparables a los eclesiásticos en la administración, las cancillerías y la diplomacia. El clero solía encomendar la gestión de sus propios dominios a administradores laicos, que estaban obligados a rendir cuentas por escrito. En la segunda mitad del siglo XIII, expertos en finanzas procedentes del norte de Italia se impusieron en las cortes del noroeste de Europa, extendiendo así sus actividades de banqueros y prestamistas. Hasta mediados del XIV desempeñaron altos cargos de contador, tesorero o regente de la ceca. Desde ahí racionalizaron las finanzas reales, que estaban en plena expansión, al tiempo que lógicamente protegían sus propios intereses. No obstante, a finales del siglo XIV la reacción contra los funcionarios extranjeros, unida a los progresos de los expertos autóctonos, relegó a los financieros italianos al rango de asesores.

Al igual que otras facetas del aparato del Estado, la administración financiera se desarrolló a partir de la gestión de los señoríos dinásticos de los príncipes. Como todo señor feudal, los soberanos obtenían de sus dominios rentas en especie y en dinero, a lo que se sumaban los ingresos derivados de derechos señoriales tales como la administración de justicia, el cobro de peajes y las contribuciones de los siervos. El

Hans Holbein, *Retrato de Charles de Solier, Sieur de Morette, embajador francés en Inglaterra,* 1534–1535.
Dresde, Staatliche Gemäldegalerie

Thomas Howard, tercer duque de Norfolk, retratado en 1539 por un artista desconocido:
en una mano sostiene la vara blanca de lord tesorero y en la otra la bengala dorada de mariscal de Inglaterra.
Windsor Castle, Royal Collection

Al principio el alto cargo de tesorero fue desempeñado en las cortes de casi toda Europa por italianos del norte;
en torno a 1400 los sustituyeron expertos de cada país.
Tesoreros de Francia en una miniatura, hacia 1505. París, Bibliothèque nationale de France

Domesday Book inglés de 1086 es la anotación más antigua de todas las rentas del vasto realengo de los conquistadores normandos en Inglaterra. En Flandes un siglo después, en 1187, se hizo un inventario de todas las rentas condales, sistemáticamente desglosadas para cada localidad. Al contrario que el *Domesday Book*, compilado en las circunstancias excepcionales de una conquista extranjera, el *Grote Brief* flamenco parece reflejar un procedimiento administrativo habitual. Las rentas del delfín de Francia fueron inventariadas entre 1250 y 1267, tardíamente y no sin dificultades. Sin embargo, semejante procedimiento nunca llegó a hacerse con regularidad.

Aparte de sus derechos como propietario de señoríos propios, el príncipe también ostentaba otros, en virtud de su soberanía, sobre el conjunto de su territorio. Así pues, las rentas que percibía de tierras que no explotaba personalmente, por ejemplo los ingresos provenientes de la concesión de privilegios, la acuñación de moneda, la administración de justicia, el cobro de peajes y otras exacciones, apenas se distinguían de sus ingresos privados como señor feudal. Así como el consejo áulico sólo se constituyó poco a poco a partir de un grupo de vasallos fieles próximos al soberano, y

los puestos de la corte adquirieron lentamente el carácter de cargos públicos, con el paso del tiempo se fueron diferenciando las finanzas del soberano en tanto que dueño de sus señoríos y en tanto que gobernante.

Era en las filas de la alta nobleza regional, poderosa y potencialmente peligrosa, donde se reclutaban los duques, condes y obispos que en nombre de la corona representaban el poder en las distintas regiones, erigidos así en intermediarios naturales entre los intereses centrales y regionales o locales. En el siglo XVI se asistió en Francia y los Países Bajos a la conversión de los antiguos principados territoriales en provincias, regidas por un gobernador o teniente *(stadhouder)* perteneciente a la alta nobleza. Esa conversión, inspirada en el ejemplo del imperio romano, implicaría un grado más elevado de integración administrativa.

Inglaterra llevaba una clara delantera sobre el resto de Europa en su estructura administrativa y judicial, fruto de la sólida organización anglosajona y de la necesidad que sintieron los normandos de controlar con firmeza el país conquistado. El consejo real dio lugar, sin duda ya en el siglo XII, a la creación de dos tribunales especializados en dos ámbitos básicos que requerían competencias específicas: el *Court of Common Pleas,*

Los gerentes de las cecas procesaban el metal para acuñar una cantidad de monedas establecida por ley,
y percibían una remuneración por cada moneda acuñada para cubrir los costes de producción.
Retrato de un gerente de la ceca alemán, 1501. Munich, Alte Pinakothek

Rodrigo Vázquez de Arce descendía de una ilustre familia de juristas;
al servicio de Felipe II, fue presidente del Consejo de Hacienda de 1584 a 1592, y después miembro del Consejo Real.
Aquí le vemos retratado por El Greco. Madrid, Museo del Prado

En el siglo xv los secretarios de Estado empezaron a dirigir departamentos diferenciados dentro de la Curia papal.

En las cortes de Europa occidental semejante especialización no existió hasta el siglo xvii.

Eneas Silvio Piccolomini se somete a la autoridad papal y a la Curia, fresco pintado por Pinturicchio hacia 1500.

Siena, Duomo, Libreria Piccolomini

o tribunal real central para los súbditos libres, y el *Exchequer*, tribunal de cuentas ante el cual eran responsables los funcionarios de finanzas del rey. Este modelo, que puede considerarse típicamente europeo, se impuso en distintos grados y épocas según el grado de desarrollo social de las regiones. Se caracteriza por una especialización y una burocratización crecientes y emana de un primer consejo unitario de grandes vasallos de la corona. Las funciones de consejeros se desarrollaron y perpetuaron en instituciones separadas. En la Curia pontificia se observa en el siglo XV la aparición de secretarios de Estado al frente de departamentos independientes, y el mismo proceso se emprende a partir del siglo XVII en la mayoría de las cortes occidentales. Durante el siglo XVIII se organizan por primera vez exámenes oficiales para la dotación de cargos públicos, en los sectores técnicos de las finanzas y el ejército. Baviera y Prusia fueron pioneras a este respecto.[10]

Es obvio que en esa formación de un aparato estatal se empleó un número cada vez mayor de funcionarios al servicio de los reyes, pero hasta la fecha la literatura académica apenas proporciona cifras globales. Disponemos de una muestra para la administración central francesa: a comienzos del siglo XIV empleaba a ocho contadores públicos, y en 1484 eran diecinueve; la cancillería ocupaba a diez notarios en 1286, 59 en 1361, 79 en 1418 y 120 en los inicios del siglo XVI. Hacia 1200 el rey de Inglaterra tenía quince mensajeros a su servicio, y hacia 1350 eran unos sesenta, de modo que los *sheriffs* de los condados podían recibir un correo semanal de la capital.[11] Más tarde la burocratización se desarrolló sobremanera: hacia 1515 el conjunto del Estado francés contaba ya más de 4000 funcionarios; un siglo después eran unos 25 000, y 46 000 o más hacia 1665.[12] En Inglaterra el porcentaje de funcionarios con respecto a la población total era indudablemente más bajo, entre otras cosas porque muchos cargos, por ejemplo el de juez de paz, eran honoríficos.

Para el cobro de impuestos se necesitaba una red muy ramificada de recaudadores, que los reyes y príncipes territoriales no podían establecer a su modo, en parte porque todas las áreas que gozaban de derechos fiscales, como los señoríos, los dominios eclesiásticos y las ciudades, insistían en conservar su autonomía. Preferían entregar una suma global por todo el territorio, reservándose el cobro, y por lo tanto el control sobre los recursos de la población. No obstante, el régimen arancelario en los puertos permitió a los reyes de Inglaterra instalar allí recaudadores propios: eran nuevas exacciones reales que afectaban principalmente a los compradores extranjeros. En cuanto al rey de Francia, la creación de impuestos reales con carácter general y permanente, que la Guerra de los Cien Años hizo necesaria, le permitió adjudicarse en gran parte la recaudación a mediados del siglo XV. También la corona de Castilla, gracias a la expansión de su poder tras sus conquistas a despecho de los musulmanes, se adjudicó el derecho de nombrar directamente a los regidores de las ciudades. En el resto de Europa, sin embargo, las monarquías experimentaron serias dificultades para centralizar la recaudación de impuestos por agentes propios en todo su territorio.

La privatización de los cargos públicos

En 1427 la Curia romana inició la costumbre de vender los puestos de redactor de la correspondencia papal. Si el proceso de formación de un aparato administrativo competente y fiable se malogró prácticamente en toda Europa, fue sobre todo debido a la sempiterna necesidad de liquidez que acuciaba a los Estados. Bajo las presiones de una competencia implacable, todo Estado acababa optando por la ganancia rápida para pagar sus operaciones militares, a costa del buen funcionamiento de su propia administración. Ésa es la razón de que fueran vendiendo pedazo a pedazo lo que trabajosamente habían construido en los siglos anteriores: un sistema de funciones que respondían a necesidades concretas. Los cargos que había que desempeñar por el bien del Estado y de la comunidad se subordinaron a su valor comercial, a lo que aspirantes codiciosos estuvieran dispuestos a pagar por ocuparlos. Tres cosas se buscaban a cambio: el poder que el cargo confería, y que podrían ejercer sin temor a un control demasiado severo de sus superiores jerárquicos; la posibilidad de rentabilizar el capital invertido con los ingresos derivados del cargo, y la categoría social que un alto cargo llevaba aparejada. A partir del siglo XV fue costumbre, sobre todo en Francia, conceder título de nobleza a los altos funcionarios. Se ocultaba así el origen burgués y universitario de muchos de ellos, asimilándolos a la clase alta tradicional. Lo que en el siglo XIV había ocurrido con la elevación de eclesiásticos al rango de obispo o cardenal se hizo entonces en el mundo laico. Un buen ejemplo es el del abogado borgoñón Nicolas Rolin, que fue nombrado canciller del duque en 1422 y a continuación ennoblecido para que pudiera actuar en pie de igualdad con los restantes consejeros. Esta nobleza de toga, *noblesse de robe*, hacía de los cargos públicos a los que estaba vinculada algo muy interesante para quienes accedían a ellos, pero también para los soberanos que los otorgaban.

En las épocas en que la necesidad de dinero se hacía acuciante, obviamente las épocas de guerra, los Estados procedían a la venta masiva de cargos públicos.

Desde el siglo xvi las élites locales de Castilla compraron cargos públicos al rey; así adquirían carta de hidalguía
y se integraban en el aparato del estado. Carta de hidalguía concedida en 1569 a don Diego Aranguiz por la Audiencia de Valladolid.
Pamplona, Diputación de Navarra

Así, entre 1560 y 1640 se asiste en España a una enajenación generalizada de las tierras de realengo, de los empleos públicos y particularmente de los puestos judiciales. En Castilla se vendieron sobre todo los cargos municipales dependientes de la autoridad real, y por ese sistema pudieron las élites locales integrarse en el aparato del Estado y adquirir carta de hidalguía. En Francia el siglo xvi fue el de la primera gran oleada de ventas. A raíz de la paz de Westfalia (1648), como ya no apremiaba tanto la captación de fondos, hubo una moderación prácticamente general de la tendencia privatizadora. El Estado podía aligerar sus gastos conservando a sus funcionarios como asalariados sólo en parte, de modo que la diferencia corría a cargo del ciudadano, que debía pagar al funcionario cada vez que solicitaba sus servicios. Para formalizar un documento, para poner un pleito, para comprar sal, el buen ciudadano pagaba un suplemento al agente administrativo: no lo cobraba el Estado, sino el titular del puesto.

Éste recibía de ese modo una especie de renta sobre el precio de adquisición del cargo. Como el Estado no controlaba muy de cerca los montos percibidos, existía un vacío legal que permitía al funcionario enriquecerse cómodamente a expensas de la ciudadanía, merced al monopolio administrativo que el Estado le había concedido, y del cual se podía considerar propietario. Dado que no se exigía el desempeño personal de la función, se podía ser titular de varios cargos y arrendarlos, sacando de ellos prestigio y rentas sin tener que dedicarles el menor esfuerzo.

En cuanto a lo que rentaban los cargos, sólo disponemos de estimaciones; pero está claro que hubo una demanda creciente de ellos durante el siglo xvi y las primeras décadas del xvii, sobre todo por parte de las élites burguesas, y una oferta del Estado aún mayor. La propiedad inmobiliaria solía rendir un 5 por ciento anual, pero de un cargo público se esperaba un rendimiento mínimo del 8 por ciento del capital invertido

En 1661 Juan Pareja representó la oficina madrileña de un recaudador de impuestos en este cuadro de *La vocación de Mateo*.
Los recaudadores eran aborrecidos por su rapacidad.
Madrid, Museo del Prado

en su adquisición. En Roma la venta de cargos fue reglamentada en la década de 1480. En 1495 un puesto de secretario en la Cancillería Apostólica rendía un 10 por ciento anual; hacia 1560, el rendimiento medio de los cargos era del 12 por ciento. Durante la segunda mitad del siglo XVI, el reino de Nápoles dio ejemplo de una revalorización impresionante que, en términos nominales y según el tipo de cargo, alcanzaba tres, cuatro y hasta seis veces la inversión inicial. Aun descontando una fuerte inflación, estas cifras reflejan un crecimiento importante de los rendimientos, que a continuación se estancaron. En Francia el producto nacional bruto y la demanda de cargos registraron un fuerte aumento de 1594 a 1610, bajo el reinado de Enrique IV, durante el cual el precio de los cargos se triplicó, cuando en esa época no había inflación.

La venta de cargos presenta distintas modalidades según el país y el momento. En Venecia se vendían como feudos, reservándose los más altos por cooptación a las familias que formaban el patriciado. En la Curia papal y en Francia, la reglamentación oficial legitimó una práctica ante la cual se hacía la vista gorda en otros lugares, pese a la existencia de ciertas prohibiciones. Siguiendo el modelo feudal, los propietarios de cargos adquirían incluso el derecho de legarlos. Los puestos de la corte y la oficialidad del ejército siguieron siendo coto privado de la nobleza, que en cualquier caso se consideraba ya desplazada por los nuevos ricos. Una fórmula consistía en pedir una especie de cuota de entrada, una cantidad que el candidato debía abonar al tesoro público para hacer efectivo su nombramiento, después, él o sus herederos podían tratar de recobrarla a costa de su sucesor. Ese sistema representaba una ventaja inicial para el Estado, que sin embargo perdía desde ese momento su control sobre el cargo y los ingresos que produjera, ya que no se podía destituir al funcionario antes de que éste hubiera recobrado la cuota de entrada. Otra modalidad era el arrendamiento del cargo al mejor postor y por un período limitado. Este sistema se aplicaba sobre todo a la recaudación de impuestos; permitía al Estado percibir de una vez el rendimiento esperado

Recogida de sacos de grano en un señorío real, bajo la vigilancia de un funcionario.
Miniatura francesa del siglo xvi. París, Bibliothèque nationale de France

para cada período, lo que obviamente no impedía que los recaudadores hicieran todo lo posible por rebasar la cantidad estimada y embolsarse la diferencia.

Frente a las modestas ventajas de un rendimiento asegurado y una liquidez inmediata, se corría el riesgo de que los recaudadores exprimieran a los contribuyentes hasta hacerles rebelarse contra el Estado. Entre los arrendatarios de impuestos se llegó pronto a una formación de cárteles que redujo los ingresos del erario público. También los propietarios de cargos se asociaron en grupos de presión para imponer sus condiciones. El favoritismo y el clientelismo solían presidir la asignación de los cargos más lucrativos allí donde su venta no estaba reglamentada –es decir, en todas partes menos los Estados Pontificios y Francia–, lo cual era fuente de pingües beneficios para cortesanos, secretarios privados y otros personajes influyentes. Bajo Carlos I (1625-1649), el tesoro inglés gastaba en salarios un promedio anual de 350 000 libras de un

presupuesto total que oscilaba entre 900 000 libras y un millón. Pero las 'propinas' pagadas directamente a los funcionarios por los ciudadanos que acudían a los servicios públicos alcanzaban un promedio anual de otras 300 000 libras. En Portugal los emolumentos pagados por el ejercicio de los cargos eran, a mediados del siglo xvii, siempre superiores al monto de los salarios, de modo que para su sustento material los funcionarios sólo dependían en pequeña medida del Estado al que supuestamente servían.[13]

La privatización de la función pública se puede interpretar como un fracaso de los Estados respecto a los objetivos que ellos mismos habían marcado para la administración, claramente debido a un debilitamiento interno que a su vez fue consecuencia de las prioridades que dictaba la rivalidad entre unos y otros. Las ventajas que así consiguieron fueron efímeras y limitadas. Las poblaciones sufrieron un aumento notable de la presión fiscal desde el

Peter van der Meulen inmortalizó así a la familia Colbert hacia 1680. En el centro está Jean-Baptiste Colbert,
el famoso primer ministro de Francia. El prelado que aparece en el balcón es Jacques-Nicolas, que fue nombrado arzobispo de Ruán en 1680.
El personaje situado a la derecha del estadista es probablemente Charles, que de 1668 a 1674 fue embajador en Inglaterra
y desde 1679 ministro de asuntos exteriores. El del extremo derecho puede ser el hijo del estadista Jean-Baptiste Antoine,
que auxilió a su padre en sus tareas administrativas. Londres, The Wellington Museum

momento en que la recaudación quedó en manos de una plaga de predadores que, actuando en nombre del Estado, sólo pensaban en explotar al contribuyente para llenarse el bolsillo. No tardaron las reacciones: en los 125 años transcurridos de 1662 a 1787 hubo en Francia un promedio de 38 levantamientos populares por año, la mitad dirigidos contra la fiscalidad y las medidas represivas del Estado.[14]

La otra cara de la moneda es que la burocracia empezó a formar a una nueva élite de origen esencialmente burgués, representante de una forma de administración alternativa frente a la supremacía arcaica de los grandes terratenientes. Esa élite, formada por funcionarios relativamente independientes, dirigió el Estado sin mayores abusos sobre la población que los que habría cometido cualquier otro régimen en esa época. Respaldados por su formación y por el carácter inamovible y hasta hereditario de su cargo, los funcionarios constituían además un freno para el poder real; a pesar de toda la retórica del absolutismo, Luis XIV sólo podía hacer valer su autoridad directa sobre un número escaso de subordinados. Para restablecer un control que la privatización había minado, la corona de Francia instauró la función de intendente, un inspector que con su adjunto y sus auxiliares gobernaba sobre una provincia de la que no era oriundo.

En Francia los nuevos ricos, realmente enriquecidos de la noche a la mañana por los cargos que habían adquirido, eran en general más instruidos y manifestaban un interés más vivo por los productos culturales del siglo XVII, el Siglo de Oro francés. Por otra parte, es indiscutible que en el siglo XVIII los gobiernos centra-

Don Diego de Corral y Arellano, oidor del Consejo Supremo de Castilla y secretario de Felipe III de España, retratado por Velázquez en 1624.
A cambio de su indispensable lealtad, el rey permitía a los miembros de la alta nobleza ejercer
un poder absoluto sobre sus señoríos y sus siervos.
Madrid, Museo del Prado

Portada de la obra de Richard Brathwaite *The English Gentleman,* grabada por Robert Vaughan hacia 1630.

Nótese que alrededor de la figura central se representan todas las buenas cualidades que debe reunir un caballero.

Londres, British Museum, Prints and Drawings

La rendición de Granada en 1492, con Boabdil arrodillado ante la reina Isabel de Castilla.

Auto representado al paso de la reina Juana de Castilla con ocasión de su entrada gloriosa en Bruselas en 1496.

Berlín, Staatliche Museen Preussischer Kulturbesitz, Kupferstichkabinett

La expulsión de más de 275 000 moriscos de España en 1609 significó un grave quebranto para la economía de Valencia, Aragón y Murcia.
Este dibujo es un esbozo del cuadro que Vicente Carducho presentó al concurso convocado por Felipe IV
en 1627 para la decoración de su palacio real.
Madrid, Museo del Prado

les de la mayoría de los Estados europeos–Francia, España, Portugal, Gran Bretaña, casi todos los territorios alemanes y de la casa de Habsburgo, Milán, Piamonte-Saboya y hasta Rusia–elaboraron métodos más eficaces para aplicar su política a nivel local y con ello garantizar mejor el orden interno. Ese orden se apoyaba en la organización y la pacificación social que a lo largo de los siglos habían llevado a cabo otras estructuras de poder menos vastas que el Estado y gradualmente incorporadas a él. Las diferencias entre los poderes públicos–todavía muy variados en su forma y dimensiones–residían en las relaciones que mantenían entre sí las concentraciones de poder locales, regionales y centrales. Ninguna monarquía del siglo XVIII podía hacerse respetar hasta en las aldeas sin la cooperación activa de los poderes intermedios. Es precisamente la ausencia de toda tradición de estructuras

urbanas o de distrito lo que hizo que en Rusia fuera imposible instaurar una *Polizeiordnung* al estilo prusiano, como habría querido Catalina la Grande (1762–1796), emperatriz de origen alemán y fervorosa admiradora de Federico el Grande. En cualquier caso, el orden social seguía siendo el de los grandes terratenientes, con o sin derechos feudales. Pero los monarcas absolutos más ilustrados se abstenían de inmiscuirse en el poder directo y casi total que los señores territoriales ejercían sobre sus siervos. Los reyes se veían, en efecto, obligados a hacer concesiones a la nobleza, y en algunos casos también a la alta burguesía, a cambio de su lealtad indispensable. Cedían de este modo a las presiones constantes de esas élites. En comparación con las elevadas ambiciones expresadas por los reyes en el siglo XIV, y aún más en el XVI, con base en las doctrinas que les presentaban los juristas eruditos, las monarquías de los siglos XVII y XVIII eran mucho menos centralistas, monolíticas y absolutas de lo que aparentaban ser, y de lo que han sostenido, asimilando con bastante ingenuidad su propaganda, la mayoría de los historiadores.

Los servicios de la Iglesia

Hasta el siglo XVII la política y la religión siguieron estando muy estrechamente unidas. La Europa medieval conoció monarquías católicas y greco-ortodoxas. El sistema de normas y valores de la Iglesia católica constituía a todas luces el marco ideológico de las monarquías occidentales. España fue una excepción llamativa, pues a pesar de etapas de lucha encarnizada entre los católicos y los musulmanes, lo que hubo durante mucho tiempo fue una profunda interacción de musulmanes, judíos y cristianos, que se manifestaba en su coexistencia, aunque fuera compartimentada, en ciudades y aldeas, en sus intensas relaciones económicas y culturales, y en su asistencia mutua. Perpetuar el estilo mudéjar en los palacios construidos para los reyes cristianos en el alcázar de Sevilla después de su reconquista (1248) pareció lo más natural. El primer ejemplo de esa tolerancia se halla sin duda en la actitud de los musulmanes que, en todos los territorios que conquistaron, incluidos los Balcanes cuando el imperio otomano extendió allí su avance desde el siglo XIV, admitían la práctica de 'las otras dos religiones del Libro', la judía y la cristiana.

El catolicismo, por el contrario, solía mostrar un universalismo fanático, combatiendo a sangre y fuego incluso las corrientes cristianas disidentes. Las cruzadas y la represión de los cátaros y demás heterodoxos en el norte de Italia, el sur de Francia y Aragón fueron sumamente sangrientas en los siglos XIII y XIV. En Bohemia, durante la primera mitad del siglo XV, el movimiento reformista de Juan Hus fue aplastado bajo el signo de la cruz por los ejércitos del emperador, que de paso robusteció su poder político. Como también sucedió en otras rebeliones, especialmente la de los campesinos flamencos en 1323-1328 y la de los campesinos ingleses en 1381, los sometidos asociaban el orden social represivo con su justificación por parte de la Iglesia, cuya alta jerarquía era un firme aliado del poder temporal. El rechazo del orden social implicaba por lo tanto la negación de la visión del mundo propagada por la Iglesia y se manifestaba en un claro anticlericalismo.

La Reforma sometió a una presión extrema la imbricación de Iglesia y Estado, fenómeno que ya hemos abordado en sus aspectos personales e institucionales.

Por una parte, la situación es comprensible porque un gran sector de la población tenía múltiples razones para desear una reforma radical de la Iglesia: la fragilidad de la postura del papado desde los inicios del siglo XIV, el declive de la disciplina monacal y del modo de vida de los sacerdotes, la venta descarada de indulgencias, la instrumentalización de la piedad y su formalismo. El secularismo de la jerarquía, y muy en especial de los papas del Renacimiento, indicaba que la Iglesia no podía dar una respuesta plenamente satisfactoria al deseo de autenticidad de los creyentes. Ésa es la razón de que la Reforma, a diferencia de los movimientos de épocas anteriores, no quedara circunscrita a ciertas regiones, sino que se propagara rápidamente por toda Europa.

Por otra parte, esa crisis religiosa tuvo máximas repercusiones en el marco de los Estados, justamente por estar éstos tan estrechamente vinculados con la Iglesia, tanto a nivel del personal como en sus ritos y estructuras de representación. Durante el siglo XVI todos los Estados se afanaron por desarrollar con vigor sus cuadros institucionales y reformular la legitimación intelectual, o mejor dicho ideológica, de una monarquía reforzada. En tales circunstancias, la tolerancia de los monarcas frente a cualquier disidencia en lo religioso, y por ende en lo político, era forzosamente nula. En efecto, la tendencia de los reyes a la territorialización miraba precisamente a excluir toda forma de poder que compitiera con el suyo dentro de sus dominios, por ejemplo el poder jurídico extraterritorial de otros príncipes u obispos. En los Países Bajos, Carlos V y su hijo Felipe II lo lograron en tres etapas. Para empezar, Carlos V firmó en 1529 un tratado con el rey de Francia por el cual éste renunciaba a todos sus derechos de soberanía sobre Artois y Flandes. A continuación, en 1548, Carlos V aisló todos sus territorios 'borgoñones' formando una circunscripción aparte, perteneciente al Imperio pero sin obligaciones efectivas. En 1559, por último, se redibujó el mapa de las diócesis de los Países Bajos para hacer coincidir sus fronteras con las del poder temporal, asegurando así que el territorio quedase cerrado a toda intervención formal del exterior. Con ello se completaba el control del Estado sobre la jerarquía eclesiástica, pues la participación del rey en el nombramiento de sus altos cargos era ya un hecho: en 1515 y 1516 el papa había concedido ese derecho, respectivamente, al príncipe que acababa de subir al trono, el futuro emperador Carlos, y al rey Francisco I de Francia. A cambio, por cada puesto cubierto había que pagar a Roma el equivalente de una renta anual. Los papas de la época de la reforma gregoriana de los siglos XI, XII y XIII habían condenado tales prácticas

Muerte en la hoguera del reformador bohemio Juan Hus, ejecutado en 1415.

Sus escritos heréticos fueron quemados en la misma hoguera.

Ilustración de las *Crónicas de Berna* de Diebold Schilling, 1483. Berna, Bürgerbibliothek

Quema de herejes en la hoguera en Schwarzenburg.

Ilustración de las *Crónicas de Spiez* de Diebold Schilling, 1483. Berna, Bürgerbibliothek

Esta estampa satírica del siglo XVI muestra la visión protestante de la venta de indulgencias por el papa, 'el pescador de Roma'.
Rotterdam, Atlas van Stolk

El elector de Sajonia sostuvo la reforma luterana. En este tapiz de 1554, obra de Peter Heymans,
Lutero aparece predicando ante los príncipes de Sajonia y Pomerania.
Greifswald, Ernst-Moritz-Arndt-Universität

con la excomunión, pero es obvio que sus sucesores del siglo XVI no tenían tan altas miras.

En España el vínculo entre la fe católica y la formación del Estado se estrechó durante los últimos decenios del siglo XV, con la etapa final de la Reconquista. La unión de los reinos de Aragón y Castilla se hizo realidad en 1469 gracias al enlace matrimonial de Fernando e Isabel, los Reyes Católicos. En enero de 1492 conquistaron Granada, el último bastión musulmán. Apenas tres meses más tarde decretaron que todos los judíos practicantes que no se convirtieran al cristianismo en un plazo de cuatro meses serían expulsados de España, dejando atrás la mayor parte de sus bienes. En Castilla eran unos 200 000 y en Aragón 60 000, es decir, entre un 3 y un 5 por ciento, y un 6 y un 7 de la población respectivamente. Los judíos cumplían funciones estratégicas en la vida económica, cultural y administrativa del país, e incluso habían contribuido generosamente a financiar la toma de Granada. Los Reyes Católicos se libraron así de pagar esa deuda, pero más importante era el significado simbólico de su decisión: en el territorio de la nueva España unificada no había sitio más que para una sola fe. Los monarcas se mostraron tolerantes durante algún tiempo para con la población musulmana, que en gran parte estaba integrada por campesinos y artesanos y por lo tanto suscitaba menos envidia entre los cristianos. En 1499 se puso a los moriscos de Castilla ante la opción de convertirse o marcharse, pero el decreto no afectaba a Aragón, Valencia y Granada. En 1508 se prohibieron sus usos y su atavío. En Granada otras medidas discriminatorias provocaron en 1568 una sublevación que en 1570 se zanjó con una amnistía que llevaba aparejada la deportación: muchos de aquellos moriscos huyeron a Valencia, donde hacia 1600 formaban ya un tercio de la población. Pero también para estos la 'razón de Estado' conduciría a una expulsión masiva en 1609, año en que Felipe III se vio obligado a firmar una tregua humillante con los protestantes rebeldes de los Países Bajos. Con el caprichoso pretexto –que también se empleó muchas veces contra los judíos– de que estaban tramando un levantamiento, en 1611 un número de moriscos que se calcula en 275 000 fue depositado en las costas norteafricanas por barcos de la armada española. Así se instrumentaba una especie de compensación imaginaria por la derrota política del rey.

El Estado español nacido de la Reconquista se confirmó en el siglo XVI como la monarquía católica por excelencia. Se comprende así cuán problemáticos fueron para Carlos V y Felipe II sucesivamente los fuertes movimientos protestantes surgidos primero en sus territorios septentrionales, en los Países Bajos, y más tarde en otras partes del imperio. Dado que la unidad política corría pareja con la unidad de religión, quienes se apartaban de la Iglesia católica entraban fatalmente en conflicto con el poder del Estado. Sin embargo, los monarcas que se dejaron convencer por la doctrina reformista impusieron la nueva fe a sus súbditos desde arriba. De ese modo el luteranismo se propagó muy deprisa en tierras germanas, escandinavia y el Báltico. En muchos lugares, la independencia efectiva de ciudades y principados hizo posible publicar y predicar la doctrina reformista a pesar del edicto imperial promulgado en 1521 en la Dieta de Worms que desterraba a Lutero del Imperio y prohibía la difusión de sus ideas, condenadas como heréticas. Juan el Constante, príncipe elector de Sajonia –donde residía Lutero–, y Felipe el Magnánimo, landgrave de Hesse, apoyaron la Reforma desde 1525, mientras que Alberto de Hohenzollern, gran maestre de la orden teutónica, secularizó los dominios de ésta convirtiéndolos en el ducado hereditario de Prusia.

Ya en 1529 seis príncipes y catorce ciudades libres del Imperio 'protestaron' por la revocación hecha por Fernando, Rey de Romanos, de la garantía de seguridad que antes había dado a los luteranos. En los años siguientes, el duque de Wurtemberg (1534) y los reyes de Suecia (1536) y Dinamarca (1537) abrazaron la nueva doctrina y fundaron Iglesias luteranas nacionales. Ello implicaba expropiar los bienes eclesiásticos, lo cual dio un enorme impulso a las finanzas públicas de los incipientes Estados protestantes. En Hesse y Württemberg los fondos así obtenidos alcanzaron un tercio de los ingresos totales y permitieron, por ejemplo, crear la universidad de Marburgo. Por otra parte, una vez más se trataba de un gesto eminentemente simbólico que no sólo realzaba la gloria de la dinastía y la nueva identidad del Estado, sino que subrayaba también la filosofía intelectual y racional del protestantismo. En la mayoría de los Estados, las propiedades eclesiásticas beneficiaron sobre todo a las arcas del príncipe, que de ese modo reducía su dependencia financiera con respecto a los representantes de los estamentos.

La lucha política desencadenada por el protestantismo siguió en el Imperio las vías, trazadas desde hacía siglos, de las alianzas y los pactos de no agresión *(Landfrieden)*. La rebelión de los campesinos del centro y sur de Alemania en 1524-1525 se inspiró, en parte, en las ideas del anabaptista Thomas Münzer, y Lutero la desaprobó por razones doctrinales. Los príncipes la ahogaron en sangre, reforzando así su posición a largo plazo. Para defender el protestantismo, ciudades y príncipes formaron una asociación política y religiosa, la Liga de Smalkalda, que fue derrotada por Carlos V en 1546-1547. Pero en 1555 la Dieta tuvo que declarar una tregua religiosa que permitía la libertad de credo

El emperador Carlos v presidiendo la Dieta de Augsburgo en 1530; a su derecha aparecen los representantes de la Iglesia católica
y a su izquierda los delegados del movimiento protestante. La Confesión de Augsburgo se leyó en alta voz ante esta asamblea.
Coburgo, Kunstsammlungen der Veste, Leihgabe der Stadt Coburg

para los luteranos (según la Confesión de Augsburgo redactada en 1529 por Melanchthon), y reconocía a los territorios y ciudades el derecho a organizar de forma autónoma su vida religiosa y eclesiástica. La territorialización de la religión fue así un hecho en el seno del Imperio, y las pretensiones imperiales de universalidad se evaporaron.

No sólo el Imperio germánico, por ser demasiado extenso y falto de unidad administrativa, se vio incapaz de superar la prueba de la Reforma como unión político-religiosa. Tampoco el imperio español pudo doblegar por mucho tiempo la fuerte adhesión que los distintos movimientos reformistas habían suscitado en los Países Bajos. A pesar de una acción represiva cada vez más férrea y extensa, la Inquisición no logró impedir que importantes segmentos de la población de las grandes ciudades, a veces hasta un tercio, optaran por el calvinismo, el luteranismo u otras confesiones. El calvinismo cobró gran fuerza a partir de 1560, sobre todo en el sur, que estaba más urbanizado y

gozaba de una economía más floreciente. La nobleza fracasó en sus intentos de reconciliar al gobierno con los protestantes, lo que llevó a una escalada de la violencia. En agosto de 1566, una depresión coyuntural de la industria textil rural desató en el sudoeste de Flandes una oleada iconoclasta que se propagó al conjunto de los Países Bajos. Felipe ii decidió reprimir la revuelta, que implicaba a grandes sectores de la población. Un ejército de entre 60 000 y 80 000 soldados bajo mando español no consiguió restablecer la autoridad real sobre los Países Bajos del sur hasta 1585–al cabo de dieciocho años de lucha–fecha en que aún se les concedió a los protestantes un plazo de dos años para abandonar el país. Se calcula en 200 000, esto es, un 10 por ciento de la población, el número de los que lo hicieron. La mayor parte de ellos pertenecía a la élite económica y cultural y se instaló en las provincias septentrionales, que, a pesar de una guerra prolongada hasta 1648, resistieron como bastión protestante.

La conversión de esas provincias al protestantismo

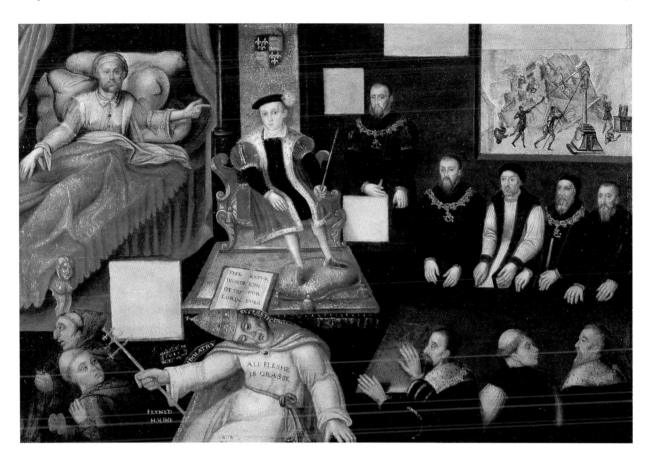

Pintura alegórica que muestra a Enrique VIII de Inglaterra moribundo
y sucedido por el joven Eduardo VI en
una atmósfera fuertemente antipapal, hacia 1548.
Londres, National Portrait Gallery

no fue, como en los principados germánicos, un proceso impuesto por el gobierno; precisamente la revuelta se alzó contra 'la opresión de las conciencias' por el Estado. Hasta bien avanzado el siglo XVII, los calvinistas siguieron siendo una minoría influyente que mantuvo la tolerancia religiosa, aunque no dejaran de existir restricciones para los católicos y querellas entre ortodoxos y 'liberales'. La República de las Provincias Unidas siguió más bien el ejemplo de las repúblicas urbanas de Suiza y Alemania, con Ginebra y Zurich a la cabeza, que se basaban en la autonomía de las ciudades. A nivel local, esa autonomía implicaba en principio el pluralismo religioso y por ende la convivencia de diferentes comunidades religiosas.

En Inglaterra las vicisitudes conyugales de Enrique VIII fueron el origen de una ruptura inicialmente política con la Iglesia católica en 1534, año en que el Parlamento aprobó la ley que convertía al rey en cabeza de la Iglesia anglicana. Negarse a jurar el acatamiento exigido a esa ley le costó la vida a su canciller, Tho-

mas More. Enrique VIII expropió y puso en venta los bienes eclesiásticos, con pingües ganancias para el tesoro público y la pequeña nobleza terrateniente. Pero no habría habido reforma religiosa radical sin la inspiración calvinista de los puritanos. En 1563 la Iglesia anglicana adoptó la doctrina calvinista y se desató la persecución de los católicos. A ello se sumó la imposición del protestantismo en Irlanda, donde las sublevaciones de los católicos fueron sangrientamente reprimidas en 1579 y 1598, tras lo cual se empezó a distribuir tierras entre colonos ingleses protestantes. Ese imperialismo político-religioso creaba así un problema que aún marcaría con su triste impronta al Estado británico a lo largo de todo el siglo XX. Inglaterra y Escocia también vivieron sus propias guerras de religión como una forma de protesta contra las aspiraciones de Carlos I (1625-1649) al gobierno absoluto; los calvinistas puritanos y los presbiterianos escoceses acusaban a la Iglesia anglicana de tendencias papistas. En la guerra civil que sobrevino se combatieron a la

vez el absolutismo y el anglicanismo. En la década de 1660 *(the Killing Time)*, puritanos y presbiterianos serían los perseguidos. Hubo que esperar a la subida al trono del estatúder de Holanda Guillermo III (1689-1702) para que una ley de tolerancia asegurase la libertad de conciencia para todas las corrientes del

Partidarios armados de la Liga Católica saliendo en tropel de la céntrica iglesia parisiense de *Saint-Jean-en-Grève*

(destruida durante la revolución), en 1590 o 1593.

París, Musée Carnavalet

protestantismo, siempre que aceptasen el dogma de la Trinidad y celebrasen en público. Los escoceses restablecieron su propia Iglesia.

En Francia las simpatías calvinistas de una parte de la nobleza acarrearon feroces guerras de religión en algunas regiones (1562-1598), donde lo que se jugaba

En 1618 los rebeldes protestantes de Bohemia arrojaron a dos regentes de los Habsburgo y su secretario
por una ventana del palacio Hradschin de Praga, en protesta por el catolicismo del emperador.
Vista del palacio real de Praga, dibujo a la acuarela de Eduard Gurk, 1836. Viena, Graphische Sammlung Albertina

era el grado de tolerancia que se iba a permitir dentro del reino. El intento de la corte de neutralizar la corriente hugonota asesinando a sus jefes degeneró en horrible carnicería en la tristemente célebre noche de San Bartolomé (24 de agosto de 1572). Los habitantes de París y de otras ciudades se cobraron a su vez viejas rencillas con el pillaje y la matanza de 22 000 protestantes en pocos días. Tanto la monarquía como el movimiento hugonote salieron debilitados de esa lucha. Dos reyes sucesivos, Enrique III y Enrique IV, serían asesinados por católicos fanáticos. Enrique IV había intentado conciliar las diferencias religiosas con una política insólita en la Europa monárquica de la época. Él mismo había recibido una sólida formación protestante y liderado a los hugonotes,

A pesar de la difusión de la imprenta, el púlpito siguió siendo un arma poderosa para influir en los fieles. Esta pintura de Jacob Seisenegger representa al nuncio papal C. Musso pronunciando un sermón ante el emperador Fernando I y su corte en la Augustinerkirche de Viena, hacia 1560. Viena, Graf Harrach Kunstgallerie

pero 'por las necesidades de la causa' tuvo que volver en dos ocasiones al seno de la Iglesia-la segunda, en 1593, nada menos que en el mausoleo real de San Dionisio. Gracias a sus éxitos militares logró poner fin a las guerras religiosas que durante cerca de cuarenta años habían afligido a Francia. En 1590 el asedio de París, ocupada por la Liga católica, que se negaba a reconocerle como rey legítimo, costó 45 000 muertos de una población de 220 000 habitantes. El agotamiento de ambos bandos fue, como tantas otras veces, lo que puso punto final a la guerra.

El célebre Edicto de Nantes, por el cual Enrique IV dictó en 1598 los términos de un compromiso entre las confesiones enfrentadas, concedía libertad de culto a los hugonotes en ciertos lugares.

Sátira de la liturgia católica como 'la idolatría romana'. Xilografía en colores de 1573, obra de Tobias Stimmer, reimpresa en 1576 por Bernhard Jobin. Zurich, Zentralbibliothek

Una serie de medidas–privilegios corporativos, jurisdicciones especiales, plazas fuertes (La Rochela, Montauban y otras), derechos cívicos–habían de garantizarles el tipo de seguridad que una sociedad estamental fundada en privilegios de grupo podía conceder. Un factor importante de ese reconocimiento fue la gran concentración de hugonotes en el Languedoc: se calcula que eran un millón, integrado casi exclusivamente por varones instruidos relativamente acomodados. Antes del estallido de las guerras de religión había, según una estimación global, un máximo de 1 750 000 simpatizantes hugonotes en el conjunto del país, esto es, un 8,75 por ciento de la población, repartidos en unas 1400 comunidades, 800 de ellas en el sur.[15] ¿Será casualidad que esa concentración coincidiera a grandes rasgos con la de los cátaros de los siglos xii y xiii, en una región que desde la época romana estaba mucho más urbanizada que el resto de Francia? En cierto sentido, lo que hizo Enrique iv fue aplicar a las cuestiones religiosas el derecho de autodeterminación territorial que estaba reconocido en el Imperio desde 1555. Sin embargo, ya en 1627 Richelieu reconquistaría la plaza fuerte de La Rochela, quebrantando con ello la potencia militar de los hugonotes. También en Francia la tolerancia religiosa volvió a ser inaceptable al absolutizarse la monarquía bajo Luis xiv, y recrudecerse las persecuciones. En 1685 se revocó el Edicto de Nantes; desde entonces quedaron prohibidas todas las manifestaciones públicas de la fe protestante, excepto en Alsacia, región recientemente conquistada donde el luteranismo estaba protegido por la legislación imperial.

a de Comer al Pobre del prouecho. El Pobre Come y Diego satisfecho. Mira en el Pobre a Dios y desupecho, I aun tiempo e Xercitando vida activa...
...que Diego deaue el Pobre Coma. El dar las Gracias por su comenta toma. Caridad todos a Dios se ofrece Anima. El Santo Reza su Corona dichos...

Con el respaldo del Estado, la Iglesia pudo expresar su filosofía a través de una intensa campaña civilizadora
en las esferas del arte, la enseñanza y la asistencia social.
San Diego de Alcalá y los pobres, obra de Murillo pintada en 1682. Madrid, Real Academia de San Fernando

La represión decretada por Luis XIV significó el éxodo de entre 200 000 y 270 000 hugonotes, un uno por ciento de la población francesa y el 20 por ciento de los calvinistas. Huyeron a países protestantes, y sobre todo a la ciudad libre imperial de Francfort, desde donde muchos siguieron viaje hacia Brandeburgo, cuyos príncipes electores abrieron las puertas a esa inmigración burguesa con la esperanza de que contribuyera a modernizar su economía. También se establecieron contingentes importantes en las Provincias Unidas e Inglaterra.

La más atroz de las guerras de religión estalló al reaccionar el emperador católico Fernando II de Habsburgo a la insubordinación de la Dieta de Bohemia. Los bohemios, favorables al protestantismo, se opusieron a la voluntad del gobierno de Viena de imponerles la confesión católica, y en 1618 arrojaron por una ventana del palacio Hradschin de Praga a dos regentes imperiales y su secretario. Con esa acción simbólica repetían el comportamiento de los husitas sublevados doscientos años antes, en 1419. Tal vez los protestantes de Praga quisieran también vengar la

En el curso del siglo XVI los gobiernos de países católicos persiguieron con dureza a las supuestas brujas,
que solían ser mujeres campesinas solas y empobrecidas. Hoja volante distribuida con ocasión de un truculento proceso por brujería
que tuvo lugar en 1555 en la ciudad alemana de Derneburg.
Nuremberg, Germanisches Nationalmuseum

suerte del jefe protestante Gaspard de Coligny, defenestrado en el Louvre en la noche de San Bartolomé. Sea como fuere, lo cierto es que los Habsburgo no podían tolerar la escisión de una parte importante y próxima a Viena de su *Hausmacht*, escisión que pareció inminente cuando el jefe de la Unión Protestante, el elector palatino Federico, fue elegido rey de Bohemia. El incontestable delito de lesa majestad cometido por los rebeldes de Praga puso en acción un mecanismo de alianzas: una amplia coalición católica provocó otra no menor de príncipes protestantes. En 1620 el ejército imperial y bávaro aplastó a los protestantes de Bohemia en la Montaña Blanca. En 1626–1627 los campesinos y la nobleza de Bohemia se alzaron una vez más contra la imposición de un régimen absoluto y católico, pero también entonces el ejército bávaro demostró ser más fuerte. El resultado fue la confiscación de las tierras de la nobleza y la emigración de 250 000 disidentes. Pero entretanto había comenzado un colosal pulso entre príncipes católicos y protestantes, que no se resolvería hasta 1648. Ese año sólo quedaban 15 de los 28 millones de protestantes censados en 1600. El catolicismo se había consolidado a costa de enormes sufrimientos humanos provocados por los Estados.

Las emigraciones forzosas de cientos de miles de judíos, musulmanes y protestantes fortalecieron entre 1492 y 1700 la homogeneidad religiosa de los Estados europeos, y ello hizo también más nítida su identidad territorial. Del lado protestante, las grandes potencias eran Inglaterra, las Provincias Unidas y Suecia; del lado católico, España, Austria, y al cabo también Francia. Las Iglesias pasaron a ser Iglesias de Estado. En Polonia también la Iglesia ortodoxa quedó bajo la autoridad de Roma, aunque conservando sus doctrinas y ritos. En las regiones de predominio ortodoxo se mantuvieron, junto a una Iglesia ortodoxa griega, sus homólogas búlgara, serbia y rusa. Esta última estuvo desde 1589 bajo la autoridad de un patriarca con sede en Moscú y estrechamente ligado a los intereses políticos del zar.

Los Estados que habían alcanzado la homogeneidad religiosa establecieron sistemas persuasorios con miras a formar en sus súbditos una identidad confesional excluyente, en la que la autoridad gubernamental fuera a la vez estatal y eclesiástica. Eso suponía erradicar toda influencia heterodoxa, lo que a su vez requería censura y control político. La cuestión cobró gran importancia desde el siglo XVI, porque el uso de la imprenta hizo posible una divulgación de las nuevas ideas mucho más rápida que en los siglos anteriores, por medio de textos propagandísticos, panfletos y estampas de carácter simbólico. Los reformadores pronto imprimieron y difundieron sus traducciones de la Biblia y sus escritos teológicos. Además, el movimiento humanista había acrecentado considerablemente el interés y la confianza en los efectos de la educación, lo que explica que primero los protestantes y después los católicos tratasen de inculcar su doctrina desde la infancia a través de un sistema escolar eficiente. El control de esos nuevos y poderosos medios de persuasión merecía, pues, todos los desvelos de las autoridades. La Iglesia católica trató de preservar a sus fieles de influencias perjudiciales publicando a partir de 1559 un Índice de libros prohibidos y quemando en público aquéllos que consideraba heréticos. En el sistema confesional unitario, la pérdida de la independencia religiosa iba de la mano con la destrucción de los derechos cívicos.

Las élites políticas y culturales se aplicaron de consuno a implantar un nuevo sistema de normas con todos los medios a su alcance, sin excluir, en caso necesario, la intimidación y la fuerza. Predicadores, profesores de universidad, maestros de las nuevas escuelas latinas, jueces, censores y editores fueron los pioneros de un nuevo consenso social y político que se desplegó sobre la población como una auténtica ofensiva civilizadora. En el bando católico y siguiendo los dictados del Concilio de Trento (1545–1563), los párrocos fueron mejor formados y controlados con más rigor por sus obispos; la Compañía de Jesús, fundada en 1534, se erigió en vanguardia de un clero altamente instruido y disciplinado que tomó en sus manos la enseñanza; por último, se reforzó el poder del papado. Católicos y protestantes se sirvieron análogamente del socorro a los pobres, los enfermos y los menesterosos para conducir a esos desvalidos a su respectivo redil. La sumisión de los creyentes como ciudadanos leales y miembros de una comunidad eclesial, tal era el objetivo manifiesto de todas las confesiones; sólo que los reformados, en los territorios menos extensos donde participaban en el poder, se mostraban en esto todavía más estrictos que los católicos.

La imbricación de la Iglesia y el Estado dentro de las fronteras de éste les permitió influir más que nunca sobre la población, con beneficio para ambos. La Iglesia se sabía sostenida por el fuerte brazo del Estado cuando decidía excomulgar a personas o condenar escritos o imágenes contrarios a la ortodoxia, y recibía libertad plena para imponer su pensamiento en las comunidades y parroquias, en la enseñanza y en la asistencia social. La multiplicación de esas institu-

ciones de control social, que seguían estando regidas por las Iglesias aunque su financiación corriera a cargo de los propios fieles o de las rentas del patrimonio eclesiástico, secularizado o no, no le costaba nada al Estado.

Esa ofensiva civilizadora de las confesiones, que tuvo su apogeo entre 1570 y 1650, ayudó al Estado a jerarquizar la sociedad sobre el modelo de una autoridad paternalista que emanaba de Dios y se transmitía a la persona del rey, a sus agentes culturales (jueces, predicadores, sacerdotes, maestros, etcétera), y finalmente al padre de familia. Cada nivel encajaba funcionalmente en un patrón de obediencia: la mujer y los hijos respecto al padre de familia, el conjunto de todos ellos respecto a los guías religiosos, y éstos a su vez respecto al rey, que afirmaba recibir su autoridad directamente de la gracia divina. La Iglesia, estrechamente unida al Estado, encontró una ocasión única para inspirar en todos un saludable temor de Dios y horror al mal; en cuanto al Estado, reclutó como por ensalmo un ejército de colaboradores no remunerados para inculcar la disciplina social a sus súbditos. Por otra parte, la acción legislativa y judicial del Estado desbordó ampliamente sobre el terreno eclesiástico, promulgando, por ejemplo, decretos condenatorios de la herejía, la hechicería, la blasfemia, la inmoralidad y hasta el empleo de expresiones malsonantes, como se hizo bajo Carlos V en 1554.

La Iglesia católica y los Estados que vivían en simbiosis con ella actuaron duramente contra los 'herejes'–los protestantes–, y, sobre todo entre 1570 y 1630, contra las supuestas brujas. Para ambas categorías se encendieron miles de hogueras, como si sólo el fuego pudiera aniquilar sus pecados. La designación de chivos expiatorios era un medio de probada eficacia para imponer la disciplina, a veces atizado por las autoridades locales, pero fomentado siempre por la Iglesia y el Estado, incluso en los países protestantes. Víctimas preferentes de la criminalización eran las mujeres del ambiente rural que vivían solas, y que en épocas de crisis económica perdían su medio de vida y se veían marginadas. En un clima de fanatismo religioso generalizado, era fácil sospechar que se entregasen a prácticas paganas, interpretadas como relaciones con el demonio. También sobre las comadronas pendía el riesgo del estigma. Tras la aparición en 1487 del *Martillo de brujas (Malleus maleficarum)*, obra de dos inquisidores alemanes basada en una bula papal de 1484, los procesos por brujería se consideraron legítimos en derecho canónico. La sociedad, agobiada bajo el peso de la represión político-religiosa, proyectaba sus angustias sobre mujeres vulnerables que correspondían con una imagen típica divulgada por la Inquisición; eso contribuía a reforzar la disciplina que los

Al tomar posesión de su cargo, los magistrados de Lüneburg juraban desempeñarlo
con rectitud sobre esta lujosa 'urna del juramento', un relicario de plata sobredorada de 1443.
Berlín, Staatliche Museen Preussischer Kulturbesitz, Kunstgewerbemuseum

gobiernos tenían tanto empeño en imponer, y éstos no desaprovechaban la ocasión para llevar sus dictados hasta los villorrios más recónditos. Es interesante observar que las cazas intensivas de brujas no se dieron sólo en los Estados claramente marcados por la Contrarreforma, como Baviera, los Países Bajos del sur y Lorena. De 1580 a 1630 hubo en Lorena 3000 procesos por brujería, que en un 90 por ciento fueron condenatorios; pero también en ciertas regiones protestantes, por ejemplo en Escocia y Suecia, la caza de brujas fortaleció la capacidad de penetración de las Iglesias. Es de notar, por otra parte, su escaso desarro-

llo en España, que ya había tenido sus chivos expiatorios en los moros, y en las Provincias Unidas, donde la tolerancia religiosa, la falta de una autoridad absoluta y centralista y la prosperidad económica no propiciaban esa forma de terror.

Claro está que toda esa actividad disciplinaria no alcanzó a eliminar por completo la herejía ni la incredulidad, pero sí sirvió para formar una ciudadanía más dócil, respetuosa y manejable que las masas un tanto indómitas de los siglos anteriores. El adoctrinamiento sistemático redujo considerablemente el coste de mantener el orden interior, logro notable y tal vez

Tapiz de Bruselas que ilustra el juramento prestado
por Felipe el Hermoso en su entrada solemne en Brabante, en 1494.
Amsterdam, Rijksmuseum

necesario en unos Estados que no cesaban de crecer. Por desgracia, la energía ahorrada de ese modo se siguió dedicando básicamente a la dominación exterior. La crueldad del terror de Estado se atenuó en el curso del siglo XVIII. Ese terror había contribuido a imponer una disciplina, pero suscitó la crítica cada vez más mordaz de los filósofos de la Ilustración, que condenaban el carácter irracional de las persecuciones. Finalmente, fue la propia legitimidad religiosa y excluyente del Estado la que se vio puesta en entredicho.[16]

La voz del pueblo

La iniciativa de la competencia incesante por unos medios de poder más concentrados, que llevó a formar Estados con ejércitos cada vez más potentes, brotaba, obviamente, de individuos e instituciones que gozaban ya de una superioridad de poder: señores feudales, grandes terratenientes, príncipes, dignatarios de la Iglesia, oligarquías urbanas. Pero el resultado de esa lucha secular no dependía sólo de tales élites. Las poblaciones a quienes se imponía un poder de alcance creciente no se limitaban a ser espectadoras pasivas:

Buzón abierto en un muro del palacio comunal de Verona para denuncias,
anónimas o no, de usureros.

A comienzos del siglo XVII era costumbre que el *Merchant Provost* y los magistrados de París se hicieran retratar arrodillados en actitud orante en torno a un crucifijo. A finales del mismo siglo, Nicolas de Largillière pintó a ese grupo de funcionarios en este contexto completamente secularizado.

Amiens, Musée de Picardie

las comunidades creaban organizaciones políticas propias, que durante mucho tiempo serían un factor importante en la rivalidad general. Los señores feudales en busca de alianzas frente a antagonistas más poderosos llegaban a recabar a veces el apoyo de sus adversarios naturales en las ciudades o en las instancias eclesiásticas. Dicho en pocas palabras, la formación de concentraciones de poder más fuertes provocaba la reacción de los perdedores, que se coaligaban para invertir la situación al primer signo de debilidad del opresor. En ese proceso dialéctico nacieron formas de representación y de resistencia que iban a constituir una aportación singular de Europa occidental a la historia del mundo: el parlamentarismo.

Uno de los fundamentos de esa dialéctica fue el contrato feudal, que preveía que un vasallo pudiera negarse a servir a su señor si éste no respetaba sus obligaciones hacia el primero. Ambas partes se habían prometido lealtad recíproca con juramento sagrado, de forma que el más débil podía invocar esa promesa, y llegado el caso oponer resistencia a la actuación ilegítima del más fuerte. Esos juramentos implicaban

una sacralización de los acuerdos privados, de modo que la ruptura del pacto acarreaba asimismo una sanción espiritual. Ellos fueron el modelo de los contratos que nuestra visión moderna considera de derecho público. En los siglos X y XI también se juraba la concesión de privilegios a las ciudades, y su consignación por escrito no tenía tanto peso jurídico como el acto público ritual. La entronización del príncipe se solemnizaba en la forma de un juramento de homenaje recíproco: en primer lugar el soberano entrante juraba respetar y defender los derechos de sus súbditos y de la Iglesia, y a continuación sus vasallos y otros representantes de sus súbditos le juraban lealtad. En esa extensión jurídica del juramento de homenaje feudal se encierra el derecho fundamental de los vasallos y pseudovasallos, por ejemplo las ciudades dotadas de privilegios, a decidir libremente la aceptación de un señor y hacerle respetar sus compromisos so pena de disolución del contrato.

A causa de la elevada mortalidad que imperaba en aquel mundo de guerreros intrépidos, el nombramiento de sucesor legítimo constituía a menudo un

Cuando el Parlamento inglés quiso supervisar la política financiera de Ricardo II, el rey lo sustituyó por una nueva asamblea
mejor dispuesta hacia él. El terror que desató a continuación, en 1398, provocó un levantamiento y su detención en el castillo de Flint
por Henry Bolingbroke en agosto de 1399. Poco después fue asesinado en el castillo de Pontefract. Miniatura francesa del siglo XV.
Londres, British Library

En 1591 Wolfgang Breny retrató un juicio en Niederbüsslingen. En la cabecera de la mesa están el juez y el secretario. Tras ellos el alguacil atiende a que todo se desarrolle con propiedad, y delante hay doce magistrados, cuyos escudos de armas se muestran en la orla. Frauenfeld, Thurgau Museum

problema. La multiplicidad de normas jurídicas al respecto y la amplitud de las ramificaciones familiares solían acarrear conflictos. En principio, las reglas sobre primogenitura y reconocimiento de las mujeres (Inglaterra) o su exclusión (Francia, Imperio germánico) guiaban la elección, pero no garantizaban ni su indisputabilidad ni su acierto. Una de cada dos sucesiones planteaba dificultades, bien porque varios candidatos ostentaran el mismo derecho, bien porque el sucesor legítimo fuera menor de edad o incapaz o mujer, caso éste que incluso en países como Inglaterra, Castilla y los Países Bajos, donde las mujeres podían suceder, suscitaba interrogantes en cuanto a los derechos de su esposo. En esas circunstancias, los súbditos llamados a ratificar a un nuevo soberano tenían cierto margen para hacer valer sus preferencias y supeditar su asentimiento a determinadas condiciones. Aún mayores eran esas posibilidades cuando la realeza se asignaba por elección, como sucedía en el Imperio y en los reinos que originalmente fueron vasallos suyos, Bohemia, Hungría y Polonia. Hasta después de 1440, cuando los Habsburgo hicieron hereditaria en la práctica la corona imperial, la elección se caracterizó infaliblemente por una rivalidad exacerbada entre las grandes familias principescas, que condenaba a la corona a una permanente debilidad.

En toda Europa se encuentran pruebas desde el siglo XII de la intervención de representantes de distintos estamentos, incluida la burguesía, en la proclamación del soberano y el establecimiento de los principios que debían presidir su actuación. No así en Francia, sin embargo. Hasta 1328, la sucesión se efectuó en los Capetos sin grandes problemas; al extinguirse esa dinastía, fueron los barones quienes decidieron que Felipe de Valois tenía preferencia sobre Eduardo III de Inglaterra, por ser un 'príncipe natural' y pertenecer a un linaje que había nacido y vivido en el país desde tiempo inmemorial. Excepcionalmente se pidió en 1420 el asentimiento de los Estados y de la Universidad de París para desheredar al Delfín, pero los acontecimientos no tardaron en invalidar esa medida.[17] Tampoco se consultó a la población para la regencia de María de Médicis y el cambio a la dinastía borbónica en 1589.

En 1135 Alfonso VII se hizo proclamar emperador de España ante una asamblea solemne de la cual formaban parte, además de los altos dignatarios eclesiásticos y grandes barones, cierto número de 'jueces', término que quizá designara a representantes elegidos de las ciudades. En todo caso éstas estuvieron presentes en 1187, cuando los dirigentes de cincuenta ciudades participaron en la sesión de la curia real de Castilla que estableció el derecho sucesorio de Berenguela

y su contrato matrimonial con Conrado de Hohenstaufen. Un año después, tras una sucesión disputada, el rey Alfonso IX de León prestó juramento, ante 'los arzobispos, obispos, órdenes religiosas, condes y otros nobles del reino, así como ciudadanos elegidos de las villas', de respetar los buenos usos y no decidir guerra ni paz sino en consulta con 'obispos, nobles y hombres buenos'. La asamblea, a su vez, le juró fidelidad, comprometiéndose a mantener el derecho y la paz.[18] El vecino reino de Aragón conocía desde mediados del siglo XII la convocatoria de Cortes con más de un centenar de asistentes, algunos en representación de ciudades, que trataban asuntos políticos tales como el mantenimiento del orden y la justicia, la imposición de tributos y la acuñación de moneda. En 1214 unas Cortes Generales de barones, caballeros, burgueses y feudatarios de fortalezas y ciudades juró fidelidad al rey Jaime, menor de edad, a cambio de ventajas financieras y jurídicas. En épocas de crisis dinástica, como fueron en Castilla-León los años de 1275 a 1325, las Cortes podían ejercer una influencia real sobre el gobierno presentando sus quejas sobre toda clase de asuntos, y aun inclinar la balanza hacia uno u otro de los pretendientes al trono.[19] Los importantes derechos que los nobles y las ciudades de España habían adquirido en el marco de la Reconquista les confirieron, con respecto a la corona, una posición de partida más sólida que las de sus homólogos de otros países de Europa.

En Flandes los representantes de la nobleza y de las grandes ciudades avanzaron un paso más en 1127. Como el conde que les había sido impuesto por el rey de Francia a título de vasallo se había apresurado a atropellar todos los privilegios que juró en su toma de posesión, le exigieron reparación pública de sus yerros. Propusieron someter el litigio al dictamen de un tribunal especial, compuesto por hombres prudentes de los tres estamentos. Si éste llegaba a la conclusión de que el conde había violado los derechos de sus súbditos y él se seguía negando a compensar sus agravios, le destituirían por perjuro y buscarían un candidato más digno. La asamblea proyectada jamás se reunió, porque el conde, según la antigua tradición caballeresca, recurrió a las armas, y el azar quiso que encontrase la muerte. Pero hasta entonces nunca se había formulado con tal claridad, en el contexto de un principado importante, el principio de que el juramento de investidura obligaba al príncipe a respetar las relaciones jurídicas convenidas, y que, conforme al derecho feudal, en caso de violarlas perdía la confianza de sus vasallos y súbditos, y por ende su posición. Este principio, que sería de nuevo aplicado en los Países Bajos en 1420 y 1580, acabaría pasando, a través de las revoluciones inglesas del siglo XVII, a la constitu-

La representación de los Estados (sin el clero) conservó un papel político decisivo en la República de las Provincias Unidas.
Reunión de los Estados generales en 1651, celebrada en la *Ridderzaal* del *Binnenhof* de La Haya. La Haya, Mauritshuis

ción estadounidense como procedimiento de *impeachment*. En Inglaterra, la famosa Magna Carta de 1215 también fue de hecho un memorial de agravios dirigido al rey por sus vasallos, que le acusaban de transgredir el derecho feudal. La destitución y juicio de los reyes Eduardo II en 1327 y Ricardo II en 1399 se fundaron en análogos procedimientos parlamentarios, aunque muy envenenados por la rivalidad que enfrentaba a los grandes linajes.

Los habitantes de las regiones urbanizadas no esperaban a que sus príncipes se vieran en apuros dinásticos para crear, por propia iniciativa, estructuras de consulta a escala regional e interregional. De ese modo defendían sus intereses comerciales en todos los ámbitos conexos: moneda, justicia, seguridad. Cuando esos intereses eran lesionados por la acción de su propio príncipe o de un príncipe extranjero, las ciudades se unían en sus reclamaciones y peticiones,

Bajo el antiguo régimen la Dieta sueca se reunía en la *Riddarhus* o Casa de la Nobleza.

De los cuatro Estados, la nobleza era el mejor representado numéricamente.

Grabado de Johan Snack, 1783. Estocolmo, Biblioteca Nacional

esgrimiendo a menudo el arma de las concesiones financieras, y recurriendo en caso necesario al boicot o la represalia. Dado que las rutas comerciales marítimas y terrestres atravesaban distintas jurisdicciones, los dirigentes de las ciudades mercantiles actuaban agrupados en ligas que rebasaban ampliamente las fronteras de sus territorios. Mientras los príncipes prestaron escaso interés a la política económica, como fue lo habitual hasta el siglo xv, los mercaderes gozaron de gran libertad en ese terreno. La avidez territorial de los príncipes y la expansión del aparato estatal, sin embargo, suscitaron tensiones con el mundo urbano. Las ciudades habían puesto en pie estructuras sólidas, fundamentadas en ligas, privilegios y sistemas jurídicos propios, que en gran medida funcionaban con independencia de las monarquías y no podían ser soslayadas sin más por los nuevos aparatos estatales: los comerciantes disponían realmente de contactos y saberes especializados, y no estaban dispuestos a someterse a cambio de nada. Para los gobernantes era forzoso, pues, negociar con las organizaciones repre-

sentativas de las ciudades, que contaban con el respaldo de una tradición de autonomía en la protección de sus intereses. Su incorporación administrativa a estructuras estatales más cohesionadas constituía para ello una ocasión ideal, que haría que desempeñaran asimismo un papel decisivo en acontecimientos puramente políticos, como fueron las crisis sucesorias de Aragón, Flandes y Brabante.

Al mismo tiempo que los representantes del clero y la nobleza, las ciudades conquistaron una posición negociadora en cuestiones de política interior. De hecho se veían siempre enfrentadas a los problemas y las exigencias de los príncipes territoriales. Dos tipos de situación recurrente se prestaban de forma idónea a la presentación de quejas y peticiones: la instauración del príncipe, que ya hemos comentado, y sus demandas de ayuda financiera y militar. Hemos visto que en todas partes los soberanos exigían cada vez más dinero y más tropas para triunfar sobre sus rivales. El grado de resistencia que los representantes de sus súbditos pudieran oponer a tales demandas dependía, en primer lugar, de la magnitud de la amenaza exterior. En la Francia del siglo xiv y comienzos del xv, ocupada en gran parte por los ejércitos ingleses, el rey podía declarar con todo derecho un estado de emergencia para hacerse otorgar recursos extraordinarios y continuados. Pero esas circunstancias privaron a los Estados de su principal baza de negociación, y a partir de ahí los reyes pudieron ahorrarse la molestia de convocarlos. Bajo la amenaza de invasión que los suecos hicieron pesar sobre el Imperio de 1630 a 1634, y sobre Dinamarca en 1659, los príncipes germánicos y el rey de Dinamarca pudieron prestar a su gobierno un carácter radicalmente absoluto. Sin embargo, esas razones de fuerza mayor no fueron eficaces en zonas de grandes ciudades dotadas de una organización política sólida y activa; cuando se pretendió imponerlas, por ejemplo en los Países Bajos y Cataluña, las ciudades se rebelaron. La suma de factores militares, políticos y financieros que siempre decide el desenlace de las guerras determinaba también el resultado final de esta clase de confrontaciones.

La supervivencia de unos órganos de representación eficaces dependía, pues, tanto de las presiones exteriores como de las estructuras sociales, económicas y políticas de la región. El Parlamento inglés debe su excepcional continuidad (a pesar de interrupciones, a veces de varios años, en torno a 1500) a sus sólidas raíces en los condados y *boroughs*, donde la participación popular se remontaba al tiempo de los reyes anglosajones. En la República de las Provincias Unidas, que nació de una rebelión encabezada por los Estados generales y provinciales, esas dos instancias de decisión seguirían siendo estrictamente dependientes del poder decisorio autónomo de las distintas ciudades. La República había fundado su legitimidad sobre esa triple soberanía. Bastó ese esquema para hacer frente a todas las amenazas, incluso la que plantearon en 1672 las conquistas de Luis xiv, y por lo tanto la tendencia a la monarquía fue siempre débil. Hasta el fin del antiguo régimen, ni siquiera los Estados más centralistas (Francia y España) pudieron eliminar del todo algunos sólidos sistemas tradicionales de representación regional, como los de Languedoc, Borgoña, Cataluña y los Países Bajos del sur. En el mapa del reino de Francia, constituido pedazo a pedazo, todas las regiones de nueva incorporación conservaban sus derechos tradicionales, desde Normandía (carta de 1315) hasta Lorena en 1766. En cuanto a España, tras la rebelión de los catalanes entre 1640 y 1652, dirigida por la diputación permanente de sus Cortes, el rey tuvo que resignarse a conceder una amnistía y confirmar todos los derechos y privilegios tradicionales de la región. Pertrechada con sus libertades y su sólida

tradición representativa, gozando de una economía floreciente, la periferia no se dejó someter como la rural y continental Castilla.

Allí donde el equilibrio de poder entre el príncipe y los Estados obligaba a negociar periódicamente, los representantes de los estamentos parecen haber desarrollado un práctico sentido territorial. Son ellos quienes arrancan del soberano las promesas de no ceder ni hipotecar ninguna parte del territorio, de no tomar a su servicio consejeros ni funcionarios extranjeros, de emplear la lengua del país en los tribunales. Esas disposiciones se encuentran en los fueros de Bohemia en 1310, de Brandeburgo y Prusia en 1345, de Brabante en 1356, de Utrecht en 1375, de Normandía en 1381, de Hungría en 1387, etcétera. Además, los Estados parecen haberse mostrado siempre dispuestos al sacrificio por defender al país (pero sólo al país) frente a amenazas reales o imaginadas. Es incontestable que su organización y su sentido comunitario desempeñaron un papel importante en la transformación de las regiones conquistadas por sus soberanos en pueblos conscientes de una identidad territorial. En tanto que habitantes de una región dentro de la cual mantenían estrechas relaciones mutuas, tanto más cuanto mayor fuera la densidad de población, testimoniaban un mayor apego a su país, bien delimitado, que los príncipes. Éstos se apresuraban a aprovechar cualquier oportunidad de expansión territorial, por vía de herencia, matrimonio, compra, hipoteca o conquista, aunque fueran territorios situados a miles de kilómetros de sus tierras ancestrales.

En su origen, las instituciones representativas reflejaban relaciones de fuerza reales dentro de una región. Pero, como toda institución humana, tendían al inmovilismo y a la formación de oligarquías. Las facciones establecidas miraban en primer lugar a sus propios intereses, aun en perjuicio de otros estamentos. Así, tras el siglo xv los representantes de las ciudades ya no pueden ser considerados, en general, como miembros de una dinámica burguesía mercantil: muchos estaban ya de tal manera incrustados en las estructuras de consulta que habían pasado a ser simples clientes locales de la monarquía. En los territorios de las coronas de Aragón y de Castilla ciertamente venía siendo así antes del levantamiento de las germanías y comunidades en 1519-1523, que si al principio fue un movimiento de oposición política de los hidalgos urbanos no tardó en radicalizarse con la participación de los gremios y del campesinado, y acabó aplastado por las tropas reales. El grado efectivo de representatividad era, pues, un elemento esencial. Si los representantes de las ciudades eran meros rentistas en espera de un título nobiliario, corrían el riesgo de quedar al margen en el caso de que la población presentara sus peticiones directamente al rey, o incluso se sublevara, dejando muy malparado su papel de mediadores entre el centro y la periferia.

Dos tipos de factores intensificaron a partir del siglo xv la presión que soportaban esos representantes: la expansión del poder monárquico, que limitó su capacidad de maniobra, y la escalada de la actividad bélica, que acrecentó sin tasa las demandas fiscales y militares de la corona. Ambas tendencias se manifestaron simultáneamente, si bien la necesidad extrema de recursos financieros para la guerra solía obligar al Estado a moderar su avidez de poder en el interior.

Los Países Bajos ofrecen un ejemplo notable de ese dilema en el curso del siglo xvi. En los períodos de aguda tensión con Francia durante las décadas de 1520, 1540 y 1550, las tendencias claramente absolutistas de Carlos v se atemperaron, incluso en lo relativo a la persecución de los herejes. Como la presión fiscal se disparó en esas épocas, el gobierno estimó conveniente obrar con cautela para no desatar mayores resistencias. Los órganos representativos tuvieron entonces posibilidades reales de negociación, y contribuyeron al mantenimiento de buenas relaciones entre el gobierno y la ciudadanía, a pesar del fuerte aumento de los impuestos y otras medidas centralizadoras.

Pero cuando Felipe ii, mucho menos transigente, intensificó la represión en todos los ámbitos durante las décadas de 1560 y 1570 sin consultar siquiera a la alta nobleza, se formó una amplia coalición de oponentes para quienes la sublevación armada era la única y legítima salida. Invocando el juramento prestado por Felipe sobre los privilegios del país cuando subió al trono, se le acusó de numerosas transgresiones que él se negó a enmendar. Aparte de la violación de diversos derechos, el empleo del terror armado contra la población y la negativa a conceder a sus súbditos un procedimiento judicial correcto, el reproche más grave que se le hacía era el de que, por la vía de la Inquisición, intentaba reinar sobre las conciencias de sus súbditos, como si fueran indígenas de las colonias, desprovistos del menor derecho. En vista de que el rey se negaba obstinadamente a discutir la libertad religiosa, los representantes de los Estados tomaron sobre sí la dirección de la revuelta y exigieron satisfacción al monarca. Finalmente, en 1581, por sus violaciones sistemáticas y persistentes de los derechos de sus súbditos, violaciones que contradecían su juramento de entronización, los Estados generales le declararon desposeído de sus derechos de soberanía sobre los Países Bajos y escogieron al hermano del rey de Francia para sustituirle. Dentro de los Estados generales, los representantes de las ciudades, principalmente las

de Flandes, Brabante y Holanda, tenían un voto decisivo, pero además actuaban con el apoyo declarado de buena parte de la nobleza. El bloqueo por parte del rey de unas estructuras de consulta que podían presumir de una tradición larga y sólida hizo de sus miembros los jefes naturales de una rebelión que durante mucho tiempo fue legítima en sus procedimientos y argumentos. Tanto en las provincias meridionales, donde los ejércitos españoles se alzaron con la victoria, como en el norte, donde al cabo tuvieron que ceder, las representaciones de los Estados siguieron desempeñando un gran papel hasta finales del siglo xviii. En la República de las Provincias Unidas actuaron sin el clero (el Primer Estado) y como instancia soberana; en el sur desempeñaron un papel de mediación a título de oligarquías locales.

El rey Carlos i de Inglaterra (1625-1649) chocó análogamente con el Parlamento a causa de sus elevadas exigencias fiscales, su intolerancia en materia religiosa y sus tendencias absolutistas, y tras disolver la asamblea se encontró con la rebelión armada. Como los burgueses de los Países Bajos, los mercaderes londinenses se opusieron tercamente a la creación de nuevos impuestos sobre el comercio, que habrían proporcionado ingresos fijos al tesoro real sin la aprobación del Parlamento. Detenciones arbitrarias y juicios amañados agravaron el conflicto fiscal. Cuando el rey pretendió imponer a los escoceses un breviario que los presbiterianos consideraron papista, los ejércitos escoceses invadieron Inglaterra. Dado que el gobierno no podía llamar a filas sin el concurso activo del Parlamento, no tuvo más remedio que volver a convocarlo en 1640, tras once años de suspensión. La polarización subsiguiente dio paso a una auténtica guerra civil, en la que el rey se vio frente a un partido parlamentario que tenía sus bases en las ciudades comerciales y el sudeste de Inglaterra, la región más mercantilizada y urbanizada del país. La victoria que en 1646 alcanzaron los escoceses en el campo de batalla fue decisiva: Carlos i hubo de rendirse, y se encontró en manos del ejército, que, tras vanas negociaciones con el Parlamento, dejó a un tribunal de excepción la tarea de juzgarle y ejecutarle. Después de once años de república, la restauración de Carlos ii y una nueva disputa con el trono por la cuestión religiosa bajo Jacobo ii (1685-1688), vino la sustitución, decidida por el Parlamento, del rey por el estatúder protestante Guillermo iii de Orange.

El papel de la nobleza, grande y pequeña, resultó determinante en la larga prueba de fuerza que debilitó de forma duradera a la realeza frente al Parlamento. Por otra parte, la expansión ultramarina y el crecimiento económico interior durante el siglo xviii

En 1537 la pequeña nobleza polaca se rebeló contra los planes del rey para modernizar el ejército.

Su conquista del derecho absoluto de veto para todos los nobles impidió la formación de un Estado centralizado

y condujo a que el país cayera en posesión de sus vecinos militaristas en la segunda mitad del siglo XVIII.

Rembrandt van Rijn, *El jinete polaco,* hacia 1655.

Nueva York, The Frick Collection

Un partidario de la Fronda aristocrática arenga a los parisienses contra la política del primer ministro, el cardenal Mazarino.

Al otro lado del Sena se divisa el palacio del Louvre.

Estampa del siglo XVII. París, Bibliothèque nationale de France, Estampes

robustecieron la posición de la clase comerciante y de la *gentry*. El equilibrio de fuerzas así alcanzado y las nuevas perspectivas de la economía acrecentaron la necesidad de un aparato administrativo eficaz. En semejante contexto, todas las élites pudieron mejorar sus posiciones en un espíritu de entendimiento recíproco. Esa política de compromiso–sin duda alguna inspirada en parte por las traumáticas guerras civiles del siglo XVII–permitió que el sistema político se adaptara progresivamente a los cambios, veloces y radicales, que estaban experimentando la economía y la sociedad. El Parlamento garantizó la comunicación abierta entre el gobierno y los magnates locales, y la apertura gradual del sistema político a los sectores modernos de la sociedad se hizo en Inglaterra antes y con menor dramatismo que en la mayoría de los países del continente. En esos otros países, élites retrógradas se aferraron desesperadamente a sus privilegios, hasta que la violencia revolucionaria se los arrebató.

Polonia es otro país cuyo parlamento sobrevivió a insurrecciones a costa del poder real. En 1537 la pequeña nobleza, que componía el 10 por ciento de la población, se sublevó contra un plan de modernización militar que el rey había emprendido mirando a la competencia con Moscovia, entonces en plena expansión. Proclamó el derecho de veto de cada noble a toda innovación, provocando que la Dieta polaca se hundiera en una anarquía que llegó a ser proverbial, mientras la corona y el Estado se debilitaban sin

remedio, con el resultado de que en la segunda mitad del siglo XVIII el país fuera invadido por sus vecinos militaristas. Ya en el siglo XVII numerosas pérdidas territoriales de menor importancia, en Ucrania, Pomerania y Prusia, habían anunciado la decadencia del Estado polaco. Es fascinante constatar que la explotación feudal de una sociedad campesina no tenía por qué llevar necesariamente a la formación de un Estado centralizado, absoluto y militarista como lo fueron Suecia, Dinamarca, Prusia, Baviera, Austria y Rusia. La diferencia estriba en la visión de su propio cometido que tenía la Dieta polaca, donde el elemento burgués prácticamente no volvió a tener voz después de 1500. Como la economía polaca descansaba casi enteramente en la explotación de los siervos en los dominios de la nobleza, mientras que la exportación estaba en manos de mercaderes extranjeros, en Polonia no hubo gran concentración de capital, y por lo tanto no pudo desarrollarse ningún poder al margen de los grandes terratenientes.

El afán centralista de los cardenales Richelieu y Mazarino, que pretendían controlar la recaudación tributaria y el gobierno de las provincias por medio de los intendentes reales, se tropezó en 1648, al comienzo de la menoría de Luis XIV, con vivas críticas por parte de los altos tribunales o *parlements*. Cuando la nobleza desencadenó los disturbios conocidos con el nombre de la Fronda y España se puso amenazadora, la situación llegó a ser muy peligrosa. La corte había huido; el

Premiere Sceance Royalle du Roy Louis quatorzie, en son Parlement, ou assisté des Princes, Seigneurs, et autres Officiers de sa Couronne, il declare la Reine Anne d'Austriche, sa Mere, Regente du Royaume, le 18 iour de May l'an 1643.

El 18 de mayo de 1643, el Parlamento de París proclama la regencia de Ana de Austria, viuda de Luis XIII y madre del pequeño Luis XIV:
la reina aparece enlutada, y su hijo sentado en el lugar del rey, en el ángulo.
Dibujo a la aguada. París, Bibliothèque nationale de France, Estampes

Parlamento de París declaró a Mazarino perturbador de la paz pública y 'enemigo del rey y de su Estado'. El cardenal, tomando escarmiento de las tribulaciones de Carlos I en Inglaterra, logró invertir la situación atravesando Francia al frente de 6000 mercenarios de Brandeburgo; restableció su autoridad y la del joven rey, y reemprendió el camino hacia el absolutismo. La nobleza fue domesticada obligándola a participar en la vida de la corte.[20]

Guerras y revueltas se imbricaban estrechamente: los mismos ejércitos se desplegaban contra los enemigos del interior y del exterior, por lo que el Estado que se mostraba fuerte en la competencia con otros no lo era menos frente a sus propios súbditos. La buena voluntad de la población era imprescindible para realizar grandes esfuerzos militares, pero éstos a su vez permitían obtener por la violencia el asentimiento de ciertos súbditos. Los fuertes gastos de guerra significaban pesadas cargas fiscales para el ciudadano, que le incitaban a sublevarse. Así ocurrió, por ejemplo, en 1640, cuando los catalanes se rebelaron contra la petición de tropas de Castilla; en el mismo año se sublevó Portugal y recobró su independencia. De las 5125 revueltas y disturbios que estallaron en Francia entre 1661 y mayo de 1789, un 25 por ciento se dirigía contra la presión fiscal del Estado y un 21,6 por ciento contra su aparato represivo. Entre la docena restante de motivos, sólo la carestía de los alimentos llama especialmente la atención: soliviantó los ánimos sobre todo durante los treinta últimos años de la monarquía, siendo entonces la causa de un 31 por ciento de los disturbios. El espíritu de rebeldía se manifestó con más fuerza en las provincias periféricas que poseían una larga tradición de autonomía, como Bretaña, el Languedoc y la Provenza.[21] A su vez, las revueltas ofrecían a las potencias extranjeras la posibilidad de aprovecharse de la desestabilización de su rival, y a los problemas internos podía añadirse un nuevo conflicto en

La condesa de Helfenstein con su hijo suplica piedad a los campesinos que pretenden incendiar el castillo de su esposo:
grabado de 1619 que retrata un incidente de la rebelión de los campesinos en 1525.
Berlín, Archiv für Kunst und Geschichte

el exterior. Así, la larga insurrección de los cosacos (1590-1734) atizó la rivalidad ruso-polaca y a la larga debilitó al Estado polaco.[22]

Las revueltas de campesinos con el apoyo de la pequeña nobleza fueron endémicas en Rusia, un país en continua expansión. Al reprimir uno tras otro de esos movimientos, el régimen central reforzó su dominio sobre la población. Ésta era explotada de manera indirecta, porque la nobleza que servía al Estado recibía a cambio tierras que desde el siglo XVII se consideraron propiedad privada, carácter que fue oficialmente reconocido por el zar en 1714. Rusia tuvo así una burocracia patrimonial semejante a la que occidente había conocido con el feudalismo siete u ocho siglos antes, pero que con las técnicas modernas alcanzaría mayor amplitud y bastante más permanencia.

El aparato del Estado tomó forma, pues, de las reacciones de los príncipes con su entorno; ellos habí-an sido incontestablemente las principales fuerzas impulsoras del poder estatal, y los primeros interesados en su expansión. Pero fueron también las estructuras de la sociedad las que determinaron las posibilidades de éxito en la construcción del Estado y sus vías de desarrollo. Las tradiciones de consulta no eran, en general, muy apreciadas por los príncipes. Casi todos intentaron suprimir sin más los usos parlamentarios, lo que acarreó levantamientos y la secesión de territorios periféricos. En los países donde los Estados disponían todavía de sustanciales recursos financieros y fueron lo bastante clarividentes como para no ceder ese poder, los privilegios de las regiones y de las clientelas locales quedaron a salvo. Pero esta combinación de factores fue rara en Europa: sólo se encuentra en los Países Bajos, Cataluña, Portugal, Inglaterra y la periferia de Francia. Fuera de ahí, y con las espléndidas excepciones que fueron Venecia, algunas repúbli-

Saqueo de un castillo alemán.
Xilografía de *Von den grossen Lutherischen Narren* de Thomas Murner, 1522.
Berlín, Archiv für Kunst und Geschichte

cas urbanas de Alemania y Polonia, las ciudades y parlamentos autónomos desaparecieron del escenario.
Los Estados monárquicos renunciaron a la concertación; en el futuro tendrían la fuerza necesaria para
imponer sus decretos con el apoyo activo de la nobleza y el clero. A ambos los había absorbido el Estado,
subordinándolos a sus objetivos propios; quedó, pues,
como forma dominante de concentración del poder.
La voz del pueblo sólo se oiría en los fugaces momentos en que una furia largamente contenida le empuja-
ra a movilizarse y a pedir justicia, por lo cual solía
entender el retorno a un pasado idealizado.

1   VALDEON BARUQUE in BLICKLE 1997.
2   BARRET-KRIEGEL 1990, 94–106; MUCHEMBLED 1992, 195.
3   MOORE 1987, 124–130.
4   PADOA-SCHIOPPA 1997.
5   PRESS 1986.
6   MUCHEMBLED 1992, 191–192.
7   MUCHEMBLED 1992, 105–109, 155, 230–231.
8   MILLET & MORAW in REINHARD 1996.
9   MOORE 1987, 146–153.
10   REINHARD 1996.
11   GUENÉE 1971, 197, 201.
12   LE ROY LADURIE 1987, 443.
13   DESCIMON in REINHARD 1996.
14   NICOLAS 1990, 185–198.
15   LE ROY LADURIE 1987, 266.
16   MUCHEMBLED 1992, 164–195.
17   KRYNEN 1993, 328–336.
18   ESTEPA DIEZ 1990, 21–39.
19   BISSON 1986, 59; O'CALLAGHAN 1989, 79–93.
20   BONNEY 1991, 232–238.
21   NICOLAS 1990, 187–198.
22   TILLY 1993, 232–237.

CAPÍTULO VI

Persuasión y concordia

El uso de la fuerza, la exacción de impuestos o tributos, la instauración del orden y el derecho siempre han sido más eficaces cuando se han inscrito en una perspectiva más amplia. La vida de las sociedades humanas no se rige sólo por lo racional, ni se reduce a un frío cálculo de pérdidas y ganancias. Las sociedades cumplen también funciones emocionales, por ejemplo procurando a sus miembros protección, participación y dignidad. El modo de comunicación de los gobernantes con sus súbditos no se reduce a contactos utilitarios y prácticos: siempre han existido muchas otras formas de intercambio entre las personas. El lenguaje simbólico y artístico desempeña en todas las sociedades un papel fundamental, porque permite aclarar posiciones sociales y expresar valores sin enunciarlos directamente. Las formas de comunicación figurativa y las asociaciones emocionales han desempeñado siempre una función esencial, en especial en sociedades como fue la europea entre los años 1000 y 1800, donde la inmensa mayoría de la población no recibía formación intelectual y no participaba ni directa ni indirectamente en el poder.

El culto al soberano

El origen de la realeza europea está íntimamente vinculado con el culto religioso: fue su conversión al cristianismo hacia el año 500 lo que aseguró a Clodoveo el respaldo de la Iglesia, que en aquella época era la única gran institución estable y altamente desarrollada. Fue el papado el que elevó en 751 a los mayordomos de palacio francos a la categoría de rey, y en 800 a la de

emperador. El Sacro Imperio Romano Germánico, que fue el poder secular más importante hasta el siglo XII, se apoyaba en sus estrechos lazos con el episcopado. La realeza germánica se adquiría por elección entre las grandes familias principescas, mientras que la dignidad imperial era una consagración que el papa podía otorgar o negar. En Francia el apoyo de los obispos fue indispensable para la joven dinastía de los Capetos, que no dejaron de señalar por todos los medios el carácter sagrado de su cargo. Tras su consagración, Roberto el Piadoso (muerto en 1031) ya aplicaba la imposición de manos a los escrofulosos, práctica que se consideraba curativa y que sus sucesores realizarían para imitar a Cristo. El ritual de unción por el arzobispo de Reims colocaba al rey por encima de los laicos, confiriéndole una categoría casi sacerdotal.

Si se atiende a la evolución cronológica de su poder, no sorprende que los emperadores germánicos de los siglos XI y XII dejaran tras de sí monumentos impresionantes. Pocos, sin embargo, en la arquitectura civil: el *palts* o palacio imperial de Goslar no carece de estilo, pero testimonia una ambición modesta en ese terreno. Toda la atención se volcó en la construcción de iglesias episcopales a lo largo del Rhin, auténtica espina dorsal del Imperio. El emperador Conrado II (1024-1039) hizo de la catedral de Spira el mausoleo de la dinastía sálica. En 1080, durante la querella de las investiduras que le enfrentaba al papa, Enrique IV mandó elaborar un nuevo diseño que serviría de modelo para toda una serie de catedrales imperiales; su realización más armoniosa la encontramos en la catedral arzobispal de Maguncia, que sucedió a la de Spira como mausoleo. La archidiócesis de Maguncia era la más dilatada de Occidente

Entre 1482 y 1492 Andrea Mantegna trabajó para el marqués Federico Gonzaga de Mantua en *Los triunfos de César,* una serie de nueve lienzos monumentales. En 1629 Carlos I de Inglaterra los compró, y pasaron al palacio londinense de Hampton Court. Detalle. Londres, Royal Collection

En los siglos XI y XII se alzaron *Kaiserdome,* catedrales imperiales, en las ciudades episcopales del Rhin,
que simbolizaban las dimensiones temporal y espiritual de la Iglesia del Imperio.
Relicario de marfil en forma de uno de esos templos renanos del siglo XII,
con desarrollo simétrico de las fachadas oriental y occidental.
Bruselas, Musées royaux d'Art et d'Histoire

–desde Chur hasta Brandeburgo pasando por Praga– y contaba con trece obispos sufragáneos. Sus lazos con el Imperio se reforzaron con la elevación del arzobispo a la dignidad de sumo canciller, el más alto cargo secular. La doble autoridad de la Iglesia imperial quedaba simbolizada en aquellos grandiosos edificios mediante la simetría de sus laterales occidental y oriental. Las dos fachadas más cortas se elevaban a gran altura, con una austera portada entre dos torres laterales, y otra torre octogonal en el centro. Los ocho lados simbolizaban la perfección, las tres torres la Trinidad divina. La parte oriental, con el coro y la cripta que albergaba los sepulcros de emperadores y arzobispos, era el espacio reservado al clero; la parte occidental, con una sala del trono, era el espacio del emperador. Las grandes abadías benedictinas dependientes de los emperadores, como la de Maria Laach en el Eifel, fueron ideadas con el mismo modelo arquitectónico. Su volumen y sus formas reflejan una idea muy precisa del poder. Otro tanto se observa en las célebres iglesias abaciales que se sucedieron en Cluny, centro de la

reforma eclesiástica a partir del año mil, aunque en este caso sin dar monumentalidad al frente occidental.

A partir del siglo XII la realeza francesa manifestó su boato con originalidad. El punto de partida fue la abadía de San Dionisio, al norte de París, base de la propaganda monárquica, que servía de enterramiento a los reyes y custodiaba reliquias de la Pasión. Impulsada por los reyes, se desató en su territorio una verdadera furia constructora, presidida por un concepto revolucionario: el gótico. En 1144 se consagró el nuevo coro de la abadía de San Dionisio, y ya en 1133 había comenzado la reconstrucción de la sede arzobispal de Sens. En pocos decenios, numerosas ciudades emprendieron enormes obras de construcción de catedrales, con muros cada vez más abiertos y calados, vidrieras más extensas, techos más elevados, arcos más alanceados, perfiles más salientes, bóvedas más audaces, torres más altas. Todo ello con vistas a abrir el edificio a la luz y acercar a los fieles cada vez más a Dios. En la catedral de París, comenzada en 1163, la nave central tenía una altura de 32,80 metros; en Chartres alcanzaba ya

Remate de una vara que forma parte del tesoro
de la *Sainte-Chapelle* de París.
El busto de un emperador romano data del siglo VI
y fue montado hacia 1368 por Hennequin du Vivier.
París, Bibliothèque nationale de France

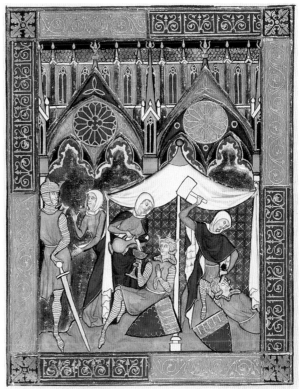

Miniatura con escenas bíblicas situadas
en el marco arquitectónico de la *Sainte-Chapelle*, 1253–1270.
Esta capilla palatina de San Luis fue ideada
como un relicario monumental y homólogo francés de la
Capilla Palatina de Aquisgrán. París, Bibliothèque nationale de France

36,55 metros en 1194; en Reims, 37,95 metros en 1212; en Amiens, 42,30 metros en 1221. En Beauvais se batió la marca de altura con 48 metros, pero la bóveda se desplomó en 1284. A partir de entonces la competencia pasó a las torres: la de Estrasburgo, que alcanzó 142 metros en 1420, no tendría rival hasta el siglo XIX. Este concepto arquitectónico, de una novedad radical, se propagó a la mayor parte de Europa y no se limitó a las construcciones de uso religioso. Procedía de unos monarcas deseosos de consolidar su posición presentándose como 'reyes cristianísimos'. La decisión primordial de construir catedrales se inscribe, pues, en un programa político mediante el cual los reyes, con el apoyo de los papas, se defendían de las aspiraciones hegemónicas, bien es cierto que ya declinantes, de los emperadores. Por otra parte, ese furor edificatorio sólo pudo prosperar gracias al aumento de los excedentes agrícolas y al crecimiento de las ciudades, cuyos habitantes, movidos por la emulación, contribuían devotamente a aquellas empresas de prestigio.

La perla absoluta de la arquitectura gótica nació entre 1239 y 1248 por iniciativa del rey Luis IX: es la *Sainte-Chapelle*, capilla palatina situada en la *Ile de la Cité* de París. Fue construida para albergar la más valiosa de las reliquias de la Pasión, la corona de espinas de Cristo, trasladada en 1063 de Palestina a la capilla palatina de Constantinopla. Tras el asedio de esta ciudad por búlgaros y griegos, los soberanos del imperio latino fundado por los cruzados, necesitados de dinero, se resignaron a vender la inestimable reliquia en 1238. La Sainte-Chapelle, que serviría de modelo para otras capillas en palacios episcopales de Francia y en el castillo real de Saint-Germain-en-Laye, se alzó como un doble santuario en dos niveles, el inferior consagrado a la Virgen, el superior a la corona de espinas. Además del relicario, en el piso alto se depositó el cartulario real, que entre otras cosas contenía ochocientas bulas pontificias, prueba de que Roma reconocía en los Capetos la condición de 'reyes cristianísimos'. La función legitimadora de la reliquia y de la capilla concebida como relicario fastuoso era absolutamente clara, máxime en un momento en que el

Todos los detalles de la ceremonia de coronación de los reyes de Francia están minuciosamente descritos desde el siglo XII. Por ejemplo,
el rey tenía que despojarse de sus ropas para ser ungido, y a continuación recibir sucesivamente los zapatos con las lises de Francia,
las espuelas de oro, el manto real, la espada y el cetro, y por último la corona real. Aquí vemos las espuelas de oro, del siglo XII o XIII, y la espada,
llamada de Carlomagno, que se empleaban en la ceremonia de Reims. París, Musée du Louvre

Imperio bizantino se tambaleaba y el emperador Federico II era excomulgado por segunda vez. ¿Quién sino el rey de Francia era digno de liderar a la cristiandad?

La *Sainte-Chapelle* es un brillante ejemplo de proeza técnica. Las paredes parecen hechas sólo de cristal; todo es luz, brillo y color, gracias al efecto del vidrio azogado y las piedras preciosas; mordazas de hierro sujetan los finos contrafuertes. Al igual que en las catedrales, el ábside tiene siete ventanas, el número sagrado por excelencia. El relicario estaba expuesto a tal altura que los visitantes sólo podían contemplarlo sobre un fondo de vidrieras. Las dos vidrieras situadas detrás del relicario ilustran la Pasión; las otras muestran el traslado de las reliquias, sostenidas por el rey en persona. En las paredes laterales el rey y la reina tenían nichos reservados para sus oratorios. El Salvador está representado en el muro de la tribuna real. ¿Acaso el papa Inocencio IV no había escrito al rey: 'Habéis merecido que el Señor os ciña Su corona de espinas, cuya tutela Él mismo, en Su inefable providencia, os ha confiado'? El nexo entre la Iglesia y la 'realeza cristianísima' halló

su máxima expresión en la partida de Luis IX para la cruzada, en agosto de 1249, apenas dos meses después de consagrada la *Sainte-Chapelle*.

Réplica regia de las capillas palatinas de Carlomagno en Aquisgrán, de Federico II en Palermo y de Constantinopla, de donde procedía la corona de espinas, la *Sainte-Chapelle* cumplió perfectamente su función de propaganda. Entre sus muros se solemnizaron incontables matrimonios reales, y fueron muchas las cabezas coronadas que quisieron postrarse de hinojos ante la Verdadera Corona. En 1594, la Entrada Gloriosa de Enrique IV, que por dos veces repudiara sus convicciones protestantes, se acompañó de una procesión solemne, de la *Sainte-Chapelle* a Notre-Dame de las santas reliquias. El día de Reyes de 1378 habían oído misa en la capilla el emperador Carlos IV, su hijo Wenceslao, Rey de Romanos, y el rey Carlos V. El canónigo Salvador-Gerónimo Morand, que en 1790 escribió para la Asamblea Nacional una historia de su capilla con la intención de protegerla de saqueos y profanaciones, pintaba esa escena con vivos colores:

Escenas del rito de coronación francés prescrito en el *Ordo* de 1250.
París, Bibliothèque nationale de France

Para las Vísperas de la Epifanía, o Teofanía, la fiesta que popularmente se llama Día de Reyes, se habían instalado dos reclinatorios en la Sainte-Chapelle *para los monarcas, a la derecha para el rey y a la izquierda para el emperador. Éste, sin embargo, no se colocó allí, sino frente al relicario. Al día siguiente oyeron la Misa celebrada por el arzobispo de Reims. Los tres reyes se acercaron en el ofertorio con oro, mirra e incienso. El emperador rogó al rey que le mostrara las reliquias. Como sufría de gota, hubo de ser llevado con gran dificultad, pues la escalera que conduce al tesoro es muy estrecha. El emperador besó las reliquias con profunda devoción y las mostró a los príncipes y señores de su séquito.*[1]

Tanto le impresionó la *Sainte-Chapelle* a Carlos IV que mandó construir réplicas junto a la capilla palatina de Aquisgrán y en Karlstein, cerca de Praga, su capital, donde mandó pintar un fresco con las reliquias de la Pasión que conservaba el Imperio: la santa lanza, los clavos y fragmentos de la Verdadera Cruz. Al contrario que en Francia, donde la dinastía capeta reinó de 987 a 1328 desde París y la vecina San Dionisio, en el Impe-

rio la continua alternancia de las dinastías no permitió reunir en una sola capital los símbolos del poder. Aquisgrán, Spira, Maguncia, Nuremberg, Praga, Augsburgo y otras residencias temporales no llegaron nunca a ejercer el poder centralizador de París, problema que aún hoy persiste en Alemania.

Por haber sido ungido Clodoveo—primer rey cristiano de los francos por San Remigio, obispo de Reims, esta ciudad fue sede desde 1179 hasta 1824 de los ritos de coronación, oficiados siempre por su arzobispo. Las reliquias de San Remigio y la Santa Ampolla que, según la tradición, contenía el óleo con que se había ungido a Clodoveo, eran custodiadas por el abad de San Remigio. Él y sus monjes llevaban en procesión tan sagrados objetos hasta la catedral, donde eran puestos bajo palio en su recorrido hasta el presbiterio. El abad y los monjes de San Dionisio, iglesia del primer obispo de Lutecia (la futura París), donde se conservaban las insignias de la realeza y los restos mortales de los reyes, participaban en la ceremonia depositando las insignias reales sobre el altar, donde eran bendecidas.

El rito de coronación francés, tal y como lo describe un texto de 1250, es muy semejante a los ritos germánico

Notas en p. 301

y anglosajón. La ceremonia comenzaba con la presentación del rey al pueblo por los sacerdotes y su promesa bajo juramento de mantener la paz, la justicia y la clemencia. A continuación el rey juraba ante Dios defender la fe católica; ante la Iglesia, protegerla así como a sus ministros; ante el pueblo, gobernar el reino que Dios le había otorgado y defenderlo según la tradición de justicia de sus antepasados. El clero y el pueblo sellaban los tres juramentos con la aclamación '*¡Fiat, fiat!*'. Seguidamente el rey se despojaba de su atavío para calzarse los zapatos con flores de lis, las espuelas de oro y ceñirse la espada. El arzobispo le ungía como en el antiguo Israel se ungía al sumo sacerdote y al rey, y en la Iglesia a los obispos: en la cabeza, el pecho, entre y sobre los hombros, en los codos y en las manos, e imploraba la misericordia de Dios para este rey glorioso. El rey recibía a continuación las insignias reales: el manto azul jacinto, el anillo, el cetro

y la vara o *virga.* Los pares del rey, sus semejantes en tanto que príncipes territoriales del reino, le ceñían la corona. Su número, seis religiosos y seis laicos, era una clara referencia a los doce apóstoles; y su participación, testimono de la sumisión de los grandes señores feudales al nuevo monarca. Tras la coronación sostenían literalmente la corona acompañando al rey hasta su trono, para allí darle el beso de la paz. Incluso el arzobispo se descubría ante el rey entronizado y le abrazaba. La espada desenvainada, portada por el senescal, abría el cortejo de salida de la catedral.[2]

En el Gran Interregno del Imperio (1250-1272), los 'cristianísimos' reyes de Francia vieron acrecentarse su prestigio. Bajo Felipe el Hermoso (1285-1314), los propagandistas se afanaron en remontar los orígenes de la dinastía capeta no sólo a Clodoveo en línea directa y legítima, sino hasta el homérico rey Príamo. El cambio a la dinastía de Valois y las onerosas derrotas sufridas en la Gue-

Miniaturas del *Livre du sacre de Charles V*, de 1365: la espera de la llegada de Carlos v a las puertas de la catedral de Reims; el juramento de fidelidad a la Iglesia y al pueblo sobre las Sagradas Escrituras; la coronación por el arzobispo de Reims y la elevación de Carlos v al trono de Francia.

Londres, British Library

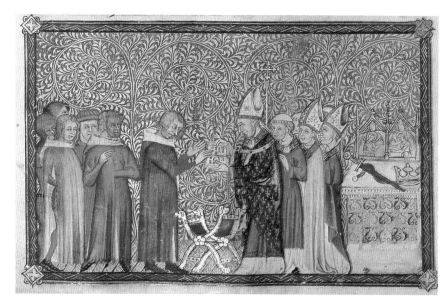

rra de los Cien Años no hicieron sino fomentar la justificación divina de la monarquía. Para reforzar el sentimiento de identidad y autonomía del atribulado pueblo francés se acudió entonces a múltiples elementos: las alusiones a la unción sagrada de los reyes con el contenido de la Santa Ampolla, su poder de sanar la escrófula, las insignias ornadas de lises, la oriflama, y, a partir de Carlos VII (1422–1461), la reafirmación de la ley sálica y de la supremacía del rey de Francia sobre cualquier otro poder temporal. Los papas llegaron incluso a conceder indulgencias a todo el que rezara por el rey. Del mismo modo, a partir del siglo XIII denigrar al rey se consideró una profanación de lo sagrado, una blasfemia que acarreaba sanciones penales, anunciando el concepto posterior y muy elástico de lesa majestad. En su ambición de rivalizar con los emperadores, y posteriormente de perpetuar su poder, la monarquía explotó a fondo, pues, la idea del 'rey cristianísimo'.[3]

En el curso de la Edad Media los príncipes justificaron su postura y sus pretensiones–a menudo dudosas y discutidas–apelando a la autoridad divina, con la cual llegaron a identificarse, como a la larga les identificó también su pueblo. El debilitamiento del poder papal hacia 1300 había abierto esa posibilidad, y fueron sobre todo los reyes de Francia quienes la aprovecharon. Otros harían lo propio, siempre dentro de los límites de sus territorios, porque la idea de una cristiandad universal había periclitado hacía ya mucho tiempo.

Entradas gloriosas y menos gloriosas

O En Reims el papel del pueblo llano se limitaba a una modesta obediencia. No podía ser de otro modo, puesto que la dignidad real no la confería el rito de consagración, sino la gracia de Dios y la ascendencia legítima. Según la doctrina mística de la realeza, el nuevo rey sucedía al anterior en el momento en que éste expiraba, y la coronación no hacía sino confirmar y consumar esa realidad. Ante todo, claro está, la consagración del 'candidato' dependía del consentimiento político de los poderosos, que en Francia eran los pares del reino. Tras ser desheredado en 1420, Carlos VII reconquistó su legitimidad gracias a Juana de Arco, que en 1429 le hizo coronar en Reims–símbolo cargado de significación precisamente cuando la monarquía pasaba por sus momentos más bajos.

De Reims el rey se trasladaba a París para hacer allí su entrada gloriosa, su *Joyeuse Entrée*, ceremonia que se repetía siempre que visitaba una ciudad por vez primera. Ese rito público, y en gran parte profano, se fue desarrollando a lo largo del siglo XIV. De una parte presentaba un carácter popular, vistoso y animado; de otra, el rey se aparecía como objeto de culto, bajo palio como el Santísimo Sacramento cuando se sacaba en procesión.[4] Ante la puerta de San Dionisio le recibían los altos dignatarios de la ciudad: los consejeros del Parlamento real, el obispo y el cabildo catedralicio, la universidad, los magistrados. De trecho en trecho a lo largo de la calle Saint-Denis se representaban cuadros teatrales para festejarle. Las corporaciones, los gremios, las cofradías y las academias de retórica organizaban esas escenificaciones de sucesos históricos, religiosos y mitológicos, sobre una decena de tarimas. A través de los temas escogidos se transmitía al rey un mensaje preciso; las diferentes categorías de la sociedad urbana subían al escenario para dialogar con el cortejo real en el camino que le conducía de la catedral al palacio.[5]

En los Países Bajos esas ceremonias encerraban también una dimensión constitucional, pues la costumbre ordenaba que tras su ascensión al trono el nuevo soberano hiciera el circuito de sus dominios para ser aclamado como duque, conde o señor de cada uno. Aparte de prestar ante Dios y la Iglesia juramentos análogos a los que se prestaban en Francia, aquí el soberano debía confirmar los privilegios, derechos y usos de cada país y ciudad por separado. Ante un joven príncipe, los representantes de sus súbditos procuraban entonces aprovechar la oportunidad para obtener nuevas concesiones. En algunas regiones de turbulento historial dinástico, esas concesiones, acumuladas en largos pergaminos, se revisaban en cada sucesión con

En medio del entusiasmo popular, el cortejo de Carlos v llega a la puerta de Saint-Denis de París en 1365.

Un siglo después Jean Fouquet recreó

la escena en *Les grandes chroniques de France.*

París, Bibliothèque nationale de France

Turma Caterua phalanx properant Jnuisere Martem.
Qui regit audaces ad fera bella manus.

Desde un estrado de madera, Enrique II de Francia contempla el desfile de los habitantes de Ruán.
En cabeza van los sacerdotes, seguidos por las autoridades municipales, los miembros del *parlement,* las milicias urbanas y los gremios.
Ruán, Bibliothèque municipale

arreglo al equilibrio de fuerzas del momento. Un cortesano sajón perteneciente al séquito del emperador Maximiliano, que acompañaba a su hijo Felipe el Hermoso en las gloriosas entradas de éste en Brabante, nos ha dejado el testimonio de su asombro ante esa costumbre, ciertamente llamativa para quien, como él, procedía de una región donde la participación política era mucho menor. Este cortesano describe con lujo de detalles la suntuosa procesión y la magnificencia de las comparsas con que se festejó la Natividad de la Virgen, los días 7 y 8 de septiembre; particularmente le impresionó un gigante a caballo y vestido de armadura, que era 'tan alto como el ayuntamiento de Weimar'. Sobre la gloriosa entrada de Felipe el Hermoso al día siguiente, sólo señala que el emperador y su hijo salieron primero al campo, para en seguida volver a la ciudad y ser solemnemente recibidos; después subieron a un estrado, donde el joven soberano 'tuvo que hacer gran número de promesas ante todos los príncipes [del séquito imperial] y los [Estados] del país de Brabante' antes de ser reconocido y confirmado como su 'soberano legítimo y natural'.[6]

Este testigo sajón también relata admirado con cuánto lujo de costosos fuegos de artificio, pintorescos desfiles y representaciones se recibía a los soberanos en aquellas ciudades. Su descripción de la acogida que un mes antes había dado la ciudad de Malinas a Maximiliano y su reciente esposa Bianca Sforza refleja un clima auténticamente festivo.

Como es costumbre en estos lares, los habitantes de la villa de Malinas habían preparado en las calles por donde había de pasar el cortejo real y en honor de la reina [que hacía su primera visita] juegos e historias maravillosas inspiradas en la Antigüedad y la Biblia, así como otras historias nuevas. A ello habían dedicado abundantes adornos y un costoso aparato. Al paso del cortejo aparecían las calles ricamente adornadas de ramas verdes y colgaduras preciosas bordadas con oro y plata. Se habían encendido cientos de fogatas, barricas de pez y miles de candelas, de suerte que en todas las calles, en la plaza mayor, en las fachadas de las casas y de las torres lucía la misma claridad que si fuera de día. Al repique de campanas, todos los sacerdotes, monjes y cuantos podían desplazarse, jóvenes y viejos, salieron de la ciudad en tropel para recibir a la reina y escoltarla dentro de las murallas con muchas antorchas y candelas, pues ya había oscurecido. Es imposible describir el regocijo que hubo, y que duró de las ocho a las diez de la noche.

También, según la misma fuente, cuando el séquito principesco volvió el 12 de septiembre, esta vez para la entrada solemne de Felipe, se organizó otro espléndido y lujoso recibimiento (este aspecto era el que más

Detalle del *Desfile en Bruselas el 31 de mayo de 1615:* en primer término se ve una carroza donde va sentada la archiduquesa Isabel con sus damas. Este espléndido festejo fue pintado por Denijs van Alsloot.
Londres, Victoria and Albert Museum

impresionaba a los testigos sajones). Maximiliano presidió un torneo en la plaza mayor que duró hora y media, hasta que se puso el sol. Una semana más tarde la corte seguía en Malinas para festejar las bodas de un capitán austríaco del séquito de Maximiliano con una bella del lugar, de quien el cronista había oído decir 'que le aportaba mucho dinero'. También ese día hubo un gran torneo en agasajo del emperador, la reina y la princesa Margarita. Por la noche estaba previsto un baile en el ayuntamiento, pero la sala se quedó pronto pequeña para la gran concurrencia, y todos se fueron a bailar a la plaza mayor, 'cada cual a su manera, alemanes, neerlandeses y franceses todos juntos. […] El rey y muchos de su séquito se habían puesto máscaras y disfraces, y de tal guisa se unieron al baile'.

Esta sabrosa descripción de un sajón que no se cansa de contemplar las riquezas y costumbres de las ciudades neerlandesas ilustra sin rodeos la sencillez que todavía a finales del siglo xv presidía las relaciones entre la corte real y la población de una ciudad entera, que en aquella época tendría unas 20 000 almas. Las entradas oficiales, e incluso las visitas ordinarias, eran motivo de una representación en el sentido más literal de la palabra: la corte se mostraba en todo su esplendor y con el fasto de sus torneos; se hacían cacerías en los bosques cercanos; ceremonias, funciones religiosas y cortejos daban ocasión a la alta nobleza de lucir

ante los habitantes de la ciudad. También las órdenes de caballería, como la del Toisón de Oro en los dominios de los duques de Borgoña y la casa de Habsburgo, acostumbraban celebrar sus capítulos en distintas ciudades. En esas ocasiones, los nobles más encumbrados y sus cofrades principescos residían durante varios días en la ciudad elegida para sede de sus encuentros, que incluían una misa por los difuntos y una sesión del capítulo. En el coro de la iglesia que albergaba la reunión se colgaban los escudos de armas de los presentes, y allí quedaban en recuerdo de un acontecimiento que sin duda fascinaba a los burgueses. Durante las asambleas de los Estados se celebraban asimismo negociaciones políticas. La comunidad urbana, por su parte, vestía sus mejores galas, poniendo especial esmero en los espectáculos ofrecidos. Los temas de las representaciones dramáticas, fueran históricos, bíblicos o literarios, muy a menudo se adaptaban a la situación contemporánea, con el propósito de reentablar, reparar o mantener las buenas relaciones de la ciudad con sus príncipes. La ciudad ofrecía siempre un obsequio, con frecuencia una pieza de orfebrería, y el vino de honor. A través de los símbolos se establecía una comunicación entre el soberano y sus súbditos, no carente de emoción y fantasía. Para la masa era la manera más directa de entrar en contacto con la persona del soberano y su programa político.

En algunas grandes ciudades del Imperio se celebraron funerales por Carlos v tras su muerte en Yuste.

En 1559 el impresor Plantin de Amberes imprimió una crónica ilustrada del celebrado en Bruselas el 29 de diciembre de 1558.

Aquí vemos un detalle del cortejo fúnebre.

Amberes, Museum Plantin-Moretus

En 1506, genoveses ilustres con la cabeza rapada y vestidos de negro llevaron el palio de su conquistador Luis xii de Francia.

Ante él, niñas postradas de rodillas clamaban 'Misericordia'.

Miniatura de Jean Marot, *Le voyage de Gênes,* hacia 1508.

París, Bibliothèque nationale de France

Ese intercambio en gran medida metafórico creaba lazos emocionales, y permitía a una multitud de súbditos identificarse personalmente con un estado monárquico que por lo demás era tan distante y abstracto.

La comunicación entre soberano y súbditos con ocasión de una entrada solemne tomaba a veces un cariz menos alegre. Cuando en 1301 el rey Felipe el Hermoso y su esposa Juana de Navarra visitaron las ciudades del condado de Flandes recién conquistado, los burgueses acomodados manifestaron su posición a favor o en contra del rey con el color de su vestimenta. El pueblo llano, temiendo la restauración del régimen opresivo de los mercaderes y empresarios, rezongaba y acabó quejándose abiertamente de que los regentes de la ciudad habían comprado presentes demasiado caros y gastado demasiado a costa de la comunidad para recibir al rey; también hubo peticiones de suprimir los impuestos indirectos que permitían tales dispendios. El rey se mostró magnánimo y ordenó anular el nuevo tributo, con gran disgusto de los administradores, que contaban con esa exacción para equilibrar el presupuesto. Pero la fiesta y los torneos siguieron adelante. Escarmentados por esa experiencia, los magistrados de Brujas que organizaban su recepción pocos días después prohibieron al pueblo, bajo pena de muerte, dirigir petición alguna al rey. La reacción fue un silencio sepulcral al paso de la comitiva regia. El descontento suscitado por el coste de las festividades estalló pocos días después de la marcha del monarca.

También la solicitud de supresión de arbitrios municipales y otros motivos de malestar provocaron disturbios en las entradas de Carlos el Temerario en Gante y Malinas en 1467. En Gante los artesanos estaban especialmente contrariados porque la entrada tenía lugar el mismo día que su procesión tradicional con las reliquias del santo patrono. En la plaza se produjo una confrontación peligrosa para el nuevo soberano, porque los coléricos artesanos se sentían protegidos por sus reliquias tras las cuales se parapetaban. El rey pudo zafarse del penoso enfrentamiento, pero a renglón seguido castigó a la villa rebelde, en el plano político imponiendo un control más estricto sobre su administración, en el plano simbólico despojando a los gremios de sus estandartes y humillando públicamente a los enviados de Gante. En 1436, su padre, Felipe el Bueno, había pasado apuros en Brujas con su séquito, y el propio Maximiliano, siendo Rey de Romanos, se vio allí preso durante tres meses y medio en 1488. A esas entradas infaustas seguían castigos severísimos.

En la mayoría de las ciudades de los Países Bajos hubo tales episodios de rebeldía, en unas más que en otras, y todas hubieron de pagarlos con humillaciones rituales. Con ellas se restablecía el orden alterado por la revuelta, en la medida en que los rebeldes vencidos se retractaban públicamente, a lo que se agregaban el castigo de los cabecillas y el pago de multas. Vestidos en paños menores, destocados y descalzos, debían literalmente someterse a su soberano, hincarse de rodillas ante él e implorar su perdón. Aún más exigió Carlos V en 1540, haciendo desfilar ante sí a los rebeldes de Gante (otra vez) con una soga al cuello como castigo simbólico. Ese rito público era oneroso, se grababa en la memoria y servía de advertencia para quienes no habían participado. Con los castigos ejemplares se buscaba disuadir de la desobediencia. El soberano cristiano no sólo repartía recompensas, sino también castigos.

Este doble aspecto de las entradas principescas se manifestó insistentemente durante el agitado período que vivió Italia entre 1494 y 1529, con una sucesión de guerras en las que los reyes de Francia y de Aragón, el emperador y el papa se disputaban la hegemonía sobre estados regionales opulentos pero debilitados. Era la época del apogeo del Renacimiento y de la imprenta, y la propaganda política se sirvió por doquier de los nuevos medios de comunicación. Cuando el rey Carlos VIII hizo su entrada en Nápoles en 1495, la información impresa precedió incluso a los hechos. Bordeando las murallas discretamente, el rey y sus tropas ocuparon la fortaleza el 22 de febrero, con la esperanza de que el papa diera su aprobación a esa toma del poder; entretanto aparecía en París una octavilla que relataba una coronación que en realidad no se produciría hasta el 12 de mayo siguiente. Según ese texto, dos niños disfrazados de ángeles habían hecho descender la corona del cielo mientras la procesión se dirigía a la catedral. Una vez allí, los barones habían acompañado hasta el trono al rey, que había sido 'elevado a la majestad real, con el cetro en la mano y ceñida la corona, consagrado por el cardenal legado e instalado en su dignidad de rey natural y legítimo de Nápoles'. A continuación los barones habían rendido homenaje al nuevo rey besándole las manos y los pies.[7] La propaganda francesa se vio ciertamente reforzada por la gloriosa adquisición del reino de Nápoles. El público francés reconocería el ceremonial descrito, pues el libelista no había hecho sino copiar el de Reims.

Luis XII, sucesor de Carlos VIII, hizo una serie de entradas solemnes en las ciudades del norte de Italia, que dependiendo de las circunstancias tuvieron un carácter constitucional (Milán en 1499), pacífico (Génova en 1502), magnánimamente punitivo (Milán en 1500, Génova en 1507) o triunfal (Pavía y Milán en 1507). A las tradiciones puramente francesas (el rey bajo palio, el recibimiento a las puertas de la ciudad, el cambio de manto, la imposición de manos) se añadieron elementos característicos del Renacimiento italiano. En la

Maximiliano de Austria dispuso su propia capilla fúnebre en la *Hofkirche* de Innsbruck.
Alrededor del sepulcro monumental, veintiocho estatuas de bronce representan en tamaño mayor que el natural a miembros de su familia
y antecesores ilustres como Clodoveo y Teodorico. A la muerte del emperador en 1519 había ya hechas once.
Dibujo a pluma de Rudolph von Alt, 1886. Viena, Graphische Sammlung Albertina

entrada de 1499 en Milán, por ejemplo, el palio de Luis fue portado alternativamente por treinta doctores y treinta caballeros que simbolizaban los dos estamentos que sostenían la corona, la asesoraban y ejecutaban sus decretos. Además, el rey fue muy ensalzado por haber liberado a la patria de la tiranía de los Sforza.

Pocos meses después estalló una revuelta, y el poder volvió a manos de Ludovico Sforza, llamado el Moro, pero los franceses no tardaron en derrotarle. Esos sucesos fueron tema de poemas y panfletos en francés, italiano y latín, y la ciudad tuvo que sufrir muchas humillaciones. Tres fueron los métodos aplicados: la multa, la decapitación o el exilio para los cabecillas con confiscación de sus bienes, y la expiación, que tuvo lugar el Viernes Santo del año 1500, día de penitencia por antonomasia. Cuatro mil niños ceñidos de cilicio y portando el crucifijo tuvieron que desfilar ante el cardenal Jorge de Amboise clamando 'Francia' y 'Misericordia'. Doctos discursos demostraron la culpabilidad de los rebeldes. El jurista milanés Michele Tonso rememoró la fundación de Milán por los galos y el nombre romano de la región, *Gallia Cisalpina*, y reconoció que la revuelta era un crimen de lesa majestad. El portavoz francés aludió al sometimiento de la Milán rebelde por Federico Barbarroja en 1176 y evocó con sorna el regocijo popular que desató el regreso de Ludovico Sforza, 'que no habría sido mayor si el propio Dios hubiera bajado a la tierra'.

En 1502 Luis XII entró en Génova como protector invitado. Doce burgueses eminentes le llevaban el palio, doce trompeteros a caballo lo escoltaban, el pueblo le aclamaba a los gritos de 'Francia', las campanas repicaban, y en el puerto los navíos lanzaban salvas de artillería que hacían retemblar la ciudad. Las calles estaban engalanadas con ramajes y frutas meridionales, y un arco de triunfo de paño decoraba el palacio del dux. En 1506 el pueblo de Génova se alzó contra la guarnición francesa y eligió su propio dux. Luis cruzó los Alpes al frente de un ejército y sojuzgó a la ciudad. Poetas franceses e italianos compusieron mediocres loas a la figura heroica del rey, comparándole con los héroes de la Antigüedad. Esta vez la entrada debía ilustrar a la vez el arrepentimiento de los sometidos y la grandeza del conquistador. Los representantes de la ciudad desfilaban de luto y los portadores del palio llevaban afeitada la cabeza; asomadas a las ventanas del recorrido, mujeres y doncellas debían inspirar clemencia al rey, mientras otras se arrodillaban a su paso agitando ramas de olivo para implorar su perdón. Luis dio prueba, en efecto, de su magnanimidad, cosa que la propaganda subrayó recurriendo a la imagen del rey de las abejas –en aquella época se creía que era macho–, que no emplea el aguijón contra sus súbditos. Desde entonces el *genovino*, la antigua y célebre moneda de oro que era medio de pago internacional, llevó en el anverso la imagen de la corona y tres lises reales, símbolo explícito de la nueva dominación. Cuando poco después Luis volvió a entrar

El papa Julio II organizó su entrada triunfal en Roma para un Domingo de Ramos. Esta miniatura hecha hacia 1508 para ilustrar el panegírico de Nagonius muestra el carro pontificio: el papa tiene a su lado al prefecto de Roma, y detrás un cardenal y su pariente Francesco Maria della Rovere. Roma, Biblioteca Apostolica Vaticana

La Reina Virgen, Isabel I (1559–1603), trasladada en una litera con dosel a hombros de cortesanos.
Los de delante son caballeros de la Orden de la Jarretera. En 1576 la reina escribió al Parlamento
diciendo que consideraba su felicidad personal menos importante que el bien de su reino.
Este cuadro fue pintado por Robert Peake hacia 1600, pero muestra a Isabel como era en los primeros años de su reinado.
Londres, Simon Wingfield Digby Collection

Francisco I timonea la Nave del Estado con la *oriflamme* ondeando en lo alto del mástil; una cierva blanca tira del barco.
Ilustración de la entrada gloriosa en Lyon en 1515.
Wolfenbüttel, Herzogliche Bibliothek

en Milán, las autoridades municipales le recibieron extramuros con un carro triunfal de cuatro ruedas, típicamente renacentista, tirado por cuatro caballos y que portaba una personificación de la Victoria entre las cuatro virtudes cardinales. En torno al carro corrían salvajes (en alusión a las armas del lugarteniente del rey Carlos de Amboise) y jóvenes con vestiduras azules flordelisadas. La Victoria saludó al vencedor y soberano en la persona del rey y seguidamente le invitó a ocupar su lugar en el carro, asegurándole que de ese modo eclipsaba todos los triunfos de la Antigüedad.

El emperador Maximiliano, cuya posición en Bretaña, los Países Bajos e Italia se veía amenazada por el avance de los franceses, se adelantó a las posibles ambiciones de sus rivales en ese terreno prestando gran atención a la simbología de su rango imperial. Mandó adornar los muros de su capilla mortuoria de Innsbruck con bustos de emperadores romanos; su catafalco, decorado con representaciones de sus hazañas y rematado por su efigie, estaba circundado de estatuas de bronce de tamaño mayor que el natural que representaban a sus regios ancestros. El vínculo establecido entre su dinastía y el aura imperial era un mensaje manifiesto dirigido a los visitantes, en particular a los príncipes del Imperio e indirectamente a otros monarcas europeos. Maximiliano hizo también uso del simbolismo heráldico cuando, en 1499, ordenó pintar sobre la *Saggenpfort* del Hofburg de Innsbruck cincuenta y cuatro escudos de señoríos en posesión de los Habsburgo o reclamados por ellos. Durero ilustró ese tema de manera todavía más opulenta, empleando un medio más modesto pero que permitía una difusión mayor: el artista ejecutó una serie de 192 grabados sobre madera que, ensamblados para formar un enorme arco de triunfo, debían proclamar al mundo la gloria del emperador por la imagen y el texto. El viejo emperador, que también había hecho redactar su biografía, se fiaba más de la propaganda mediatizada que de los contactos personales.

En la lucha por Italia, el belicoso papa Julio II no se quedó a la zaga, y al frente de su ejército volvió a someter a las partes de los Estados Pontificios que se habían emancipado bajo sus indolentes antecesores. No desdeñó ningún recurso mundanal, como su majestuosa entrada en 1506 en la Bolonia conquistada, que llevó a decir al pacífico holandés Erasmo, testigo del acontecimiento: 'El papa Julio hace la guerra, conquista, entra como triunfador; en una palabra, emula a Julio César'. El tema de la liberación del yugo impuesto por los gobernantes anteriores, calificados de tiranos, era frecuente en esas marchas victoriosas; lo volvemos a encontrar en las monedas papales especialmente acuñadas para la ocasión, y sobre las medallas conmemo-

rativas del acontecimiento arrojadas a la multitud, al estilo de los emperadores romanos. Julio II organizó su regreso triunfal a Roma para el Domingo de Ramos, y fue recibido como Cristo por un gentío que agitaba palmas. Los arcos de triunfo de la ciudad se ornaron a la antigua; el de Domiciano fue incluso restaurado y revocado para la solemnidad, y en la plaza de San Pedro se alzó una reproducción del de Constantino donde aparecían figuradas las hazañas del papa. Los discursos, las inscripciones y las odas abundaron en paralelismos con los grandes emperadores de la Antigüedad.[8]

Las entradas solemnes se adaptaban, pues, claramente a las circunstancias, y constituían un diálogo simbólico de imágenes, colores, gestos, sonidos y palabras—escritas o pronunciadas—entre el soberano y sus súbditos. Todos los medios de comunicación de la época se daban cita en espectáculos populares que a nadie dejaban indiferente. Todo se articulaba en torno a la expresión de una emoción dominante, ya fuera júbilo o congoja y temor. Se aclamaba al soberano pacificador y victorioso o se hacía penitencia ciñendo el cilicio y cubriéndose de cenizas para implorar su misericordia. Cuando el pueblo aborrecía a sus gobernantes, lo manifestaba espontáneamente, sin sujetarse al protocolo de un cortejo ritual en el que no aceptaba un papel pasivo. En Gante y Brujas varios soberanos pudieron comprobarlo, y Carlos VIII evitó prudentemente la ocasión en Nápoles.

A lo largo del siglo XVI los espectáculos públicos se hicieron cada vez más esplendorosos. La exuberancia de su puesta en escena fue eclipsando su función de mediación política y su mensaje se fue reduciendo a una loa de la dinastía. La organización de esos acontecimientos se fue encomendando cada vez más a especialistas empleados por las autoridades, con el tiempo incluso artistas de renombre como Pedro Pablo Rubens (Amberes en 1635); en los países de la Contrarreforma no fue raro que los preparativos se efectuaran bajo la mirada vigilante de los jesuitas. Los gremios y cofradías, que al principio permitían expresarse a todos los estratos de la sociedad, vieron así desaparecer su participación, y el diálogo entre el soberano y sus súbditos ya no fue más que un guión orquestado unilateralmente para un público pasivo. Sin embargo, en el período de transición de los siglos XIV a XVI, las ceremonias públicas habían facilitado la asimilación de súbditos cada vez más numerosos en estados cada vez más extensos, regidos por monarcas cada vez más distantes. Entre un monarca y millones de personas se podían forjar vínculos emocionales a través de los súbditos congregados en las ciudades. La ciudad era el único marco donde el soberano podía reunirse con la masa del pueblo. A través de la administración muni-

Gualdrapa de lana y seda con las armas de Gustavo Adolfo II de Suecia, hecha en 1621
por el taller de Frans Spiering en Zelanda para la entrada solemne del rey en Estocolmo.
Estocolmo, Livrustkammaren

cipal, progresivamente subordinada al poder central, las tradiciones locales se transformaron para centrarse enteramente en la persona del monarca. Con ello perdieron su espontánea reciprocidad.

Mientras que Francisco I y Carlos IX sentían todavía la necesidad de recorrer Francia durante años enteros–en el caso de Carlos, de enero de 1564 a mayo de 1566–para celebrar con sus súbditos un ritual recíproco y pseudofeudal, Luis XIV pudo darse el lujo de no salir de la corte. Sólo abandonaba su residencia por el campo de batalla, el verdadero campo del honor, y sólo entraba en las ciudades conquistando. El estado que dirigía era ya lo bastante fuerte como para poder imponer prestaciones y juramentos a sus súbditos de forma unilateral, sin gesto alguno del rey 'absoluto' como contrapartida. Su efigie y sus emblemas se repartían por todo el reino en forma de estatuas, estampas, cuadros y decoraciones, y las gacetas relataban sus gloriosos hechos de armas.

La imagen de la ciudad

En la Europa preindustrial, la vida se desarrollaba al ritmo del calendario cristiano y sus fiestas. Los países donde perduró el catolicismo celebraban además las fiestas de los santos patronos de las ciudades y de las corporaciones. La festividad de San Marcos en Venecia, la de San Juan Bautista en Florencia o la de San Lorenzo en Perugia daban lugar a lujosas procesiones a las que acudía la ciudad en pleno para ver y ser vista. La organización de la procesión y todo su acompañamiento de comparsas, carrozas de aparato, títeres, máscaras, etcétera, corría a cargo de las cofradías, gremios y comités de barrio, generalmente a instancias de la administración municipal, que a veces convocaba concursos para ello. Así, algunas ciudades celebraban competiciones en las que los jóvenes de los distintos barrios se disputaban el premio, como el célebre Palio de Siena o las naumaquias de Pisa. Otras fiestas de inspiración religiosa, como el Carnaval y el Corpus, constituían un entramado de manifestaciones que permitían a la comunidad urbana expresar periódicamente su identidad como colectivo o en sus diferentes estamentos.

Amén de que la expresión de la identidad local ya fuera de por sí un dato político, las manifestaciones de masas no podían dejar indiferentes a los gobernantes.

Tres grandes procesiones se celebraban anualmente en Venecia: la de Viernes Santo, la del 25 de abril, festividad de San Marcos, patrono de la ciudad, y la del Corpus Christi. De su solemnidad da idea esta pintura del siglo xv, *Milagro en el puente de San Lio,* obra de Giovanni Mansueti. Venecia, Accademia delle Belle Arti

En los siglos xiv y xv, por miedo a que los *arti* gremios de Florencia consiguieran un medio autónomo de expresión política con su participación en los festejos, los comerciantes ricos que administraban la ciudad sólo permitieron actuar al pueblo dentro de otras organizaciones, principalmente en las milicias urbanas organizadas por barrios. También fue el temor a los disturbios, o incluso levantamientos, lo que llevó a los padres de la república a prohibir a los jóvenes participar en grupo en las fiestas de San Juan, en las que cada año se efectuaba el reemplazo constitucional de los magistrados. Para los jóvenes impetuosos se organizaban torneos caballerescos, y se les confiaban las escoltas diplomáticas, alejándolos así del centro neurálgico de la política. Durante las conmociones sociopolíticas que se sucedieron desde finales del siglo xv hasta 1530, se reclamó la participación en los ritos civiles de grupos que hasta entonces habían estado excluidos: niños, mujeres, jóvenes y obreros humildes. Apoyándose en esos nuevos partidarios fue como los Médicis lograron reconquistar el poder; pero una vez establecidos en su dignidad de grandes duques, controlaron de cerca las organizaciones parroquiales. Las relaciones seculares se instrumentaban dentro del marco inalterado de un universo religioso. La aparición de los *arti* en las festividades públicas de Florencia

coincidió con la pérdida de su participación política en un sistema estatal más burocrático, centralista y monárquico. ¿Cabría pensar entonces que su función simbólica era un derivativo bajo control y políticamente inofensivo? Eso querría decir que una participación simbólica en la vida pública servía como cauce de integración de la ciudadanía.[9]

En los países protestantes la mayoría de las festividades religiosas desaparecieron, pero otras de carácter profano ocuparon su lugar. El relevo del alcalde de Londres, el 29 de octubre, llegó a ser una ceremonia fastuosa. La elección del *Lord Mayor* se consistía en un cortejo triunfal que discurría por el Támesis' de *Guildhall* al palacio de *Westminster,* donde se tomaba el juramento. Una vez en la *City,* el alcalde recibía las llaves de la ciudad, y junto a la catedral de San Pablo los actores de un auto lo acogían con poemas y canciones. Además de las habituales loas alegóricas de las virtudes cardinales o de las cualidades del gremio al que perteneciera el alcalde, se comentaban los sucesos históricos y políticos contemporáneos. En las épocas de tensión religiosa y política del siglo xvii se llegó a escenificar alguna vez un 'complot papal'. Por la ciudad adornada de arcos de triunfo, los autos seguían a la carroza y el cortejo de pequeños nobles, compañías mercantiles y otras asociaciones. El espectáculo era

En varias ciudades de Toscana se corrían uno o más *palios*
en los siglos xv y xvi. Éste es el de Florencia, celebrado el 24 de junio,
fiesta del santo patrono San Juan Bautista;
lo vemos pintado en un arcón de bodas florentino hacia 1417.

organizado para el público por el gremio del nuevo alcalde y ejecutado por profesionales. Ya no se pretendía aquella interacción espontánea de la que habían dado ejemplo las ciudades medievales mucho más pequeñas. Como en una ciudad de medio millón de habitantes no todo el mundo podía asistir a la fiesta, se imprimían cuanto antes crónicas ilustradas del evento.

Junto con los ritos, eran sobre todo los edificios lo que transmitía a las masas un mensaje político visible y comprensible. El volumen de las construcciones, su emplazamiento más o menos destacado, la nobleza de su traza, su accesibilidad, la presencia de torres y su altura, son datos elementales que hablan un lenguaje meridiano para todos. Además, los edificios podían contener varios estratos de significado, con otros tantos mensajes políticos para los espíritus refinados y eruditos que los mirasen más de cerca. Es evidentemente en las ciudades italianas donde se encuentran las muestras más antiguas y elaboradas de un universo

de símbolos puramente burgués. La plaza mayor era acondicionada como espacio público destinado a reflejar la identidad de la ciudad. En Perugia se situaba entre la catedral, donde se conservaba la valiosa reliquia del cuerpo de San Lorenzo, y el 'Palacio del Pueblo', posteriormente rebautizado 'Palacio de los Priores', situado en terreno un poco más bajo pero aun así impresionante por su masa, sus almenas y su escalinata monumental. Este palacio albergaba funciones administrativas del estamento mercantil: el consejo del cambio, la cámara de comercio y la sala de los notarios. A comienzos del siglo xiv se aplicaron en la fachada que daba a la catedral, sobre la puerta principal, los emblemas de la ciudad en bronce: el león y el grifo.

En 1278 se terminó la gran fuente del centro de la plaza, en la que había participado el escultor Nicola Pisano. Una fuente es siempre lugar de encuentro, y en el simbolismo cristiano es imagen de la vida espiritual y la salvación. La fuente de Perugia se compone

Muestra claramente cómo los jinetes, defendiendo los colores
de sus parroquias, se adelantaban unos a otros en la carrera,
lo cual era causa frecuente de accidentes.
Cleveland Museum of Art, Holden Collection

de tres tazas, dispuestas en altura de mayor a menor. Las dos inferiores presentan un programa iconográfico bien visible para los viandantes y completado además con inscripciones. La taza media tiene forma dodecagonal, sin duda para establecer un paralelo entre Perugia y Jerusalén. Los grupos esculpidos simbolizan el doble origen de la ciudad: por un lado, miembro de la Iglesia católica, de la que forma parte sin estarle sometida; por otro, comunidad urbana con sus propios héroes. Las dos figuras centrales representan a San Juan Bautista como anunciador de Roma, centro del mundo, y Euliste *(nobilis Heulixstes Perusine conditor urbis)*, el fundador mítico de Perugia, presentado como legislador, rey sacerdote y guerrero. San Juan aparece flanqueado por dos parejas de santos y símbolos de la Iglesia: la Iglesia de Roma, el apóstol Pedro, la Iglesia cristiana, Pablo doctor de los pueblos. En cuanto a Euliste, le rodean por un lado Melquisedec, rey sacerdote de Jerusalén, y el capitán del pueblo

Ermanno da Sassoferrato; y por el otro el arcángel Miguel y el *podestà* Matteo da Correggio. Los dos santos locales, Lorenzo y Herculano, cierran el círculo.

Algunos años más tarde, en 1293, y por iniciativa de un jurisconsulto local, se escribió en latín un poema épico, la *Eulistea*, que relataba la historia de la ciudad desde su fundación, haciendo hincapié en la emancipación del pueblo y su papel constitucional. Los enfrentamientos con Federico II y con Roma, la formación de un territorio autónomo, se presentan como reflejo de la posición política interior y exterior de la ciudad. Sus estatutos jurídicos y la articulación armoniosa de la comunidad urbana y su territorio constituyen el tema central de la obra, que describe para un público escogido el contexto del mensaje político plasmado en la fuente. En el curso del siglo XIV se redactó en lengua vulgar una historia de Perugia donde el personaje principal, Euliste, aparece como héroe caballeresco, ya sin la compleja construcción política de la

Canaletto pintó la *Procesión del Lord Mayor por el Támesis* hacia 1747. Cada año la barcaza suntuosamente decorada del *Lord Mayor*
o alcalde de Londres subía por el Támesis desde *Guildhall* hasta *Westminster,* donde el alcalde prestaba juramento;
desde allí se trasladaba en la Carroza Dorada hasta la catedral de San Pablo, en la *City.* Salvas de artillería,
redoble de tambores y fanfarrias completaban el espectáculo. Londres, Victoria and Albert Museum

anterior epopeya erudita, sino sólo basada en asociaciones con un glorioso pasado mitológico.[10]

Dentro del ámbito de la propaganda política ciudadana se observa una relación análoga entre texto e imagen en los frescos ejecutados por Ambrogio Lorenzetti entre 1337 y 1340 en la *Sala dei Nove* del ayuntamiento de Siena. Lo que los ediles entendían por buen y mal gobierno era evidente incluso para el espectador superficial, pero el pintor se inspiró hasta el más mínimo detalle en tratados sobre administración municipal de la segunda mitad del siglo XIII. Aquellos textos prehumanistas se inspiraban por una parte en autores clásicos, como Cicerón–con su *De officiis* sobre las funciones públicas–y Séneca, y por otra en la práctica jurídica y administrativa. En particular, la enciclopedia *Li Livres dou tresor,* que Brunetto Latini compiló a comienzos de la década de 1260 con textos más antiguos, coincide punto por punto con la composición de Lorenzetti. No menos llamativas son las correspondencias con la constitución de Siena, redactada en 1309.

Todos esos textos consideran el mantenimiento de la paz, de la concordia y del orden como el bien más precioso de la vida pública y el objetivo manifiesto de todo buen gobierno. Los *Novi Signori,* elegidos entre la oligarquía mercantil que gobernó la ciudad de 1287 a 1355, se reunían precisamente en esta sala, y tenían formulada ante los ojos su principal obligación: 'garantizar a la ciudad la paz duradera y la recta justicia'. Lorenzetti pintó la palabra PAX en la pared central de las tres que integra su fresco. La dama que simboliza la paz, coronada de laurel y con una rama de boj en la mano, está sentada en el centro del ciclo. El fresco del lado izquierdo (el lado 'siniestro') representa a los enemigos de la paz: la guerra, la discordia (vestida de negro y blanco, colores heráldicos de Siena) y la ira, bajo la forma de un monstruo de tres cabezas. Para Cicerón, la concordia era uno de los dos fundamentos de la vida pública. Su emblema es aquí una dama que tiende un doble cordón, rojo y gris, a veinticuatro (dos veces doce) burgueses que se encuentran a los pies del soberano en el fresco derecho (el lado bueno). Ella recibe ese cordón de los ángeles de justicia que dominan la escena en lo alto. Los burgueses asen de buen

A finales del siglo XVIII, Francesco Guardi mostró en esta pintura la imposición al dux de Venecia de su birrete ceremonial al aceptar
el cargo supremo de la república. En esa época el dux ya apenas tenía poder, y debía someterse a las decisiones del Consejo
que le había elegido; exteriormente, sin embargo, se rodeaba de un pomposo ceremonial inspirado en el modelo de Bizancio.
París, Musée du Louvre

grado el cordón como medio de unidad; el otro extremo está atado a la mano derecha del soberano, con la que sostiene el cetro. El soberano está, pues, vinculado por el ejercicio de su poder a la unión de los ciudadanos, que brota de la justicia. Por debajo de él se ven grupos de soldados, su brazo armado. Junto a su pie izquierdo, dos caballeros con armadura ofrecen su castillo a la ciudad. Más allá se castiga sin piedad a unos malhechores encadenados: estamos ante una composición continua que de izquierda a derecha contrapone el mal y el bien, según una fórmula que toda la cristiandad comprendía gracias a las representaciones del Juicio Final. El soberano, animado por las virtudes cristianas de fe, esperanza y caridad, está sentado entre seis damas: la paz está ligeramente reclinada, y las otras cinco representan, siguiendo a Séneca, las cinco virtudes cívicas: prudencia, magnanimidad, fortaleza, templanza y justicia. El soberano se halla, pues, rodeado por un total de nueve virtudes, tantas como eran los *Signori* de Siena.[11]

Atención aparte merece la dama sentada bajo la cita del Libro de la Sabiduría: 'Prodiga la justicia, tú que juzgas sobre la tierra'. Sobre ella, que tiene la mirada en el infinito, planea la Sabiduría con la balanza. Dos ángeles ejecutan sus tareas: la justicia distributiva decapita y corona, la justicia conmutativa arbitra entre partes. Los cordones que salen de esas dos funciones llevan a la Concordia, que mantiene unidos a los burgueses. La Sabiduría está, pues, visiblemente separada de las otras virtudes: sentada aparte de los gobernantes, diferencia diversas formas de justicia con independencia de las virtudes tradicionales. He aquí una forma de separación de poderes mucho antes de Montesquieu, acorde con la distinción que regía en las ciudades entre justicia penal y arbitraje civil.

Este análisis de los frescos de Lorenzetti, por muy sucinto que sea, muestra que hacia 1340 los dirigentes de Siena eran capaces de presentar, para sí mismos y para todos los visitantes del palacio público, una visión clara, exhaustiva y coherente de la organización de un gobierno republicano basado en fundamentos esencialmente seculares. Allí quedaba plasmado en imágenes lo que numerosos textos legislativos y tratados de juristas venían desarrollando desde mediados

Entre 1337 y 1340 Ambrogio Lorenzetti pintó un fresco
en la Sala del Consejo de los Nueve del Palacio Público de Siena,

sobre el tema del buen gobierno. La figura central es la Paz.

Siena, Palazzo Pubblico, Sala dei Nove

Pieter de Hooch pintó *La antesala de los burgomaestres* poco después de que entrara en uso el nuevo ayuntamiento de Amsterdam,
mostrando el aspecto original de la estancia. Sobre la chimenea había un cuadro de Ferdinand Bol, *El cónsul Fabricio y el rey Pirro* (1656), que,
junto con *La virtud de Marco Curio Dentato* de Govaert Flink, que el caballero elegante está contemplando,
invitaba a los burgomaestres a gobernar con rectitud.
Madrid, Museo Thyssen-Bornemisza

del siglo XIII. En comparación con las ciudades italianas, el resto de Europa no tenía gran cosa que ofrecer en este terreno. Los ayuntamientos góticos de los Países Bajos sin duda presentaban programas iconográficos, pero reducidos básicamente a estatuas de soberanos y héroes locales que adornaban la fachada. Muchas salas de tribunales se decoraban con pinturas alusivas que evocaban el tema del juez íntegro a través de una escena bíblica. Chimeneas ricamente ornamentadas, como había en Brujas y Courtrai, reflejaban la estructura formal del poder mediante imágenes y símbolos, pero no aludían a valores cívicos. En ese ambiente la teoría política se aplicaba de manera pragmática, apoyándose más en las tradiciones jurídicas locales que en tratados eruditos.

En los siglos sucesivos, la máxima expresión monumental de una teoría política civil se encuentra en el ayuntamiento de Amsterdam, construido entre 1650 y 1655. Este imponente edificio fue erigido poco después del reconocimiento de la República de las Provincias Unidas por el tratado de Westfalia, que ponía fin a ochenta años de guerra con España. Tras un crecimiento explosivo, el joven Estado había alcanzado ya a su apogeo. La ornamentación exterior, bastante sobria, se reduce a estatuas de bronce que representan las virtudes cardinales, atlantes, etcétera. La decoración interior, realizada con el concurso de distintas artes evocaban con gran lujo los versos del gran poeta neerlandés Vondel. Sin embargo, apenas encierra mensajes políticos que no estuvieran ya expresados en Siena. En general, la temática consistía esencialmente en escenas mitológicas y bíblicas (Antiguo testamento) aplicadas a situaciones concretas para ilustrar cada función pública. Los blasones de los primeros regentes ornaban las salas donde habían ejercido sus funciones. Más que en Siena, se observa en Amsterdam un fuerte acento moralizante que subraya la integridad de los funcionarios, el honor de su función y sus responsabilidades éticas.

La chimenea de la sala del burgomaestre está adornada con una pintura que representa al cónsul Quinto Fabio Máximo ordenando desmontar del caballo a su padre, que había sido cónsul anteriormente. Los emblemas pintados en la bóveda aluden también al honor del cargo. Las pinturas de la antesala contigua muestran el valor y la integridad de los cónsules romanos. La que adorna la chimenea de la sala del tesorero representa a José vendiendo al pueblo hambriento el grano recogido en los años de abundancia. En la sala de los magistrados un fresco figura la Justicia, la Fortaleza y la Prudencia. La pintura de la chimenea, obra de Frans Bol, representa a Moisés con los Diez Mandamientos; Artus Quellin esculpió el bajorrelieve de la Adoración del Becerro de Oro. La decoración de la sala de los administradores de herencias en quiebra, responsables de los huérfanos, llama la atención por la pertinencia de sus temas. Aparte de un Ulises con Nausicaa pintado por Thomas de Keyser, y en la bóveda un fresco sobre los beneficios de la Tutela, la pintura de la chimenea muestra cómo Licurgo, al reconocer inmediatamente a su sobrino recién nacido como sucesor legítimo en el trono, demostró no querer abusar de su posición de tutor. Más que por lo novedoso de la teoría política expresada, la iconografía del ayuntamiento de Amsterdam sobresale por el concreto tono moral: son las virtudes republicanas lo que aparece en primer plano, y no los triunfos militares. Contrasta favorablemente con el de la imperial Augsburgo, acabado en 1620. Este edificio es de una monumenta-

lidad impresionante, acentuada, si cabe, por su situación en el punto más alto de una vasta plaza. La austera fachada sólo está adornada con la majestuosa águila imperial, y en el remate la piña, emblema romano de la ciudad fundada por el emperador Augusto. Las pinturas de la gigantesca Sala Dorada representan a ocho emperadores romanos y, frente a ellos, a sus homólogos cristianos. Las alusiones a una administración bienhechora dan testimonio de una identificación y sumisión –aunque sólo fueran teóricas– al ideal imperial, más que de un modelo político-civil autónomo como en Italia o Amsterdam.

Entre 1694 y 1698 la ciudad de Zurich hizo construir un ayuntamiento de gran sobriedad en estilo renacentista. Aún se puede admirar al borde del Limmat, el río que atraviesa la ciudad para desembocar en el lago. Las fachadas se adornan con bustos e inscripciones latinas perfectamente legibles para los viandantes. Además de las clásicas iniciales S.P.Q.T. que dominan la entrada, se pueden ver los bustos de personajes célebres de la Antigüedad como Milcíades y Temístocles, estrategas atenienses que lucharon contra los persas a comienzos del siglo V a.C. A continuación vienen los generales romanos, y después los héroes de la patria, entre ellos el inevitable Guillermo Tell. Las inscripciones latinas sólo podían ser entendidas por la élite culta, pero transmitían un mensaje inequívoco. Por ejemplo, a los burgueses de Zurich se les proponían estas máximas edificantes: 'Por las leyes y las armas'; 'La libertad vale más que la sangre'; 'No hay nada más hermoso que morir por los compañeros'; 'La virtud de los padres destaca en las armas', y 'La muerte o una vida gloriosa'. Las virtudes republicanas no eran en todas partes tan pacíficas como en Siena o Amsterdam.

Las regiones urbanizadas de Europa conocieron, pues, la elaboración de una teoría secular del poder público dentro de marcos urbanos y territoriales, que estaba inspirada tanto en la Antigüedad como en las prácticas jurídicas y administrativas contemporáneas. Esa tradición se desarrolló en las escasas repúblicas urbanas: Venecia, las Provincias Unidas y, a escala mucho más modesta, la Confederación Suiza y algunas ciudades libres del Imperio. Con el siglo XV comenzó el estancamiento para las ciudades de Italia, Cataluña, Renania, el norte de Alemania y los Países Bajos meridionales, donde las oligarquías cobraron cada vez mayor fuerza, al tiempo que disminuía la participación política. En las antiguas ciudades republicanas de Italia, nuevos monarcas tomaron el poder con mano dura y se erigieron en soberanos territoriales, permitiendo una revitalización de la nobleza rural. Las reducidas élites administrativas se dejaron domesticar fácilmente con los señuelos del patronazgo principesco; desde entonces se verían a sí mismas más como mediadoras entre los intereses locales y el poder central que como defensoras de un poder autónomo. En el plano simbólico, dejaron la elección de los ritos públicos a los soberanos, que reinaron entonces sobre la ciudad y el campo. Cuando, en el siglo XVII, la supremacía de las monarquías sobre las ciudades quedó sellada en la mayor parte de Europa, los vencedores ya no sintieron la necesidad de dialogar directamente con sus súbditos. La corte se retiró de la ciudad, que quedó sometida a un control puramente administrativo.

La sociedad cortesana

Las cortes de los príncipes destacaron siempre por sus actividades artísticas y sus festejos. En ellas se fomentaba la literatura, se componía música y se danzaba; se intercambiaban presentes artísticos y se decoraban los edificios. A medida que las monarquías se fueron imponiendo sobre las restantes fuerzas sociales, es decir, a partir de los siglos XIV y XV, tendieron a expresar su propio poder mediante símbolos. El poder desnudo no es honorable: necesita elevarse por encima de lo cotidiano mediante las metáforas del arte. Esa sublimación ocultaba las raíces del poder y contribuía a consolidarlo.

Sin embargo, los festejos no se celebrarían ya a la vista de la multitud, sino en la intimidad de la corte. En 1479 Ludovico el Moro tomó el poder en Milán por la violencia; en 1499 sería a su vez expulsado de la ciudad por el ejército de Luis XII y deportado a Francia después de un golpe frustrado. Ludovico transformó la cultura festiva de Milán al renunciar a las celebraciones populares que tenían lugar en la plaza de la catedral y en las que se recaudaban fondos para su construcción. Tras las gruesas murallas del *castello*, organizaba para los aristócratas exquisitas representaciones que tenían por tema el paraíso, y que de hecho eran una glorificación de su augusta persona. Para servir al nuevo culto del soberano, el propio Leonardo da Vinci ideó sofisticados efectos teatrales que exigían decorados movibles, fuera del alcance de la plebe sometida.[12]

La curiosidad humanista vino a sumarse al deseo de fastos artísticos. Para los Estados nacientes y las nuevas dinastías, fundar una universidad era cuestión de prestigio. Federico II fundó la suya en Nápoles, Carlos IV en Praga, y otros soberanos hicieron lo propio en Coimbra, Viena, Uppsala, Saint Andrews, Buda y Cracovia. En la república todavía frágil de las Provincias Unidas, los Estados de Holanda y el estatúder Guillermo de Orange fundaron la universidad de Leyden, oficialmente todavía en nombre del rey Felipe II de España. Es significativo que la teología se contase entre las primeras disciplinas impartidas; uno de los objetivos manifiestos de esas fundaciones era romper el monopolio del conocimiento que había tenido la Iglesia. En los siglos XVII y XVIII, academias y sociedades eruditas darían un lustre semejante a los Estados. Los príncipes del Renacimiento coleccionaban obras de arte y protegían a los artistas tanto por interés personal como por la convicción de que ese mecenazgo era un deber del soberano moderno. Carlos V de Francia reunió una biblioteca de manuscritos ricamente iluminados, y su ejemplo fue emulado y superado por sus descendientes de la rama borgoñona. Federico da Montefeltro, duque de Urbino, no sólo gustaba de hacerse representar como un héroe de la Antigüedad, sino que también quiso tener un *studiolo* o gabinete para sus estudios personales. A petición del papa Julio II, Rafael decoró varias piezas del Vaticano con alegorías de la ciencia antigua, donde el pontífice figuraba en pie de igualdad junto a los grandes legisladores laicos y eclesiásticos: el emperador Justiniano, que ordenó compilar las Pandectas, y el papa Gregorio IX, que editó las decretales. Para exaltar la gloria del soberano, el gran duque Cosme I de Florencia mandó pintar a Vasari la inmensa Sala de los Quinientos, donde se reunían los representantes de la antigua república. La influencia italiana llevó nuevos aires de elegancia a las cortes de Matías Corvino en Buda y de los Jagellón en Cracovia.

Los reyes de Francia, que desde 1494 recorrían Italia con sus ejércitos, sucumbieron al encanto de los palacios renacentistas, y se inspiraron en ellos para construir los castillos del Loira. Francisco I mandó hacer, a orillas del Sena en Fontainebleau, una galería destinada a albergar su colección de arte clásico, que él mostraba personalmente, como 'Maestro de los Misterios', a sus invitados. Hacía ya mucho tiempo que los antiguos palacios de la *Ile de la Cité* y el Louvre de París no servían de residencia real. Los reyes abandonaban las capitales por *Hampton Court*, El Escorial o, naturalmente, Versalles.

Los ambiciosos proyectos de construcción y decoración que caracterizan el largo reinado de Luis XIV (1661-1715) crearon el modelo de sociedad cortesana que en el siglo XVIII seduciría a todas las aristocracias de Europa. La corte, concebida como sociedad perfecta, debía dar una representación permanente de sí misma como espectáculo directo, es decir, no sólo a través de la imagen, y participar así en una intensa ofensiva de adoctrinamiento cuyo objetivo era tener sujeta a ella –y por lo tanto al Estado– a la nobleza levantisca. Fiestas, bailes, cabalgatas, entradas solemnes, comedias, conciertos y fuegos de artificio servían en primer lugar

La sala encantada del castillo de María de Hungría en Binche, durante el agasajo ofrecido al príncipe Felipe de España (más tarde Felipe II) en 1549. Cada plato descendía de las alturas en una mesa puesta para todos los distinguidos comensales, y el vino manaba a discreción de un mascarón de piedra. Lamparillas con aceites aromáticos difundían una grata fragancia hasta la bóveda pintada.

Dibujo a pluma en colores, 1549. Bruselas, Bibliothèque royale de Belgique

para grabar en la mentalidad de los nobles, por medio de una severa etiqueta, la idea de una jerarquía centrada en el rey. El trauma de la Fronda (1648-1652) tuvo como consecuencia un plan global de seducción dirigido a inculcar un comportamiento humilde y civilizado a los turbulentos nobles de todo el país, sometidos a una monarquía absoluta. En 1685 ese programa dio trabajo a 36 000 personas y se tragó millones de libras, con gran indignación de muchos contemporáneos. En todo el reinado, el coste de esos proyectos ascendió a 82 millones de libras, es decir, aproximadamente un 1,8 por ciento del presupuesto estatal: una menudencia en

comparación con el 52 por ciento dedicado a las guerras. Desde luego, todo Versalles le costó al Estado menos que los disturbios de la Fronda.

El orden arquitectónico creado por etapas en los jardines, el palacio y la propia localidad de Versalles obedecía a una orientación oeste-este enfocada en la alcoba del rey, centro de ese universo simbólico. Al este del palacio se encontraban las sedes de los ministerios y las tres avenidas dirigidas como un tridente hacia la ciudad. Al oeste se extendían los jardines, que simbolizaban las estaciones, la realeza y Francia. La naturaleza con sus cuatro elementos, el tiempo con sus cuatro estaciones, el hombre con sus cuatro humores y hasta los astros concurrían a una armonía perfecta, que se expresaba en un trazado nítido y simétrico. La función del rey consistía, correspondientemente, en salvaguardar la armonía y permanencia del reino. La única revolución admitida era la de los astros, no las de los humanos. Las estatuas situadas en el extremo oeste del eje central, figuras del dios solar Apolo y de Leto protegiendo a sus hijos Apolo y Diana contra los campesinos rebeldes de Licia, que según el relato de Ovidio se convierten en sapos, son a todas luces alegorías del rey y de la Fronda, acaecida durante su menoría. La decoración interior de los *Grands Appartements*, que data de las primeras décadas del reinado, se inspira principalmente en la mitología y la historia antigua. El mensaje transmitido, o sea, la evocación de las virtudes del soberano, es todavía indirecto y general: Trajano hace justicia, Solón explica sus leyes a los atenienses, Tolomeo Filadelfo devuelve la libertad a los judíos, Alejandro Severo manda repartir trigo al pueblo. Temas y alegorías análogos se encuentran en la misma época pintados en el ayuntamiento de Amsterdam, donde el poder estaba en manos de comerciantes calvinistas y republicanos.

A partir de la paz de Nimega (1678), el programa iconográfico de Luis XIV cobra un sesgo mucho más nacionalista y personal. Es entonces cuando en los jardines se alzan estatuas de bronce en medio de estanques que figuran los ríos de Francia. Aparece en los capiteles una emblemática francesa, compuesta por el sol, la flor de lis y el gallo galo sobre un fondo de palmas. Y, sobre todo, las bóvedas pintadas de la Galería de los Espejos y de las estancias adyacentes representan ahora las hazañas del rey. Dieciocho escenas pequeñas ilustran los acontecimientos sobresalientes del reinado, y seis grandes composiciones narran la guerra de Holanda y la conquista del Franco Condado. Los dos paneles del centro retratan al rey como un dios antiguo, con el rayo en la mano: Apolo atravesando el Rhin sobre su carro y Júpiter presidiendo desde una nube la toma de Gante. Las otras escenas muestran a Luis preparando la acción, sopesando los riesgos, zanjando dilemas, tomando decisiones. En contraste con otras tradiciones iconográficas más antiguas, la iconografía de Versalles no presentaba justificación genealógica, ya que no remitía a un origen mítico ni al fundador de la patria, sino que mostraba, de manera cada vez más directa y reconocible, el presente absoluto.

A partir de 1684, se imprimieron por orden del rey explicaciones de las pinturas de la Galería de los Espejos, para informar a los visitantes sobre el sentido de una composición al fin y al cabo francamente complicada. En efecto, no se podía descifrar en línea recta,

sino que había que partir del centro (el rey) y siguiendo un movimiento concéntrico llegar hasta la periferia, donde se localizaban las fuerzas enemigas. La disposición de las imágenes reflejaba así el esquema de la monarquía absoluta. El mensaje político se resumía brevemente en palabras de Bossuet, capellán de la corte:

No sé qué tienen los príncipes de divino que despierta tal temor en el pueblo [...] Sois dioses, tenéis en vosotros la autoridad, lleváis sellada la frente con una marca divina [...] Oh reyes, ejerced pues vuestro poder con denuedo [...][13]

El universo representado pretendía sintonizar los esquemas conceptuales de la aristocracia francesa con los objetivos de la monarquía. La arquitectura, cargada de significado, servía aquí para sostener una estructura política y social predefinida. Aquellas fórmulas enderezadas a enaltecer la autoridad real sobre la nobleza resultaron tan elocuentes para los demás soberanos de Europa que Versalles fue literalmente el modelo de las cortes principescas desde Lisboa hasta San Petersburgo. La corte de Francia marcaba la tónica a la élite europea en las esferas de la etiqueta, la lengua, la literatura, la música, las formas artísticas. De ese movimiento cultural nació una reacción intelectual contra el adoctrinamiento avasallador. En los salones de la aristocracia se elevó el nivel intelectual de los debates, alimentados cada vez más claramente en el curso del siglo XVIII por la crítica social de los *philosophes*. Así es como la fracción progresista de la nobleza y de la burguesía acabaría desenmascarando la ideología del absolutismo.

No cabe duda de que la cultura artística de la corte, por sumisa que fuera, desató un impulso creativo sin precedentes, cuyos efectos innovadores fueron quizá máximos en las artes escénicas. Las cortes italianas, que desde el siglo XV rivalizaban no sólo en el campo de batalla sino también en el de la cultura, llevaron la batuta en este terreno hasta el siglo XIX. En su afán de seguir sorprendiendo a los hastiados cortesanos con nuevas producciones, medios y descubrimientos, los artistas que circulaban de un país a otro crearon una potente dinámica cultural. Como todo soberano que se preciara debía mantener una capilla musical, la demanda de músicos creció a la par que la de partituras y libretos. Por sus numerosas aplicaciones, la música pasó a ser, después de la arquitectura, la disciplina artística más funcional. Ambas artes, por su excesivo coste, eran también las más exclusivas. De todos los rincones afluían compositores a las cortes para crear piezas de circunstancia. El más célebre fue probablemente Georg Friedrich Haendel (1685-1759), que trabajó primero para el príncipe de Toscana y después para los Hanover, a quienes siguió hasta Londres

Fiesta al aire libre en la corte de Catalina de Médicis para recibir a los embajadores de Polonia.

En un marco espléndido, los cortesanos interpretaron el *Ballet de las provincias francesas* para la reina y sus invitados.

Detalle de uno de los ocho 'Tapices de Valois' de 1573.

Florencia, Galleria degli Uffizi

en 1711. Al estilo de la época, compuso óperas sobre libretos del neoclasicismo italiano, música ceremonial –*Coronation Anthems, Music for the Royal Fireworks, Water music*–, un *Te Deum* y obras de cámara. Tras alcanzar la fama, a partir de 1742, se consagró de lleno a su género predilecto, el oratorio. Aunque la mayoría de los músicos de los siglos XVII y XVIII vivían ante todo de los encargos de un mecenas principesco, y por lo tanto tenían que adaptar la forma de sus composiciones a las posibilidades y preferencias del cliente, esa situación en modo alguno les impidió crear obras maestras inmortales, que durante generaciones han hechizado a públicos muy diferentes de aquel primer público cortesano.

Miremos ahora con atención una de las cortes principescas de la periferia de Europa, la corte sueca, que también había alcanzado el apogeo de su poder en el siglo XVII. Allí fue figura central el pintor de cámara David Klöcker Ehrenstrahl, que durante un cuarto de siglo ilustró el simbolismo del Estado. En la Casa de la

Una visita, un natalicio o una boda real se acompañaba de festejos donde también participaban los súbditos.
El punto culminante era una gran exhibición de fuegos artificiales.
Aquí vemos la que en junio de 1709 se dio sobre el Elba en Dresde con ocasión de la visita del rey de Dinamarca.
Dresde, Kupferstichkabinett

El Teatro Farnesio, construido enteramente en madera, se alzó en el año 1618 sobre el piso alto del Palacio Ducal de Parma.
Tenía un techo pintado y muchas hornacinas con estatuas. Trescientas candelas daban una suave iluminación,
y un ingenioso sistema de bombas permitía inundar el pavimento para dar espectáculos acuáticos.
Parma, Palazzo Bourbon, Galleria Nazionale

Versalles y la sociedad cortesana francesa fueron el modelo para un sinfín de cortes principescas en el siglo XVIII.

Éste es el palacio de Drottningholm, residencia de verano de los reyes de Suecia, visto desde el jardín; en primer término, la fuente de Hércules,

de 1740 aproximadamente. Las estatuas que ornaban el parque, parte del botín de guerra llevado de Praga y del castillo danés de Frederiksborg,

eran de Adriaen de Vries (siglo XVI). Nyköping, Administración del condado

En la primera cuadrilla del carrusel, un espectáculo al aire libre en el que la caballería real demostraba sus habilidades al son de música,

Carlos XI de Suecia desfila con uniforme de general romano y seguido por un grupo de soldados portadores de fasces.

Este carrusel se celebró en Estocolmo tras la coronación del rey en 1672.

Grabado de Georg C. Eimmart el Joven según David Klöcker von Ehrenstrahl. Estocolmo, Statens Konstmuseet

Estos frescos de Rafael en la Estancia de la Signatura del Vaticano muestran, el primero al gran papa reformador Gregorio ɪx,

con los rasgos del papa Julio ɪɪ della Rovere (1503–1513), entregando las *Decretales* a Raimundo de Peñafort;

y el segundo al emperador bizantino y legislador Justiniano entregando sus *Pandectas* a Triboniano.

Roma, Museo Vaticano, Sala della Segnatura

Nobleza, lugar de reunión de la Dieta *(Riksdag)*, representó en 1674 la Apoteosis de Suecia sobre la bóveda de la sala principal: La personificación de *Svecia* preside una asamblea de virtudes y es aclamada por la Fama. El palacio real de Drottningholm, próximo a Estocolmo, era lugar de festejos, bailes y comedias. Los temas ilustrados empiezan a resultarnos familiares: por ejemplo, la reina Cristina exaltada como una nueva Minerva, protectora de las artes y de la paz. La Justicia, la Prudencia y la Paz fueron representadas en escena, acompañadas por la Sabiduría, en la ceremonia de coronación de 1650 –Lorenzetti las había integrado en su compleja alegoría ya en 1340–, mientras que un carro triunfal presentaba a la Fortuna. Gustavo Adolfo fue aclamado como un nuevo Augusto. Hacia 1670 encontramos a Carlos xɪ retratado con los rasgos de Apolo, el símbolo astral que, como en Francia, se repetiría en todo panegírico real; Ehrenstrahl pintó al rey como el dios solar después de su victoria sobre la serpiente Pitón. Para celebrar la expansión del poder

real y el reconocimiento del derecho de sucesión de las mujeres en 1683, el pintor ejecutó una Apoteosis de la familia real donde los príncipes visten como en la antigüedad y la princesa ciñe una corona de laurel a su hermano menor, que lleva la clásica toga azul. En 1693, en una alegoría de la sucesión, el pintor de cámara plasma la humilde lealtad de los Cuatro Estamentos a la sacra realeza. En una galería central del castillo, pinturas murales realistas describen con minuciosidad las batallas de Carlos Gustavo (Carlos x), a modo de lección de estrategia militar y glorificación del militarismo de los reyes suecos. Es un equivalente casi coetáneo de la Galería de los Espejos de Versalles, pero incomparablemente más sencillo en sus dimensiones, inspiración y concepción. Los espectáculos teatrales del palacio de Drottningholm eran otras tantas loas a la dinastía reinante. En 1669, para el cumpleaños del joven Carlos xɪ, el consejero conde Erik Lindschöld escribió el argumento de un ballet dedicado al Genio del soberano, tema que también aparece en pinturas de la época.

Se cree que este cuadro fue un encargo del rey Luis xiv de Francia a François Puget para dejar a la posteridad las efigies de los músicos de la corte de Versalles y de Lully, su compositor favorito, en 1687. La partitura de la mesa es una oda a la fama inmortal del rey, que precisamente en aquel año se curó de una enfermedad.

París, Musée du Louvre

El Genio conduce al príncipe por el camino de la virtud; llegado a la edad adulta y habiendo tomado la figura de Hércules, debe escoger entre la virtud y el vicio, tras de lo cual la Fama proclama su gloria futura.[14]

Verdad es que esa composición no conoció la celebridad de las piezas de Molière y Racine que en la misma época se representaban en Versalles. No se trataba tanto de alcanzar una calidad estética suprema cuanto de producir una impresión, por el simbolismo empleado, en el público selecto al que se dirigía la obra. Desde este aspecto, las artes contribuyeron poderosamente a consolidar e interiorizar las nuevas relaciones de fuerza, más autoritarias y de mayor alcance. A través de la imitación, el modelo cultural 'cortesano' se filtró desde la segunda mitad del siglo xviii a los medios burgueses. Fue así como, en última instancia, contribuyó igualmente a que la sociedad de masas moderna aceptara el orden establecido.

1   Morand 1790, x; Sauerländer 1977.
2   Le Goff in Bak 1990.
3   Beaune 1985, 226-229.
4   Guenée & Lehoux 1968, 18, 26-29.
5   Bryant 1986 & 1990.
6   Blockmans 1994.
7   Scheller 1982, 47-48.
8   Scheller 1985.
9   Trexler 1980.
10 Galletti 1988.
11 Skinner 1989.
12 Racine 1994.
13 Sabatier in *Culture et Idéologie* 1985.
14 Ellenius 1988

Capítulo VII
La formación del sistema estatal europeo

Hasta aquí hemos desglosado ochocientos años de desarrollo de los sistemas de poder europeos en seis componentes que parecen ser igualmente esenciales. Su dinámica condujo a la formación de entidades sustancialmente mayores, pero dentro de las cuales el poder funcionaba de manera eficaz. Se observa, en efecto, y hay que admirarse de ello, que la enorme extensión de los territorios dentro de los cuales se ejercía el poder desde un centro de coordinación corrió parejas con la creación de aparatos de control adecuados. Gracias a éstos–Estados, Iglesias, compañías mercantiles–fue posible ejercer las diversas formas de poder a una escala cada vez mayor y sin dejar de controlar la reproducción social.

La fragmentación y segmentación de las áreas de poder son características del antiguo régimen en general, como también de los grandes estados de los siglos XVII y XVIII, que a menudo se califican injustificadamente de nacionales y absolutistas. Todos los Estados antes de 1800, y muchos todavía después, consistían en un número elevado de entidades territoriales y sociales privilegiadas–principados, provincias, ciudades, señoríos, privilegios eclesiásticos, la aristocracia, comunidades locales y hasta órganos corporativos instituidos por el propio Estado, como los tribunales reales de justicia–, cuyos seculares derechos y costumbres había que respetar, so pena de provocar resistencias o rebeliones. La autoridad central tenía que negociar con esas entidades si quería obtener de ellas algo más que el cumplimiento de los deberes acordados por pacto mutuo. Esta segmentación de los sistemas de poder europeos todavía se expresaba alrededor de 1780 en una pluralidad de instancias soberanas y cuasi soberanas que daban al mapa un aspecto tan fragmentado dentro de los Estados como entre ellos. En esa época seguían existiendo en Europa comunidades rurales autónomas, repúblicas urbanas, confederaciones republicanas, Estados regionales dominados por una república urbana, principados eclesiásticos y seculares de diverso rango y tamaño, reinos, y nada menos que tres imperios. Varios de esos poderes ejercían además diversas formas de autoridad colonial fuera de Europa.

Esa heterogeneidad de los sistemas de poder era el lógico reflejo del largo e irregular proceso de crecimiento que habían conocido a lo largo de ocho siglos. En ese complejo entramado de competencias, coaliciones, anexiones y destrucción, cada unidad había nacido de la interacción de un gran número de fuerzas en distintas épocas y diferentes grados. De ahí que las mismas influencias produjeran resultados divergentes según el lugar y el momento. El número de factores interactuantes en ese proceso de diferenciación social es tan grande que los resultados ofrecen una gama muy variada, de suerte que sólo cabe generalizar sobre las relaciones entre los propios factores, y no sobre los resultados. Cualquier interpretación sencilla pecaría de reductora y simplista. Por consiguiente ¿qué conclusiones se pueden sacar sobre los factores operantes en el proceso?

La torre de la armería en el Hofburg de Innsbruck fue retratada para la posteridad por Matthias Perathoner en 1777, justo antes de su demolición. En torno al retrato central, obra del pintor Georg Kölder (1499), se ven cincuenta y cuatro escudos de regiones gobernadas por los Habsburgo; a la izquierda de la entrada, un caballero armado con el estandarte de los Habsburgo, y a la derecha otro con el estandarte del Tirol. Sobre la ventana del segundo piso se ven las armas de Hungría. En lo alto de la torre se identifican a la izquierda las figuras de Maximiliano I y sus dos esposas, María de Borgoña y Bianca Sforza, y a la derecha las de Fernando I y Ana de Hungría.
Innsbruck, Tiroler Landesmuseum Ferdinandeum

Apoteosis de Carlos v, en una rodela italiana de la primera mitad del siglo xvi.

El emperador laureado surca los mares a bordo de una galera romana.

Las Columnas de Hércules simbolizan los peñones que en el extremo occidental del Mediterráneo marcaban

la frontera del mundo conocido en la época clásica.

En la proa, una Victoria alada sostiene un escudo con el lema de Carlos,

Plus ultra, en escritura especular, significando que su imperio se extendía más allá, de hecho hasta las Américas.

Madrid, Real Armería

Notas en p. 313

Hemos visto que la rivalidad de los señores feudales en las sociedades básicamente agrarias de la alta Edad Media impulsó inicialmente el proceso de ampliación del poder.[1] Cada uno de ellos se esforzaba deliberadamente por acrecentar su territorio, y el resultado de esa competición general fue que los contendientes más débiles sucumbieron y las unidades supervivientes crecieron. Con algunos ajustes, el esquema feudal ha influido decisivamente en los sistemas de gobierno de Europa. Ante todo porque en Europa central y oriental hasta el siglo xix, y en muchas regiones de Europa occidental hasta finales del xviii, siguió siendo el nivel primario de ejercicio del poder; en segundo lugar, porque sirvió de modelo para numerosas relaciones de derecho público; finalmente, porque la ética feudal, basada en el honor mediante el comportamiento valeroso en la guerra y, en parte como

consecuencia, la extensión de la propiedad de tierras, siguió determinando fundamentalmente el pensamiento de la aristocracia, y en gran medida también el de los gobernantes.

Entre los siglos x y xii, esa continua rivalidad de los señores feudales recibió un impulso añadido del aumento de la productividad agrícola. El consiguiente crecimiento demográfico, coincidente con el cese de las invasiones, hizo aumentar la presión sobre los medios de subsistencia, con resultados tanto expansivos como implosivos. La reacción más obvia fue la conquista y cultivo de nuevas tierras, sobre todo en las partes menos pobladas del centro y norte de Europa. En las regiones más pobladas y avanzadas fue característico el incremento de la competencia, y en particular el aumento de la movilidad social, que desestabilizó el sistema de señoríos en el que descansaba la

En la segunda mitad del siglo xv, Urbino fue, bajo el duque Federico da Montefeltro,
uno de los centros de arte más florecientes del norte de Italia.
Hacia 1475 Justo de Gante hizo este retrato del duque como príncipe guerrero y entronizado que lee para su hijo,
seguramente alguna epopeya famosa. Urbino, Galleria Nazionale delle Marche

En el *Campo* de Siena, la plaza semicircular delante del Palacio Público, el franciscano Bernardino (1380–1444)
predicaba ante grandes multitudes de ricos y pobres. Sano di Pietro (1406–1481), fiel testigo de esos sermones,
muestra que hombres y mujeres se colocaban separados, como en la iglesia.
Siena, Capitolo del Duomo

En 1500 los patricios de la ciudad de Augsburgo celebraron un baile en el piso alto del ayuntamiento

Entre los invitados había también plebeyos de uno y otro sexo, que por su posición formaban parte de la alta sociedad local.

La danza daba ocasión al encuentro de ambas clases sociales, que a menudo desembocaba en boda y ascensión de la clase inferior a la superior.

Pintura de la *Geschlechtertanz* de Augsburgo, por Abraham Schelhas. Augsburgo, Städtische Kunstsammlungen, Maximilianmuseum

estructura de poder feudal. De esa dinámica nacieron las primeras monarquías, especialmente en Inglaterra y en la Península Ibérica. Cabe entenderlas como estructuras de poder esencialmente emanadas del crecimiento socioeconómico de Europa en esa época, sobre cimientos muy distintos de aquéllos, mucho más antiguos, que sostenían a la Iglesia.

En su organización, su grado de abstracción y su universalismo, la Iglesia reflejaba aún el alto nivel de desarrollo alcanzado por el imperio romano. La aplicación de sus conceptos, romanos en muchos aspectos, a las sociedades agrícolas e incluso nómadas de los pueblos germánicos y eslavos no podía dejar de crear tensiones. La ambición recurrente de resucitar el imperio romano (cristiano) —sorprendentemente desde territorios germánicos que sólo marginalmente habían conocido la colonización romana— nunca duró más allá de la fuerza fortuita de una dinastía en unas pocas generaciones sucesivas. La institucionalización del Imperio a través de la organización superior de la Iglesia condujo inevitablemente a un conflicto de competencias que debilitó primero al imperio y después al papado.

A partir del siglo XII, las monarquías feudales sólo pudieron sostenerse en la lid con la condición de: 1. mantener buenas relaciones de colaboración con la Iglesia, que prestaba a cambio legitimidad y respaldo a su autoridad; 2. poseer una suficiente *Hausmacht*, una base de poder dinástica que les diera superioridad sobre sus rivales en el interior, y 3. disponer de suficiente capital comercial en sus territorios como recurso con que completar las rentas del servicio feudal y de sus propios señoríos. En las primeras etapas el respaldo de la Iglesia fue esencial para los príncipes territoriales por razones logísticas, debido a los servicios especializados que podía prestar el clero altamente instruido. Además, hacia el año mil la Iglesia había lanzado una ofensiva de paz contra la violencia desenfrenada de los señores feudales, lo cual benefició a los príncipes, que se apresuraron a adoptar esa estrategia de pacificación interior con vistas a desarmar a sus competidores más importantes. Ni que decir tiene que la legitimación eclesiástica presentaba también una extraordinaria ventaja para el príncipe, ya que le confería una elevación sagrada sobre los meros nobles; significaba que sólo él podía emplear argumentos y medios religiosos, tales como las cruzadas y la invocación de los santos patronos, para sus fines políticos.

El auge de las ciudades fue consecuencia del aumento general de la población. Al principio gozaron del apoyo del soberano —o mejor dicho, lo compraron—,

En este detalle de su fresco *La aparición del ángel a Zacarías en el Templo,*
en la iglesia de Santa Maria Novella, Domenico Ghirlandaio (1440–1494) inmortalizó a cuatro ciudadanos ilustres de Florencia: Marsilio Ficino,
Cristoforo Landino, Agnolo Poliziano y Gentile de' Becchi.

sobre todo porque constituían un contrapeso frente a los grandes señores feudales que eran sus verdaderos rivales. En algunas regiones mercantilizadas de Europa occidental, el capital comercial representó desde el siglo XIII un caudal sustancialmente mayor que el que podía reunir el príncipe sumando sus ingresos tradicionales de rentas, impuestos, acuñación y multas. Los préstamos de mercaderes italianos o locales dieron mayor holgura financiera a los soberanos capaces de presionarles por operar en su territorio. Eso significaba que, además de sus vasallos y súbditos reclutados en virtud del servicio feudal, podían contratar a mercenarios y movilizar así tropas no sólo más nutridas sino en general también más fiables, ya que los mercenarios eran profesionales que permanecían en campaña mientras se les tuviera pagados, y no como los vasallos, que solían marcharse a los cuarenta días y tendían a anteponer sus propios intereses. Los príncipes que no podían acceder a grandes capitales comerciales, como fue el caso de los condes de Holanda en el siglo XIV, estaban por ello en situación de inferioridad frente a sus competidores que sí podían, como los duques de Borgoña. Si contaban efectivamente con el respaldo de la Iglesia y los recursos financieros y experiencia de los mercaderes, gozaban de una apreciable ventaja competitiva sobre los rivales que permanecían anclados a lo puramente feudal; así se entienden ganancias territoriales como las de los reyes de Inglaterra en los siglos XIII y XIV, de Francia en el XIII y el XV, de Aragón del XIII al XV, de Dinamarca y de los duques de Borgoña.

Las ciudades no eran instrumentos pasivos en manos de los estrategas principescos; los mercaderes que las administraban reclamaban la mayor autonomía posible, por las armas si era preciso. Un caso eminente es el de las ciudades lombárdicas que, formando una liga, pudieron sacudirse la hegemonía del emperador Federico Barbarroja. Sobre todo en Italia, pero también en Cataluña, los Países Bajos, Renania y el litoral báltico, las ciudades mercantiles formaban redes y asociaciones para proteger sus intercambios comerciales. En ese ambiente se desarrolló el capitalismo comercial desde el norte de Italia, y a partir del siglo XIII fue pasando por alto, cada vez con menos disimulo, las restricciones que la ética eclesiástica pretendía imponer a la acumulación de capital y el cobro de interés sobre los préstamos. La actividad de los capitalistas mercaderes se caracterizó por su independencia respecto a la autoridad de los príncipes; a comienzos del siglo XIV y en el XVI, ejemplos ilustres demostraron los inconvenientes de una alianza demasiado estrecha con la realeza.

Hacia 1300 se observa un punto de inflexión. Hasta entonces los diferentes sistemas de poder, cada uno según sus propios medios, se habían desarrollado con relativa independencia mutua. Todos la Iglesia, los señores feudales, los burgueses y los soberanos mantenían puntos de contacto unos con otros, pero se permitían amplios márgenes de libertad. Desde el punto de vista demográfico y económico, 1300 marca también un hito: hasta entonces la población y la producción habían aumentado gradualmente, pero después de esa fecha se inició un largo proceso de regresión. A la larga, los trasvases de poder que acompañaron a ese cambio fortalecerían a las monarquías, en vías de modernización, frente a sus tres grandes oponentes: la nobleza feudal, la Iglesia y las ciudades.

La primera en ceder fue la nobleza feudal. El desarrollo de una economía financiera había minado su base material; la expansión del poder de los príncipes redujo su libertad de acción; por último, la creciente presencia de tropas mercenarias y milicias locales, siempre de infantería, puso fin a su supremacía militar de combatientes a caballo.

Durante el siglo XI, la Iglesia fue un poder autónomo, capaz de desatar una rebelión contra el emperador Enrique IV y de abandonarle; capaz de amenazar con la excomunión a varios reyes franceses para forzarles a revisar sus políticas matrimoniales, el cordón umbilical de su dinastía, para que cumplieran las prescripciones eclesiásticas. Pero las armas papales de anatema, entredicho y excomunión, empleadas con demasiada frecuencia por razones claramente políticas, perdieron credibilidad; sobre el emperador Federico II no surtirían ya ningún efecto. Al rey Felipe el Hermoso le inquietaban tan poco que en 1302 hizo prender al papa (eso sí, con el previo apoyo de los Estados generales). Se ventilaba una cuestión política: la de la libertad del rey para gravar las propiedades eclesiásticas. A pesar de la aparición de las órdenes mendicantes, especialmente consagradas a predicar en las ciudades, que crecían rápidamente y habían visto nacer una nueva clase de pobres, la Iglesia perdió el control de las comunidades urbanas. Las órdenes mendicantes resultaron ser acérrimas perseguidoras de la herejía, de manera que la necesidad, sentida sobre todo en los círculos burgueses, de una religión menos formalista pero más auténtica y liberal, quedó frustrada. El traslado de la Curia a Aviñón, el Cisma de Occidente y la secularización de la Iglesia afectaron seriamente a su prestigio. Sobrevivió gracias a los pequeños movimientos piadosos de renovación en sus bases, y a la integración de sus más altas jerarquías en el aparato del estado. Sin embargo, eso significó perder la autonomía de la que antes había disfrutado como institución universal con autoridad suprema en materia de normas, valores y cosmogonía. Las monarquías se sirvieron ávidamente de los recursos materiales, organizativos, intelectuales y rituales de la Iglesia, sobre todo para acrecentar su propia aura divina y la del estado embrionario. Las iglesias oficiales, circunscritas a las fronteras de cada país, se vieron absorbidas por las monarquías y puestas al servicio de fines políticos: en última instancia, la imposición de una disciplina social. Las guerras de religión radicalizaron y absoluti-

zaron ese proceso: las Iglesias que tuvieron que atribuir su supervivencia al poder político se vieron reducidas a una función de apoyo.

El tercer factor opuesto a las monarquías eran las ciudades, al menos en aquellas regiones donde representaban una proporción sustancial de la población y la riqueza. En Escandinavia y en el centro y este de Europa, así como en las regiones centrales de Francia y España, el grado de urbanización era tan bajo que las ciudades carecían de peso político. No así en el norte y centro de Italia, Cataluña y las demás regiones urbanizadas. Allí las ciudades grandes habían constituido sistemas regionales de poder y redes interregionales, a veces incluso colonias, y no se dejaron asimilar pasivamente por la expansión de los Estados monárquicos. La recesión económica del siglo XIV frenó temporalmente el desarrollo general de las ciudades, algunas de las cuales sufrieron pérdidas de población alarmantes. Los vaivenes de la economía internacional supusieron el fuerte retroceso de algunas regiones y el avance de otras. Esos procesos escapaban al control de los príncipes, aunque lógicamente incidiera en ellos toda política más o menos favorable al comercio. El estancamiento económico de algunas regiones dio ocasión a que los príncipes se impusieran a las ciudades debilitadas, sobre todo allí donde la solidez de su organización judicial, financiera y militar permitía que hasta cierto punto el aparato administrativo funcionara independientemente de la persona del soberano. En esos casos el poder ya no se ejercía sobre la base de un pacto puramente feudal entre individuos, sino a través de un cuerpo impersonal de funcionarios que habían recibido una formación profesional y aplicaban unas normas propias.

En esa etapa, que hay que situar entre 1300 y 1600 según la región, los Estados como instituciones se distinguen de las anteriores cortes desmesuradas de los señores feudales. En cuanto entidades impersonales, no habían sido planificados ni de hecho deseados por ninguno de los participantes en la anterior lucha feudal por el poder. Sin embargo, dependiendo del grado de éxito alcanzado en sus esfuerzos de expansión territorial, los príncipes tuvieron que ajustar sus medios de gobierno para controlar posesiones cada vez mayores. Para ello hubo que crear un aparato estatal, con funcionarios que a su vez empezaron a considerar los intereses del Estado –a menudo identificados con los del soberano, pero no necesariamente– como fin de sus propias actuaciones, y que al afanarse por fortalecer al Estado servían también su interés personal. Una vez que el Estado fue concebible como abstracción, se le pudo asignar la administración del bien general, que dentro de sus límites territoriales implicaba ante todo

Senadores florentinos prestando juramento de fidelidad al joven gran duque de Toscana,
Fernando II de Médicis (1610–1670), en una pintura de Justus Sustermans. Oxford, Ashmolean Museum

la garantía del derecho y el orden. Entonces el Estado pudo jactarse de administrar con equidad los intereses enfrentados de las clases y los estamentos, con una consiguiente legitimación del poder, esta vez racional.

Los Estados nacientes ofrecían seguridad jurídica a un mayor número de personas, no sólo porque garantizaban una justicia recta, sino también por su superioridad en el uso de la fuerza. El gobierno de las ciudades no había implicado nunca, ni siquiera en la *terraferma* veneciana, la igualdad legal entre la población urbana y la rural, ni aun entre los burgueses de la capital y los de villas menores. Ni una sola ciudad dominante había procedido a aquella generalización de los derechos civiles que dio solidez al estado romano. Por el contrario, hasta el final del antiguo régimen las ciudades, lo mismo que el clero y la aristocracia, vivieron atrincheradas tras la defensa de sus privilegios jurídicos, económicos y fiscales. Ese característico particularismo hizo que sus alianzas rara vez fueran duraderas, porque faltaba la necesaria solidaridad, y una por una podían ceder ante los ejércitos del príncipe. La superioridad militar del Estado se vio favorecida desde el siglo XV por el desarrollo de las armas de fuego. La mayor seguridad al amparo de la ley que podía ofrecer el Estado –una vez aceptada su hegemonía– hizo redundantes muchas de las funciones para las que antes se habían formado ligas de ciudades, y resultaba atractiva para las áreas que vivían a la sombra de las grandes urbes. La pacificación interior y los primeros pasos del Estado de derecho brindaron la ventaja evidente de reducir los costes de protección del comercio por tierra, y a partir del siglo XVII también por mar.

La subordinación de las ciudades y sus esferas de influencia a la hegemonía del Estado no fue un problema puramente político o administrativo. Por ser centros del comercio interregional, las ciudades eran los puntos neurálgicos del sistema de mercados. Los príncipes del siglo XIV, luego que descubrieron el empréstito como medio de acrecentar sus recursos financieros, fueron introduciendo sistemas de tributos que les aportaban unas rentas regulares derivadas de la industria y el comercio. La falta de visión económica de nobles y soberanos, cuando no su desprecio de todo lo relacionado con esa esfera, significó que fueran sus necesidades militares lo que determinase el nivel de imposición y el volumen de la deuda pública. La guerra imponía su dinámica y su lógica particulares: lo importante no era el precio, sino el resultado final; en definitiva, la ambición y el honor personales del príncipe. Esto quería decir que para limitar el ordeño de una economía próspera por un príncipe belicoso, o forzado a defenderse por la agresividad de sus rivales, no había otro freno que la representación política de los intereses comerciales en una asamblea de los Estados o un parlamento con poderes decisorios; era eso, o la catástrofe económica.

Como lo normal era que los impuestos elevados y la guerra redujeran los beneficios del comercio, y que la injerencia gubernamental entorpeciera las transacciones, el capital mercantil tendía a huir de los países con un régimen fuertemente centralista y militarista. Las ciudades donde la actividad mercantil se desarrolló con más pujanza –Venecia, Génova, Florencia, Barcelona, Brujas, Lübeck, Amberes, Augsburgo, Danzig,

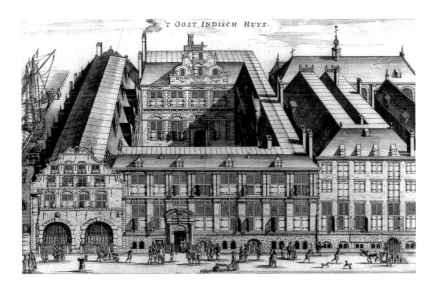

'T OOST INDISCH HUYS.

Esta estampa de Jacob van Meurs muestra la sede de la Compañía de las Indias Orientales de Amsterdam
poco después de su ampliación en 1661.
A la izquierda se ve la *Bushuis* donde se almacenaban provisiones para los barcos, y, en el último piso, especias.
Un barco aparece descargando en el muelle. En el siglo XVII la Compañía holandesa de las Indias Orientales
fue una organización internacional que utilizaba técnicas mercantiles muy avanzadas.
Amsterdam, Gemeentearchief

Amsterdam y Londres disfrutaban, si no de autonomía total bajo una administración de mercaderes y sus familias, al menos de la libertad que les dejaba una monarquía discreta y no intervencionista. Pero, dado que el ansia de poder de los príncipes –y a la larga también de los gerifaltes del aparato estatal– nunca se caracterizó por el autocontrol, tarde o temprano un estado fuerte acababa estrangulando a los poderes contrarios. Para la nobleza eso se produjo tras la imposición de una cultura cortesana; para la Iglesia, con la secularización de los ritos y valores religiosos en beneficio del Estado; y para la burguesía, con la conversión de las oligarquías urbanas en clientelas.

En los siglos XVI y XVII, pues, los Estados dinásticos parecen haber absorbido uno por uno a todos los poderes rivales, quedando como únicas concentraciones de poder. Las Iglesias oficiales difundían la ideología estatal hasta la última aldea o parroquia; la oposición se atemperaba a través de la propaganda o se sofocaba por la fuerza de las armas. Las iglesias locales, en sus escuelas y en las instituciones de beneficencia que regentaban, debían inculcar la fe verdadera y el debido comportamiento social. Para las opiniones y conductas heterodoxas se fueron radicalizando la persecución y la exclusión: en primer lugar, la caza de herejes y brujas; después, la transformación de las ejecuciones en ritos públicos del poder con fines disuasorios; finalmente, el internamiento en asilos de vaga-

bundos, gitanos, mendigos, deficientes mentales y disidentes. A este respecto no había diferencias notables entre los países católicos y protestantes. Sí las había en cuanto al grado de centralización de las iglesias y la organización de su jerarquía; en esto los luteranos y anglicanos se inclinaban al modelo católico, mientras que el calvinismo mantenía el movimiento reformista a un nivel esencialmente comunitario, y por lo tanto tuvo particular éxito en las Provincias Unidas, Suiza y el sur de Alemania. En estas regiones la violencia oficial era bastante menor que en los Estados dinásticos, e incluso se intentó dotar de ciertas funciones económicas y moralizadoras a las instituciones penitenciarias y correccionales.

La forma y dimensiones que adquirieron los Estados en su largo proceso de desarrollo dependieron de muchos factores: la solidez y continuidad de las dinastías, la concentración y acumulación del capital, la presión de las potencias circundantes, la atracción de mercados lejanos y el grado de organización de la ciudadanía. Cuanto más cohesionadas eran las estructuras absorbidas por los Estados en expansión, mayor era la resistencia que podían ofrecer desde dentro; por lo tanto, contribuyeron a modelar el poder estatal al obligarle a respetar, en mayor o menor grado, esferas intermedias de poder. Por eso, y por la escasez de medios de comunicación eficaces, la homogeneización cultural de la población se limitó primeramente a

Actividad portuaria en el muelle londinense de la Compañía británica de las Indias Orientales, hacia 1800.
Todas las mercancías descargadas se anotaban minuciosamente antes de pasar a los almacenes. Pintura anónima.
Londres, Victoria and Albert Museum

las élites. Ciertas ceremonias públicas, que desde unos orígenes puramente religiosos se secularizaron paulatinamente, demuestran que los gobernantes tenían plena conciencia de la necesidad de revestir su posición de un valor sagrado a los ojos de sus súbditos. De ese modo se forjaban una autoridad superior, que sus rivales, careciendo de recursos de legitimación equivalentes, no podían disputar. Esa forma de autoridad simbólica ofrecía al pueblo la posibilidad de sentirse vinculado emocionalmente a un sistema de poder que de otro modo, por su gran extensión, habría resultado remoto y ajeno. En el curso del siglo XVII, y sobre todo en el XVIII, las cortes consideraron que la imagen del Estado se podía desligar de la ostentación pública del monarca y su entorno. No en vano sus funcionarios y sus emblemas estaban ya repartidos por todo el reino. Sin embargo, su aura palidecía frente a la de los acontecimientos de masas, siempre desencadenantes de reacciones emocionales que la corte distante no era capaz de suscitar.

Los Estados dinásticos no fueron la única vía hacia la Europa moderna. Durante el antiguo régimen, repúblicas y monarquías constitucionales y representativas, donde los intereses mercantiles gozaban de verdadera participación, fueron las configuraciones políticas en las que se gestó el meollo de la economía europea. En sus provincias periféricas de los Balcanes, el imperio otomano impuso una economía dirigida en la que el aparato estatal exigía a cada distrito la producción de una determinada cantidad de trigo. A la larga ese sistema sólo sirvió para corromper a los funcionarios de distrito y gobernadores provinciales y desmoralizar a las aherrojadas fuerzas productivas. Ya en la baja Edad Media los Estados occidentales habían aplicado una política económica centrada en la retención y, en la medida de lo posible, la adquisición de una reserva de metales preciosos, cosa que obsesionaría a los monarcas hasta el siglo XVIII. El trigo fue el segundo producto a cuya provisión atendieron con desvelo las ciudades y los Estados desde el siglo XIV, abriendo y cerrando alternativamente sus fronteras.

El control de los monarcas españoles y portugueses sobre el comercio con sus colonias fue siempre muy limitado, y se centró en su propio abastecimiento de metales preciosos. En general, los Estados europeos dejaron el comercio colonial en manos de compañías privadas, que gozaban de competencias militares, administrativas y judiciales. Las ideas mercantilistas, que en los siglos XVII y XVIII se propagaron tomando un tinte más dogmático, sólo hicieron extensiva la preocupación por los metales preciosos y el trigo a un puñado de otros bienes y servicios. En particular, se concedía gran importancia económica al transporte

en buques de bandera nacional, como quedó estipulado en la *Navigation Act* inglesa de 1651 y sus homólogas francesa (1664) y sueca (1724), básicamente orientadas a proteger la marina mercante de dichos países frente a la hegemonía holandesa. Promover sistemáticamente la transformación de las propias materias primas en el interior resultó imposible en la práctica, porque las leyes de la economía no se dejaban manipular por unos Estados que eran aún bastante ineficientes. A finales del siglo XVIII, los problemas en el abastecimiento de alimentos socavaron las bases del antiguo régimen en Francia.

En el siglo XVIII los Estados dinásticos habían acabado por absorber, en grados y modos diversos, a los grandes poderes rivales, sometiéndolos a su dominio. Pero no tenían verdadera fuerza sobre la economía, y en concreto sobre el gran capital comercial. Móvil por definición, el capital se trasladaba en cada momento allí donde cupiera esperar mejores rendimientos, y no era posible confinarlo dentro de las fronteras fijas de los Estados. Los Estados urbanos y las repúblicas mercantiles seguían siendo sus puertos más seguros. Es verdad que los capitalistas cooperaban asiduamente con los príncipes y se beneficiaban de esa colaboración, hasta que algunos cayeron víctimas de sus escarceos con el poder mientras sus colegas más afortunados se ponían a salvo. En vísperas de las grandes revoluciones, pues, la situación general distaba mucho de estar determinada por bloques de poder absoluto, como se suele creer. La rivalidad entre los Estados seguía siendo una primera nota fundamental; la segmentación y el carácter indirecto del ejercicio interior del poder era la segunda; y la tercera, la relativa autonomía del capital comercial. En los siglos siguientes, esos tres ingredientes darían lugar a configuraciones de poder totalmente nuevas.

---

1   ELIAS 1969; DHONDT 1948.

Capítulo VIII
Europa en marcha

Profundos cambios en varios sectores de la sociedad europea alteraron radicalmente el equilibrio de fuerzas a finales del siglo XVIII. Los protagonistas del período preindustrial perdieron gran parte de su influencia. De la dominación de los grandes terratenientes y comerciantes, el continente, y pronto el mundo entero, pasó a poder de los empresarios industriales y los banqueros; burócratas y políticos elegidos sustituyeron a los gobernantes hereditarios; las Iglesias vieron menguar su autoridad y el número de sus adeptos, mientras los nacionalismos y otros particularismos culturales creaban nuevos vínculos emocionales en unas masas cada día más conscientes de su identidad.

Durante el siglo XVIII se inició un proceso de crecimiento continuo y autoestimulado en la economía de Europa occidental, que repercutió primero en la agricultura; ese proceso iba a revolucionar una parte creciente del mundo a un ritmo cada vez mayor. Su primera consecuencia fue un crecimiento demográfico sin precedentes, que determinó un aumento sustancial de la población total de Europa, acompañado de flujos de emigración hacia otros continentes. Grandes trasvases de población, una mayor movilidad en todo el mundo y la aparición de megalópolis, generaron un tipo de sociedad completamente nuevo. El núcleo de la riqueza pasó del campo a las zonas urbanas; desde entonces las mayores concentraciones de capital se producirían en industrias y servicios especializados, y el desarrollo tecnológico iría superando una a una las barreras tradicionales. Todas las organizaciones, todas las formas de vida social crecieron a mayor escala, volviéndose más impersonales. Sobre ese trasfondo perdieron su legitimidad las relaciones de fuerza del antiguo régimen, primero en el oeste y luego en el este como tantas veces en Europa. Las tensiones se

recrudecieron en todos los países debido a que dichas mutaciones, cambiantes pero no simultáneas, siempre repercutían más allá de sus fronteras.

La explosión demográfica

Nunca había crecido la población de Europa tan deprisa como entre 1730 y 1913. Contando a Rusia, el continente tenía unos 115 millones de habitantes en 1700, 187 en 1800, 266 en 1850, 401 en 1900 y 468 en 1913 (de los cuales 122 en la Rusia europea). En 1950 la población total de Europa se cifraba en 414 millones de personas, sin contar la Unión Soviética con sus 195 millones. Dos guerras mundiales, la emigración continua y un descenso de la fertilidad han aminorado la tasa de aumento de la población en este último siglo. Tras la Segunda Guerra Mundial, en cambio, la inmigración procedente de otros continentes ha sido cada vez mayor; concentrada en las grandes ciudades, ha creado un nuevo tipo de multiculturalismo no exento de tensiones. Entretanto la influencia europea había acarreado en los demás continentes otra explosión demográfica, que aún perdura.

Las pautas de urbanización existentes desde la alta Edad Media permanecieron más o menos invariadas, pero las posibilidades de crecimiento de las ciudades dependieron menos de sus actividades portuarias: gracias al desarrollo del ferrocarril, también las capitales y los centros industriales y mineros del interior pudieron atraer a grandes poblaciones. No obstante, las fuertes disparidades en la densidad de población se mantuvieron hasta el siglo XX. En vísperas de la Primera Guerra Mundial el reparto era algo distinto del de 1600 porque el proceso de industrialización

Edvard Munch, *Trabajadores volviendo a casa*, 1913.
Una multitud anónima de obreros noruegos,
de regreso a sus casas tras el trabajo del día. Oslo, Munch Museet

La explosión demográfica del siglo XIX engendró oleadas de emigración y una vida más impersonal en las grandes ciudades.
La familia nuclear, aquí idealizada hacia 1867 por Albert Anker en *El recién nacido,*
con frecuencia debía soportar fuertes presiones por el trabajo de mujeres y niños en las fábricas.
Lausana, Musée Cantonal des Beaux-Arts

había ocasionado trasvases abruptos en algunas regiones; pero seguía habiendo notables contrastes entre el noroeste, densamente poblado y urbanizado, y el este y el norte, mucho menos habitados. En Bélgica e Inglaterra (Gales incluida), los países de industrialización temprana, se contaban respectivamente 259 y 239 habitantes por kilómetro cuadrado. Las regiones que antes iban en cabeza se habían quedado un poco rezagadas: los Países Bajos daban entonces 171 habitantes, Italia 121. En Alemania, donde algunas regiones se industrializaron muy pronto mientras otras seguían ancladas en la agricultura, el promedio era de 120. Es obvio que

por este sistema de cálculo países pequeños como Bélgica tienden a arrojar un promedio alto respecto a los grandes; aún así, algunas diferencias son llamativas: en una categoría intermedia aparecen el imperio austríaco (95), Suiza (91), Francia (74)–todavía muy rural fuera de las regiones industrializadas de la periferia noroeste y noreste–y Hungría (64). Presentaban índices de densidad bajos Rumanía (55), Bulgaria (45), España (39) y Rusia (26). Los países escandinavos seguían estando a la cola: doce habitantes por kilómetro cuadrado en Suecia, ocho en Finlandia y siete en Noruega.

En 1910, Gran Bretaña tenía cuarenta y seis ciuda-

Una familia de protestantes de Salzburgo que emigra a Prusia en busca de mejores condiciones de vida.
Las diferencias de ingresos podían ser muy grandes, incluso dentro del mismo país. Grabado en colores, hacia 1800.
Berlín, Archiv für Kunst und Geschichte

des con más de 100000 habitantes; el Reich alemán, cuarenta y cinco; y el imperio ruso, catorce. Ya en 1851 Inglaterra y Gales tenían más población urbana que rural, cosa que no ocurrió en Alemania hasta 1891, en Francia hasta 1931 y en la Unión Soviética hasta 1960. Esas cifras dan idea de la estructura social de la población y del ritmo de su evolución. La población urbana tiene un modo de vivir y pensar totalmente distinto de la rural; su proporción dentro de la población total es la base de la modernización de la economía y de las relaciones sociales. En las partes altamente urbanizadas de Europa occidental y a impulsos de la economía de mercado, la gran mayoría de los campesinos se

había liberado de la condición servil ya en el curso del siglo XIII. En Francia la servidumbre no quedó definitivamente abolida hasta la revolución de 1789; en Austria hubo que esperar a 1848, y en Rusia a 1861. Dicho sin rodeos, en las zonas urbanizadas se pudo reconocer muy pronto la libertad jurídica porque la presión económica era un estímulo suficiente para trabajar; pero en las zonas rurales poco pobladas siguieron vigentes la servidumbre personal y la coerción. Este sistema de explotación, que nacía de la escasez de los recursos, y de las grandes distancias entre comunidades y mercados, a su vez contribuyó a perpetuar sociedades tradicionales cuyas creencias religiosas,

REVEIL DU TIERS ETAT.

Ma feinte, il étoit tems que je me réveillisse, car l'opression de mes fers me donnoys le cochemar un peu trop fort.

El Tercer Estado, que se veía excluido de toda decisión política, pasó en Francia terribles aprietos por la carestía de la comida.
El 14 de julio de 1789, una multitud incontenible asaltó el arsenal de París, tomó armas y asaltó la prisión de la Bastilla.
El despertar del Tercer Estado **es una estampa satírica en colores, contemporánea. París, Musée Carnavalet**

costumbres, idiomas y demás rasgos culturales con variantes propias de cada región perduraron al amparo de influencias exteriores.

El aumento de la población fue muy irregular de unas regiones a otras, en parte debido al fuerte componente migratorio. Las zonas más urbanizadas e industrializadas fueron sin duda las que más crecieron: en las regiones mineras del Pas de Calais, Hainaut y Lieja, el crecimiento entre mediados del siglo XIX y 1910 fue de un 127 y un 140 por ciento, y en la Ruhr llegó a un 284 por ciento. En Alemania y durante el mismo período el mayor crecimiento se registró en Westfalia (132 por ciento), Brandeburgo, Renania y Sajonia, mientras que las zonas agrícolas sufrieron el éxodo de su población joven y casi no crecieron: Prusia Oriental sólo lo hizo en un 13 por ciento y Mecklemburgo-Schwerin en un 15 por ciento. Los movimientos migratorios estaban impulsados por grandes diferencias de renta per cápita; las más altas se registraban en Berlín, Renania y Sajonia, y las más bajas en las zonas agrícolas al este del Elba, Baviera, Baden y Württemberg. En 1864 la renta media de los parisienses superaba en un 75 por ciento el promedio de Francia. Con la monarquía de los Habsburgo, en Baja Austria, que incluía Viena, la renta media anual per cápita era de 850 coronas, en Bohemia 761, en Galitzia 316 y en Dalmacia 264.[1]

A lo largo de los siglos los impulsos innovadores han recorrido Europa en oleadas, primero de sur a norte y después de oeste a este. En todos los ámbitos, las innovaciones aparecieron antes y se difundieron más deprisa en las zonas muy pobladas que en los *hinterlands* continentales. La propia concentración demográfica crea problemas de índole material y práctica que espolean la inventiva para darles solución. También un alto grado de interacción

Notas en p. 361

William Hogarth satirizó en cuatro pinturas
las escandalosas elecciones de 1754 en el Oxfordshire.
El Tory vencedor es paseado en triunfo.
Grotescamente, Hogarth muestra sobre su cabeza
no el águila de la victoria sino un necio ganso,
mientras que la leyenda del reloj de sol: 'Somos polvo y cenizas',
junto a una calavera con gafas,
pretende poner la victoria en perspectiva.
Londres, Sir John Soane's Museum

entre los individuos estimula la creatividad. En el centro, sudeste y este de Europa los imperios pudieron subsistir largo tiempo porque se apoyaban en sociedades arcaicas. Sus escasas poblaciones, muy diseminadas en grandes territorios, apenas mantenían contactos con el exterior, y por lo tanto seguían creyendo a pies juntillas en el valor inalterable de sus tradiciones ancestrales. Era precisamente la dispersión, la diversidad y el aislamiento de los pueblos lo que hacía posible su dominación por un poder imperial apoyado en los grandes terratenientes. A ello hay que añadir que esos imperios no tenían ni los medios ni la voluntad de llevar la cultura occidental a sus súbditos. A cambio de su apoyo, los grandes terratenientes recibían de la autoridad central amplias facultades para mantener bajo el yugo a la población rural. Las burocracias de esos imperios desmesurados se caracterizaban, en consecuencia, por un poder limitadísimo para comunicarse con sus propios súbditos. Tampoco podían, por tanto, modificar sustancialmente las culturas locales y regionales. De hecho el control del interior quedaba en manos de los grandes terratenientes, que lo ejercían a su arbitrio y sobre todo en provecho propio. Las revueltas campesinas *(jacqueries)* representaban una resistencia tan sólo ocasional y relativamente circunscrita frente a la explotación, sin posibilidades de desbaratar el sistema en sí. En 1991, con la desintegración de la Unión Soviética, pareció que desaparecerían de Europa los últimos restos del modelo imperial de Estado. A la vista del carácter opresor de todo imperio, ese suceso se habría podido interpretar como una modernización tardía. Pero no parece que los nuevos gobernantes de Rusia se hayan desembarazado totalmente de la mentalidad imperialista.

En las zonas muy pobladas desde largo tiempo atrás las estructuras políticas, económicas y culturales estaban más desarrolladas, y sus múltiples interacciones habían agudizado el sentido de la justicia de la ciudadanía. Es difícil encontrar una relación más precisa entre la densidad de población y la evolución política, por ser muchos los factores que entraban en juego simultáneamente: socioeconómicos, como la presencia o ausencia de condiciones de vida consideradas satisfactorias; y políticos, como la atención que el poder central concediera a las aspiraciones de distintos segmentos de la población.

El contraste entre Gran Bretaña y Francia a este respecto es elocuente. Gran Bretaña era pionera en crecimiento demográfico e innovación socioeconómica, pero mediante una sucesión de discretos ajustes las antiguas élites pudieron conservar lo esencial de su sistema político sin sobresaltos revolucionarios. La monarquía, la Cámara de los Lores –formada por los viejos estamentos, obispos y pares–, las antiguas leyes y privilegios, las subdivisiones administrativas y las tradiciones, todo permaneció intacto. En Francia, por el contrario, donde la industrialización y la urbanización fueron mucho más lentas y la presión demográfica menos intensa, el sistema político se vio zarandeado durante casi un siglo por movimientos revolucionarios y contrarrevolucionarios. La cerrazón del sistema político y social del antiguo régimen, sin la influencia moderadora de un parlamento representativo y encorsetada por rígidas distinciones de clase, propiciaba la polarización de los antagonismos. La resistencia a todo cambio, y sobre todo el mantenimiento contra viento y marea de unos privilegios fiscales del clero y la nobleza que todos consideraban fundamentalmente injustos, empujó a los aristócratas reformistas a unirse a la oposición burguesa, que, por su parte, supo sacar provecho de los levantamientos populares provocados por el hambre. Los asaltos radicales al régimen establecido desataban a su vez movimientos de reacción, y durante decenios la lucha política tuvo por objeto el reparto constitucional del poder.

Como término de comparación podemos mencionar el caso de Rusia, cuya población europea se duplicó en el medio siglo transcurrido entre 1863 y 1913, y donde la abolición de la servidumbre desató un éxodo masivo hacia las ciudades. La población urbana se triplicó en esos años, concentrándose en las dos ciudades mayores, San Petersburgo (un millón de habitantes en 1890; 2,2 en 1914) y Moscú (un millón en 1897; 1,7 en 1914). Esas concentraciones de personas, muchas de ellas reducidas a unas condiciones de vida muy penosas, significaban un verdadero peligro para el régimen, autocrático y tradicionalista a ultranza. También la población rural, que representaba el 84 por ciento del total, se mostraba rebelde, aunque por otros motivos. La brecha abierta entre la revolución política de las ciudades y la evolución del campo llegaría a ser un profundo abismo a finales de la década de 1920. Lo mismo en 1917 que en 1930, la respuesta del sistema político a los problemas sociales fue represiva. Pero, a diferencia del zar y del gobierno capitalista provisional de 1917, los dirigentes bolcheviques de los años treinta pudieron someter a los campesinos porque se sabían apoyados por la población urbana.

Claramente elevado sobre sus trabajadores, el empresario con sombrero de copa saluda con una mano, llamando la atención del observador. Es la acerería de Biermeister y Wain en Copenhague en el siglo XIX, según una pintura contemporánea de P. S. Krøyer. Copenhague, Statens Museum for Kunst

El auge de la industria

Ningún análisis de las relaciones de fuerzas puede pasar por alto el impresionante crecimiento económico experimentado por Europa desde los inicios de su industrialización. Entre las décadas de 1860 y 1950, el crecimiento anual medio del producto nacional fue de un 3,6 por ciento en Suecia; un 3,1 en Rusia/Unión Soviética; un 2,7 en Alemania; un 2,2 en Gran Bretaña; un 1,8 en Italia y un 1,5 en Francia. No obstante, en los tres primeros países mencionados hay que tener en cuenta que la industrialización no arrancó hasta después de 1850, de modo que ese fuerte crecimiento proporcional se hizo desde unas bases muy modestas, mientras que en Gran Bretaña el proceso tenía ya un siglo de historia. En cambio, los porcentajes de crecimiento per cápita fueron más homogéneos: entre un 1,3 y un 1,5 anual, salvo en Italia, con un uno por ciento, y Suecia, con 2,8.[2] De ese aumento generalizado del producto nacional sacarían los Estados cada vez más recursos para costear el creciente paquete de funciones que iban asumiendo; pero también propiciaron acumulaciones de capital sin precedentes en manos de compañías privadas.

Es tradicional estudiar los fenómenos socioeconómicos dentro de las fronteras de cada Estado, y ello por una razón obvia: porque han sido y siguen siendo principalmente los Estados quienes han recabado los datos pertinentes en sus estadísticas nacionales. Rastrear la evolución regional resulta mucho más difícil, porque a ese nivel los datos son escasos y heterogéneos. Y sin embargo Europa, comparada, por ejemplo, con Norteamérica, Asia central o Australia, encierra una gran diversidad geográfica. Sus recursos naturales tienen una distribución muy irregular, y los paisajes pueden variar por completo en distancias relativamente cortas. Nada sería, pues, más natural que presentar el desarrollo de Europa partiendo de la permanente diversidad de sus regiones, que sólo en este siglo ha sido difuminada por la creación de entidades más homogéneas. Sin embargo, nuestra visión está tan influida por los efectos de la constitución de los Estados del siglo XIX que nos cuesta trabajo discernir la realidad que se esconde tras ellos.

Esta observación se puede aplicar sin duda a la primera fase de la industrialización, en la que las condiciones naturales desempeñaron todavía un papel decisivo. En efecto, las primeras industrias surgieron, lo mismo que los cultivos, allí donde el medio ambiente era propicio. Entre 1750 y 1755, un 35 por ciento del carbón británico se extrajo en los dos condados nororientales de Inglaterra, Durham y Newcastle; en 1788, más de la mitad de las hilaturas movidas por energía

hidráulica se encontraban en la región de Lancashire, Cheshire, Derbyshire y Flintshire; en 1823 el sur de Gales producía un 41 por ciento de la fundición de hierro de Gran Bretaña, y en 1840 todavía un 36 por ciento. Los yacimientos de hierro y carbón se encontraban en las zonas fronterizas de Francia, Bélgica, Luxemburgo y Alemania, de modo que esos Estados tuvieron que resignarse a no dificultar su explotación a ambos lados de las fronteras, so pena de influir negativamente en la competencia. De ahí que la primera industrialización no deba interpretarse tanto dentro del marco de los Estados cuanto en el de las regiones que se desarrollaron gracias a la presencia en ellas de materias primas, fuentes de energía y medios de transporte.[3]

Diversos factores sociales y políticos incidieron también en los comienzos y logros del proceso de industrialización, unas veces actuando como freno y otras como acicate. Así, los Estados, con su régimen tributario, su política exterior, su legislación, y en ocasiones con su política de inversión en vías de comunicación, influyeron en mayor o menor medida sobre el desarrollo industrial. El Estado británico propició sistemáticamente la transferencia de recursos de los pequeños contribuyentes a los grandes inversores. Para ello el instrumento más importante fue la deuda pública, donde los intereses que percibían los acreedores se financiaban con los ingresos ficales. De 1715 a 1850 dos tercios de esos fondos procedían de tributos sobre el consumo, que recaían desproporcionadamente sobre el consumidor medio. De esa forma hubo una transferencia masiva de capital de las clases modestas a las pudientes, que podían invertirlo en el sector privado. El fuerte aumento de la deuda pública durante las guerras napoleónicas hizo casi duplicar la parte del capital privado en el producto nacional bruto (de un 10 por ciento en 1780 a un 19 por ciento en 1830). Los intereses de la deuda alcanzaron cotas sin precedentes: un 8,5 por ciento anual del PNB durante las guerras, y un 4,74 por ciento anual a largo plazo.[4]

El hecho de que las monarquías tradicionales siguieran cerrando los oídos a las necesidades de los empresarios empujó a éstos al activismo político. En Francia y Alemania bajo el antiguo régimen, los gobernantes, procedentes de círculos aristocráticos, manifestaban un absoluto desprecio por la actividad comercial e industrial, sin preocuparse lo más mínimo por los intereses de esos sectores. La política económica del gobierno francés estaba entonces dictada primordialmente por razones de Estado, que en el fondo solían ser consideraciones dinásticas y de prestigio, y a veces la protección de los intereses de los grandes terratenientes. El orden feudal, que en la Francia anterior a 1789 lo mismo que en Alemania seguía manteniendo

Coalbrookdale, en Inglaterra, tuvo el primer puente de fundición del mundo, construido entre 1777 y 1780
con una luz de 30 metros y un peso de 278 toneladas. El diseño seguía siendo el mismo de las construcciones de madera: simplemente,
las espigas, cuñas y ensambles se fundieron en hierro. Hubo numerosas imágenes contemporáneas de aquel prodigio técnico, como ésta de 1788.
Telford, Ironbridge Gorge Museum

Entre 1670 y 1830 se abrieron en Inglaterra y Gales unas 3000 millas de nuevos canales.
Cuando se transportaron por ese medio los primeros cargamentos de carbón, su precio descendió a la mitad.
Debido a ese éxito comercial, Inglaterra pasó por una auténtica 'manía canalizadora' alrededor de 1790.
John Constable (1776–1837), *La esclusa de Dedham.* Londres, Victoria and Albert Museum

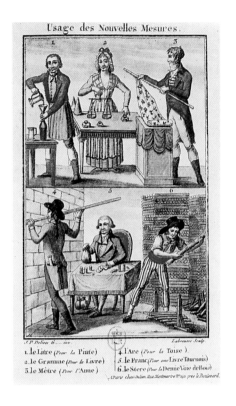

Las pesas y medidas utilizadas en el antiguo régimen distaban mucho de ser exactas,
y las medidas en particular variaban de unos lugares a otros. Este grabado en colores muestra hacia 1800
las medidas del sistema métrico que el gobierno revolucionario había implantado en toda Francia, y su equivalencia con las antiguas.
París, Bibliothèque nationale de France, Estampes

La matanza de Peterloo. En una manifestación contra las *corn laws* que tuvo lugar en Manchester el 16 de agosto de 1819,
el empleo de tropas por el gobierno, dominado por las clases pudientes, desembocó en un baño de sangre,
con once muertos y más de cuatrocientos heridos graves.

verdaderas fronteras territoriales, entorpecía la actividad comercial con un maremágnum de reglamentaciones, peajes y diferentes sistemas de pesos y medidas. Los residuos de la segmentación feudal obstruían así la circulación de mercancías, lo que en la Francia de finales del xvIII provocó situaciones dramáticas de escasez y llevó las tensiones sociales al paroxismo.

El Estado inglés, en cambio, tenía unificado su mercado interior desde la Edad Media, ya que era la corona quien, previa aprobación del Parlamento, cobraba aranceles en los puertos y fijaba las condiciones de la vida económica. Prueba de ello son las leyes promulgadas a lo largo de los siglos sobre el cercado de tierras, que permitían convertir los labrantíos en pastos, más rentables para el propietario. Los numerosos aristócratas presentes en el Parlamento velaban por sus rentas, pero también los intereses comerciales eran bien defendidos por los representantes de las ciudades mercantiles. El hecho de que no sólo las instituciones eclesiásticas, sino también y especialmente la *gentry* o pequeña nobleza rural, practicaran la ganadería ovina para la exportación de lana o su empleo en la industria textil del país, significó que desde desde el siglo xIII los intereses comerciales fueran continuamente materia de debate y legislación en el Parlamento. La aristocracia inglesa no tenía, pues, el desprecio de sus homólogas continentales por el comercio. Esa situación, nacida a su vez de las particularidades de la economía rural inglesa, hizo que el sistema político inglés, en el cual el Parlamento ostentaba el papel supremo desde la Revolución Gloriosa de 1688, aprobara toda reforma propicia para el desarrollo industrial.

En general, el gobierno británico pudo preconizar el libre comercio gracias a la superioridad de su economía y de su red comercial de ultramar. Tras 1815 se liquidaron los últimos restos del mercantilismo: la *Navigation Act* de mediados del siglo xvII, que hacía obligatorio el uso de buques y puertos ingleses para el transporte de productos entre la metrópoli y las colonias, fue suavizada y en 1849 abolida. Desapareció incluso la prohibición–que nunca se había cumplido a rajatabla–de exportar maquinaria y técnicos británicos. La única excepción importante en este terreno fueron las *Corn Laws* ('leyes sobre el trigo'). En 1815, a instancias de los terratenientes, se gravaron las importaciones de trigo para que no cayera su precio en el interior. Tras violentas manifestaciones de la clase obrera, y una reforma de la franquicia política en 1832 para incluir a las nuevas ciudades industriales, el Parlamento volvió a liberalizar la importación de trigo en 1846. Leyes sociales que ponían límite a la jornada laboral y al empleo de mujeres y niños, a la vez que restringían las asociaciones de trabajadores, refleja-

ban la benevolencia del Estado para con la actividad económica. Para el desarrollo del capitalismo industrial fue también esencial, sobre todo, la nueva legislación sobre sociedades, que permitía repartir el riesgo empresarial y separarlo del patrimonio personal de los participantes. En 1826 una nueva ley autorizó la creación de bancos por acciones especializados en la captación de depósitos y el crédito a corto plazo. Como no solía ser difícil renovar esos préstamos, en la práctica funcionarían como sistemas de financiación de las empresas a largo plazo. Por lo demás, el gobierno británico se hizo notar por su contención, y mientras pudo mantuvo una burocracia pequeña y económica. A la inversa de lo que se hacía en el continente, no intervenía para proteger o apoyar a la industria, ni siquiera a las compañías ferroviarias, con regulación fiscal ni de otra índole, ni planificó ni gestionó directamente la construcción de la red ferroviaria. A lo sumo trató de encauzar las relaciones cada vez más complejas entre los diferentes segmentos de la sociedad a través de medidas administrativas.

En la Confederación germánica (que sucedió al Imperio en 1815), la eliminación de las trabas feudales fue un motivo de desacuerdo entre la Renania en vías de industrialización y las regiones más tradicionales. El objetivo de los fabricantes, que gracias a las nuevas técnicas podían producir más, era, naturalmente, contar con un mercado lo más extenso posible, para lo cual había que eliminar las barreras arancelarias interiores y unificar pesos, medidas y normas. La revolución francesa había dado al traste con la antigua diversidad implantando el sistema métrico y aboliendo los principados medievales. La centralización administrativa facilitó la formación de un mercado único fronteras adentro. La Confederación germánica dio esos pasos más tarde y poco a poco, porque allí los intentos de revolución burguesa habían fracasado. En 1815 el Tratado de Viena redujo a treinta y cinco el número de principados alemanes, y a cuatro el de ciudades libres del Imperio. Cada uno de esos territorios pudo seguir aplicando su propia política arancelaria, por lo que la circulación de mercancías dentro del Imperio se complicó más que nunca. En 1833 se logró establecer una unión aduanera de los principados alemanes, bajo los auspicios de Prusia, que aspiraba a la hegemonía política, dejando fuera a Austria. Las zonas fronterizas del norte, oeste y sur permanecieron excluidas de la unión durante decenios, y Bremen y Hamburgo, grandes ciudades portuarias más orientadas a Inglaterra que al interior, no se sumaron a ella hasta 1885 y 1888. El reino de Prusia, que incluía las primeras regiones industrializadas de Renania y Silesia, reglamentó en 1839 el trabajo infantil. La industria alemana siguió

En el Imperio germánico fracasaron las tentativas revolucionarias,
y hasta aproximadamente 1870 la industrialización avanzó muy despacio.
Las quejas de los militares, sin embargo, aceleraron mucho el proceso en el último cuarto del siglo.
Warthmüller, *El rey está en todas partes*, 1886.
Berlín, Archiv für Kunst und Geschichte

rezagada respecto a Inglaterra hasta 1870 aproximadamente. Entre 1836 y 1840, por ejemplo, el 70 por ciento de la industria algodonera alemana dependía del hilo importado, y los raíles y material rodante de los primeros ferrocarriles alemanes tuvieron que ser importados de Inglaterra. En 1869 el hilo importado era sólo un 22 por ciento, y en 1873 la reducción del arancel sobre la importación de hierro demostraba que los alemanes se sentían ya capaces de competir con los británicos. Hasta entonces las medidas proteccionistas que frenaban la importación de productos industriales o semi acabados habían sido más perjudiciales que beneficiosas para la industria alemana.

También las guerras y las consiguientes reparaciones entre los Estados siguieron marcando las balanzas de pagos y el conjunto de la vida económica durante los siglos XIX y XX. La suscripción de deuda pública y su colocación constituyó una parte sustancial de las actividades de la banca privada hasta aproximadamente 1865. La revolución francesa y las guerras subsiguientes provocaron una huida de capitales a Inglaterra; con ello se abarató el crédito para el gobierno británico, que pudo así financiar sus campañas milita-

res y ayudar con subsidios a sus aliados. Tras su derrota final en 1815, Francia tuvo que pagar 700 millones de libras esterlinas en concepto de indemnización (el Estado británico se había gastado 911 millones en la contienda). Fueron los banqueros londinenses Baring y Hope quienes en 1816 concedieron los primeros préstamos a la monarquía restaurada en Francia, a un 5 por ciento de interés y un precio medio de 52,50 francos por cada 100 de valor nominal. En 1821, recobrada la solvencia del Estado francés, el interés bajó al 3 por ciento sobre un precio de 85 francos por acción. En Londres, la banca *Rothschild* garantizaba el reembolso de los préstamos extendidos a los miembros de la Santa Alianza a un tipo fijo y a intervalos regulares. De ese modo el gran capital concentrado en Londres también influyó sobre la estabilidad política de los regímenes contrarrevolucionarios. Sin embargo, a partir de 1830 eso no impidió que los banqueros observaran que los gobiernos liberales sin duda beneficiaban aún más al desarrollo económico y la acumulación de capital.

Los 5000 millones de francos que en 1871 Alemania reclamó a Francia en concepto de daños y perjuicios

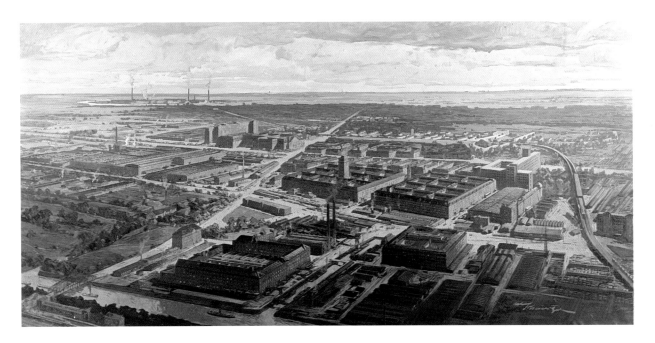

La antigua fábrica de la firma Siemens en Berlín, especializada en material eléctrico
desde su fundación en 1847 por Werner von Siemens y Johan Halske.
En 1848 Siemens tendió el primer enlace telegráfico de Alemania.
Munich, Siemens Museum

En la euforia de especulación financiera que siguió en 1870–1872 a la guerra franco-prusiana
se fundaron 107 bancos en Alemania. El capital privado tuvo un papel decisivo en la creación del Deutsche Bank de Berlín en 1870,
cuyo vigésimoquinto aniversario se conmemora en esta imagen.
Francfort, Deutsche Bank

En el siglo XIX el hierro se fundía en hornos alimentados con grandes cantidades de coque.
Ya entonces las intensas emisiones de humo y gas contaminaban gravemente el medio ambiente.
Lovis Corinth, *Vista de unos hornos de carbón*, 1911. Hamburgo, Kunsthalle, Legado Marie Oppenheim

brindaron una nueva y excelente oportunidad a banqueros internacionales como los Rothschild, de obtener buenas ganancias con las comisiones de suscripción de préstamos al Estado francés y sus revalorizaciones. En 1872 la *Banque de Paris et des Pays-Bas* fue creada especialmente para esas operaciones por un consorcio de bancos alemanes, vieneses, belgas, suizos y holandeses. Operaciones de semejante envergadura consolidaron el sistema bancario internacional y ocasionaron transferencias de fondos sin precedentes de los contribuyentes franceses hacia los capitalistas de su país y del extranjero. Esta observación sitúa el saldo de la guerra franco-prusiana en una perspectiva distinta de la que se suele adoptar desde posiciones puramente políticas y nacionalistas. *Pecunia non olet:* el dinero no tiene olor.

En los Estados más industrializados, los bancos empezaron a manejar proporciones cada vez mayores del volumen total de dinero en circulación. Poco a poco los bancos centrales adquirieron la responsabilidad exclusiva de emitir papel moneda, a la vez que empezaban a funcionar como banco de bancos o prestamista de última instancia. En 1844 los depósitos bancarios componían el 55 por ciento del dinero en circulación en Gran Bretaña, mientras que en Francia representaban sólo un 10 por ciento; hacia 1910 esas proporciones habían subido a un 85 y un 44 por ciento, respectivamente. Se comprende que desde entonces los gobiernos sólo pudieran desarrollar una política financiera efectiva en concertación con la banca.

La suma de los depósitos de los pequeños ahorristas constituyó la base de la inversión industrial. En

El acero de alta calidad obtenido por el procedimiento Bessemer era fácil de moldear y permitió fabricar piezas de gran tamaño, resultando ideal para la construcción de puentes, barcos y material ferroviario. Con *En el puente de Europa* (hacia 1876–1880), Gustave Caillebotte expresó su admiración ante esa obra realizada en París con el nuevo material. Fort Worth, Tejas, The Kimbell Art Museum

Bélgica el banco por acciones más importante, la *Société Générale*, fundado por el rey Guillermo I en 1822, fue el primero en participar sustancialmente en la industria tras la separación de los Países Bajos en 1830. Ese paso se dio bajo la presión de la revolución política, para salvaguardar los bienes de las empresas mineras y metalúrgicas, principalmente en Hainaut. De esa manera, la *Société Générale* vino a ser el *holding* más importante del joven Estado industrial. Después de 1870 los grandes bancos alemanes desempeñarían un papel idéntico en la financiación de los grandes conglomerados fabriles.

Hasta 1870 Prusia, gobernada por la monarquía y los *Junkers*, siguió siendo contraria a la banca privada, por lo que la innovación surgió en otros puntos: Francfort, Darmstadt, Hamburgo y Hesse. La funda-ción del Segundo Reich en 1871 convirtió a Berlín en centro del sistema financiero alemán. Sólo entonces se liberalizó la creación de sociedades anónimas, y nacieron bancos como el famoso *Deutsche Bank* en Berlín, el *Commerz- und Diskonto-Bank* en Hamburgo y el *Dresdner Bank*, que aceptaban depósitos y adquirí-an participaciones directas en empresas industriales que controlaban a través de sus representantes en los consejos de administración. Un ejemplo famoso de aquella compleja trama de intereses es el apoyo que dio el *Deutsche Bank*, dirigido por Georg von Siemens, a la empresa electrotécnica fundada en 1847 en Berlín por su sobrino el ingeniero Werner von Siemens. El *Dresdner Bank* tenía vínculos con la industria textil de Sajonia y la minería y metalurgia de Renania. Esos bancos apoyaron la tendencia a la concentración que la industria alemana mostró desde finales del siglo XIX. Heredaron de la banca privada anterior la gestión de los empréstitos del Estado, y la financiación de compañías ferroviarias dentro y fuera de Alemania. El capital y las reservas de los cuatro grandes *D-Banken* (*Deutsche Bank*, *Dresdner Bank*, *Darmstädter Bank* y *Diskontobank*), más la Berliner Handelsgesellschaft, crecieron espectacularmente, de un total de 125,5 millones de marcos en 1877 a 5089 millones en 1913.

En países de desarrollo económico tardío, fue el Estado, en unión con los grandes bancos, quien impulsó las enormes inversiones que requería la fabricación indispensable de bienes de equipo sofisticados. Así sucedió en Alemania, Austria, Italia y Rusia. En la segunda mitad del siglo XIX, al poderse aprovechar los adelantos de la primera fase de industrialización, la evolución fue mayor, más rápida y eficaz. Los Estados de la periferia europea, y particularmente los imperios, reconocieron entonces la necesidad de una política de industrialización dirigida, con vistas a una debida preparación para la guerra. Por ejemplo, la derrota de Rusia en la guerra de Crimea (1854-1856) abrió los ojos al régimen zarista y marcó un vuelco. El conflicto había empezado como una disputa con el imperio otomano por la hegemonía sobre los Balcanes y los estrechos del Mar Negro. Por sí solos, ambos imperios estaban bastante equilibrados militarmente. Pero acudieron cuando en ayuda de los turcos tropas y unidades navales británicas y francesas, y hasta un ejército austríaco, quedó claro que Rusia no podía competir con los medios de guerra modernos. La derrota desató fuertes tensiones en el país y atizó la rebeldía de los campesinos. El zar reaccionó con reformas, entre otras la abolición de la servidumbre en 1861, la implantación del servicio militar obligatorio, la profesionalización de los mandos del ejército y la apertura del país al comercio y la inversión industrial extranjera. En la década de 1890 el Estado desempeñó un papel tutelar y dirigista sobre los bancos privados de San Petersburgo. Se orientó a los inversores extranjeros hacia las industrias que el gobierno consideraba de importancia estratégica: ferrocarriles, astilleros, metalurgia y armamento. En cada descenso de la coyuntura económica el banco estatal apoyaba a la banca privada con préstamos, compra de acciones y depósitos del tesoro. Así pudo iniciarse un proceso de modernización, cuyas limitaciones, sin embargo, se evidenciaron con cada nuevo conflicto internacional, y particularmente con la Primera Guerra Mundial. La competencia internacional ejercía una presión cada vez mayor sobre los Estados que se habían industrializado tarde, porque su tecnología militar se iba quedando más rezagada, y ello les hacía no sólo vulnerables,

sino dependientes de los suministros de armas o transferencias de capital y conocimientos de sus rivales.

Las alianzas con países occidentales y sus inversiones parecían ofrecer una solución, pero suponían seguir dependiendo por completo de las decisiones políticas ajenas. Por ejemplo, en 1887 el canciller alemán Bismarck, tras un cambio de orientación, prohibió al *Reichsbank* aceptar más bonos del Estado ruso en concepto de garantía de ciertos préstamos. Los bancos franceses se orientaron entonces hacia el mercado de dinero ruso, y vendieron cantidades ingentes de valores rusos a los pequeños ahorristas. En 1913, el 23 por ciento del capital de los diez mayores bancos privados rusos estaba en manos de la banca francesa, así como el 53 por ciento del capital de cinco de ellos. La alianza franco-rusa de 1893 consolidó y ensanchó esa colaboración. En 1906 una emisión de deuda lanzada en la Bolsa de París con el respaldo del gobierno francés salvó al zar de la quiebra tras su derrota frente al Japón. En el marco de la Triple Alianza, un consorcio de bancos alemanes dirigió el sistema crediticio de Italia a partir de 1890. En general, la banca francesa y la alemana controlaban los mercados financieros del sur y el este de Europa, particularmente mediante la aportación de capital, supervisión técnica y enlaces con los mercados de capitales internacionales.

Aunque el mundo de las altas finanzas, gracias a su organización internacional, mantenía una autonomía indisputable respecto a los gobiernos, no se podían evitar ciertas formas de colaboración. La influencia internacional del capital era un elemento importante en las estrategias de dominación de las grandes potencias, aunque la política sólo pudiera influir limitadamente en ese terreno. A pesar de la fuerte rivalidad existente entre Francia y Alemania, después de 1871 aún fue posible que los bancos franceses negociaran en Berlín y colaborasen en el plano internacional con sus colegas alemanes. Por otra parte, en 1903 el gobierno francés no consiguió impedir que el *Deutsche Bank* adquiriese una participación mayoritaria en el ferrocarril Estambul-Bagdad, dependiente de la banca imperial otomana, en la que la banca francesa tenía una presencia decisiva.[5] La diplomacia y las altas finanzas estaban estrechamente interrelacionadas (como también lo estaban con los Estados mayores de los ejércitos), pero no podían injerirse la una en la otra.

El proceso de industrialización transformó radicalmente el equilibrio de fuerzas en Europa. En la jerarquía de clases, los propietarios del capital industrial no tardaron en prevalecer sobre los grandes terratenientes que durante tantos siglos habían llevado la voz cantante. Para la Iglesia católica, que tras las expropiaciones de la Reforma había recuperado su posición económica en los países contrarreformistas, el resultado fue un retroceso definitivo. En los países donde hizo mella la revolución francesa, pero también, por ejemplo, en Portugal tras la victoria liberal de 1834, se expropió masivamente a las órdenes religiosas. En cuanto a la nobleza, tenía ante sí dos vías para conservar rentas, poder y prestigio: una era aceptar cargos estatales en el ejército o la diplomacia, como de tiempo atrás venía haciendo, pero ahora también y cada vez más en la representación política; la otra, que siguieron muchos aristócratas, era abrirse camino hasta los consejos de administración de las grandes empresas y entidades financieras. Ambas opciones confirmaban, empero, el declive de su base de poder tradicional, esto es, la propiedad de la tierra con los derechos señoriales que llevaba aparejada antes de la revolución.

El gasto público por habitante se triplicó en toda Europa entre 1830 y 1880. Se calcula que entre 1830 y 1913 el producto nacional bruto europeo creció en un 1,8 por ciento medio anual. Pero los efectos de la industrialización variaron mucho de unos Estados a otros, debido a grandes diferencias en su ritmo e intensidad. España y Portugal sólo alcanzaron la mitad de la tasa de crecimiento media, Francia logró no llegó más que a un 1,4 por ciento, y Austria-Hungría, con 1,6, quedó también por debajo del promedio. Hasta 1830 el producto nacional bruto de Francia sólo fue superado en Europa por Rusia, que tenía el doble de población sin contar sus territorios asiáticos. En 1860 el potencial económico de Alemania igualaba ya al de Francia, pero ambas estaban muy por detrás del Reino Unido y Rusia. En 1913 la supremacía rusa había disminuido seriamente, adelantando escasamente a Alemania, que entretanto había alcanzado al Reino Unido y dejado a Francia muy rezagada. En cifras per cápita Rusia siempre había estado en la cola y el Reino Unido muy en cabeza, pero eso incidía muy poco el poder competitivo del Estado. Es obvio que hay que interpretar esos datos en el contexto de la estructura económica de cada Estado y su posición geopolítica. Lo que está fuera de duda es que en 1913 la industrialización había ahondado notablemente las diferencias de desarrollo dentro de Europa. Por ejemplo, en 1830 el producto nacional bruto británico era 9,6 veces el de Portugal, pero en 1913 ese factor era ya de 24,5. Resultado de todo ello fue un desequilibrio de fuerzas en detrimento de Francia y en beneficio de Gran Bretaña, pero sobre todo de Alemania y Austria-Hungría.[6]

Dentro de sus fronteras los Estados pudieron crear las condiciones propicias a un continuo aumento de su influencia sobre la vida económica. Entretanto la producción aumentó de manera espectacular, los mercados se integraron cada vez más, incluso a escala intercontinental, y las diferencias regionales dentro de cada Estado se acortaron. Pero entre las distintas partes del continente europeo la evolución e intensidad de la industrialización siguió mostrando grandes disparidades. Hacia 1910 el Reino Unido todavía era capaz de mantener su política librecambista, pero cuanto más alejados estaban otros países del centro más altos eran los aranceles que tenían que imponer. Alemania, Bélgica y Suiza cargaban entonces unos derechos aduaneros en torno al 10 por ciento; Francia, Italia, Austria-Hungría y Suecia, en torno a un 20 por ciento; España y Rusia, en torno a un 40.[7] Esas cifras reflejan la necesidad de los países más agrícolas de protegerse frente a la importación de trigo barato americano, que desde el comienzo de la navegación a vapor inundaba los mercados europeos. A los empresarios industriales occidentales les convenía, porque al abaratar el sustento de los obreros reducía el coste salarial o incrementaba su poder adquisitivo. En un caso como en otro los industriales salían favorecidos, pero sobre todo en el segundo, porque hacía aumentar la demanda de bienes de consumo y con ello estimulaba todo el ciclo económico. En los países todavía predominantemente agrícolas del sur, centro y este de Europa, los grandes terratenientes, que conservaban su fuerza política, reclamaban aranceles altos para proteger su mercado interior. Pero ese sistema encarecía tanto la producción que obligó a introducir también aranceles gravosos para los productos industriales.

El capital estaba protegido de injerencias políticas por su organización internacional. Se alentaba la inversión en el exterior para eludir los costes aduaneros y repartir el riesgo empresarial. Los empresarios británicos fueron indudablemente los más adelantados en deslocalización, sobre todo en los sectores del transporte, la minería y las manufacturas. La formación de cárteles y concentraciones avanzó intermitentemente, acelerándose en las dos guerras mundiales y durante la Gran Depresión de los años treinta. A partir de 1870 los empresarios procuraron firmar acuerdos mutuos para proteger sus cuotas de mercado frente a hipotéticas caídas de la demanda por fluctuaciones violentas de la coyuntura. En Alemania había casi 400 convenios de ese tipo en 1906. En 1932 eran ya 3200, que en total regían la venta de más de 50 000 productos. A nivel internacional había antes de 1914 un centenar de cárteles, y 180 en 1939.

Mucho antes de 1914 ya existía en Europa una serie de grandes conglomerados industriales, que por integración vertical y horizontal formaban organizaciones tentaculares compuestas de muchas unidades, con actividades múltiples e implantación en varios países. El ejemplo más obvio es el de la metalurgia alemana.

Las economías de escala le permitieron elevar su producción de 6,6 millones de toneladas en 1900 a 14,9 en 1914, mientras que la producción británica pasaba de 5 a 8 millones de toneladas en el mismo período. Los gigantes del sector químico y farmacéutico, Bayer, BASF y Hoechst, eran los más competitivos en todo el mundo, y al llegar el cambio de siglo tenían ya organizaciones de mercado de ámbito mundial; al mismo tiempo, invertían sistemáticamente en investigación de métodos de gestión y desarrollo de sus productos. Alrededor de 1900 las industrias más fuertes eran, como lo son aún hoy, las de mayor coeficiente de capital: construcción mecánica, metales, industria conservera, petróleo, caucho, productos químicos y farmacéuticos y aparatos eléctricos. Antes de 1914 los empresarios británicos se mostraban más reacios que sus competidores americanos y continentales a invertir en tecnologías nuevas, costosas y posiblemente inciertas.[8] Desde finales del siglo XIX, la orientación hacia la búsqueda de tecnologías más eficientes se puede ver, pues, como el indicador más seguro del progreso económico.

El fuerte crecimiento de la población, y desde mediados del siglo XIX también de su poder adquisitivo, dieron pie a un formidable aumento de la producción industrial. Las revoluciones en el transporte, con un abaratamiento incesante del transporte de mercancías producidas en serie, y en las comunicaciones (telégrafo y teléfono) rebajaron espectacularmente el coste de los intercambios. En los países donde empresarios y banqueros ejercían gran influencia sobre el aparato político, el Estado intervino para promover el libre mercado. En cambio, en los países que se habían mantenido más agrícolas, la acción de las autoridades, movida por instintos proteccionistas, no hizo sino agravar su atraso económico y tecnológico.

Morir por la patria

Si las innovaciones económicas fundamentales del siglo XVIII partieron de Inglaterra, el epicentro del terremoto político estuvo en Francia. Es cierto que a la revolución francesa precedió la americana, que sirvió de modelo inspirador para la clase intelectual. Es igualmente cierto que la guerra de independencia americana se libró con las armas ideológicas forjadas en las guerras civiles inglesas del siglo XVII, en las que los conceptos de Estado de derecho –que remitían a las garantías de la Magna Carta de 1215– y soberanía del pueblo fueron llevados en la práctica hasta sus últimas consecuencias con el derrocamiento e incluso ejecución de los déspotas. Tampoco esos hechos eran totalmente inéditos, pues ya en el siglo XIV se había destituido a reyes ingleses por motivos similares, y en 1581 los Estados generales de los Países Bajos habían depuesto a Felipe II de España en sus territorios, al amparo de leyes que a su juicio también vinculaban al monarca.

Pero el efecto de la conmoción revolucionaria de Francia fue mucho más profundo para el continente europeo que el de todos esos precedentes, y ello por tres razones. Ante todo, los cambios revolucionarios acaecidos en torno a 1800 fueron mucho más allá de la mera instauración de una nueva relación entre el rey y el Parlamento, cuestión dirimida en 1648 y 1688. Implicaban una modernización radical del orden económico, de las relaciones sociales y políticas, y aspiraban a una completa secularización de la sociedad. En segundo lugar, desde 1793 los ejércitos revolucionarios y napoleónicos habían propagado las ideas revolucionarias por gran parte de Europa, donde a veces generaron cambios tan drásticos como en la propia Francia: en Bélgica, por ejemplo, y en menor grado en los Países Bajos. En otras zonas sólo hicieron tambalearse las relaciones de fuerza vigentes, con reformas que no sería posible introducir por falta de una base social que las apoyara: así ocurrió en el Imperio, España e Italia. No por ello las invasiones francesas dejaron de tener enormes consecuencias en cada una de esas regiones, al despertar el sentimiento nacional frente a los franceses y hacer patente la irremediable urgencia de ciertos ajustes. En concreto, había que fomentar un Estado que, como en Francia, pudiera apelar a la combatividad y al espíritu de sacrificio de sus súbditos, tocando su cuerda sensible. Sólo así se podrían movilizar ejércitos populares.

Durante la ocupación francesa, los países ibéricos perdieron el control de sus colonias americanas. En Europa central y oriental los efectos de las invasiones francesas no fueron tan apreciables, porque allí la dominación feudal aún no se veía amenazada por la

La participación de las mujeres en la creación del *salon* francés del siglo XVIII fue un fenómeno decisivo y singular
en la historia intelectual de Europa. Todos los miércoles, Madame Geoffrin invitaba a un grupo de filósofos
en su casa de la rue Saint-Honoré de París; durante y después de la cena había lecturas y debates.
En este cuadro de Lemonnier se ve a Madame Geoffrin sentada al lado del príncipe de Conti durante la lectura de un texto de Voltaire.
París, Musée de Malmaison

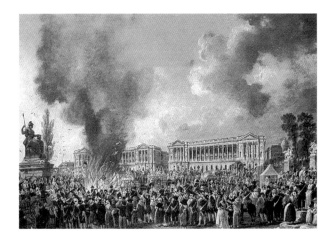

Quema pública de símbolos y banderas de la monarquía en la 'Place
de la Révolution', ahora Place de la Concorde, el 10 de agosto de 1793,
bajo la mirada vigilante de soldados del ejército revolucionario,
ocho meses después de la ejecución de Luis XVI en el mismo lugar.
París, Musée Carnavalet

Tras la proclamación de la república en Francia (1792),
decenas de miles de hombres
se alistaron voluntarios.
Acuarela de Benjamin Zix, últimos años del siglo XVIII.
Estrasburgo, Bibliothèque des Musées de la ville, Estampes

Hacia 1858 el pintor romántico vienés Ferdinand Georg Waldmüller ilustró así las emociones de una familia de campesinos
al despedir a un recluta. Para un agricultor, tener un hijo en el ejército significaba una pérdida de ingresos importante.
Viena, Historisches Museum der Stadt Wien

modernización de la sociedad. En Rusia, por ejemplo, la guerra no significó sino un acicate en el camino de reformas ya emprendido por un zar ilustrado, Alejandro I. La retirada de los franceses dio a los rusos la oportunidad de ampliar aún más su hegemonía sobre Europa oriental con la anexión de Finlandia y Polonia.

En tercer lugar, las acciones de los revolucionarios franceses se sustentaban en un pensamiento teórico mucho más sistemático y ambicioso que las de sus antecesores. En la segunda mitad del siglo XVII, pensadores de distintas procedencias, como Descartes, Spinoza y Bayle, alumbraron el pensamiento ilustrado en las Provincias Unidas. Durante el siglo XVIII, los filósofos de la Ilustración buscaron, sobre todo en Francia, los fundamentos racionales del orden político y social.

En *El espíritu de las leyes,* un estudio de política comparada publicado en 1748, Montesquieu, ex presidente del Parlamento de Burdeos, distinguió tres poderes dentro del Estado que idealmente debían actuar con mutua independencia: el legislativo, el judicial y el ejecutivo. Esa idea, aunque todavía no llevada a sus conclusiones lógicas, sentó las bases de la doctrina política moderna. Implicaba una ruptura total con la tradición según la cual todas las formas de poder emanaban del rey, y por lo tanto podían amalgamarse a cualquier nivel, incluso en el de la autoridad local.

Los filósofos, haciendo suyo el pensamiento racional y positivista que cosechaba éxitos concretos en la ciencia y la tecnología, lo aplicaron progresivamente a la visión global del mundo y a las relaciones políticas y

El ejército napoleónico se retiró de Rusia absolutamente deshecho y desmoralizado.
En 1836 Nicolas-Toussaint Charlet pintó con conmiseración aquel ambiente de desastre. Lyon, Musée des Beaux-Arts

sociales que examinaron en diferentes países. La nueva mentalidad derrocó de su altura todos los valores oficiales que tradicionalmente habían legitimado el orden monárquico por referencia a la delegación divina del poder y su mitificación. Las ideas de la Ilustración tuvieron portavoces tan hábiles como Voltaire, que las difundió en novelas, opúsculos, cartas y obras dramáticas, en los seiscientos artículos de su *Diccionario filosófico* de 1764 y en el *Tratado sobre la tolerancia* publicado un año antes. Las obras de los enciclopedistas alcanzaron a un público heterogéneo, que discutía las nuevas tesis en los saloncillos de los teatros, las logias masónicas y los salones literarios. De ese animado movimiento nació, entre los aristócratas ilustrados y los intelectuales de extracción burguesa, una nueva ideología que sentaría las bases para una nueva sociedad. Pero aquellos revolucionarios de salón, que no eran precisamente unos desheredados, no se plantearon la estrategia de un cambio de régimen, y cuando llegó el momento, éste se produjo caóticamente, a un altísimo precio social y con resultados menos duraderos de lo que podían haber sido.

Entre los puntos esenciales de aquel programa revolucionario estaban la limitación constitucional de los poderes del soberano, la abolición de los privilegios feudales y clericales, la legislación a cargo de una asamblea representativa con participación burguesa y la racionalización del sistema económico. Esas ideas las sostenía en Francia una minoría de aristócratas progresistas y burgueses ilustrados. En el resto de Europa esos grupos eran todavía más minoritarios y carecían de fuerza política. Si en Francia lograron imponerse fue porque el antiguo régimen estaba minado por sus contradicciones internas. Las reformas fiscales propuestas para liquidar la enorme deuda pública acumulada en las guerras contra Inglaterra de 1755 a 1783 se estrellaron contra la resistencia inflexible de la nobleza privilegiada. Desde 1774 la política financiera no hizo sino evidenciar la desesperación del régimen: el apoyo francés a la guerra de independencia americana (1778-1783) no sólo costó mucho dinero, sino que atizó el sentimiento antimonárquico en el país. Al fin y al cabo, no era lógico que el rey, que en Francia negaba a la burguesía toda participación en el gobierno y protegía los privilegios fiscales de los dos primeros Estados, apoyase en América una rebelión burguesa surgida

Estampa satírica de Josef Zutz sobre la codicia de los monarcas europeos en el Congreso de Viena de 1815.
Allí se redibujaron drásticamente las fronteras de Europa para servir a las *raisons d'Etat* de los vencedores.
Viena, Historisches Museum der Stadt Wien

contra la corona por razones tributarias. La política económica dominada por los intereses de los grandes terratenientes llevó en 1786 a una crisis industrial consecutiva a la apertura de las fronteras a las manufacturas inglesas, y en 1788, a una crisis alimentaria debida a las regulaciones que obstruían el comercio de cereales. La burguesía empresarial se sentía víctima de la política fisiocrática, y no encontraba compensación satisfactoria en los despachos del gobierno, donde la aristocracia defendía celosamente su precedencia.

Cuando todas esas tensiones confluyeron con las protestas del pueblo por la carestía de la vida y el gobierno no pudo ofrecer soluciones, una tras otra se alzaron oleadas revolucionarias cada vez más radicales. Lemas tan simples como 'Igualdad' y 'Libertad' transmitieron los principios de la nueva doctrina política a las masas rebeldes de campesinos y artesanos. El reinado del Terror bajo Robespierre (1793–1794) llevó a límites extremos la democratización de los poderes judicial y político y el dirigismo económico. Enfrentada a la guerra contrarrevolucionaria que en 1792 le declararon las monarquías europeas lideradas por Austria y Prusia, la Convención Nacional decretó en agosto de 1793 la *levée en masse*, la conscripción general, para proteger a la madre patria amenazada por todos sus vecinos.

Aquello fue un hito en la historia europea: por primera vez se movilizaba un ejército popular en nombre de una ideología que pronto se confundiría con el patriotismo. Europa entera asistió a un formidable agrupamiento de fuerzas contra el programa revolucionario, que desde 1790 era también anticlerical, y que con la ejecución de Luis XVI y María Antonieta en 1793 se hizo abiertamente antimonárquico. Frente a eso las monarquías endurecieron unas posiciones que eran ya arcaicas, pero que aún podrían mantener, sobre todo en Austria, Prusia y Rusia, hasta mediado el siglo XIX. En la propia Francia, la invasión de tropas extranjeras para restaurar un antiguo régimen universalmente aborrecido tuvo la virtud de transformar una población dividida en una nación que nunca hasta entonces lo había sido de forma tan auténtica. Combatiendo codo con codo por la posibilidad de una existencia algo más libre, los regimientos reclutados en las regiones tomaron plena conciencia de una nueva solidaridad nacional. La supervivencia de Francia dependía de que el alto grado de violencia interna desatada en los diversos levantamientos y movimientos contrarrevolucionarios se pusiera al servicio de la defensa del país y su victoria. Para ello el Estado monopolizó el uso legítimo de la fuerza dentro y fuera de sus fronteras. De esto último los líderes revolucionarios esperaban obtener beneficios que ayudaran al Estado francés a salir a flote.

El ejército popular de Francia no alumbró ninguna técnica militar innovadora por simple falta de tiempo y recursos. Era menos profesional que los ejércitos mercenarios tradicionales, pero vencía por la fuerza de sus números, que duplicaban los de sus oponentes. En 1814 Napoleón arrastró a 400 000 franceses a Rusia; el año anterior había movilizado a 350 000 en Leipzig, que sin embargo fueron vencidos por 175 000 prusianos bien entrenados. También los prusianos implantaron la conscripción después de su derrota de Jena en 1806. Entre abril de 1792 y marzo de 1793 se llamó a filas a 1,2 millones de combatientes, de los cuales perecerían 550 000. Hasta 1802 las guerras revolucionarias se cobraron 950 000 vidas; las guerras napoleónicas les sumaron 1 380 000 más.[9] En una generación, las guerras revolucionarias y napoleónicas le costaron a Europa, sólo en caídos en combate, un 1,25 por ciento de su población total. El sesgo ideológico y nacional de esos conflictos los hacía más sañudos que las guerras con soldados profesionales. Cuanto mayores eran los ejércitos más desastroso era su paso por el país, que arrasaban como termitas. No existen estimaciones de esos daños humanos y materiales.

La población francesa se recuperó de aquella sangría mucho más despacio que la alemana, que durante el siglo XIX creció mucho más deprisa. Es tentador interpretar la agresividad alemana contra Dinamarca, Austria y Francia y sobre todo, claro está, después de 1900 contra Rusia y Occidente, a la luz de la presión demográfica unida al fuerte crecimiento económico desde 1870. Pero también hay que tener en cuenta que la apreciable expansión colonial que los otros Estados occidentales experimentaron en esa época implicó grandes trasvases de población y cuantiosas inversiones. Alemania casi no tuvo parte en ese movimiento, lo cual hasta cierto punto explica su pujanza dentro de Europa.

Las guerras revolucionarias y napoleónicas familiarizaron a Europa con el servicio militar, aunque ese fenómeno no se generalizó realmente hasta finales del siglo. Gran Bretaña, que antes de 1750 no poseía un verdadero ejército de tierra permanente, tenía en filas hacia 1850 a cerca de un 1,1 por ciento de su población, al igual que los restantes Estados occidentales. Rusia rebasaba entonces el promedio, con un 1,5 por ciento (850 000 hombres), lo mismo que Suecia, que en 1700 era el Estado más militarizado de Europa, pero que en 1850, con un 1,8 por ciento de su población, apenas podía poner en campaña 63 000 hombres.[10] La derrota de los suecos frente a Rusia en 1809, que costó la pérdida de Finlandia, demostró hasta qué punto el

potencial de reclutamiento empezaba a ser un factor decisivo. En 1815 el agravio sueco se resarció con la anexión incruenta de Noruega a expensas de Dinamarca. Por otra parte, entre 1780 y 1900 Rusia utilizó seis veces su poderío militar contra el imperio otomano, dos veces contra los persas, dos contra los chinos y una contra Afganistán. De todo ello cosechó ganancias territoriales. En aquella época los Estados veían las guerras como una manera obvia de lograr sus metas expansionistas: 'la continuación de la diplomacia por otros medios', según la frase célebre del estratega prusiano Clausewitz.

A fin de cuentas, el Congreso de Viena en 1815 marcó el comienzo de un siglo sorprendentemente pacífico entre los grandes Estados europeos. En Viena se redibujó drásticamente el mapa político. La Confederación germánica quedó integrada por treinta y cinco príncipes soberanos y cuatro ciudades libres. El reino de los Países Bajos y el de Lombardía-Venecia, junto con otros vecinos de Francia, debían formar sólidas barreras contra cualquier nuevo intento expansionista de los franceses: una precaución inútil, como los hechos se encargarían de demostrar. El imperio británico se vio sustancialmente ampliado. Los vencedores de Napoleón trataron de asegurar que en todas partes el poder siguiera estando en manos de monarquías claramente conservadoras. La Santa Alianza de cabezas coronadas se arrogó el derecho de intervenir contra cualquier movimiento revolucionario. Francia hizo uso de esa prerrogativa entre 1820 y 1823 en España, y Austria en 1820 y 1821 en el Reino de las Dos Sicilias y en el Piamonte. El dilema moral se planteó ante la guerra de independencia griega, de inspiración liberal: ¿debían los cristianos de la Santa Alianza apoyar al Gran Turco contra otros cristianos? Gran Bretaña no tardó en repudiar la política restauradora que había sido el caballo de batalla del canciller austríaco Metternich.

La guerra franco-prusiana de 1870-1871 fue un triste paréntesis dentro de un siglo esencialmente caracterizado por la paz. Con 950 000 combatientes y un cuarto de millón de muertes, demostró que Alemania, tras la humillación infligida por los ejércitos de Napoleón, había recuperado su fuerza. La conscripción universal y una oficialidad formada bajo el riguroso régimen prusiano hacían del ejército alemán un poder mucho más contundente que el francés. Además, el agresor supo sacar eficaz partido para el transporte de tropas y suministros de una red ferroviaria pensada para fines estratégicos. Apenas cabe imaginar revancha más hiriente que la proclamación, el 18 de enero de 1871, del rey Guillermo I de Prusia como emperador de Alemania *en la Galería de los Espejos* de Versalles. También allí se tomarían la suya los franceses, en las

En la guerra de Crimea, Gran Bretaña, Francia y Austria lucharon del lado de los turcos contra Rusia.

Los británicos perdieron cerca de la mitad de sus efectivos; los supervivientes volvieron del frente minados por las enfermedades y las privaciones.

Elizabeth Thompson, Lady Butler, plasmó las infernales condiciones de aquella guerra en varios cuadros;

en éste de 1877 vemos a los Scots Guards en la batalla del río Alma. Londres, Chelsea Barracks

circunstancias mucho más tristes para ellos del tratado de paz de 1919. Aparte de la guerra altamente simbólica de 1870-1871, hubo en este período algunas guerras instrumentales de Prusia contra Austria o entre ésta y el Piamonte, y algunos conflictos limitados en el proceso de unificación de Italia. Por lo demás, las mayores confrontaciones armadas fueron los levantamientos de los pueblos balcánicos contra sus ocupantes turcos (300 000 muertos en Herzegovina y Bulgaria en 1875-1878) y la lucha de titanes que enfrentó a una Rusia agresiva y un imperio otomano declinante. La entrada del imperio austríaco en ese conflicto desde 1908, con la anexión de Bosnia-Herzegovina, acercó la chispa al polvorín de la diversidad étnica y religiosa de la región. Este problema, secuela de la dominación secular de los Balcanes por una larga sucesión de imperios–griego ortodoxo, serbio ortodoxo, católico austríaco e islámico–, desataría conflictos feroces durante y después de la Segunda Guerra Mundial, y nuevamente en la década de 1990.

La Europa de 1914 soportaba una acumulación de tensiones de diversa índole. Todos los Estados se habían hecho mucho más poderosos: desde 1760 sus presupuestos se habían multiplicado por ocho en Francia y Gran Bretaña, y por cuarenta en Prusia-Alemania y Austria. Las economías europeas habían experimentado un crecimiento vertiginoso, y la población se había disparado. Las fuerzas armadas representaban una proporción muy alta de la población: en 1900 Francia tenía en el ejército a un 8,8 por ciento de sus hombres de entre 20 y 44 años; Austria un 6,9; Gran Bretaña un 6,6 y Alemania un 6,3 por ciento.[11] Para mantener el nivel de sus efectivos pese a un crecimiento demográfico más lento, Francia tenía que retirar más mano de obra de la industria que sus competidores, lo que significaba un freno del Estado a la economía. En 1910 el Estado alemán dedicó el 52 por ciento de su presupuesto a gastos militares, el británico un 40, el francés un 37.[12] Tras el reparto de África a partir de 1884, la mayoría de los Estados de Europa occidental habían edificado un imperio colonial, dividiendo el mundo entero en esferas de influencia. En Alemania nació una corriente que consideraba las exiguas conquistas coloniales del Reich como incitación a una política exterior agresiva. Se afirmaba que la prosperidad de los trabajadores alemanes dependía

Esta extraña pintura de Christiaan van Couwenberg que muestra la violación de una mujer negra por hombres blancos refleja la arrogancia imperialista de los europeos en Africa. Estrasburgo, Musée des Beaux-Arts

de la posesión de colonias. Tras 1900 pareció que el traslado a las colonias de la competencia entre los Estados y las economías de Europa hubiera llegado a su fin: Africa estaba repartida en su totalidad, y en el resto del mundo las esferas de influencia imperialista tampoco se podían ya discutir. Poco a poco, la rivalidad entre los europeos tuvo que volver a centrarse en las posiciones que ocupaban dentro de la propia Europa.

El crecimiento vigoroso y relativamente autónomo de los distintos sistemas de poder—el capitalismo industrial, el aparato estatal y en especial sus fuerzas armadas, y los medios de comunicación de masas, de los que hablaremos más adelante—generó una situación peligrosa a comienzos del siglo xx por su falta de coordinación. Todas las esferas del poder habían experimentado una expansión inusitada de su potencial, sin que en ningún momento se pusieran a prueba sus

límites. La industrialización intensificó la competencia por las materias primas, las técnicas de producción y los mercados. Los empresarios apelaban al Estado en solicitud de protección y conquistas, en casa y en las colonias. En la esfera de las relaciones internacionales, se seguía pensando como durante todo el siglo xix, que básicamente fue pacífico dentro de Europa, en términos de alianzas militares, en las que la guerra era una opción real como continuación de la diplomacia. La Santa Alianza sellada en 1815 aún se consideraba garantía del mantenimiento de la paz internacional, pero los pactos que concluyó más tarde mostraban un carácter cada vez más belicoso. La Triple Alianza, firmada en secreto en 1882, aseguraba el apoyo mutuo entre Alemania, Austria-Hungría e Italia frente a un ataque de Francia. Cinco años después los mismos Estados ampliaron bilateralmente las cláusulas de

Cuando Austria se anexionó Bosnia-Herzegovina en 1908, la diversidad étnica y religiosa de la región hizo muy difícil mantenerla en paz.
El bazar del barrio musulmán de Sarajevo, en una acuarela del austríaco Alois Schönn, 1851.
Viena, Graphische Sammlung Albertina

aquel pacto con una orientación agresiva: Italia y Austria-Hungría, prometiéndose compensaciones recíprocas por cualquier expansión territorial en los Balcanes, y Alemania asegurando su apoyo a Italia en caso de conflicto con Francia en el norte de África. El joven Estado italiano buscaba así protección, mientras que los imperios alemán y austríaco veían en él a un socio estratégicamente interesante. En 1892 Francia y Rusia concertaron una alianza en la que se prometían apoyo mutuo frente a un ataque alemán. Este doble sistema de alianzas permaneció en vigor, y entró en efecto en 1914 porque Rusia, por consideraciones paneslavistas y estratégicas, tomó partido por el nacionalismo serbio y en contra del dominio austríaco sobre Bosnia.

Todos esos acuerdos diplomáticos habían sido diseñados veinte o treinta años antes de 1914, en una época que desde el punto de vista de la tecnología militar parecía mucho menos cargada de peligro. Desde 1871 las grandes potencias no habían entrado en gue-

rra con adversarios de su misma talla. Los austríacos y los rusos se habían aventurado en los Balcanes contra un ejército turco anticuado; las potencias coloniales habían sometido a poblaciones indígenas muy inferiores en armamento. Los Estados mayores habían basado sus estrategias, y sus previsiones de victorias rápidas y fáciles en esa debilidad del adversario. Sin embargo, desde 1850 la tecnología militar había alcanzado progresos decisivos. El cañón liso del fusil había dado paso al cañón rayado, que hacía que el cartucho rotase sobre su eje, y el arma pasó a ser de retrocarga, lo que significó una gran mejora en la potencia y precisión del disparo. A esos perfeccionamientos se añadió a finales del siglo XIX toda una serie de nuevos ingenios: el acorazado con armamento pesado, el submarino, el cañón con cuna ajustable y telémetro, el hormigón armado, el lanzallamas, los gases tóxicos, la dinamita, el aeroplano, y sobre todo la ametralladora. La industrialización penetró en el arte militar y acrecentó

La Primera Guerra Mundial se ha grabado en la memoria colectiva como la más sórdida de todas las guerras.
La vida en las trincheras hediondas por la acumulación de excrementos, la soledad y la promiscuidad del hacinamiento
y la constante amenaza de la muerte dejaron profunda huella en los soldados del frente.
Otto Dix, *Flandes,* 1936. Berlín, Staatliche Museen Preussischer Kulturbesitz, Gemäldegalerie

inmensamente su poder destructivo. Sin embargo, el pensamiento estratégico apenas se adaptó a todos esos nuevos medios, y ni una sola de las potencias los había ensayado frente a un enemigo análogamente pertrechado. A las tropas enviadas al frente en agosto de 1914 les esperaba una experiencia trágica: cuatro años de guerra de trincheras en la que ninguno de los bandos sería capaz de inclinar la balanza, ni siquiera al precio repetido de cientos de miles de muertos en pocos días. Sesenta y cinco millones de combatientes fueron movilizados y ocho millones y medio de personas murieron porque nadie había sabido prever que el engranaje de las alianzas y los ultimátums desencadenaría una fuerza de destrucción inimaginada e incontrolable para todos los implicados.

La burocratización

Para luchar contra los particularismos locales y las resistencias contrarrevolucionarias, los revolucionarios franceses habían centralizado al máximo el poder en París, donde podían manejar a la plebe rebelde. En el antiguo régimen, el poder estatal estaba representado a nivel local por individuos que disponían de amplia autonomía. Aristócratas y eclesiásticos gozaban de un estatuto jurídico propio y ejercían poderes administrativos y judiciales en sus territorios. Muchos funcionarios burgueses ejercían un cargo comprado del que era prácticamente imposible desalojarlos. Francia, por lo tanto, se administraba por vías indirectas, a través de un ancho y heterogéneo estrato de

Los emigrantes pobres se aglomeraban en los suburbios de las grandes ciudades y acababan cayendo en la mendicidad;
el invierno traía consigo las situaciones más desesperadas.
En 1874 Samuel Luke Fildes pintó en este cuadro la atmósfera que rodeaba a un refugio londinense para personas sin hogar.
Londres, Royal Holloway College

intermediarios que no descuidaban sus propios intereses. Huelga decir que no miraban con ninguna simpatía a la revolución, lo que impulsó en 1793 a los jacobinos de París a sustituirlos por representantes leales de la autoridad central. Se llevó a cabo urgentemente una reorganización radical y permanente. Las divisiones feudales fueron sustituidas por ochenta y seis departamentos, cuyas capitales solían ser las ciudades más importantes de la región desde el punto de vista económico y demográfico. Se unieron municipios, se integró a los tribunales de justicia en una jerarquía uniforme para todo el Estado, se suprimieron todos los privilegios particulares–incluidos los de los gremios–, se reformaron los impuestos y los aranceles, se abolieron los diezmos eclesiásticos y los derechos feudales, se disolvieron las órdenes religiosas y se expropiaron sus bienes. Para llevar a cabo todas esas reformas pese a la resistencia de las regiones más rurales se formó una burocracia jerarquizada y centralizada que fuera capaz de romper la oposición local, llegado el caso con la amenaza de represiones violentas desde París. Con ese objeto se constituyó también una policía nacional, con agentes facultados para actuar a título preventivo ante el menor asomo de insubordina-

ción. El estado de emergencia provocado en Francia por el ataque de las monarquías conservadoras facilitó imponer un estricto régimen autoritario que a partir de entonces se administraría directamente desde París.

Parece ser norma general que el aparato del Estado experimente un fuerte crecimiento durante las fases de cambio revolucionario. Esta observación se cumplió también en la Rusia soviética, y por las mismas razones: frente a los ataques internos y externos, los nuevos gobernantes, en medio del caos total que había dejado el régimen anterior, tenían que mejorar la condición de las masas al tiempo que acometer reformas fundamentales en todos los ámbitos.[13] Por otra parte, aun en circunstancias no revolucionarias la modernización de la economía y de la sociedad no hacía sino acrecentar la demanda de servicios del Estado. Los partidos liberales, aunque por principio defendieran la máxima libertad de acción para los individuos y las organizaciones privadas, sólo podían impulsar sus objetivos frente a los intereses creados de la aristocracia manejando el poder del Estado. Una vez instalados en el poder, como sucedió después de 1830 en Francia, Bélgica, Inglaterra y Portugal, se encontraban con situaciones que hacían ineludible la intervención del

La firma Krupp producía ya piezas de artillería pesada en la segunda mitad del siglo XIX.
Durante la Segunda Guerra Mundial fabricó también cañones de largo alcance, que disparaban hasta una distancia de 100 kilómetros.
Adolf Menzel, *El tren de laminación de la acerería Krupp en 1875.*
Berlín, Staatliche Museen Preussischer Kulturbesitz, Gemäldegalerie

Estado, por ser éstas resultado de las iniciativas de muchas entidades y personas privadas que no eran responsables de las consecuencias.

Los efectos de los grandes cambios económicos y sociales de la época pusieron la cuestión sobre el tapete: ¿debía dejarse el desarrollo de las nuevas vías de comunicación, puertos, canales y ferrocarriles, enteramente a la iniciativa privada, o correspondía al Estado no sólo otorgar las necesarias concesiones, sino también cumplir una tarea de orientación o coordinación? La respuesta varió según el país, pero lo cierto es que los Estados continentales asumieran un papel más activo impelidos por sus intereses estratégicos. Por ejemplo, en 1910 la construcción ferroviaria absorbió casi la mitad del gasto estatal en Prusia, y con un 29 por ciento fue el mayor capítulo en el de Austria. Noruega y Bélgica optaron por la creación de compañías ferroviarias bajo control estatal, mientras que en Francia el Estado sólo se reservó la propiedad de la red. En Gran Bretaña, Alemania y Francia los gobiernos centrales dedicaron en 1910 entre un 9 y un 12 por ciento del presupuesto a las infraestructuras del transporte. Incluso en el Reino Unido, con su política de *laissez faire*, el gobierno era ya copropietario o patroci-

nador de la compañía naviera Cunard (1904) y de la sociedad del Canal de Suez, y poco antes de la Primera Guerra Mundial entró también en la Anglo-Persian Oil Company y en la sociedad de radiotelegrafía Marconi. En 1912 el departamento de correos británico compró la mayor compañía telefónica, lo que equivalía a nacionalizar el servicio, aunque entonces no quiso dársele ese nombre.[14]

No es difícil imaginar la importancia de las consecuencias sociales de las nuevas redes de transportes. El tendido de vías férreas aumentó considerablemente la movilidad de la mano de obra y, con ello, el crecimiento de las ciudades industriales. Para el Estado, la mayor velocidad, comodidad y regularidad de los viajes y de la difusión de la información facilitaron el centralismo. Se podía trasladar a funcionarios de una punta a otra del país, fomentando así la fusión de las culturas regionales.

La rápida expansión de las ciudades originó problemas de sanidad y orden público que ni siquiera una política de *laissez-faire* podía desatender, so pena de graves epidemias y trastornos. Al igual que sucede hoy en el Tercer Mundo, los migrantes de las zonas rurales empobrecidas y superpobladas afluían a las

En las clases acomodadas se daba mucha importancia al compromiso matrimonial, que debía ir acompañado
de un acuerdo entre ambas familias sobre el aspecto pecuniario de la unión. Romper un compromiso podía acarrear problemas serios.
El 26 de septiembre de 1792 un nuevo código reglamentó en Francia el matrimonio y el divorcio.
Michel Garnier (1753–1819), *La ruptura del compromiso*.
París, Musée Carnavalet

¡Todavía una hora! (de guardia): un policía parisiense caricaturizado por Honoré Daumier hacia 1850.
Las clases medias temían al pueblo bajo en las grandes ciudades, y crearon el aparato policial para combatir los disturbios y la delincuencia.
París, Musée de la Préfecture de Police

A finales del siglo xix muchas ciudades europeas se degradaron como resultado del rápido aumento de su población
y la industrialización creciente.

Johannes Hilverdink, *El barrio judío de Amsterdam,* 1889. Amsterdam, Amsterdams Historisch Museum

ciudades con la esperanza de hallar mejores condiciones de subsistencia. Pero ni la dotación de viviendas ni la infraestructura viaria, de abastecimiento de aguas y de eliminación de residuos crecieron al mismo ritmo, de manera que alrededor de las ciudades surgieron suburbios insalubres. Para la población burguesa esos residentes marginales representaban un doble peligro, ya que era fácil que cayeran en la delincuencia o se integraran en movimientos de protesta. Además, el cólera, el tifus y otras enfermedades infecciosas cundían rápidamente en los barrios malsanos y sobrepoblados. En 1875 entraron en vigor en el Reino Unido las primeras reglamentaciones nacionales sobre construcción y sanidad pública. En 1890 una ley facultó a las autoridades locales para participar en la edificación de viviendas.

Razones humanitarias, pero también de puro oportunismo, obligaron a las autoridades municipales a mejorar los servicios médicos y realizar grandes obras de infraestructura para sanear los barrios obreros y ampliar los sistemas de tráfico. En las capitales se construyeron redes de transporte suburbano; en todas partes los ayuntamientos empezaron a construir sistemas de alcantarillado, redes de conducción de agua y gas, así como escuelas. Con ello las autoridades locales no hacían sino asumir anticipadamente lo que más tarde sería responsabilidad de los gobiernos nacionales. Las anchas avenidas bordeadas de árboles no eran sólo saludables lugares de paseo para los ciudadanos y arterias para el creciente tráfico rodado, sino también, sin duda, vías de intervención rápida para las fuerzas de seguridad en caso de disturbios. Del mismo modo, la prostitución se reguló mediante una combinación de controles médicos y represión policial. Son éstas algunas de las medidas con las que las autoridades municipales procuraban mantener bajo control a la masa heterogénea que había venido a poblar las metrópolis.

Puede deducirse que las autoridades locales empezaron a asumir algunas funciones públicas nuevas e importantes, sobre todo en las grandes ciudades. Con el rápido crecimiento de los presupuestos a todos los niveles, la dotación de dichas autoridades aumentó en términos relativos, lo que demuestra que el análisis de la expansión de los poderes públicos no debe limitarse al ámbito estatal. La medida de ese aumento relativo de los presupuestos locales traduce las diferencias en el grado de centralización alcanzado por los grandes Estados: Francia fue pionera en este aspecto, mientras que en 1910 Alemania se gastaba un 44 por ciento más en sus *länder* y ciudades que a nivel nacional. En Francia la partida de las autoridades locales pasó de un 35 por ciento en 1870 a un 45 por ciento en 1910, mientras que en Gran Bretaña aumentaba de un 37 a un 64%.[15]

Los problemas sociales de las nuevas ciudades industriales llevaron a intensificar la acción del Estado. Sobre todo en el imperio alemán, que se industrializó tarde pero muy deprisa, los empresarios solicitaron la intervención estatal por dos motivos. De una parte, juzgaban conveniente para sus intereses fomentar medidas sociales que ligasen a los trabajadores a la fábrica, en vez de verlos afiliarse a 'fondos de solidaridad' independientes; por otra parte, no pretendían que tales medidas afectasen a la competencia entre las empresas. Paradójicamente, para el régimen conservador la legislación social –acompañada de una firme represión de toda propaganda socialdemócrata– era la vía más adecuada para tomarle la delantera tanto a los liberales como a los socialistas. Se explica así que fuera en la Alemania dominada por los *Junkers* cuando se promulgaron las primeras leyes sociales, que entre 1881 y 1890 instauraron un sistema nacional de seguro de enfermedad y accidentes laborales, e impusieron la contribución de trabajadores y empleadores a fondos de pensiones para la vejez. Para el canciller Bismarck lo importante era 'inculcar también a las clases desposeídas, que son a la vez las más numerosas y las menos instruidas, la idea de que el Estado es una institución no sólo necesaria sino bienhechora'.[16] Por una u otra razón, lo cierto es que esas leyes ensancharon considerablemente el marco de actuación del Estado.

En los otros países de Europa occidental se contaba ya con dispositivos legales operantes que hacían menos urgente la intervención del Estado, e incluso menos deseable, habida cuenta de la existencia de instituciones de beneficencia religiosas y laicas. En el Reino Unido no hubo hasta 1908 una ley que garantizase una pensión del Estado a todo el que no recibiera ayudas al amparo de la antigua ley de pobres. En 1911 la *National Insurance Act* instauró el seguro obligatorio de enfermedad y desempleo, que más adelante serviría de base para el Estado benefactor. Al contrario que en Alemania, esas prestaciones no procedían de seguros costeados con cuotas personales, sino de transferencias del Estado financiadas mediante impuestos. Una de las razones que llevaron a reconocer la responsabilidad del Estado en ese terreno fueron los resultados de un estudio efectuado sobre los reclutas llamados para la guerra de los bóeres, que reveló que la salud de los jóvenes de la clase obrera dejaba mucho que desear, con la consiguiente amenaza para la capacidad de combate del ejército británico. Por tanto, si los Estados empezaban a aceptar la política social como uno de sus cometidos, no era por otro motivo que el de la *raison d'État*.

Desde la década de 1870 se discutió en toda Europa occidental si la enseñanza debía constituir una de las áreas de competencia del Estado. Los liberales opinaban que sí, pues sólo de ese modo se podría proteger la libertad de pensamiento y responder adecuadamente a las necesidades de una sociedad en vías de rápida transformación. A ello se oponían sin embargo ciertos grupos de intereses, y en especial las Iglesias, que desde la Edad Media veían la transmisión de la cultura, al igual que las obras de caridad, como cosa de su incumbencia. En Alemania estalló una verdadera guerra cultural, la *Kulturkampf* de 1872–1874, cuando el gobierno prusiano se atribuyó por ley la inspección de las escuelas y anunció medidas discriminatorias contra el papel del clero católico en la enseñanza. El mismo problema se planteó de hecho en todos los países occidentales, a menudo en forma de una batalla por las escuelas que acababa asignando al Estado la tarea de proporcionar una enseñanza no confesional; la introducción de la enseñanza obligatoria es consecuencia directa de esta evolución. Con todo ello se abría una nueva fase en el ya muy antiguo proceso de secularización, que, sin embargo, en España sólo se alcanzaría en la década de 1980. La fuerza de las corrientes liberales y socialistas y el pluralismo religioso fomentaron el papel del Estado en la enseñanza. Por otra parte, las Iglesias, y particularmente la católica, conservaron un virtual monopolio sobre la educación los en países predominantemente agrícolas del sur y centro de Europa hasta muy avanzado el siglo xx. La modernización y la diferenciación social propiciaban, pues, el intervencionismo estatal.

La Primera Guerra Mundial amplió rápidamente el radio de acción del Estado. Hasta en Gran Bretaña obligó al gobierno a tirar por la borda sus principios de *laissez-faire*; el cual tuvo que requisar la producción de las fábricas, supeditar otras a sus necesidades e incluso hacerse cargo de la gestión para velar por el buen funcionamiento de la industria militar. La compra de materias primas, los movimientos de capital y el comercio exterior pasaron a ser competencia del gobierno por motivos de seguridad. Se fijaron los precios de los artículos de consumo y se controló su distribución. A partir de 1915 se gravó la importación de determinados productos industriales, lo que significaba el abandono formal de la tradición librecambista. Muchas de esas medidas intervencionistas se suprimieron al acabar la guerra pero algunas perduraron, por ejemplo el arancel sobre la importación de automóviles. Pero sobre todo el aparato burocrático siguió siendo mucho mayor que antes de la guerra, y desde entonces se pudo plantear algo inimaginable hasta entonces: la intervención del Estado en la racionalización, fusión o incluso nacionalización de empresas. El Estado se había demostrado capaz de desempeñar un papel indispensable, y ya no dejaría de afirmarse en ese sentido.

La sociedad de masas

Movimientos de masas habían logrado los avances progresistas de la Revolución francesa, y ejércitos de masas los habían extendido por Europa, consolidando en Francia la mayoría de ellos. Durante el siglo xix la importancia política de las masas no hizo sino aumentar. Las enormes concentraciones de individuos en las megalópolis y en fábricas cada día mayores hicieron de la masa un factor de poder. En Gran Bretaña y Francia fue ese factor lo que al principio permitió a los liberales consolidar su posición, al menos mientras pudieron y quisieron responder a las demandas de la población urbana empobrecida. Pero hasta las últimas décadas del siglo –y Gran Bretaña fue la última a este respecto– no se crearon partidos autónomos de trabajadores a escala nacional.

En la industria, donde miles de obreros trabajaban codo con codo, las diferencias de clase eran menos conciliables. Allí los trabajadores se afiliaron en masa a sindicatos que defendían sus intereses inmediatos, básicamente materiales. Hacia 1900 los sindicatos británicos contaban unos dos millones de miembros. En Alemania el número de afiliados pasó de medio millón en 1900 a dos millones y medio en 1912, con otros 750 000 en sindicatos cristianos. Entretanto, 15 000 militantes habían encontrado su propio puesto de trabajo remunerado en las distintas organizaciones obreras y 20 000 representaban sus intereses como miembros elegidos de consejos locales o en el parlamento, tomando parte personalmente en el éxito de esas organizaciones a gran escala. Francia siguió el mismo camino, con medio millón de sindicados en 1900 y un millón diez años después. Esas cifras de afiliación eran incomparablemente superiores a las de los partidos políticos, reflejo de la brecha que durante mucho tiempo permaneció abierta entre el movimiento obrero y el poder del Estado. Con todo, las conquistas del primero se lograrían fundamentalmente por la vía legislativa, y por lo tanto a través de la intervención del segundo.

La acción colectiva era el medio idóneo para la formación de una nueva identidad de clase; o al menos así lo veían los líderes entusiastas, procedentes ellos mismos casi siempre de las clases medias. Ciertamente proliferaron los conflictos y huelgas, pero también celebraciones como la del Primero de Mayo, generalizada en 1890. Ese año se manifestaron entre 70 000 y 80 000 trabajadores en Bruselas, 100 000 en Barcelona y otros tantos en Estocolmo. Lo más sorprendente es la increíble velocidad con que creció el sindicalismo justamente a comienzos del siglo, coincidiendo con la extensión del derecho de voto. Ésta se efectuó por etapas: en el nuevo imperio alemán de 1871, los varones

El pintor alemán Köbler, un hombre socialmente comprometido, registró así la huelga de una fábrica en 1886:
los enfurecidos trabajadores manifiestan sus quejas al gerente. Berlín, Archiv für Kunst und Geschichte

Desde 1890 los trabajadores de casi toda Europa celebraron el Primero de Mayo con grandes manifestaciones que espoleaban
la conciencia colectiva y el amor propio de la clase obrera.
K. Cserna, *La manifestación del 1 de mayo de 1890 en Budapest.* Budapest, Magyar Nemzeti Múzeum

A lo largo del siglo XIX hubo disturbios y huelgas en las regiones industrializadas de Cataluña y el País Vasco.

La *Carga de la Guardia Civil* representada así por Ramón Casas tuvo lugar en las cercanías de una fábrica de Gerona.

Olot, Gerona, Museo Municipal

LE GLOBE ILLUSTRÉ

JOURNAL DE LA FAMILLE

ABONNEMENTS :
BELGIQUE : Un an . . . . fr. 10.00
Id.   Six mois 5.50
Id.   Trois mois 3.00
Etats de l'Union postale 15.00

ON S'ABONNE
à tous les bureaux de poste belges et au bureau du journal.
Les abonnements partent du premier de chaque mois

PRIX DU NUMÉRO : 20 CENTIMES
En vente dans toutes les bibliothèques des chemins de fer
et dans les kiosques de toutes les villes du pays

Pour les annonces et les réclames, s'adresser au bureau du Journal
et à l'*Office de Publicité* 46, rue de la Madeleine, à Bruxelles

VOLUME I
N° 48 — 29 août 1886

ADMINISTRATION ET BUREAUX :
BRUXELLES, 18, rue de la Madeleine, 18

Directeur : THÉO SPÉE.

LA MANIFESTATION OUVRIÈRE SUR LE BOULEVARD ANSPACH
Dessin de M. Eschenbach

En Bélgica se consiguió el sufragio universal plural tras las huelgas generales de 1891 y 1893.

Ilustración de una crónica de la manifestación de agosto de 1886 en *Le Globe Illustré,* obra de M. Eschenbach.

Para los gobiernos, la creación de escuelas estatales era una manera de combatir la pobreza y la falta de instrucción en los hogares, sobre todo desde que las leyes restringieron gradualmente el trabajo infantil. Las iglesias vieron entonces amenazado su monopolio de la educación, y se desató la guerra escolar. Detalle de una caricatura liberal que satiriza la enseñanza católica en Bélgica en 1912. Gante, Liberaal Archief

Los liberales progresistas y los socialistas preconizaban la enseñanza laica y gratuita para todos los niños, considerada como una obligación del estado. J. Geoffroy, *Clase en una escuela primaria francesa en 1889.*

En esta estampa en colores publicada por la revista satírica *Simplizissimus* en 1899, Thomas Theodor Heine muestra la alternativa para el obrero: o la fábrica o la prisión.

Esta imagen de Champin evoca la proclamación de la República Francesa
en 1848 desde la escalinata de la Asamblea, que era el Palais Bourbon del siglo XVII,
al que poco antes se había añadido un peristilo neoclásico.
París, Musées de la Ville de Paris

tenían derecho de voto sólo en el *Reichstag*; en Gran Bretaña se concedió prácticamente a todos en 1884, con la condición de que llevaran cierto tiempo de residencia en el lugar, cosa que no era frecuente entre los obreros. Esta evolución ha de ser interpretada teniendo en cuenta que fueron las condiciones materiales en que vivían y trabajaban los obreros lo que impulsó la creación de sus organizaciones y su recurso a la acción colectiva. Desde 1870 aproximadamente, la lucha por jornadas más cortas y mejores salarios empezó a traducirse en una lenta mejora del nivel de vida.[17] Ello hizo que la masa se volviera un colectivo interesante para los empresarios en tanto que consumidora.

Cuando se hizo patente que sólo una legislación nacional podría vencer ciertas resistencias de los empleadores, la acción se orientó a alcanzar la mayoría en el parlamento. La huelga, en sus orígenes un medio de lucha para mejorar las condiciones de trabajo, se

organizó entonces a escala nacional en apoyo de demandas políticas. En Bélgica se consiguió el sufragio universal (aunque todavía plural) tras huelgas generales en 1891 y 1893; en Suecia la huelga general de 1902 consiguió el sufragio universal en 1909, siendo entonces el primer país (que incluía a Finlandia) donde también se dio el voto a las mujeres. Antes de 1914 todos los países europeos habían implantado alguna forma de sufragio universal para los varones. Después de la guerra se generalizó aún más, incluso en Europa oriental, como una especie de compensación por la guerra, esa otra forma de participación en la vida pública que los Estados habían impuesto a sus ciudadanos.

Para las organizaciones obreras, buscar el poder político implicaba revisar sus objetivos, que ya no podían limitarse a la defensa directa y sin rodeos de los intereses de los trabajadores. Hubo algunos brillantes resultados electorales, pero no mayorías abso-

La burguesía que rigió el Estado en el siglo XIX adoptó un placentero estilo de vida que recordaba los hábitos cortesanos de antaño.
Así como en el pasado los reyes construían teatros y galerías de arte, así la burguesía erigió templos análogos de la cultura
para su propio disfrute y gloria. Robert Raschka pintó *La escalera del Kunsthistorisches Museum de Viena* en 1891.
Viena, Graphische Sammlung Albertina

lutas. A medida que el movimiento socialista centraba sus miras en la conquista del poder y mostraba avances visibles por esa vía, suscitó mayores oposiciones. El socialismo, nacido de las ideas y experiencias del Siglo de las Luces y de los jacobinos, tenía sin duda una sólida base ideológica. Desde los socialistas utópicos de comienzos del siglo XIX, pasando por generaciones de teóricos y practicantes, se había gestado un marco de pensamiento nuevo y coherente, hasta el punto de que sus líderes intelectuales dedicaron siempre mucha de su energía a argumentaciones teóricas. A pesar de ello, los poderes establecidos no se equivocaban al ver en él una amenaza fundamental contra sus normas y valores. Las Iglesias cristianas, y en particular los católicos, vieron el materialismo filosófico como incompatible con su filosofía, y trataron de conjurar el 'peligro rojo' creando sus propias asociaciones de trabajadores, que salvaran a la comunidad cristiana de la desintegración. La encíclica papal *Rerum novarum*, de 1893, aun reconociendo las necesidades materiales y espirituales de las clases trabajadoras, pretendía ante todo contener la expansión de un socialismo ateo.

El nuevo énfasis en la unidad orgánica de la comunidad cristiana negaba la existencia de la lucha de clases, que para los socialistas era una realidad. A la imagen ideal de la solidaridad obrera internacional, la Iglesia oponía la de una caridad cristiana universal. Era un claro desafío a la unidad del movimiento obrero, cuyas secciones más conservadoras, que formaban parte de las organizaciones religiosas, serían un contrapeso al avance del socialismo, sobre todo en países católicos. Así también se explica que fueran países protestantes, Escandinavia y Gran Bretaña, los que vieron las primeras y más fuertes mayorías socialistas en el parlamento.

En su búsqueda del poder político para emancipar

En 1877 el gobierno de Berlín decidió construir una sede suntuosa para la universidad de Estrasburgo,
que debía irradiar la erudición alemana sobre la recién adquirida Lorena. Se escogió el proyecto de Otto Warth
para un palacio neorrenacentista, sobre cuya fachada se alzan aún las figuras de grandes pensadores alemanes como Lutero, Kant y Leibniz.
El edificio se integró junto con otros de carácter oficial en un barrio nuevo de la ciudad.

a los trabajadores, los socialistas basaban sus esperanzas en el Estado para arrancar concesiones a sus enemigos de clase, los empresarios capitalistas, o incluso para eliminarlos. La diversificación del espectro político con el desarrollo del movimiento socialista hizo aumentar las expectativas puestas en el Estado, al cual se encomendaron nuevas funciones como mediador y árbitro en las disputas laborales, y organizador de programas de seguridad social. Ya desde antes los Estados y las autoridades locales se venían ocupando de la dotación de infraestructuras. En parte porque en la industria se necesitaba una mano de obra suficientemente instruida, a finales del siglo XIX todos los Estados europeos instauraron la enseñanza obligatoria, asumiendo ellos mismos parte de ese cometido. En Gran Bretaña la enseñanza primaria se hizo obligatoria en 1870, y el analfabetismo se redujo de un 34 por ciento en ese año a un 5 por ciento en 1900; en Francia se dio el mismo proceso, con un descenso del 40 al 15 por ciento. Varios segmentos de la sociedad reclamaban la presencia activa del Estado en diversos ámbitos, y el paquete de servicios gubernamentales no

hacía sino aumentar. La enseñanza, sin embargo, significaba ejercer un poder sobre la cultura transmitida, como quedó confirmado por la resistencia de la Iglesia a la escuela pública en las décadas de 1870 y 1880.

Varios estudios han puesto de relieve que el papel civilizador de la escuela fue particularmente efectivo a partir de 1870. Ciertas materias se prestaban por su propia naturaleza a una ofensiva civilizadora. Inevitablemente, la enseñanza en una única lengua nacional implicaba subordinar los dialectos e idiomas regionales a la lengua del grupo dominante en el Estado. En Francia la ausencia de enseñanza religiosa explica el fuerte efecto secularizador de la escuela pública. La historia impartida postulaba como cosa obvia que el Estado francés, tal como aparecía dentro de sus fronteras de 1815, había seguido siempre un curso de desarrollo lógico, y gota a gota imponía la evidencia de una nación francesa homogénea, el valor del Estado republicano y la superioridad de la civilización occidental. El maestro personificaba el deber cívico y el nacionalismo republicano. Los programas, los valores, las actitudes y las normas que continuamente se proponían a los niños

Entre 1818 y 1828 se construyó en Helsinki esta armóniosa plaza del Senado, con edificios administrativos y universitarios
en un severo estilo clasicista de inspiración berlinesa. La catedral luterana domina el conjunto.
Helsinki, Helsingin Kaupungin Kuva-Arkisto

En 1896 la nación húngara celebró su milenario.
Este cartel mostraba a personajes heroicos de la historia antigua
de Hungría junto a las insignias del reino.
Budapest, Orszagos Széchényi Könyvtar

El primer monumento erigido por la Tercera República en París,
en 1874, fue la figura ecuestre de Juana de Arco,
en Francia un símbolo sobresaliente
de esperanza y unidad nacional.

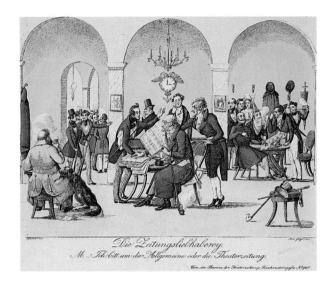

A medida que aumentaba el número de periódicos diarios y semanales, eran más las personas informadas de la situación política.

La prensa, con su comentario de los acontecimientos, vino a ser un instrumento formidable para influir en la opinión pública.

Estampa vienesa de 1837, obra de Johann Christian Schoeller.

Viena, Historisches Museum der Stadt Wien

Las leyes lingüísticas de 1897 en las que el gobierno austríaco decretó la igualdad del alemán y las lenguas vernáculas no alemanas desataron fuertes protestas de la población germanófona. Grabado según un dibujo de Franz Schlegel. Viena, Österreichische Nationalbibliothek

Garibaldi retratado como león viejo y cansado. Litografía impresa por Barousse según un dibujo de Faustin, 1871. Roma, Museo Centrale del Risorgimento

les enseñaban el respeto a la autoridad.[18] Mientras en la escena política se libraba el combate por la emancipación de la clase obrera, a sus hijos se les instilaban calladamente los valores burgueses en la escuela.

El servicio militar, introducido durante la segunda mitad del siglo en todos los países, proporcionó a los Estados otro medio de adoctrinamiento particularmente efectivo, que les permitía llegar a toda su población masculina. La oficialidad del ejército, reliquia de la sociedad estamental, aún conservaba un fuerte tinte aristocrático, y políticamente era conservadora a ultranza.[19] Aparte de la lengua oficial del país, a los reclutas se les enseñaba disciplina y sumisión a la autoridad y presencia mística del Estado. Entre la acción de maestros e instructores militares se adoctrinaba prácticamente a la totalidad de las nuevas generaciones.

Al mismo tiempo aumentaba el número de funcionarios que trataban con la población a través de los nuevos servicios públicos. Un fenómeno notable dentro de esa expansión del personal del Estado es la aparición, desde mediados del siglo, de cuerpos de policía a nivel local, regional y nacional. Durante el antiguo régimen había muy pocas fuerzas responsables del orden público, y cada vez que surgían verdaderos disturbios se acudía a milicias locales de ciudadanos o al ejército. Gran Bretaña conservó hasta comienzos de la década de 1990 una fuerza policial no armada bajo la autoridad del *borough* o *county*, con coordinación desde Londres sólo en situaciones de emergencia. En Francia, por el contrario, la *Sûreté Nationale* dependía del ministerio del interior, y el ministro de la guerra tenía bajo sus órdenes a la *Gendarmerie Nationale.* La militarista policía prusiana no se subordinó a la autoridad civil hasta 1900 aproximadamente. En el continente se seguía recurriendo al ejército en casos extremos, como se hizo en las 'revoluciones' parisienses de 1830, 1848 y 1871, que costaron por lo menos un millar de víctimas. Pero la introducción de tres aparatos distintos de represión, cada uno destinado a combatir un determinado nivel de disidencia o violencia demuestra por una parte la traslación del problema del orden público al nivel estatal y por otra, un control más efectivo de la violencia cotidiana. Sin duda las nuevas formas de acción y concertación política y social absorbían mucha de la violencia potencial, a la vez que los gobiernos aprendían a domeñarla con mesura.[20]

En un Estado fuertemente centralizado como el francés, que sirvió de modelo para muchos otros, todos esos nuevos empleados del Estado, desde los maestros hasta los policías, se formaban en academias dependientes del poder central, y cada cual promovía en su campo de acción la imagen de un Estado más fuerte y homogéneo. Esa era también la función de muchas otras instituciones creadas por los Estados, provincias y ciudades. Como en épocas anteriores, las autoridades expresaban su identidad en sus monumentos. Tribunales de justicia y asambleas legislativas, ministerios, ayuntamientos, cuarteles, escuelas y estaciones de ferrocarril testimoniaban, en un lenguaje predominantemente clásico, la presencia y el peso del Estado. El estilo escogido evocaba claras asociaciones programáticas. En 1836, por ejemplo, hubo enconadas discusiones en Gran Bretaña sobre el diseño de la nueva sede del Parlamento. El proyecto neogótico se impuso al clásico porque aquel estilo se consideraba más afín al carácter nacional británico e indicativo del origen medieval de las libertades constitucionales de Inglaterra.

La creación de nuevas instituciones públicas ocasionó, pues, una intensa actividad constructora, que permitía ostentar simbólicamente las ambiciones del poder. Al mismo tiempo hubo un despliegue febril de estatuas y monumentos; por todas las esquinas se erigieron figuras de los héroes nacionales, para inculcar constantemente en cada ciudadano las glorias del pueblo y de la patria. Por su parte, la burguesía dominante en los Estados del siglo XIX creó para su propia satisfacción una serie de instituciones culturales que le permitiesen imitar la vida cortesana de épocas pasadas. Estados y autoridades locales crearon teatros, salas de ópera y de conciertos, salones de baile, museos, bibliotecas, parques, jardines botánicos y zoológicos, como marco de las funciones culturales que las clases medias, siguiendo el ejemplo de las antiguas cortes principescas, se procuraban con cargo al erario público. Una vez más, esas actividades culturales servían a fines políticos y sociales. Hacia dentro, se trataba de forjar una fuerte cohesión basada en una identidad cultural común. La apertura gradual del sistema político a las clases medias hacía necesario 'socializar' a los recién llegados en las pautas de la cultura dominante. Hacia fuera, el despliegue cultural era una manera de demostrar la elevación de las nuevas élites. Viena y Berlín compitieron en ese monumentalismo, imitadas por todas las capitales de menor fuste.

Ese exuberante autorretrato del Estado encerraba un mensaje cultural inequívoco. Divulgaba siempre una visión precisa, la de la cultura burguesa dominante. Días de fiesta nacional, himnos, banderas y desfiles militares transferían al Estado abstracto y a su mítica nación los sentimientos de lealtad que antaño despertaba la dinastía. En algunos países, como Gran Bretaña, se consiguió que ambos cultos operasen paralelamente, con gran provecho para la cohesión de la ciudadanía.

En una ciudad como Estrasburgo, que en los últimos siglos había cambiado de 'nacionalidad' varias

A partir de 1831 Honoré Daumier se divirtió modelando una serie de retratos caricaturescos de los políticos franceses,
que después coloreaba al óleo. Estos representantes del pueblo son el banquero Antoine Odier,
el magistrado Alexandre-Simon Pataille y Pierre-Paul Royer Collard.
París, Musée d'Orsay

veces, la imposición de una identidad nacional se percibe claramente. Tras su incorporación al Reich alemán en 1871, se edificó un importante complejo urbanístico en una zona nueva. Entre 1879 y 1911 se alzaron allí, en un estilo neoclásico ecléctico y pesadamente monumental, un palacio imperial e imponentes edificios destinados a albergar la Dieta, una biblioteca y dos ministerios. Más allá, en linea con el palacio, se alzó la universidad, con una fachada de 125 metros de ancho; las estatuas de la cornisa representaban a los grandes espíritus del mundo germánico. El palacio imperial se decoró, entre otras, con figuras de la Caridad, la Sabiduría y la Justicia; uno de los ministerios, con las de Ceres y Mercurio, deidades romanas de la agricultura y el comercio. El conjunto debía expresar brillantemente la gloria de los nuevos amos.

En los Estados e imperios multinacionales, la expresión de la identidad era lógicamente un problema delicado. En Helsinki, la nueva capital del gran ducado de Finlandia integrado en el imperio ruso, se alzó un centro arquitectónico de simbólica muy coherente entre 1818 y 1828. La catedral luterana ocupaba literalmente la cima, en lo más alto de una plaza que en sus otros tres lados acogía la sede del gobierno, la universidad y el ayuntamiento, todo ello en un sobrio clasicismo de inspiración berlinesa. Más tarde se alzó la catedral ortodoxa como contrapunto simbólico en una eminencia cercana. Los fineses honraron al zar reformista Alejandro II (1855-1881) con una estatua en medio de la plaza, subrayando obviamente su apego a la autonomía del país, que él había tolerado. No todos los pueblos, sin embargo, podían mostrar tanta sutileza en el trato con sus señores. En Varsovia el teatro polaco de comienzos de este siglo es un pequeño edificio apartado del centro, porque en el núcleo histórico de la ciudad dominaban los rusos.

Por definición, los imperios gobernaban sobre pueblos de diferentes culturas, lenguas y religiones. A medida que su administración se hacía más eficaz y directa, crecían las tensiones entre la cultura dominante y las subordinadas. En los Balcanes, por ejemplo, el imperio otomano, en parte por instigación de Rusia y Austria, tuvo que afrontar movimientos autonomistas cada vez más violentos. En 1817 Serbia adquirió la categoría de principado tributario. Los griegos, con apoyo occidental, conquistaron en 1829 su independencia, que lógicamente espoleó a sus vecinos. La guerra ruso-turca de 1877-1878 condujo a la independencia de Serbia, el establecimiento de un protectorado austríaco sobre Bosnia, la creación de una Rumanía independiente y el reconocimiento de Bulgaria como principado dependiente. En ese mosaico étnico y religioso aparecían como por arte de magia Estados nuevos, cuyos líderes ponían todo su afán en proveerles de identidad y legitimidad histórica. En 1881 Rumanía se erigió en reino independiente mediante la unión de los principados de Valaquia y Moldavia, vasallos de los turcos. Con un hábil cambio de bando duplicó su territorio tras la Primera Guerra Mundial. Transilvania, una de las regiones que entonces se anexionó, estaba habitada principalmente por húngaros y eslavos, pero los gobernantes rumanos se esforzaron en crear un mito nacional que convertía a la población del nuevo Estado en descendiente de los gloriosos dacios que entre los años 101 y 106 fueron incorporados al imperio romano tras una resistencia encarnizada. Según eso, tenían 'derechos' más antiguos y válidos que los eslavos, alemanes, húngaros y judíos que compartían el país con ellos. Hasta 1989 el Estado rumano ejerció una dura represión cultural sobre esas etnias.

A menudo el nacionalismo tomó la forma de un movimiento secesionista, aspirante a establecer un Estado autónomo, independiente del dominador extranjero. Pero no fueron sólo los Estados e imperios multinacionales quienes tuvieron que afrontar tales separatismos. El Reino Unido lucha todavía con movimientos secesionistas en Escocia e Irlanda, y hay movimientos regionales muy activos en Cataluña y el País Vasco. Fue precisamente el robustecimiento del estado burgués lo que intensificó los contactos directos del centro administrativo con los ciudadanos. Bajo el antiguo régimen, el poder estatal era en general distante y bastante débil, al ser ejercido indirectamente por potentados locales. En cambio, el Estado del siglo XIX fue exigiendo poco a poco una mayor implicación de sus ciudadanos y entrometiéndose más en sus vidas: cobraba más impuestos, promulgaba más leyes, instauró la enseñanza obligatoria y el servicio militar, sometía a registros estadísticos e imponía de forma cada vez más neta una cultura nacional, a la vez que solicitaba participación y lealtad. Los gobernantes ya no debían su posición al linaje o la herencia, sino que tenían que pasar por la prueba de las urnas. Al principio el sistema censual aseguró que sólo pudieran votar los más ricos, pero paulatinamente el electorado fue creciendo, y no fueron sólo los candidatos aspirantes a representarle quienes tuvieron que dirigirse a él, sino el Estado en cuanto tal.

A través de esa implicación más intensa, el Estado manifestó su identidad cultural con mayor rotundidad. Hasta el siglo XVIII las monarquías no habían tenido que preocuparse realmente por la homogeneidad de sus súbditos, de suerte que en 1800 existían aún muchas comunidades culturales diversas dentro de sus fronteras políticas. La actividad cada día mayor de los órganos del Estado favorecía claramente a los súbditos que compartían la cultura del centro, y hacía más difícil el ejercicio de los derechos cívicos para los demás. A medida que las comunidades culturales no dominantes y desfavorecidas comprendían mejor su posición, se volvían más receptivas a la propaganda nacionalista. Así como la mayoría de los Estados imponían una cultura única a todos los habitantes de su territorio, los nacionalistas exigían un Estado propio independiente como la mejor garantía para el pleno desarrollo de la identidad cultural de su pueblo.

Pero aún quedaba mucho por descubrir en ese terreno. En junio de 1848, el congreso paneslavo de Praga exigía la transformación del imperio de los Habsburgo en una 'federación de pueblos con iguales derechos', punto que seguiría siendo muy controvertido hasta 1914. Cuando en aquel año revolucionario de 1848 los húngaros tomaron el poder en su reino ancestral, no se les ocurrió conceder iguales derechos a los eslavos. Además, la monarquía húngara no empleaba otro lenguaje administrativo que el latín; el húngaro, que era lengua minoritaria, no servía ni en Croacia ni en Transilvania, y las lenguas vernáculas tenían un léxico demasiado pobre para las necesidades de una burocracia moderna. A mediados del siglo XIX el nacionalismo seguía siendo un movimiento elitista de minorías regionales desfavorecidas, creadoras de una imagen de un glorioso pasado nacional que les daba el derecho, si no la noble misión, de rescatar la lengua y la cultura de sus antepasados. Al estar tan vinculados el Estado y la cultura, los nacionalistas pensaban que la emancipación de su pueblo sólo se podía conseguir con un Estado propio. El mito de su peculiar carácter nacional se construía sobre materiales en parte ficticios y ciertamente exagerados: leyendas y hechos históricos, tradiciones folclóricas, una lengua exhumada y enriquecida por literatos y lingüistas, y en algunos casos una determinada forma de religión. Ninguno de esos elementos constituía entonces ni constituye hoy un criterio objetivo de identidad nacional; lo que se quería ver en ellos bastaba para distinguirse de los demás y dotarse de una identidad y una dignidad colectivas. Conforme la presión de un Estado sentido como extranjero suscitaba en un mayor número de ciudadanos la conciencia de estar en desventaja frente al grupo cultural dominante, más eran los que se identificaban con las premisas del movimiento nacionalista. Lo que había empezado siendo una corriente cultural elitista pasó a ser un poder político, sobre todo cuando se amplió el derecho de voto y las minorías empezaron a hacerse oír.

La delimitación de las nacionalidades no tuvo nada de objetiva: la inclusión o exclusión era consecuencia de las relaciones de dominación política, unidas a la posibilidad o imposibilidad, objetivas y subjetivas, de asimilar subculturas. Es pura imaginación suponer que la etnia pueda ser un criterio objetivo de distinción en el que basar la identidad de un pueblo.

Con su estilo ingenuo, Henri Rousseau glorificó la unidad nacional de Francia,
y hasta cierto punto también el sentimiento republicano de superioridad sobre otros pueblos.
Este cuadro, *Los representantes de potencias extranjeras saludan a la República en nombre de la paz,* data de 1907.
París, Musée du Louvre, Legado Picasso

Gentes que tras las muchas vicisitudes de la historia viven en una determinada zona han podido dejarse asimilar por dominadores extranjeros, y en una generación posterior, bajo otros amos, volver a verse en el número de los oprimidos. Los fuertes corrimientos de las fronteras estatales en regiones de gran diversidad étnica, lingüística y religiosa como los Balcanes han hecho que la cuestión de las nacionalidades siga siendo allí un problema de candente actualidad.

Sin embargo, el nacionalismo operó también como fuerza de integración. La imagen de una comunidad a la que un pueblo se sentía perteneciente por la razón que fuera–tal vez bajo el influjo de una campaña de propaganda basada en el trabajo preparatorio de los protagonistas culturales–podía impulsar la unifica-

ción política de Estados como Alemania e Italia. En algunos Estados grandes ya existentes y todavía culturalmente heterogéneos, como Francia, propició la transformación de una suma de individuos en una nación compacta. También los poderes establecidos hicieron un uso intensivo del nacionalismo como ideología capaz de fomentar la cohesión de la población y su espíritu de sacrificio patriótico. Una manera muy eficaz de lograrlo era evocar el espectro de un enemigo. Desde las guerras napoleónicas, los alemanes y los ingleses desconfiaban absolutamente de Francia. Los franceses, desde su derrota en 1870, odiaban a los alemanes, quienes a su vez sentían antipatía hacia austríacos, polacos y rusos. Todos los pueblos centroeuropeos miraban con hostilidad a sus vecinos dominantes,

Rusia y Alemania. En la segunda mitad del siglo XIX los políticos explotaron a fondo esos antagonismos para reforzar la cohesión interior y justificar sus gastos militares. Desde la década de 1870 se añadió a ello la expansión imperialista europea, materializada en la conquista de colonias y establecimientos comerciales. Los Estados europeos entablaron una desenfrenada carrera colonial, que a la vez que nutría su vanidad atizaba su mutua animadversión.

Cuando alrededor de 1900 acabó esa carrera colonial, la agresividad se volvió hacia la propia Europa y su periferia inmediata del norte de África y Oriente Medio. En algunas colonias donde se había instalado población europea, por ejemplo en Sudáfrica, los Estados europeos se hicieron la guerra indirectamente. La resonancia de esas contiendas en las metrópolis era muy grande, a consecuencia de los nuevos fenómenos de masas. Desde entonces, decisiones políticas tales como el envío de tropas se discutirían en parlamentos elegidos y se comentarían en los medios de comunicación. De ese modo la opinión pública se implicaba emocionalmente en el éxito de los ejércitos nacionales.

Para los políticos conservadores, el nacionalismo exacerbado resultó ser un arma de sorprendente efectividad contra el socialismo, porque evocaba asociaciones psíquicas más elementales que el concepto abstracto de clase. La personalidad colectiva de la nación gloriosa frente a los pérfidos extranjeros hacía mucha mella en las emociones de las masas. Subrayando el valor de la unidad nacional (que significaba también superioridad) frente a otros pueblos europeos, presentados como Estados rivales, y otras civilizaciones menos avanzadas, se desplazaba la lucha de clases a un segundo plano para buena parte de la población. Tanto es así que en 1914 ni siquiera los socialdemócratas alemanes, por miedo a perder a sus simpatizantes, se atrevieron a usar su fuerte posición en el Reichstag para manifestarse, de acuerdo con su ideología, en contra de la dominación imperialista o los créditos de guerra. Un largo siglo de ofensiva civilizadora por parte de los políticos burgueses y conservadores había desarrollado identidades nacionales tan fuertes que los Estados de Europa occidental coexistían en franco antagonismo, mientras que los imperios de Europa oriental aparecían interiormente desgarrados. Y no sólo la ideología socialista, sino también las Iglesias habían perdido terreno: en cuanto propagadoras institucionales de valores y normas, su voz apenas se oía ya en medio de la violencia secularizada de los Estados.

La Primera Guerra Mundial fue el paroxismo inesperado de los diversos nacionalismos. Pero no les restó fuerza, antes al contrario. Los pueblos que llegaron a participar en la política aprendieron a verse como súbditos leales que amaban a su país como a una madre. La idea del Estado nación quedó tan hondamente arraigada en los espíritus que todavía a finales del siglo XX sigue siendo extraordinariamente difícil desembarazarse de un mito que se nos ha inculcado durante generaciones.

1   POLLARD 1994, 61-62.
2   KUZNETS 1959, 20-21.
3   POLLARD 1994, 60, 70-71.
4   O'BRIEN 1989, 345-377.
5   KURGAN-VAN HENTENRYK 1994, 285-315.
6   TILLY 1993, tab. 12-13.
7   POLLARD 1981b, 259.
8   CHANDLER 1994, 115-116.
9   BOUTHOUL & CARRÈRE 1976, 199-201.
10 TILLY 1990, 79.
11 TILLY 1990, 123.
12 MANN 1993, 363-373.
13 SKOCPOL 1978.
14 HOBSBAWM 1968, 241-242.
15 MANN 1993, 363.
16 THOMPSON 1968, 295.
17 HOBSBAWM 1968, 159-165.
18 WEBER 1976, 332-338.
19 MANN 1993, 426-438.
20 MANN 1993, 404-412.

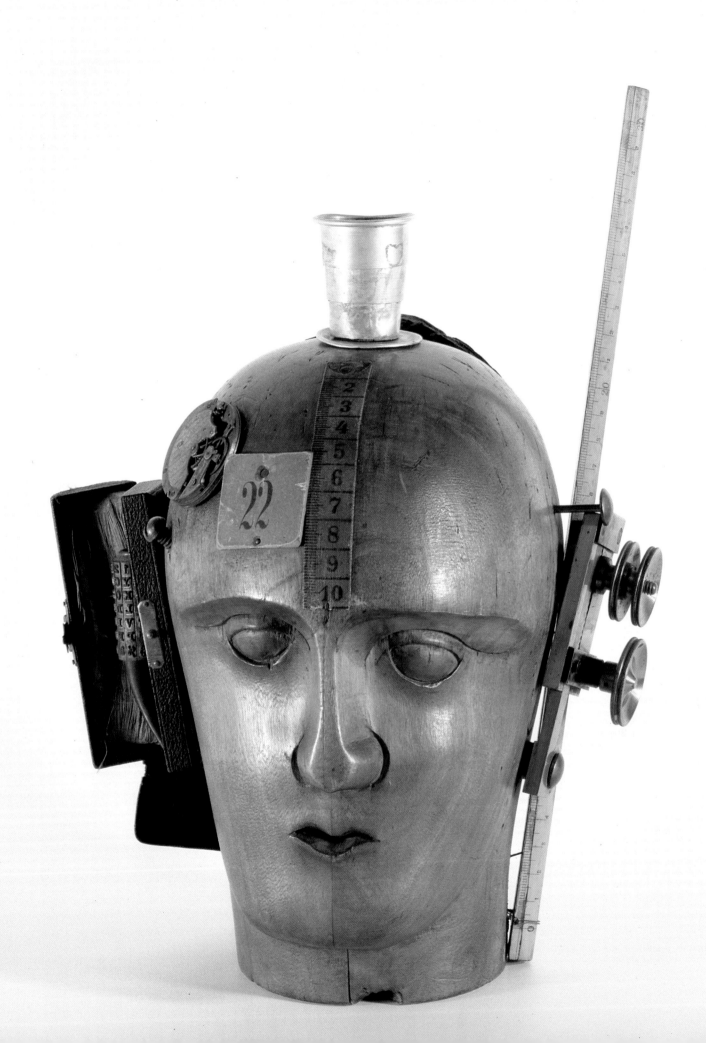

Capítulo IX
Economía, política y cultura en pie de guerra

Durante el siglo XIX el Estado pasó a ser la configuración de poder decisiva. El crecimiento económico exigió integrar mercados interiores e infraestructuras, y legislar sobre sociedades, bancos y comercio exterior. Las conquistas coloniales favorecían el abastecimiento de materias primas e influían positivamente en la balanza comercial. El Estado fue adquiriendo un mayor control sobre sus ciudadanos, concediéndoles gradualmente más derechos individuales y colectivos a cambio de obligaciones mucho más gravosas y de la sumisión a la cultura dominante. Embarcándose decididamente en ese curso, el Estado redujo aún más el radio de acción de las Iglesias, que ya habían visto caer en picado el número de sus adeptos como resultado de la urbanización. Al iniciarse el siglo XX, el nacionalismo parecía ser el más fuerte de los movimientos políticos y culturales, y lo seguiría siendo hasta la Segunda Guerra Mundial.

La primera mitad del siglo asistió incluso al desarrollo del Estado totalitario, lanzado sin disimulo a la total ocupación de la sociedad, la economía y la cultura, hasta hacer del individuo un mero peón en la manipulación deliberada de las masas. En el terreno económico también se depositaron grandes expectativas en la capacidad rectora del Estado, en países de ideologías muy diferentes. Al mismo tiempo, los regímenes comunistas y fascistas coincidían en la aspiración a crear una cultura nueva desde el poder, con un mensaje ideológico preestablecido. El carácter unitario y autoritario de esas concentraciones de poder en la jefatura (no elegida democráticamente) de los Estados significó una ruptura radical con las seculares tradiciones de pluralismo europeo. En la medida en que se puede responsabilizar a los Estados totalitarios de aquel desastre universal que fue la Segunda Guerra Mundial, el totalitarismo debe considerarse un pernicioso fracaso de la historia europea. No obstante, dicho fracaso fue, y más de lo que se quiere reconocer, una prolongación de las ambiciones alimentadas por todas las naciones de Europa occidental en los albores del siglo XX.

La empresa global

De todos es sabido que la Unión Soviética comunista eliminó la libre empresa y la economía de mercado, pero por otro lado, sus adversarios ideológicos, la Alemania nazi, la Italia fascista y la España falangista, intervinieron también activamente en las relaciones sociales y económicas a través del aparato de Estado. Italia y España nacionalizaron las industrias básicas. En 1960 nueve de las quince mayores empresas españolas eran todavía propiedad del Estado, entre ellas las cuatro principales. La mayoría habían sido fundaciones estatales, y el resto adquisiciones. En Italia, el Estado financió la construcción de carreteras y ferrovías así como el desarrollo de la industria siderúrgica, a raíz de la unificación de 1861. Siguiendo esa tradición, retuvo, gracias al Istituto di Ricostruzione Nazionale creado en 1933, grandes participaciones en los sectores siderúrgico, electromecánico y de ingeniería, absorbiendo en ellas a las empresas en dificultad y orientando las inversiones hacia objetivos más políticos que económicos. En Francia, gobiernos de tendencia socialista y comunista llevaron a cabo nacionalizaciones masivas en 1936-1937 y de 1944 a 1948, y lo propio hizo el gobierno laborista británico tras la Segunda Guerra Mundial.[1]

A finales de nuestro siglo el entusiasmo por la indus-

El espíritu de nuestro tiempo, **una cabeza mecánica ensamblada con diversos aditamentos por el artista austríaco Raoul Hausmann en 1919.**
París, Musée d'Art Moderne, Centre Georges Pompidou

Notas en p. 387

En 1917 los nuevos gobernantes de Rusia difundieron carteles como esta *Campesina victoriosa* para alentar la incorporación de las mujeres a las recién creadas granjas cooperativas. Amsterdam, International Instituut voor Sociale Geschiedenis

tria estatal parece haberse enfriado considerablemente en dichos países. Afirmar que los logros de dichas empresas fueron mediocres en términos económicos no sería correcto en todos los casos; hablamos de opciones que muchas veces fueron políticas desde el primer momento, y que implicaban actividades no rentables, todo ello dentro de un clima económico adverso y una coyuntura internacional desfavorable. Lo que sí es cierto es que hoy en día nadie se animaría a definir las responsabilidades del Estado con tanta amplitud como se hizo durante la primera mitad del siglo XX, tanto desde la izquierda como desde la derecha del espectro político.

Por primera vez, la Primera Guerra Mundial hizo a los europeos tributarios de los Estados Unidos. En efecto, los europeos habían sostenido con préstamos sus esfuerzos de guerra, y los necesitaron nuevamente para la reconstrucción, a fin de pagar la carga de intereses y abonar las gigantescas reparaciones que en 1919, siguiendo la tradición decimonónica, se impusieron a la vencida Alemania. Dichos pagos superaban de tal modo la capacidad de la quebrantada economía alemana, que fue imposible abonarlos en el plazo debido y en su totalidad. Se inició así una cadena de deudas, de Alemania con los Estados vencedores y de Europa con los Estados Unidos, que tras el crac de la Bolsa de Nueva York en octubre de 1929 rebotó contra las economías europeas como un bumerang.

Es revelador que países menos industrializados, como Dinamarca, Noruega, Hungría y Grecia, salieran relativamente indemnes de aquella crisis. En cambio, en Europa occidental, ésta no sólo evidenció las estrechas conexiones internacionales del mercado de capitales, sino que demostró igualmente hasta qué punto los Estados occidentales estaban imbricados en la economía mundial. El colapso de las bolsas desató un desempleo masivo, que planteó un doble problema a los Estados: la caída de sus ingresos y una presión creciente sobre el gasto. Enfrentados por primera vez a una crisis industrial de proporciones mundia-

En 1920, poco después de la Primera Guerra Mundial, Pierre Bonnard retrató así a *Los hermanos Bernheim*, ambos banqueros, en su oficina de Villers. París, Musée d'Orsay

El *Börsen-Courier* de Berlín saliendo de las rotativas. Esta expresiva pintura de Magnus Zeller refleja la agitación dominante
en el mundo empresarial de Berlín durante el período de entreguerras.
Berlín, Axel Springer Verlag AG

Wählt Spartakus, 'Votad a Espartaco': un cartel propagandístico de 1925 que invita a los alemanes a votar a los espartaquistas
de extrema izquierda. En 1919 habían desencadenado un alzamiento revolucionario de los trabajadores de Berlín
que fue ferozmente reprimido por el ejército con el respaldo de los socialdemócratas.
Amsterdam, International Instituut voor Sociale Geschiedenis

les,o los gobiernos reaccionaron recurriendo a los métodos de recuperación que conocían: el mantenimiento del patrón oro, la restricción del gasto público, un *laissez-faire* estricto, proteccionismo y otras medidas deflacionarias. Según los economistas, encabezados por J.M. Keynes, no sólo se agravaron las consecuencias negativas de la crisis, sino que se prolongaron. Sólo la Segunda Guerra Mundial conseguiría absorber–o barrer–dichos efectos.

Durante la primera mitad del siglo, la delicada relación entre política y economía estuvo marcada por la divergencia. Perturbaciones drásticas de la vida política normal como fueron las dos guerras mundiales, la profunda inestabilidad política de los últimos años del régimen de Weimar y la guerra civil española perjudicaron gravemente la actividad económica. El origen de la crisis financiera internacional de 1929 tuvo tanto de político como de económico, y la política económica de los gobiernos no hizo más que agravar y prolongar sus efectos negativos. Por otra parte, los gobiernos se veían ante un fenómeno económico internacional que no eran capaces de dominar, pero que trastocaba drásticamente sus políticas interiores y las relaciones sociales. En 1940 ambas esferas de poder, la política y la económica, se habían fortalecido considerablemente, pero no habían encontrado aún el punto de equilibrio en su nueva relación. Los problemas de la Primera Guerra Mundial y su posguerra brindaron oportunidades de fortalecer su posición internacional a las industrias de los países neutrales: Suecia, Suiza y los Países Bajos. En los sectores con altos coeficientes de inversión y tecnológicamente avanzados en la transformación de alimentos, productos químicos, metalurgia, ingeniería mecánica y aparatos eléctricos, esas empresas adquirieron dimensiones internacionales. En cambio, a partir de 1934, las grandes firmas alemanas se convirtieron en instrumentos del régimen nazi, y por lo tanto en engranajes de la maquinaria de guerra.

Sobre lo aprendido de las trágicas consecuencias sociales y políticas del Tratado de Versalles y la Gran Depresión los políticos democráticos forjaron, ya durante la Segunda Guerra Mundial, un nuevo sistema que rompía radicalmente con la tradición del *laissez-faire*: el Estado benefactor. En realidad no fueron las democracias de Europa occidental quienes alumbraron el modelo del éxito económico, sino gobiernos intervencionistas radicales de distinto signo: los socialdemócratas en Suecia, los comunistas de la Unión Soviética, el New Deal de los demócratas estadounidenses y hasta los nacional-socialistas en Alemania. Estos inspiraron una variante de la democracia que aspiraba a unir la estabilidad económica y política

con el consenso, la participación, el bienestar y la prosperidad. Una vez más, eso impondría al Estado una nueva y pesada tarea, pero ya no la realización directa de programas económicos y culturales desmesurados. En el futuro, la política sentaría las normas y mediaría, mientras que la economía suministraría independientemente los medios. Ambos sistemas seguían su propia lógica: las empresas buscaban el beneficio racionalmente, a menudo con energía y espíritu combativo; la política perseguía el compromiso, y debía tener en cuenta el efecto, a veces emocional, sobre la opinión pública de percepciones imprecisas y hasta erróneas. Cada una en su esfera y con sus propios métodos tenía que lograr que los capitanes de industria y los políticos negociaran entre sí. La economía consensuada con una dimensión social parecía brindar solución a los dilemas de la anteguerra.

El Estado benefactor promulgó leyes sociales a expensas del tesoro público, de suerte que todo ciudadano gozase de una existencia segura desde la cuna hasta la sepultura. La ampliación de la enseñanza obligatoria y otras disposiciones del mismo tenor satisficieron la necesidad creciente de una fuerza de trabajo cualificada para la industria, pero haciendo que el coste de esa formación recayera principalmente sobre el Estado. El sistema de posguerra garantizó un auge de la prosperidad bastante constante hasta mediada la década de 1970, sin bandazos graves de la economía y con intervenciones compensadoras de los gobiernos a fin de sostener el poder adquisitivo y la inversión.

Tras las crisis petroleras de mediados de los setenta, los costes del Estado benefactor rebasaron su capacidad por exceso de consumo. Lo mismo que en los años treinta, se volvieron a aplicar los remedios de la crisis anterior (gasto deficitario, idea de Keynes), y se dejó crecer la deuda pública hasta el cien por cien del producto nacional bruto–e incluso hasta el 146 por ciento, como en Bélgica en1993. A la luz de este problema, la exigencia de 'adelgazar el Estado' fue ganando cada vez más adhesiones.

El Estado–en tanto que regulador, primer empleador, o mediante recaudaciones de impuestos de hasta siete doceavas partes de la renta individual (como en los Países Bajos en 1993)–ha hecho recaer tal peso sobre la actividad económica en el curso del siglo xx que, en la segunda mitad de éste, las fluctuaciones de la coyuntura económica se han nivelado de manera que son los presupuestos estatales los que las acusan. Gracias a su organización internacional, los mayores operadores económicos se sustraen a buena parte de la fiscalidad agobiante y reglamentaciones sociales de los Estados benefactores occidentales, con lo cual esas cargas afectan a las empresas menos móviles y con me-

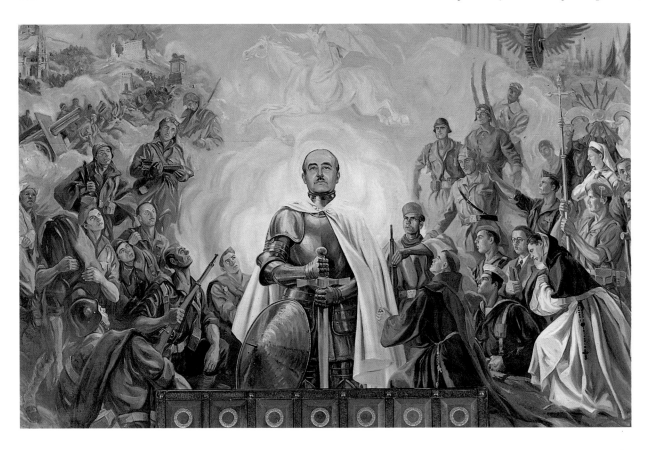

El 18 de julio de 1936, desde Marruecos, el general Franco llamó al levantamiento contra la República española;
el resultado de su convocatoria fue una amarga guerra civil.
En este gran mural Franco se hizo retratar como Santiago, patrono de los guerreros,
que por haber ayudado a los españoles en su lucha contra los musulmanes era venerado como santo nacional.

Felix Nussbaum se autorretrató en 1943 encerrado por muros de hormigón, con una estrella de David y
un carnet de identidad que le declaraba judío. Vivía escondido por terror a los nazis.
Osnabrück, Kulturgeschichtliches Museum

Al aumentar la producción industrial creció
también la necesidad de anunciar los productos para venderlos
al mayor número posible de consumidores.
He aquí un dibujo de Ernst Deutsch en 1911
para las máquinas de escribir Mercedes,
que según el anuncio hacían mucho
más placentera la vida de las mecanógrafas.
Stuttgart, Staatsgalerie

La publicidad invitaba a un estilo de vida más relajado
e independiente; en este caso, también a una mayor movilidad.
Anuncio de Fiat por Riccobaldi, 1932.
Lucerna, Verkehrhaus

nos capital, así como a los particulares. Las unidades mayores conservan, pues, su ventaja.

La exportación de inversiones productivas y beneficios, al igual que la práctica de enfrentar al Estado con los sindicatos a cuenta del empleo, parecen ser medios muy efectivos merced a los que las empresas multinacionales evitan injerencias perjudiciales de los poderes públicos. Por su relativa autonomía frente a los Estados, el capitalismo contribuye fuertemente a la integración global de los mercados. Esto quiere decir que cada Estado apenas puede influir por sí solo en los procesos económicos que se desarrollan dentro de sus fronteras. El paso de la organización política a una superestructura europea podría ser la respuesta a ese desafío, pero hasta la década de 1950 no existía todavía, y desde entonces sólo se ha desarrollado de manera muy limitada.

La alternativa que en los años sesenta parecía brindar la Unión Soviética quedó por fin descartada en los ochenta, como antes había sucedido con las impro-

ductivas empresas estatales en España. Las grandes compañías soviéticas no operaban como unidades discretas, sino subordinadas a la estructura decisoria global del imperio, donde se coordinaban la planificación y el flujo de productos. Las unidades de producción, en contraste con las de economías de mercado desarrolladas, se limitaban a una única función. No se les permitía intervenir en la distribución de sus productos, ni tenían ningún contacto con sus proveedores de materias primas o componentes. La ausencia de contacto directo y continuo con proveedores y clientes restringía la visión estratégica de los gerentes, insuficientemente informados de las posibilidades de innovación o de mejora técnica de sus productos. La falta de competencia a escala interior o internacional les impedía además poder aprender de las experiencias ajenas. Fue sobre todo la separación de las tres funciones básicas en una compañía industrial moderna el desarrollo y comercialización, la producción y la distribución lo que impidió a las empresas soviéticas desarrollar las

El Kurfürstendamm de Berlín (Oeste) en 1951.

Esta elegante avenida fue trazada en 1870 por iniciativa de Bismarck, y vino a ser el centro de negocios y espectáculos de la ciudad.

Después de la Segunda Guerra Mundial el Kurfürstendamm recobró su actividad con gran rapidez.

Berlín, Archiv für Kunst und Geschichte

La innovación en procesos y productos desencadenó una avalancha de patentes para proteger a los propietarios o inventores;
una vez concedida la patente, el gobierno podía gravarla. Un puesto de aduana en las cercanías de París, pintado en 1890 por Henri Rousseau,
que fue funcionario de ese departamento de la administración.
Londres, The Courtauld Institute

innovaciones que en las economías de mercado capacitaban a las grandes compañías para ser cada vez más productivas, mayores y más diversificadas.[2]

Contrariamente a lo que se esperaba en la primera mitad del siglo, en 1990 los grandes poderes económicos han dejado muy atrás a los políticos. De lo alto de sus rascacielos, manejan de punta a punta del mundo unas cantidades de dinero que para los políticos no pasan de ser un sueño. El que eso afecte a miles de puestos de trabajo, a las comunidades y al medio ambiente es la última de sus preocupaciones. Los políticos pueden seguir negociando con empresas más pequeñas o con sectores concretos, como la industria de armamentos, y por lo demás sólo 'chapucear', al margen de las estrategias diseñadas por otros. Si por razones políticas se ponen, por ejemplo, demasiadas cortapisas de índole social o ecológica, el capital se apresura a trasladarse a otro lugar donde encuentre una combinación de factores más rentable.

El éxito, a primera vista paradójico, de los Estados pequeños encaja en esa lógica. Según los baremos mundiales, su producto interior bruto per cápita ha crecido más deprisa que en países mayores. La pequeña escala vuelve a ofrecer diversas ventajas, como en los tiempos anteriores a la industrialización. Desde 1950 las importaciones y exportaciones han crecido en un 10 por ciento anual en la economía mundial. Incluso durante los difíciles años cincuenta, el comercio mundial siguió aumentando en un 5 por ciento anual. De este modo, la prosperidad dependía cada vez menos de las economías interiores. Los Estados grandes, en cambio, eran cada día más vulnerables debido a los conflictos de intereses por cuotas de mercado y otras restricciones internacionales. Las economías de los Estados pequeños se vieron menos afectadas ya que su reducida escala les había obligado a concentrarse en un número limitado de productos y servicios muy especializados. El atractivo de Estados como Luxemburgo –donde uno de cada tres habitantes es extranjero, y en la capital uno de cada dos–, y aún más Liechtenstein y Mónaco, se basa menos en su posición de anomalías de la historia que en su eficiente funcionamiento capitalista. Operan como domicilios registrados de organizaciones comerciales internacionales y particulares acaudalados, que encuentran ahí un paraíso fiscal. En 149 hectáreas, Mónaco apiña, junto a 5000 ciudadanos, otros 30 000 residentes que hacen posible ese milagro fiscal, impulsando el precio de la tierra que llega a ser seis veces superior al vecino suelo francés. También la joven república checa está disfrutando de un rápido crecimiento económico gracias a la reorientación de su economía hacia las industrias exportadoras. Si en el siglo xix un Estado grande y poderoso y la posesión de colonias eran factores necesarios para proteger los mercados interiores, desde entonces han pasado a ser más bien estorbos para las firmas que operan a escala mundial.

Cabe reseñar que desde la Edad Media el espíritu empresarial capitalista se ha distanciado no sólo del poder político, sino también de la ética religiosa. La orientación de los valores capitalistas viene simplemente determinada por la lógica de la maximización del beneficio. No tiene lealtades locales; es global, y por lo tanto puede enfrentar a un Estado con otro, al este de Europa con el oeste, al Tercer Mundo con el Primero. Hoy por hoy, en virtud de una acumulación y concentración de capital sin precedentes en compañías que se han ramificado en industrias muy dispares, su poder es sustancialmente superior al de la mayoría de los Estados. Frente a los políticos, los directores de las multinacionales ostentan siempre una posición negociadora muy fuerte, ya que no están atados a un lugar determinado ni son responsables ante nadie más que sus anónimos y calculadores accionistas. En este sentido, la lógica capitalista es contraria a la democracia, que sirve fundamentalmente a otros valores e intereses.

La erosión del Estado

Si lo comparamos con la progresiva integración y globalización de la economía de libre mercado, el campo de acción de los gobernantes ha menguado notablemente. Sin embargo, en términos absolutos su poder no ha disminuido, ya que disponen de presupuestos astronómicos, constituyen el mayor grupo de empleadores y tienen competencias más amplias que nunca. A través de su financiación de la asistencia médica, los Estados se ven ahora envueltos en cuestiones éticas como el aborto y la eutanasia, problemas en los que antiguamente sólo las Iglesias pretendían opinar. La secularización y la composición multicultural de las sociedades occidentales han hecho que las instituciones públicas de gobierno sean hoy los únicos foros donde se debaten reglamentaciones públicamente vinculantes sobre dicha clase de materias. A despecho de toda la retórica, nadie está pidiendo realmente que las actividades del Estado se reduzcan al nivel, por ejemplo, de los años treinta. Nadie quiere volver a sufrir los desastrosos efectos sociales de la Gran Depresión, y por lo tanto todo el mundo suscribe una red de seguridad social para los desempleados, los enfermos, los ancianos y los minusválidos. Es más, todo el mundo espera que el Estado intervenga en materia de obras públicas, educación, investigación y política cultural.

En 1913, tras la segunda guerra de los Balcanes, Macedonia fue dividida en tres partes, y se asignó su antiguo nombre griego
a la parte asignada a Serbia. Esta estampa satírica de sir Bernard Partridge, concebida como las pinturas de vasos griegos
y titulada *La seducción de Tino,* alude al rey Constantino de Grecia y la situación
en los Balcanes; se publicó en *Punch* el 24 de noviembre de 1915.
Londres, Victoria and Albert Museum

Y sin embargo los prósperos años sesenta demostraron que el enorme crecimiento de la burocracia estatal necesaria para desempeñar todos esos cometidos alienó al ciudadano del Estado. La política se tornó demasiado complicada, demasiado tecnocrática para poder seguir engendrando grandes visiones y emociones fuertes. Fue entonces cuando en varios países prósperos de Europa occidental alzaron la cabeza movimientos regionales que reclamaban desde derechos culturales hasta la secesión: habitantes germanófonos del Tirol meridional incorporados a Italia en 1919, bretones, corsos, catalanes, vascos, flamencos, escoceses, galeses y, por supuesto, católicos de Irlanda del Norte; no impulsados por una necesidad material acuciante, sino por el descontento ante la discriminación de su cultura, y por lo tanto de su comunidad como entidad, en el seno del Estado al que pertenecían por razones históricas. La creciente burocratiza-

ción del Estado benefactor había provocado ese problema 'de lujo'. Las necesidades culturales de segmentos de la población entraron en la agenda política porque el electorado empezó a considerarlas importantes. El resultado fue el reconocimiento de autoridades regionales en Italia, Francia, España, Gran Bretaña y Bélgica, pero para algunos de los conflictos que tomaron el camino de la violencia no se ha hallado aún una solución pacífica. Sólo los pocos Estados europeos relativamente pequeños sin gran heterogeneidad cultural, como Dinamarca o Portugal, o que resolvieron esas cuestiones a fuerza de tolerancia, como los Países Bajos, Noruega y Finlandia, se vieron libres del problema. Tampoco surgió en Estados federales como la República Federal Alemana y Suiza, simplemente porque su estructura política era más acorde con la diversidad regional. Por eso en 1989 Alemania fue el único Estado europeo que pudo asimilar una expansión

Tras la Segunda Guerra Mundial el Estado se presentó como el garante del bienestar
y la prosperidad de todos los ciudadanos desde la cuna hasta la sepultura. 'El Estado garantiza todos los pagos' y 'Seguridad para el futuro':
cartel holandés de 1950.
Amsterdam, International Instituut voor Sociale Geschiedenis

El terrorismo de extremistas católicos y protestantes
en Irlanda del Norte generó una espiral de violencia.
En 1987 Christine Spengler fotografió esta pintura mural
en Londonderry (Bogside)
Lausana, Musée de l'Elysée

masiva con la incorporación de la antigua RDA, y es ahora el mayor detrás de Rusia, y sin lugar a dudas el más fuerte, como siempre ha querido ser desde los tiempos de los emperadores otonianos y sálicos.

Era lógico que el mismo afán de regionalización se manifestara en el centro y este de Europa tan pronto como disminuyera la presión del imperio soviético. En todos esos países el aparato del Estado había adquirido unas dimensiones desproporcionadas y resultaba extraordinariamente irritante para la población sometida, sobre todo allí donde además había tropas rusas estacionadas. Todo el conglomerado reunido por las potencias imperialistas y contenido por los acuerdos de Yalta en febrero de 1945–los Estados bálticos, Eslovaquia, Eslovenia y muchos otros pueblos–ansiaba recuperar su dignidad. Sus deseos de conseguir un sistema estatal propio no eran esencialmente distintos de las tendencias regionalistas del oeste. Aquí adopta-

ron formas más duras porque durante siglos estos pueblos habían conocido una cultura política donde apenas existía oportunidad de regular los asuntos a través de la negociación. Cada conflicto armado dejaba nuevas cicatrices, que al siguiente estallido volvían a abrirse. La ubicación continental y montañosa aisló a unos pueblos más que a otros, haciéndolos menos receptivos a la diversidad cultural. Los conflictos raciales armados de finales del siglo xx son un recordatorio para Europa de las divergencias que han marcado su desarrollo interno.

Los Estados europeos de 1995 son más numerosos, más pequeños y menos centralizadores que los de 1960. Una parte mayor de los ingresos fiscales y de las competencias administrativas se gestiona hoy a nivel regional, fuera del alcance de las autoridades centrales. Se ha llegado así, no sin dificultades, a eliminar otro de los rasgos dominantes que caracterizaron al

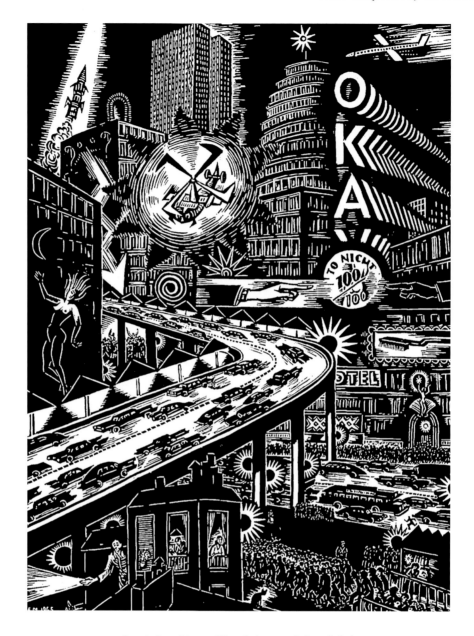

En 1965 Frans Masereel ilustró el avance de la sociedad
de consumo estadounidense en una serie de xilografías con el tema de la ciudad.
Esta se titula *Okay*.
Amberes, colección particular

Estado del siglo xix, a saber, su unitarismo y su centralismo. Durante la primera mitad del siglo xx, las formas de nacionalismo más peligrosas surgieron en grandes pueblos de Europa occidental a quienes se había hecho creer que más allá de sus fronteras no había sino barbarie. Su propia experiencia no propiciaba una visión más lúcida. El temor a una multiplicación de esa clase de nacionalismos no parece justificado, porque ahora son más numerosos, pero al ser más pequeños son también más débiles. Es más, los

pueblos pertenecientes a zonas lingüísticas reducidas y en contacto con el exterior se prestan mejor que las grandes naciones al plurilingüismo y la apertura cultural. Europa debe cimentarse precisamente en torno a ese pluralismo en las próximas generaciones si quiere evitar las formas de nacionalismo totalitario que sufrió en el pasado.

Los Estados europeos ejercen hoy un poder mucho más difuso que hace un siglo, porque en el marco de la economía consensuada han creado una trama muy densa de estructuras de consulta y concertación. De ahí que en la actualidad sea mucho mayor el riesgo de inmovilidad que el de una debacle como fue la del verano de 1914. Son consorcios con participación de organizaciones sociales quienes distribuyen partes importantes del presupuesto del Estado. Asociaciones de empleadores, asalariados, trabajadores independientes, grupos profesionales específicos, mutualidades y compañías aseguradoras, etcétera, contribuyen de hecho a definir la política estatal, y en algunos casos asumen una parte de su ejecución. El Estado evita así grandes conflictos, pero a cambio debe transferir a otros una parte sustancial de sus recursos y competencias. Organizaciones confesionales que en sí son entidades privadas administran un gran número de hospitales, centros de beneficencia e instituciones docentes, de acuerdo con el Estado y utilizando fondos públicos con un alto grado de autonomía. De este modo, el Estado benefactor occidental está profundamente enraizado en organizaciones sociales que a menudo tienen vínculos, a su vez, con partidos políticos. Los conceptos de compartimentación y neocorporativismo reflejan la inserción de los grupos de intereses. Tal vez con todo esto el Estado deba ceder más medios de lo que sería deseable, pero el pluralismo de los intereses implica al mismo tiempo cierto control recíproco que ofrece más garantías de gestión eficaz que una burocracia estatal monolítica. Por otra parte, la organización corporativista responde a un proceso de crecimiento orgánico de las sociedades modernas, que lleva a reconocer la afinidad de segmentos de la población en torno a una determinada religión, ideología o forma de identidad, lo que a su vez refuerza la estabilidad del Estado benefactor.

A finales de los años 1990, los poderes públicos manejan, pues, unos recursos mucho mayores que hace cincuenta o cien años, pero en la práctica el Estado comparte extensamente sus competencias con autoridades de rango inferior y organizaciones sociales. Cabe afirmar, entonces, que el ejercicio del poder es ahora más disperso y más controlado. En realidad, el Estado ha comprado la paz a cambio de buena parte de sus competencias. A ello hay que añadir que a finales del siglo XX ha perdido igualmente buena parte de su poder en otra dirección, esto es, en beneficio de órganos supranacionales. La política de neutralidad que países como Bélgica y los Países Bajos intentaron mantener durante los años treinta demostró ser tan ineficaz en 1940 como los acuerdos militares bilaterales. A partir de 1945, sólo las alianzas firmadas con una superpotencia seguían ofreciendo una protección real. Ese proceso se inició con la creación de pactos como el de la OTAN, en virtud de los cuales se transfería

un aspecto fundamental de la soberanía del Estado a un organismo intergubernamental a cambio de protección. Formalmente, los Estados miembros conservaban sus prerrogativas, pero la práctica de la política militar sería dictada desde entonces por un organismo de concertación internacional en el cual los Estados Unidos ostentaban la supremacía.

A partir de los años cincuenta se cubrieron otras etapas en el camino de la integración europea. Se empezó por la reestructuración conjunta de sectores problemáticos de la economía: la minería, la siderurgia, la agricultura, el control de la energía atómica, para llegar poco a poco a la unificación del mercado. Este proceso implicaba incluso en teoría, una cesión de competencias de los seis primeros Estados miembros a instancias supranacionales. Si bien es cierto que cada Estado conservaba el derecho de veto, se asistió no obstante al lento inicio de una dinámica supranacional. Así como en 1833 la *Zollverein* alemana había abierto mercados para la industria en plena expansión, al suprimir obstáculos políticos, así el Mercado Común europeo dio un paso más hacia la integración internacional de los mercados. Esta organización multinacional de producción y distribución pretendía alentar a los políticos a eliminar las trabas a la libre circulación de mercancías. De otro modo, las empresas americanas, que disponían por su parte de un inmenso mercado interior, serían las únicas en poder beneficiarse de cuantiosas operaciones. Puesto que la integración de los mercados posibilitaba un aumento de la productividad y ampliaba la oferta para los consumidores a precios generalmente más bajos, el proceso podía beneficiar a todos los implicados. Es innegable que la voluntad de paz de políticos y ciudadanos idealistas contribuyó a superar las soberanías de Estado, pero el factor decisivo fue ciertamente la magnitud que podían alcanzar las empresas en expansión, que en cualquier caso ya se habían extendido más allá de las fronteras nacionales.

Durante tres decenios la Comunidad Europea funcionó básicamente como un órgano de regulación del mercado. Hubo que esperar a la firma del Tratado de Maastricht en 1992 para que el proyecto de coordinación política ganara terreno trabajosamente, y para que empezara a ser patente que la cultura podía degenerar hacia un mero producto derivado de los mecanismos de mercado. La multiplicidad de lenguas europeas plantea un problema real a medida que la Unión va creciendo: son once las lenguas reconocidas oficialmente en los quince Estados miembros de 1995, lo cual exige que para asegurar la equivalencia jurídica de todos los documentos se preparen 110 traducciones para cada reunión. Lenguas como el escocés y el irlandés siguen estando desfavorecidas. ¿Aceptarán las zonas lingüísticas menos importantes un trato de segundo rango, como ya se ha convenido al aprobarse en Madrid la creación de la Oficina Europea de Patentes y Marcas? Esto podría parecer una cuestión de procedimiento insignificante, que aparece en la agenda política sólo por el elevado coste de las traducciones. Sin embargo, para la comunidad lingüística que ya no puede ser informada en su lengua materna de las actividades de la institución superior a la que se somete, o dirigirse a ella en dicha lengua, esto supone un riesgo de agravio no desdeñable. Una sensibilidad insuficiente por parte de las comunidades lingüísticas mayores podría suscitar de cara a las instituciones europeas una reacción de defensa análoga a la de los grupos nacionalistas o regionalistas frente a los Estados nacionales. Conviene recordar que Europa ha sido siempre un continente multicultural, y de ahí viene su dinamismo. Descuidar esa diversidad no sólo conllevaría la amenaza de la monotonía y el empobrecimiento, sino que también podría desatar graves crisis de identidad y resistencias de una violencia insospechada.

Los beneficios de la cultura

La libertad de prensa fue uno de los derechos básicos que los liberales consagraron en las constituciones del siglo XIX. De ese modo proscribían la censura que las monarquías autoritarias habían ejercido con la esperanza de impedir la difusión de las ideas modernas. En Alemania, donde los liberales no consiguieron nunca imponerse, Bismarck seguía empleando en vano la censura en la década de 1880 contra la propaganda socialista. Así como el Estado se había visto incapaz de controlar efectivamente el capital, tampoco pudo controlar la producción cultural que precisamente constituía la fuerza de Europa. Muy a finales de siglo, los gobiernos liberales y conservadores tuvieron que admitir que la prensa había empezado a llegar a un público extenso y divulgaba ideas que no eran las suyas. El número de lectores se había disparado, y las nuevas técnicas de impresión, transporte y telecomunicaciones habían abaratado la difusión rápida de información. Los periódicos eran empresas privadas, que en la mayoría de los casos mantenían vínculos personales y de propiedad con organizaciones políticas, pero no con el Estado.

Desde luego los Estados no se mantuvieron al margen de los nuevos medios de comunicación cuando pareció que podían prestarse a ciertos usos de carácter público. En las primeras décadas de este siglo, el teléfono y el telégrafo se constituyeron, generalmente unidos a los servicios postales, como monopolios del Estado. De la misma manera, cuando en los años veinte se crearon las primeras sociedades de radiodifusión, los Estados las monopolizaron. La llegada de la televisión en la posguerra se enmarcó en las mismas estructuras. Como al principio requería inversiones importantes, el capital privado no mostró ninguna prisa por embarcarse en esta aventura, mientras que, recién terminada la Primera Guerra Mundial, los políticos eran ya muy conscientes del valor estratégico de los nuevos medios de comunicación. En las postrimerías del siglo estos monopolios han ido cayendo uno tras otro, porque la tecnología de la emisión y recepción de mensajes sonoros, visuales y textuales ha inundado el mercado con un sinfín de posibilidades, de suerte que la monopolización ha venido a ser tan poco realista como la política exterior autónoma de los pequeños Estados.

Los Estados han sido selectivos a la hora de controlar los nuevos medios. Para comprender cabalmente las intervenciones gubernamentales en la materia hay que tener en cuenta, ante todo, las circunstancias temporales y las condiciones industriales en que se produjo su aparición. En esa época las empresas privadas europeas se interesaban más por la producción y distribución de aparatos que por la explotación de las sociedades o redes de radio o teledifusión. Además, había muy pocos especialistas en este nuevo medio. Si en Estados Unidos la situación evolucionó de distinto modo, fue sin duda debido a la existencia de un mercado más extenso y lingüísticamente más homogéneo. Lo mismo que la prensa conservó allí su independencia y la publicidad se desarrolló libremente, también el cine fue un negocio estrictamente privado. Las películas eran producidas por grandes compañías internacionales principalmente estadounidenses. En este terreno, el Estado sólo se preocupaba de proteger la moral pública, pensando ante todo en los niños y adolescentes.

Mucho mayor fue la preocupación mostrada por la Iglesia católica, que, en los países donde tradicionalmente venía gozando de gran autoridad, veía su filosofía amenazada por un medio más atractivo que la predicación desde el púlpito. Por lo tanto creó sus propios órganos de censura cinematográfica, y trató de salvar lo que pudo, dificultando la instalación de salas de cine en medios rurales, donde el tiempo no corría tan deprisa, y controlando personalmente cualquier instalación allí donde era inevitable. Las autoridades eclesiásticas comprobaban con toda claridad que una película impresionaba al público de manera mucho más directa e intensa que la versión escrita de la misma historia. Se daban cuenta de que las normas,

Este cartel de 1927, anuncio de un espectáculo en el Théâtre des Champs-Elysées
donde la actriz y cantante americana Josephine Baker desplegaba fogosamente sus talentos,
refleja la atmósfera de los locos años veinte en Europa.
París, Bibliothèque nationale de France, Estampes

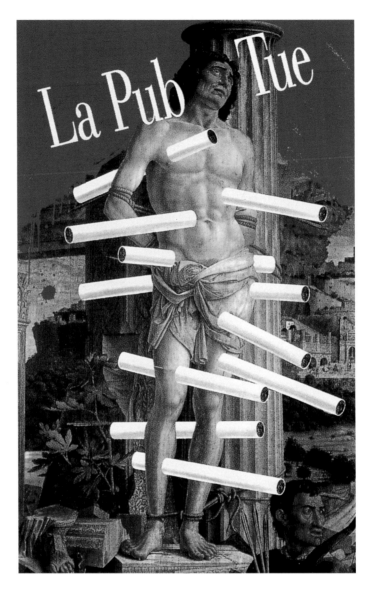

Cartel publicitario: *La Pub tue* de Alain Le Quernec, de 1991. Los gobiernos, que costeaban la sanidad pública y por lo tanto debían velar por la salud, comprendieron por fin que había que poner límites a la publicidad. París, Bibliothèque nationale de France, Estampes

valores y modelos sociales presentados de forma más o menos implícita en el cine llegaban al corazón y al alma de los espectadores. La consecuencia inevitable sería, para muchos, un repudio del mensaje de la Iglesia.

En los comienzos del cine mudo, el impacto ideológico fue modesto, ya que las películas no pasaban de ser un entretenimiento muy sencillo y sus mensajes textuales eran todavía muy limitados. Sin embargo, fue precisamente en esa fase inicial cuando el cine se perfiló como un medio idóneo para la circulación internacional y ofrecía una forma de espectáculo asequible para las clases modestas, para quienes el teatro burgués era demasiado caro. En el período de entreguerras los trabajadores tuvieron más tiempo libre, y

antes de la crisis, un nivel de vida más alto, de suerte que la radio, y sobre todo el cine, alcanzaron un alto nivel de audiencia. Al aparecer la industria del disco en los años treinta, el atractivo de la imagen, la música, el baile y de todo un comportamiento conexo creó una nueva moda internacional que llegó hasta las clases populares y marcó una verdadera revolución cultural. La publicidad se unió a las imágenes del cinematógrafo para guiar a la masa de los consumidores. La combinación de entretenimiento, publicidad y oferta industrial de productos nuevos y estilizados desbancó la cultura tradicional de las clases medias y populares, que debido a la urbanización parecía ya sólo cosa de abuelos. A partir de entonces lo importante para los

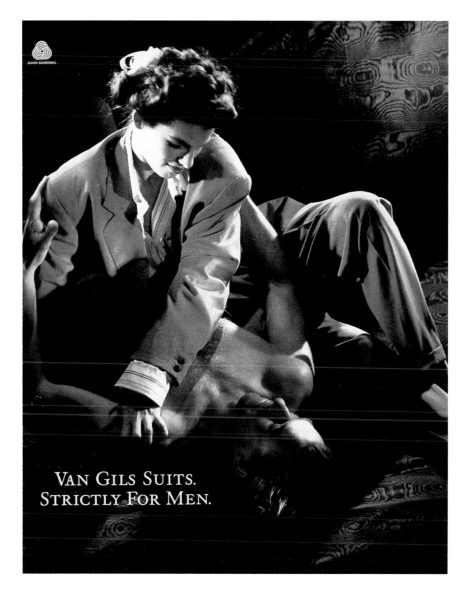

En este anuncio de finales de los años ochenta, *Van Gils suits. Strictly for men,* la emancipación de la mujer moderna
y su conquista de nuevas pautas de comportamiento se presentan como hechos positivos.

productores sería el número de consumidores, hasta el punto de que incluso la cultura burguesa de la *belle époque* quedó anticuada.

Durante el período de entreguerras, los Estados totalitarios trataron de implantar su propia política cultural. Inmediatamente después de la revolución, el Estado soviético posibilitó el nacimiento de un arte de vanguardia; pero en seguida el régimen de Stalin lo tachó de esotérico, burgués e incluso contrarrevolucionario, y exigió un arte realista que representase a la sociedad socialista ideal en moldes comprensibles para el proletariado. Artistas de primera fila se vieron acosados con mandatos y sanciones, y muchos abandonaron el país. Visto con ojos occidentales, el arte

oficial, al margen de su funcionalidad para el público al que iba destinado, resulta carente de inspiración, pesado, conservador en su forma e increíblemente monótono en su mensaje. Sólo las películas de Eisenstein, como *El acorazado Potemkin*, rodada en 1925 sobre el alzamiento naval de 1905, y *Octubre*, hecha en 1927 para conmemorar la revolución, son apreciadas, a pesar de su objetivo obviamente propagandista, por su empleo innovador del lenguaje cinematográfico, y sobre todo por sus escenas de masas. En lo que a la arquitectura se refiere, se cayó en una monumentalidad pesada y rectilínea. Las estatuas magnificaban las inexorables victorias de los trabajadores.

Es impresionante comprobar que el fascismo

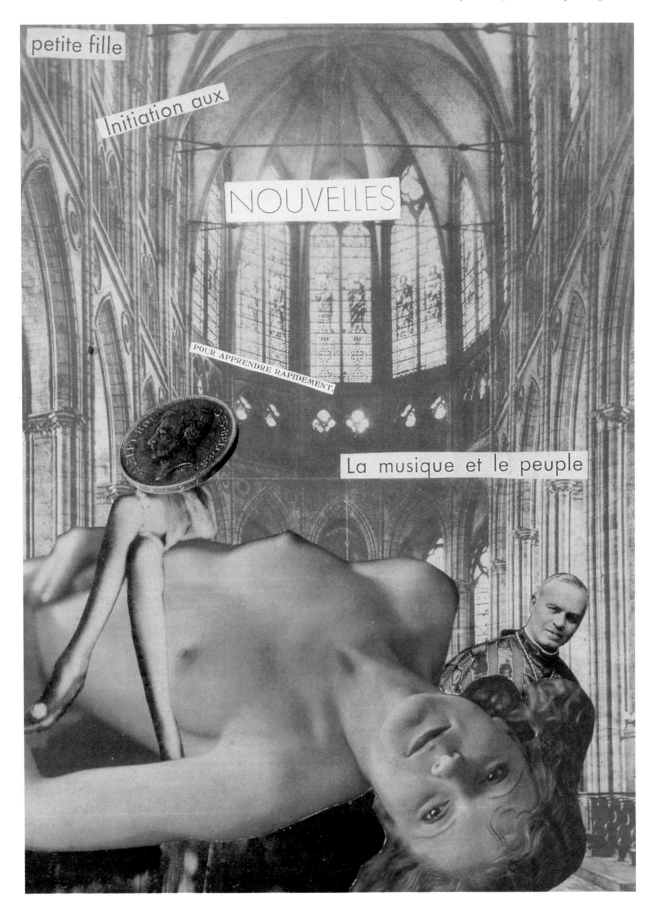

El arte totalitario del período estalinista empleó el mismo lenguaje megalomaníaco que la Alemania nazi. Aquí vemos el proyecto de 1935 para el Palacio de los Sóviets en Moscú. Iba a ser el edificio mayor del mundo, coronado por una estatua de Lenin de sesenta metros.
Moscú, Museo de Arquitectura Scusev

El gobierno socialista de Mitterrand quiso dejar huella con una serie de realizaciones arquitectónicas imponentes, sobre todo en París. La *Grand Arche* de Frédéric Cey es una versión moderna del arco de triunfo tradicional, y se alza exactamente en la prolongación del eje del *Arc de Triomphe*.

italiano utilizó en esa época un lenguaje formal prácticamente idéntico para materializar su mensaje, y que la arquitectura oficial de la Alemania nazi era del mismo estilo. También en este país se ahogó toda chispa creativa tildándola de arte degenerado, *entartete Kunst*. Sin embargo, hubo innovaciones notables en el ámbito cultural, cuyo mérito hay que atribuir a algunos líderes. En primer lugar, tanto Mussolini como Hitler rompieron, por la teatralidad de su talento oratorio, con la aridez de los discursos de cancilleres anteriores, con políticos de otros países. Fueron, además, los primeros en manipular eficazmente a las masas haciendo uso de las nuevas técnicas de luz y sonido.

En segundo lugar, los nazis organizaron asombrosos espectáculos de masas. Miles de miembros del partido se alineaban en estadios inmensos y desfilaban disciplinadamente con sus impecables uniformes. Esos actos no eran más que una grandiosa autoexhibición (*selbstdarstellung*), en la que el últi-

El clero católico vio con malos ojos la capacidad del cine para propagar normas y valores que podían alejar a muchas personas de la Iglesia. De ahí que tratara de combatirlo, a menudo por procedimientos muy reaccionarios, lo cual tampoco fue bien acogido por sus sectores más progresistas.
Marcel Lefrancq, *Iniciación o Carta abierta a monseñor van Roey*, 1939.
Bruselas, Musées royaux des Beaux-Arts de Belgique

mo de los participantes podía sentir la ilusión de estar contribuyendo a algo trascendental. Naturalmente, el acto estaba concebido como un *crescendo* que culminaba con la intervención del Führer.

En tercer lugar, los nazis, cuyos dirigentes no estaban ligados a la cultura burguesa, emplearon a fondo los nuevos medios de masas con fines propagandísticos, y particularmente el cine. La realizadora Leni Riefenstahl recibió carta blanca de la dirección del partido para hacer largometrajes de la concentración de Nuremberg en 1934 y de los Juegos Olímpicos de Berlín en 1936. Se pusieron a su disposición toda clase de medios para lograr efectos visuales impresionantes.

Así, en el mástil de una bandera situada detrás de la tribuna hizo montar una cámara sobre un ascensor para tomar vistas oblicuas de la multitud. Con cámaras instaladas en hoyos junto a la línea de salida, filmó a los atletas desde los ángulos más insólitos para captar plenamente la belleza de sus cuerpos. Su excelente aplicación de las posibilidades que ofrecía el nuevo medio sorprendió a los contemporáneos, y sin duda robusteció la propaganda nazi. Obsérvese que tanto en la Alemania nazi como en la Unión Soviética las únicas manifestaciones de creatividad artística se produjeron en un medio cuyos cánones aún no se habían definido. En todas las demás artes se buscó la credibilidad en la repetición de modelos clásicos.

Tras 1945, los traumas ocasionados por los regímenes totalitarios disuadieron a los gobiernos occidentales de intervenir directamente en la producción artística. En 1992, aniversario de sus primeros descubrimientos coloniales en América, el Estado español subrayó su aún reciente imagen democrática rodeando de esplendor arquitectónico los Juegos Olímpicos de Barcelona y la Exposición Universal de Sevilla. Los presidentes franceses Pompidou y Mitterrand han dejado huellas muy patentes en el paisaje de la capital. Los gobiernos facilitan las iniciativas y aún las toman de vez en cuando, pero no se pronuncian sobre cuestiones de forma o fondo, manteniendo una postura distante y discreta en lo que se refiere al simbolismo del poder.

Los Estados han descubierto una forma indirecta de apoyo nacionalista en la identificación que experimentan los hinchas en las competiciones deportivas internacionales. Entre las dos guerras mundiales, la práctica de los deportes y la asistencia a los espectáculos deportivos vinieron a ser las actividades de ocio más extendidas. También este sector ha experimentado un fenómeno de internacionalización, mercantilización y mediatización. Incluso frente al televisor, los espectadores se identifican con sus héroes nacionales: en el campo de juego ondean las banderas nacionales con entusiasmo, cuando en las ceremonias oficiales ya no emocionan a nadie. Aquí el nacionalismo se halla en manos de organizaciones privadas y no en las del Estado, como una identidad colectiva al alcance de todos.

A finales del siglo xx los Estados parecen, pues, haber abandonado definitivamente, en detrimento propio, la ambición de producir cultura para todos sus ciudadanos. Otros productores de cultura tradicionales no han tenido más remedio que moderar sus pretensiones en la materia, en particular las Iglesias, pero también las instituciones docentes e incluso los partidos políticos. La edad de oro de las ideologías de los siglos xviii y xix (¿salvo el nacionalismo acaso?) parece estar acabada, y, excepto esferas de acción concretas, como la conservación del medio ambiente, en Europa occidental son escasos los programas político-sociales verdaderamente inspirados. El ideal de una integración europea pacífica intenta extirparse a duras penas de las arenas movedizas sobre las que se descansa su

credibilidad en materia de acciones imperativas. Los valores que realmente permiten identificar al Occidente contemporáneo son el materialismo y una competitividad basada en el consumo. Existen, por supuesto, otros factores, como la fe en el Estado de derecho y en la resolución pacífica de los problemas, fe que Europa arraiga en su larga historia sangrienta. Sin embargo, dichos factores parecen mucho menos concretos y reales que el culto al consumo, el comportamiento del ciudadano, que ha pasado a convertirse en consumidor.

Si es así, ¿quién determina en Europa las normas y valores de la sociedad? Sin duda alguna el Estado, que interviene en un número cada vez mayor de ámbitos de la vida privada y colectiva, a los que se destinan fondos públicos y donde entran en juego los principios generales del derecho. Pero el Estado sólo prescribe normas en segunda instancia, a título de compromiso entre las opiniones e intereses discrepantes de segmentos de la sociedad. Al dictar normas, el Estado no hace, pues, sino reaccionar y desempeñar un papel de mediador. Los rápidos cambios sociales y la complejidad de las sociedades occidentales suscitan gran diversidad de opiniones en distintos estratos de la población. Es más, estas opiniones se expresan con mayor claridad que antes, gracias a los progresos de la emancipación y a la profusión de los medios de masas. Por lo tanto, el carácter relativo de cada norma se discute más abiertamente que en el pasado, cuando se pretendía que las normas eran de origen divino, o por lo menos inmemoriales y sacrosantas. Para muchas personas esta nueva situación ha generado una incertidumbre intolerable, que recae manera agresiva en chivos expiatorios, como ya sucedió en anteriores fases críticas de la conciencia europea, por ejemplo en los años treinta. El Estado no es responsable de ello, y desde luego no debería volver a imponer todos los valores y normas. No obstante, la posibilidad cada día mayor de discutir unos y otras radica en que nuestras sociedades han adquirido un dinamismo más potente, una mayor apertura y una exposición más intensa a los medios de comunicación.

En las sociedades multiculturales de la Europa actual cohabitan diferentes sistemas de valores. Concepciones religiosas tradicionales, ya sean cristianas o islámicas, se enfrentan a idearios laicos más o menos rigurosamente elaborados. A diferencia de lo que se observa en otros continentes, ya no existe ningún Estado donde domine una única confesión religiosa. La tendencia a la secularización se ha acelerado, debido en parte a un pluralismo más marcado, pero también a la manifiesta importancia de la ciencia y la tecnología en la vida cotidiana. Los monopolistas tradicionales de la cultura, las Iglesias y los Estados, que durante

Mantener la diversidad regional y las correspondientes identidades culturales es,
en opinión de muchos, la única garantía de éxito para una Europa moderna.
Sobre ese telón de fondo se puede interpretar esta obra de Christian Dotremont y Karel Appel en 1962,
Dors dans ton langage, 'Duerme en tu propia lengua'. Guache y dibujo a lápiz sobre papel.
Silkeborg, Kunstmuseum

siglos trataron de excluirse mutuamente, han perdido la partida por igual.

El primer lugar lo ocupa ahora un tercero en discordia, el empresario capitalista. No está sometido ni a la Iglesia ni al Estado, tiene por reino el mundo entero, y posee el don de la ubicuidad. Inalcanzable, móvil, cambiante y omnipresente, su fórmula es esencialmente dinámica, como la del productor cultural, el artista o el sabio. Toda solución es susceptible de revisión a cada momento. La renovación y el cambio son sus motivaciones constantes. Su rumbo es tan imprevisible como la creatividad humana, estimulada precisamente por la complejidad. El empresario y el creador cultural difieren en un punto esencial: el primero persigue el beneficio, el segundo los valores.

A medida que los medios de masas audiovisuales se generalizaron en forma de objetos de uso corriente al alcance de todas las familias e incluso de todo individuo, los fabricantes se percataron del interés de adquirir mayor control sobre los mensajes difundidos por dichos medios. Dentro de sus multinacionales compraron, pues, o fundaron compañías de producción. Sin embargo, en este caso se trataba de algo más que una simple concentración vertical. En efecto, la combinación de forma y contenido ofrecía una posibilidad incomparable de influir en la gran masa del público. En primer lugar se descubrieron los efectos psicológicos e ideológicos de la publicidad continua y sobreabundante. En el ámbito de la imagen cinematográfica y el vídeo, las técnicas de seducción no dejarían de perfeccionarse y diversificarse, absorbiendo así una parte cada vez mayor del tiempo del consumidor

A finales de los años ochenta Bob Geldof organizó varios conciertos Live-Aid de música pop
en el estadio londinense de Wembley para llamar la atención sobre el hambre provocada
por la sequía en el Sahel africano.

medio. La privatización de los medios de comunicación de masas, tal como se ha manifestado por doquier en las últimas décadas, ha multiplicado el público expuesto a una campaña de adoctrinamiento sin precedentes, que consiste en un bombardeo de programas tentadores entreverados de noticias y anuncios. Gracias a su desarrollo a escala internacional, los gigantes de los medios de comunicación consiguen ofrecer programas técnicamente más atractivos que las cadenas nacionales, e informarse con precisión de la acogida que les dispensa el público, lo cual les permite seguir satisfaciendo sus gustos en todo momento. Como a los empresarios capitalistas no les interesan los valores mientras sus productos sean rentables, pueden crear una gama de oferta mucho más variada, y por lo tanto más seductora, que la que jamás hubieran podido soñar los productores estatales. Pueden llegar incluso a distribuir productos que encierren críticas del sistema. Su grado de tolerancia es una característica de su adaptabilidad creativa e innovadora, y garantiza a sus productos una amplia y estable cuota de mercado en el mayor número posible de segmentos de las sociedades multiculturales de Occidente.

En las postrimerías del siglo xx, la milenaria y titánica batalla que vienen librando los poderes económico, cultural y político parece, pues, inclinarse en favor del primero. Lo cierto es que hasta ahora, gracias a su intrínseca capacidad de adaptación creativa, la economía de mercado se ha afirmado como la formación de poder más duradera de la historia de Europa, y quizá incluso de la humanidad. Para el ciudadano medio, el ejercicio de ese poder es tan opaco como omnipresente: determina sus actividades, guía sus compras y le proporciona modelos de comportamiento. A través de los medios de masas, o mejor dicho a través de los mensajes que difunden, el poder se ha sublimado en estímulos asimilados. Ya no son los jefes religiosos o políticos quienes mueven los hilos, sino los directores de empresas multinacionales diversificadas. Durante siglos los reformadores religiosos y los déspotas ilustrados persiguieron el mismo fin, pero ha sido la tecnología moderna la que ha puesto en manos de los capitanes de industria los medios efectivos para alcanzarlo. Estos magnates tienden a reducir la cultura a una mercancía hecha en serie, cuya producción y distribución a nivel mundial se calculan exactamente igual que las de cualquier otro producto.

Hoy la popularidad la hacen y deshacen los medios. La magnitud de tales operaciones reduce considerablemente el margen de acción de los dirigentes políticos y religiosos. Para poder atraer todavía cierto público, se ven obligados a presentarse a través de los medios y a empaquetar sus mensajes en anuncios publicitarios apetitosos. Ya apenas es posible distinguir entre la información de la vida real y el *show* permanente. No son los políticos los intérpretes más efectivos de los valores y de las normas, sino los ocultos seductores del capitalismo, que so capa de entretenimiento controlan los resortes estéticos y emocionales del público. En este ámbito han alcanzado un grado de perfección que deja en ridículo las campañas de propaganda de los predicadores del siglo xiii, los jesuitas del xvii, los nacionalistas de 1900, los bolcheviques y los nazis. ¿Y cuál es su mensaje? Materialismo, individualismo y competitividad, es decir, los valores nucleares del capitalismo. Otros valores, como la democracia, los derechos del hombre y el pacifismo, son secundarios para el empresario capitalista, que no vacila en sacrificarlos diariamente si con ello mejoran sus ganancias.

El cuadro que acabamos de esbozar no está todavía completo, puesto que el sistema capitalista coexiste aún con los sistemas de valores más antiguos. En su innovación incesante, la red capitalista también produce de vez en cuando un antihéroe que rompe con todas las reglas de presentación y sorprende con un mensaje insobornable. Por otra parte, sería ingenuo imaginar unas estructuras de poder económico enteramente racionales y coherentes, si bien es verdad que cada año se evalúan conforme a un mismo balance de beneficios y pérdidas, lo que confiere a sus acciones una singular coherencia. Forman las configuraciones de poder más abarcadoras, y por ende más expansivas, que existen y han existido. La situación sólo llegará a ser realmente peligrosa, como ha sucedido siempre, en el momento en que nazca un verdadero monopolio que encierre todas las dimensiones del poder a escala mundial. Dada la complejidad de las relaciones mundiales, este temor parece todavía infundado. No obstante, es fundamental ser muy consciente de estas tendencias a la concentración del poder, pues 'poder absoluto y corrupción absoluta son las dos caras de la misma moneda'.

1   CHANDLER 1994, 122, 135-136, 140-141.
2   CHANDLER 1994, 127-131.
3   GARY S. BECKER, 'Why so many mice are roaring', *Business Week*, 7 november 1994, 11.

Epílogo

La historia de Europa es rica en enseñanzas sobre las razones de la construcción europea y su sentido en la segunda mitad del siglo XX. De todos modos, es necesario saber a qué historia nos referimos. La de los conflictos de triste recuerdo que devastaron el continente entre 1870 y 1945 basta por sí sola para explicar la formación, en los años cincuenta, de estructuras orientadas a asegurar la coexistencia pacífica de los Estados del continente, estableciendo entre los principales beligerantes las bases de una comunidad de destino: con el Tratado de Roma se crea una comunidad de intereses en el marco de la economía.

Cuarenta años más tarde, las heridas entonces abiertas han vuelto a cerrarse, la paz entre Francia y Alemania no es ya un ideal sino una realidad, el Tratado de Roma se ha completado con el Acta Única y el Tratado de Maastricht; la Comunidad Económica ha pasado a ser la Unión, y tenemos a la vez el privilegio y el deber de buscar en lo más profundo de nuestra historia lo que ha unido a seis, nueve, diez, doce y finalmente quince Estados miembros, y lo que mañana unirá o dividirá a cuatrocientos millones de europeos.

Yo felicito desde aquí al profesor Blockmans por este trabajo erudito, que recorriendo el milenio que termina desde la óptica de las interacciones entre los poderes político, económico y cultural, nos ofrece una fecunda clave de interpretación de la dinámica que con un mismo impulso ha animado la construcción de los Estados, sostenido la potencia de los mercados y alimentado la identidad de los pueblos de Europa. Aún más fascinante, si cabe, es la iconografía de esta obra, que puntúa el camino del historiador con símbolos e imágenes que hablan al corazón tanto como a la inteligencia.

¿Qué subrayar de ese impresionante relato? ¿Y cómo ampliar la justa afirmación de Jacques Santer sobre la responsabilidad de los políticos de ofrecer una perspectiva de futuro, si no es interrogándonos, a partir de las circunstancias que han acompañado el lento caminar de los pueblos de Europa hacia una aspiración común a la democracia, sobre las diversas fuentes de esa aspiración, sobre aquello que en cada momento le ha dado un sentido a los ojos de los ciudadanos y las ciudadanas, y que en el futuro debilitará o consolidará al propio sistema democrático como principio de integración?

Si los albores del milenio consagran el fin del poder hegemónico de la Iglesia, con las cruzadas como canto de cisne de la teocracia, el comienzo de la época moderna se caracteriza por la cohabitación de los poderes político y religioso en esferas de influencia más o menos distintas, según se ejerzan en sistemas imperiales o monárquicos. La diferencia es crucial, según nos indica el autor desde el primer momento, señalando que el este del continente, a excepción de Polonia, donde se desarrolla una monarquía de corte peculiar, permanecerá sometido durante la mayor parte del milenio a Estados imperiales donde la nación no tiene cabida. El imperio se apoya en una concepción del mundo, una doctrina político-religiosa con vocación universal, en la que el emperador es el garante supremo pero distante del ejercicio efectivo del poder. En el oeste, por el contrario, las monarquías nacientes sientan las bases del Estado nacional, a la vez depositario del poder político y garante de una 'identidad' cultural. El poder espiritual, que durante mucho tiempo será el aglutinante de esa identidad cultural, suele permanecer diferenciado, operando como contrapoder. El poder económico, fundado en la propiedad de recursos escasos, se perfila netamente como tercera fuerza con la revolución industrial. Desde el siglo XVIII hasta nuestros días, el debate entre poder político y económico (servicio público, propiedad privada) domina el escenario europeo del Atlántico a los Urales, imponiéndose el segundo, en los últimos tiempos, a un poder político debilitado.

Simultáneamente, el poder cultural, tras el apogeo del Siglo de las Luces, se disipa poco a poco. Desgarrada entre valores laicos y moral religiosa, marginada por las filosofías de la desconfianza–marxismo, freudianismo, estructuralismo–,que ponen en tela de juicio la libertad del sujeto, la influencia cultural se restringe a la esfera privada, a la vida familiar y al tiempo libre.

También la construcción europea contemporánea se puede interpretar como una tensión creadora, que moviliza en primer lugar los poderes político y económico. ¿Acaso el primero no pretende conservar las riendas del destino colectivo? ¿El gran mercado interior no ejemplifica la voluntad de los Estados nacionales de afrontar la globalización de los intercambios? Y la unión política, dejando a un lado las laboriosas peripecias de su construcción, ¿no era previsible ya en los años cincuenta? ¿No resulta insoslayable en este fin de siglo, como contrapeso necesario a la potencia del mercado, multiplicada por los avances de la tecnología? La cuestión que entonces se plantea es saber en qué condiciones, frente a la globalización de los mercados, será suficiente ese contrapeso.

Hoy parece claro que el principal envite para Europa y la democracia, en el este lo mismo que en el oeste, ya no estriba solamente en salvaguardar, según el espíritu de Montesquieu, un equilibrio entre las esferas ejecutiva, legislativa y judicial dentro del Estado nacional, sino en dar al poder político europeo el vigor suficiente para reequilibrar el poder de la economía.

En una conclusión que en ciertos aspectos podría parecer maniqueísta, Wim Blockmanns nos convoca a la tutela de los valores, prueba última del equilibrio entre esas tres fuerzas de integración que son la política, la economía y la cultura.

A falta de un contrapeso tangible y gracias a los medios de comunicación, el poder económico ha instilado ya, nos dice, en el poder cultural sus valores de materialismo, competencia e individualismo.

Paralelamente, una Unión Europea coja titubea en la defensa de la paz, ve cuestionada su credibilidad democrática por su electorado, y aún no opone una resistencia suficiente a las violaciones, en su propio seno, del respeto elemental a los derechos de sus ciudadanos. Democracia, pacifismo y respeto a los derechos humanos peligrarían sin el respaldo de un poder político lo bastante inspirado para ser verdaderamente legítimo. Sin pretender restaurar un poder cultural que volviera a enseñorearse de la política como en la Edad Media, ¿no es hoy necesario descompartimentar la política europea, todo ese patrimonio hecho de diversidad y unidad, en torno a la convicción de una dignidad fundamental de la persona humana? ¿No habría que volver a orientar en esa dirección a nuestras desalentadas democracias, aprovechando las aspiraciones–nacidas del progreso del conocimiento y de la educación, de la entrada de las mujeres en la vida pública–a una democracia participativa, en la que los ciudadanos se reconozcan no sólo derechos, sino también deberes? Tal vez así podríamos encontrar en lo más profundo de nuestras culturas la inspiración capaz de dar sentido a la unidad política de los europeos.

Esta magnífica obra me ha reafirmado en la urgente necesidad de aunar esfuerzos con los intelectuales para, recuperando las tradiciones culturales, religiosas y humanistas y los movimientos democráticos de la sociedad civil, poner al día nuestras fuentes éticas y culturales: en una palabra, el sentido de nuestra aventura europea.

Marcelino Oreja Aguirre
Miembro de la Comisión Europea

CRÉDITOS FOTOGRÁFICOS

BIBLIOGRAFÍA

AHO, J.A., *Religious Mythology and the Art of War.* London 1981

ALDERMAN, G., ed., *Governments, Ethnic Groups and Political Representations.* New York 1992

ANDERSON, B., *Imagined Communities. Reflections on the origin and spread of nationalism.* London 1991²

ANDERSON, P., *Lineages of the absolutist state.* London 1974

BAK, J.M., ed., *Coronations. Medieval and Early Modern Monarchic Ritual.* Berkeley 1990

BARRET-KRIEGEL, B., 'La politique juridique de la monarchie française', COULET, N. & GENET, J.-PH., eds., *L'Etat Moderne.* Paris 1990

BARTHÉLEMY, D., *La société dans le comté de Vendôme, de l'an mil au XIV* siècle.* Paris 1993

BARTLETT, R., *The Making of Europe. Conquest, Colonization and Cultural Change 950–1350.* London 1993

BEAUNE, C., *Naissance de la nation France.* Paris 1985

BERNAL, A.M., *Economia y historia de los latifundios.* Madrid 1988

BERTELLI, S., ed., *Lo Stato e il Potere nel Rinascimento.* Perugia 1981

BISSON, T.N., *The Medieval Crown of Aragon.* Oxford 1986

BLACK, A., *Political Thought in Europe 1250–1450.* Cambridge 1992

BLACK, J., *Convergence and Divergence, Britain and the Continent.* London 1994

BLICKLE, P., *Landschaften im alten Reich. Die staatliche Funktion des gemeinen Mannes in Oberdeutschland.* München 1973

BLICKLE, P., *Deutsche Untertanen. Ein Widerspruch.* München 1981

BLICKLE, P., 'Kommunalismus, Parlamentarismus, Republikanismus', *Historische Zeitschrift,* 242, 1986

BLICKLE, P., ed., *Resistance, Representation and the Sense of Community.* Oxford 1997

BLOCKMANS, W. & J.-PH. GENET, eds., *Visions sur le développement des états européens. Théories et historiographies de l'état moderne.* Rome 1993

BLOCKMANS, W.P., 'Le dialogue imaginaire entre princes et sujets: les Joyeuses Entrées en Brabant en 1494 et en 1496', *Publication du centre européen d'études Bourguignonnes (XIV*–XVI* siècle).* 34, 1994

BOGAERT, R., KURGAN-VAN HENTENRYK, G. & VAN DER WEE, H., *A History of European Banking.* Antwerp 1994

BONNEY, R., *The European Dynastic States 1494–1660.* Oxford 1991

BONNEY, R., ed., *Economic Systems and State Finance.* Oxford 1995

BOUTHOUL, G. & CARRÈRE, R., *Le défi de la guerre (1740–1974).* Paris 1976

BRAUDEL, F., *La Méditerranée et le Monde Méditerranéen à l'époque de Philippe II.* Paris 1966²; transl. London 1972

BRAUDEL, F., *Civilisation matérielle, Economie et Capitalisme.* 3 vols., Paris 1979

BREWER, J., *The Sinews of Power.* London 1989

BRULEZ, W., 'Het gewicht van de oorlog in de nieuwe tijden. Enkele aspecten', in *Tijdschrift voor Geschiedenis.* 90, 1978

BRULEZ, W., *Cultuur en getal. Aspecten van de relatie tussen economie – maatschappij – cultuur in Europa tussen 1400 en 1800.* Amsterdam 1986

BRYANT, L.M., 'The Medieval Entry Ceremonial at Paris' in J.M. BAK, ed., *Coronations. Medieval and Early Modern Monarchic Ritual.* Berkeley 1990

BULST, N. & GENET, J.-P., eds., *La Ville, la Bourgeoisie et la Genèse de l'Etat Moderne (XII*–XVII* siècles).* Paris 1988

BULST, N., DESCIMON, R. & GUERREAU, A., eds., *L'Etat ou le Roi. Les fondations de la modernité en France (XIV*–XVII* siècles).* Paris 1996

CAENEGEM, R.C. van & MILIS, L., eds., 'Kritische uitgave van de "Grote Keure" van Filips van de Elzas, graaf van Vlaanderen, voor Gent en Brugge (1165–1177)', *Bulletin Commission royale d'Histoire,* 143, 1977

The New Cambridge Modern History. vol. VI, Cambridge 1970

CERBONI, G., e.a., eds., *Federico di Montefeltro. Lo Stato.* Roma 1986

CHANDAMAN, C.D., *The English Public Revenue 1660–1688.* Oxford 1975

CHANDLER, A.D. JR., ed., 'Global Enterprise': big business and the wealth of nations in the past century, 1880s–1980s, *Debates and controversies in economic history.* Eleventh International Economic History Congress Milan 1994

COLEMAN, J., ed., *The Individual in Political Theory and Practice.* Oxford 1996

COLLEY, L., *Britons. Forging the Nation 1707–1837.* New Haven 1992

CONTAMINE, PH., 'Mourir pour la Patrie', *La Nation,* II, 1986

CONTAMINE, PH., ed., *L'Etat et les Aristocraties, XII*–XVII* siècle (France, Angleterre, Ecosse).* Paris 1989

CONTAMINE, PH., ed., *War and the Competition between States.* Oxford 1998

CORBIN A., e.a., eds., *Les usages politiques des fêtes aux XIX*–XX* siècles.* Paris 1994

CORVISIER, A., *Armées et Sociétés en Europe de 1494 à 1789.* Paris 1976

COULET, N. & GENET, J.P., eds., *L'Etat Moderne: le droit, l'espace et les formes de l'état.* Paris 1990

Culture et Idéologie dans la Genèse de l'Etat Moderne. Rome 1985

DHONDT, J., *Etudes sur la naissance des principautés territoriales en France (IX*–X* siècle).* Bruges 1948

DOWNING, B.M., *The Military Revolution and Political Change.* Princeton 1992

DUBY, G., *Guerriers et paysans. VII*–XII* siècle. Premier essor de l'économie européenne.* Paris 1973

DUBY, G., *Le Chevalier, la Femme et le Prêtre. Le mariage dans la France féodale.* Paris 1981

DUBY, G., *Guillaume le Maréchal ou le meilleur chevalier du monde.* Paris 1984

DUNK, TH.H. VON DER, *Das deutsche Denkmal. Ein Abriss in Stein.*

Die politische Bedeutung des Denkmalkults im deutschen Kulturbereich. Doct. diss. Leiden 1994

Elias, N., *Ueber den Prozess der Zivilisation.* Bern 1969²

Elias, N., *Die höfische Gesellschaft.* Darmstadt 1981³

Ellenius, A., ed., *Iconography, Propaganda, and Legitimation.* Oxford 1998

Ellenius, A., 'Visual Culture in Seventheenth-Century Sweden. Images of Power and Knowledge', *The Age of New Sweden.* Stockholm 1988

Elliott, J.H., *Imperial Spain, 1469–1716.* London 1965

Estepa Diez, C., 'La Curia de León en 1188 y los origines de las Cortes', *Las Cortes de Castilla y León 1188–1988.* 2 vols., Valladolid 1990

Evans, P.B., Rueschemeyer, D., Skocpol, Th., eds., *Bringing the State Back In.* Cambridge 1985

Fernandez-Armesto, F., *Millennium.* London 1995.

Folz, R., *La Naissance du Saint Empire.* Paris 1967

Galbert of Bruges, *The murder of Charles the Good count of Flanders.* ed. J.B. Ross, New York 1967²

Galletti, A.I., 'La Città come universo culturale e simbolico', *Società e Istitutioni dell'Italia Communale: l'esempio di Perugia (secoli XII–XIV).* II, Perugia 1988.

Gelderen, M. van, *The Political Thought of the Dutch Revolt 1555–1590.* Cambridge 1992

Gellner, E., *Nations and Nationalism.* Oxford 1983

Genet, J.-Ph. & Vincent, B., eds., *Etat et Eglise dans la Genèse de l'Etat Moderne.* Madrid 1986

Genet, J.-P. & Le Menée, M., eds., *Genèse de l'Etat Moderne. Prélèvement et Redistribution.* Paris 1987

Genet, J.-Ph., ed., *Etat Moderne: Genèse. Bilans et perspectives.* Paris 1990

Giddens, A., *The Nation-State and Violence.* Cambridge 1985

Glete, J., *Navies and Nations.* Stockholm 1993

Goubert, P., *L'Ancien Régime. La société. Les pouvoirs.* 2 vols., Paris 1969–73

Gouron, A. & Rigaudière, A., eds., *Renaissance du pouvoir législatif et genèse de l'état.* Montpellier 1988

Greenfeld, L., *Nationalism. Five roads to modernity.* Harvard 1992

Guenée, B., *L'Occident aux XIV et XV siècles. Les Etats.* Paris 1971

Guenée B. & Lehoux, Fr., *Les Entrées royales françaises de 1328 à 1515.* Paris 1968

Hale, J.R., *War and Society.* Leicester 1985

Hall, J.A., ed., *States in History.* Oxford 1986

Hart, M.C. 't, *The making of a bourgeois state. War, politics and finance during the Dutch Revolt.* Manchester 1993

Haverkamp, A., *Aufbruch und Gestaltung. Deutschland 1056–1273.* München 1993²

Heers, J., *Parties and political life in the medieval West.* Amsterdam 1977

Hellie, R., *Enserfment and Military Change in Muscovy.* Chicago 1992

Hillenbrand, E., ed., *Vita Caroli Quarti. Die Autobiographie Karels IV.* Stuttgart 1979

Hintze, O., *Feudalismus – Kapitalismus.* G. Oestreich, ed., Göttingen 1970

Hobsbawm, E.J., *The Age of Revolution. Europe 1789–1848.* Harmondsworth 1962

Hobsbawm, E.J., *Industry and Empire.* Harmondsworth 1968

Hobsbawm, E.J., *Nations and Nationalism since 1780: programme, myth, reality.* Cambridge 1990

Hobsbawm, E.J., *The Age of Extremes. The short twentieth century 1914–1991* London 1995

Hocquet, J.-C., *Le sel de la terre.* Paris 1989

Holenstein, A., *Die Huldigung der Untertanen. Rechtskultur und Herrschaftsordnung (800–1800).* Stuttgart 1991

Housley, N., *The Later Crusades from Lyons to Alcazar 1274–1580.* Oxford 1992

Howard, M., *War in European History.* Oxford 1976

Hroch, M., *Social preconditions of national revival in Europe: a comparative analysis of the social composition of patriotic groups among smaller European nations.* Cambridge 1985

Kaeuper, R.W., *War, Justice and Public Order.* Oxford 1988

Kantorowicz, E., *The King's Two Bodies: a Study in Mediaeval Political Theology.* Princeton 1957

Kempers, B., *Kunst, Macht und Maezenatentum: der Beruf des Malers in der italienischen Renaissance.* München 1989

Kennedy, P., *The Rise and Fall of the Great Powers. Economic Change and Military Conflict from 1500 to 2000.* New York 1987

Kerr, D.A., ed., *Religion, State and Ethnic Groups.* New York 1992

Kurgan-van Hentenryk, G., cfr. Bogaert, R. & Van der Wee, H., *A History of European Banking.* Antwerp 1994

Kuznets, S.S., *Economic growth of nations: total output and production structure.* Cambridge 1971

Krynen, J., *L'Empire du roi. Idées et croyances politiques en France, XIII–XV siècle.* Paris 1993

Ladero Quesada, M.-A., 'Aristocratie et régime seigneurial dans l'Andalousie du xv siècle', *Annales. Economies, Sociétés, Civilisations,* 38, 1983

La Lana come materia prima. Firenze 1974

Le Goff, J., 'A coronation Program for the Age of Saint Louis: the Ordo of 1250' in J.M. Bak, ed., *Coronations. Medieval and Early Modern Monarchic Ritual.* Berkeley 1990

Le Roy Ladurie, E., *L'Etat royal 1460–1610.* Paris 1987

Lis, C., Soly, H., Damme, D. Van, *Op vrije voeten? Sociale politiek in West-Europa (1450–1914).* Leuven 1985

Llobera, J.R., *The God of Modernity. The development of nationalism in Western Europe.* Oxford 1994

Lombard-Jourdan, A., *Fleur de lis et Oriflamme. Signes célestes du Royaume de France.* Paris 1991

MacFarlane, A., *The Origins of English Individualism: the Family, Property and Social Transition.* Oxford 1978

Mann, M., *States, War and Capitalism.* Oxford 1988

Mann, M., *The Sources of Social Power,* 2 vols. Cambridge 1986–93

McNeill, W.H., *The Pursuit of Power. Technology, Armed Force and Society since A.D. 1000.* Chicago 1982

McNeill, W.H., *The Global Condition. Conquerors, Catastrophes and Community.* Princeton, New York 1992

Molho, A., *Florentine Public Finances in the Early Renaissance, 1400–1433.* Cambridge Mass. 1971

Moore, R.I., *The Formation of a Persecuting Society. Power and Deviance in Western Europe, 950–1250.* Oxford 1987

Morand, S.J., *Histoire de la Sainte-Chapelle du Palais.* Paris 1790

Moraw, P., *Von offener Verfassung zur gestalteter Verdichtung. Das Reich im späten Mittelalter, 1250 bis 1490.* Berlin 1985

Moraw, P., *Wahlreich und Territorien. Deutschland 1273–1500.* München 1993

Mörke, O., '"Konfessionalisierung" als politisch-soziales Strukturprinzip?', *Tijdschrift voor Sociale Geschiedenis,* 16, 1990

Muchembled, R., *L'invention de l'homme moderne. Sensibilités en France du XV au XVIII siècle.* Paris 1994².

Muchembled, R., *Le Temps des supplices.* Paris 1992

Nicolas, J., 'Pouvoir et contestation populaire à l'époque du second absolutisme', Genet, J.-Ph., ed., *L'Etat Moderne: Genèse.* Paris 1990

O'Brien, P.K., *Power with Profit: The State and the Economy 1688–1815.* London 1991

O'Brien, P.K., 'The impact of the Revolutionary and Napoleonic wars, 1793–1815, on the Long-Run Growth of the British Economy', *Review,* 12, 1989

O'Callaghan, J.F., *The Cortes of Castile-León 1188–1350.* Philadelphia 1989

Ormrod, W.M., 'The Crown and the English Economy, 1290–1348', Campbell, B.M.S., ed., *Before the Black Death.* Machester 1991

Padoa Schioppa, A., ed., *Legislation and Justice. Legal Instruments of Power.* Oxford 1997

Padoa Schioppa, A., *Il diritto nella storia d'Europa. Il medioevo.* 1, Padova 1995

Parker, G., *The Army of Flanders and the Spanish Road 1567–1659.* Cambridge 1972

Parker, G., *The Military Revolution. Military Innovation and the Rise of the West, 1500–1800.* Cambridge 1988

Paviot, 'La Mappemonde attribuée à Jan van Eyck par Fàcio: une pièce à retirer du catalogue de son oeuvre', *Revue des Archéologues et Historiens d'Art de Louvain*, XXIV, 1991

Pennington, K., *The Prince and the Law, 1200–1600. Sovereignty and Rights in the Western Legal Tradition.* Berkeley 1993

Pollard, S., *The Integration of the European Economy since 1815.* London 1981 (1981a)

Pollard, S., *Peaceful Conquest. The Industrialisation of Europe 1760–1970.* Oxford 1981 (1981b)

Pollard, S., 'Regional and inter-regional economic development in Europe in the eighteenth and nineteenth centuries', *Debates and controversies in economic history.* Eleventh International Economic History Congress Milan 1994

Porter, B.D., *War and the Rise of the State: the military Foundations of Modern Politics.* New York 1994

Press, V., 'Die Niederlande und das Reich in der frühen Neuzeit', Blockmans, W.P. & Van Nuffel, H., eds., *Etat et Religion aux XV⁵ et XVI⁵ siècles.* Bruxelles 1986

Press, V., *Kriege und Krisen. Deutschland 1600–1715.* München 1991

Prinz, F., *Grundlagen und Anfänge. Deutschland bis 1056.* München 1985

Prinz, F., ed., *Deutsche Geschichte im Osten Europas. Böhmen und Mähren.* Berlin 1993

Racine, P., 'Fêtes à la cour de Ludovic le More', *Publication du centre européen d'études Bourguignonnes (XIV⁵–XVI⁵ siècle).* 34, 1994

Reinhard, W., ed., *Power Elites and State Building in Europe (13th–18th centuries).* Oxford 1996

Riley-Smith, L. & J., *The Crusades, idea and reality 1095–1274.* London 1981

The Rise of the State, Historical Research, 65, no. 157, 1992

Rosenberg, H., *Bureaucracy, aristocracy and autocracy. The Prussian experience 1660–1815.* Boston 1958

Rucquoi, A., ed., *Genèse médiévale de l'état moderne: la Castille et la Navarre (1250–1370).* Valladolid 1987

Rystad, G., ed., *Europe and Scandinavia.* Lund 1983

Sahlins, P., *Boundaries. The Making of France and Spain in the Pyrenees.* Berkeley 1989

Sauerländer, W., 'Die Sainte-Chapelle du Palais Ludwigs der Heiligen', *Jahrbuch der Bayerischen Akademie der Wissenschaften*, 1977

Scheller, R.W., 'Imperial themes in art and literature of the early French renaissance: the period of Charles VIII', *Simiolus*, 12, 1981–82

Scheller, R.W., 'Gallia cisalpina: Louis XII and Italy 1499–1508', *Simiolus*, 15, 1985

Schilling, H., 'Nation und Konfession in der frühneuzeitlichen Geschichte', Garber, K., ed., *Nation und Literatur im Europa der Frühen Neuzeit.* Tübingen 1987

Skinner, Q., *The Foundations of Modern Political Thought.* 2 vols., Cambridge 1978

Skinner, Q., 'Ambrogio Lorenzetti: the Artist as Political Philosopher', in H. Belling & D. Blume, ed., *Malerei und Stadtkultur in der Dantezeit.* München 1989

Skocpol, Th., *States & Social Revolutions.* Cambrige 1979

Soly, H., 'Plechtige intochten in de steden van de Zuidelijke Nederlanden tijdens de overgang van Middeleeuwen naar Nieuwe Tijd: communicatie, propaganda, spektakel', *Tijdschrift voor Geschiedenis*, 97, 1984

Spruyt, H., *The Sovereign State and its Competitors.* Princeton 1994

Stegmann, A., ed., *Pouvoir et institutions en Europe au XVIᵉᵐᵉ siècle.* Paris 1987

Strayer, J.R., *On the Medieval Origins of the Modern State.* Princeton 1970

Stuurman, S., 'Duizend jaar staatsvorming in Europa', *Amsterdams Sociologisch Tijdschrift*, 20, 1993

Stuurman, S., *Staatsvorming en politieke theorie.* Amsterdam 1995

Thompson, E.P., *The Making of the English Working Class.* Harmondsworth 1968

Thompson, I.A.A., *War and government in Habsburg Spain 1560–1620.* London 1976

Tierney, B., *Religion, Law, and the Growth of Constitutional Thought, 1150–1650.* Cambridge 1982

Tilly, C., ed., *The Formation of National States in Western Europe.* Princeton 1975

Tilly, C., *Coercion, Capital and European States, AD 990–1990.* Cambridge Mass. 1990

Tilly, C., *European Revolutions, 1492–1992.* Oxford 1993

Tilly, C. & Blockmans, W.P., eds., *Cities and the Rise of States in Europe, A.D. 1000 to 1800.* Boulder 1994

Topolski, J., *An Outline History of Poland.* Warsaw 1986

Trexler, R.C., *Public Life in Renaissance Florence.* New York 1980

Ullmann, W., *A History of Political Thought: The Middle Ages.* London 1965

Vilfan, S., ed., *Ethnic Groups and Language Rights.* New York 1992

Vries, J. de, *European Urbanization 1500–1800.* Cambridge 1984

Waale, M.J., *De Arkelse oorlog 1401–1412.* Hilversum 1990

Weber, E., *Peasants into Frenchmen. The modernization of rural France 1870–1914.* Stanford 1976

Wee, H. van der, cfr. Bogaert, R., Kurgan-Van Hentenryk, G., *A History of European Banking.* Antwerp 1994

Weiss, L. & Hobson, J.M., *States and Economic Development. A Comparative Historical Analysis.* Cambridge 1995

Wood, I., *The Merovingian Kingdoms 450–751.* London 1994

Index

La Historia del Poder in Europa de Wim Blockmans
es una publicación del Fonds Mercator del Banco Paribas
editada en la primavera del año mil novecientos noventa y siete,
con motivo del 40° aniversario del Tratado de Roma
Se publican simultáneamente las ediciones en lengua francesa, inglesa,
alemana, neerlandesa y italiana.

La Diamant Pers de Zandhoven (Bélgica)
ha compuesto los textos en Linotype Didot y Stone Sans.
La maquetación, las tapas y la cubierta son de Antoon De Vylder.

El fotograbado se ha realizado en Photogravure De Schutter de Amberes,
y la impresión offset, en Satimat Club de Arjo-Wiggins de 150 gr.,
en Gráficas Santamaría s.a. de Vitoria-Gasteiz (España).
La encuadernación de la obra, a cargo de Atanes Lainez s.a. de Madrid,
se ha realizado en Brillianta de Van Heek Textiles, Losser (Países Bajos).